新版・養護教諭 執務のてびき
第10版

監修・植田誠治・河田史宝　石川県養護教育研究会・編

東山書房

―― 表紙に寄せて ――
　養護教諭が子供を見つめる温かなまなざしと、養護の『Y』と『G』そして『石川』の『I』を筆記体で表現しています。
　表紙から裏表紙につながっているのは県花の黒百合です。石川県の養護教諭の英知を集結したこの『てびき』を手にした仲間の『執務』に役立つことで、より大きく開花するようにという願いを込めています。

（寺島康江）

推薦のことば

　本書は、昭和44（1966）年に石川県養護教諭研究会により上梓された『養護教諭執務のてびき』（東山書房）からスタートし、増補改訂を重ねて第10版である。ほぼ50年の長き歴史を持つ本書は、研究会の手により10回の創意工夫が繰り替えされており、それだけの「重み」のあるものになっている。「継続は力なり」と言われるが、何はともあれ、この課題を継続し深化発展させてきている研究会に対し敬意を表するとともに、第10版の完成に対して心よりお祝いを申し上げたい。私が多くのことを学び敬愛した仮説実験授業を創始した板倉聖宜氏が、短期間に出版部数の多い本をベストセラーと言うが、長きに亘って出版され続けている本こそ名著（すぐれた著書）と評すべきであると述べていたことを想い出す。厳密に言えば、本当にすぐれた「てびき」であるかどうかは、「てびき」を手にしての実践の成果を通して評価されるものである。それだけに研究会の作成した本書が、多くの仲間である養護教諭によって活用され評価されることを期待したい。と言うよりも、こうした好循環がつくられているからこそ、第10版という充実した本書が完成したのであろう。

　残念ながら本書の初版本は手元にないが、スタートした昭和40年代前半と言えば、養護教諭は未だけがの手当てをする「赤チン先生」と言われていた。恐らく、「赤チン」を知らない現職の養護教諭も少なくないだろう。養護教諭を養成する4年制大学も存在していなかったのである。この時機に研究会が「てびき」を作成し、県下の養護実践の徹底と専門性の確立を意図した試みは先見性のあるすばらしい取組である。県外にも波及したことは間違いない。私は学校保健と保健教育を専門に教育・研究を長年続けてきたが、関連することから養護教諭の仕事や専門性にも関心を持ち、研究成果を社会へ発信し続けてきた。その際、わが国の学校保健のオピニオン・リーダーとして大活躍されていた小倉学氏が監修されていた本書は、私にとって重要な情報源の一つであった。それは『養護教諭のしごと』（ぎょうせい、1978年）、『これからの養護教諭—教育的視座からの提言』（大修館書店、1991年）、そして『変革期の養護教諭—企画力・調整力・実行力をつちかうために』（大修館書店、2002年）などの執筆の際においてである。

　ところで、子どもの健康問題や教育問題は時代の移り変わりとともに変化し続けており、この変化に対応できる養護教諭の実践が求められている。養護教諭は子どもの健康を守り、育て・育む学校における専門家であり、それだけに子ども、教職員、保護者から信頼される養護実践を遂行していくことのできる資質・能力を有しているかどうかが問われるのである。私が養護教諭の先生方に期待したいことは、常に仕事を創造的に進めていくことへの挑戦である。こうした時に陥りがちな過ちは、やるべき仕事の見落としや逸脱である。こうした過ちを犯したならば、築きあげてきた個人的な信頼ばかりでなく、養護教諭という職種への信頼をも失墜することになる。そうならないためには、本書を手元に置き活用することである。本書に目を通しながら日常の執務を点検することである。本書は、こうした期待に十分に応えてくれるものとなっている。さらに、時間があるときにぜひ取り組んで欲しいことは、本書の版を遡って変遷を読むことである。「なぜ変わったのだろうか」とか「何によって進歩したのだろうか」との問いを持ちながら歴史に学ぶことは、発想やエネルギーを豊かにしてくれるはずである。

　最後に、さらなる希望を述べさせてもらうならば、本書を活用する人たちが本書の活用を養護教諭の共有財産づくりとして意識し、さらによりよいものにしていこうとする研究的態度で活用することである。こうした研究的な実践への取組が、日常の執務に張りを持たせ、やりがいを持たせ、よりよい実践へと高めてくれる。実践の成果を記録し、仲間と話し合って欲しい。仕事が楽しくなるはずである。これらのことは、次の改訂への作業へとスタートしたことにもなるのである。

　本書が、養護教諭の仕事とともに「すばらしい」と言われるように充実発展し続けることを祈念して筆を擱く。

　　平成30年2月

　　　　　　　　　　　　　　　　　　　　　筑波大学名誉教授
　　　　　　　　　　　　　　　　　　　　　びわこ成蹊スポーツ大学名誉教授　　森　　昭　三

監修のことば

　本書は、児童生徒の健康課題そして養護教諭を取り巻く状況の変化を敏感にとらえつつ、一方で、時代が変わろうとも揺るぐことない養護教諭の持つ専門性を深く考えながら改訂を重ねてきた。やや欲張りな感じもするが、養護教諭の執務上必要と思われることを、すべて網羅するように努めている。それゆえ、本書は大変重い。一時期、できるだけコンパクトにして持ち運びができるようなものにといった構想もあったが、あきらめざるをえなかった。執筆された先生方の持つ、養護教諭としての仕事に対する情熱の重さとして理解いただきたい。

　本書の最も誇れる点は、なんといっても教育現場で奮闘する養護教諭自らが執筆することによって、実践を通じて培われた生きた知識と工夫が随所に盛られていることである。それゆえ、現職の養護教諭の先生方や養護教諭を目指す学生たちにとって有益な内容となっている。

　ところで、養護教諭の果たす役割、養護教諭への期待は年々大きくなるばかりである。単にマニュアルどおりに定められた仕事をこなすだけではなく、実践的な意思決定や判断をくだしながら行動していくといった能力が求められることが多い。そのためには、専門的知識はもちろん専門的なものの見方や考え方が必要である。また養護教諭は、「木を見て森も見る」ことが求められたり、いろいろな場面でコンフリクト・マネジメントしていったりすることも少なくない。このことから、タイトルについても誤解ないように検討してく必要があるが、現段階では各章の各論の記述の中において、強く意識されている。本書が、実践的に役立つだけではなく、いわば専門家としての能力を鍛える手がかりにもなれば幸いである。

　日々の多忙な実践活動の合間を縫い、執筆に奮闘された先生方の熱意には、ただただ頭が下がる。作成にあたっては、内容や形式についての調整が行われたが、今だ不統一の部分や表現があるかもしれない。読者のご指摘とご協力をいただいて、修正・補足をし、さらに充実をはかっていきたいと考えている。

聖心女子大学現代教養部教育学科教授　　植 田 誠 治

　「参考になる」といわれれば嬉しいし、「ここはちょっと分かりにくい」といわれればドキッとする。前者は、養護教諭の見方や考え方が具体的でイメージしやすいという意見である。執筆者である養護教諭の視点から、大まかにとらえるとともに実践から得られた具体的な工夫が随所に織り込まれていることから、その考え方やものの見方が参考になるのではないかと考えている。後者は、もっと端的な文章で述べて欲しいといったご指摘であり、執筆して行く上において貴重なご意見である。

　重いと言われながらも、養護教諭を目指す学生が本書を基に学んでいる姿を見ると、有益な内容になっていると感じている。また、マニュアル化されていない本書から養護教諭の果たす役割や専門家としてのものの見方や考え方に触れて欲しいとも願っている。

　休日や放課後に時間調整を行い、何度も集まり執筆された先生方の熱意に触れることも多くあった。時間的な制約もある中での改訂であり、内容については、読者の多くのご意見を得て、それぞれの章を深めていきたいと考えている。

元・金沢大学人間社会研究域学校教育系教授　　河 田 史 宝

作成にあたって

　現職の養護教諭の実用的なてびきとして、昭和44年1月に本書「養護教諭執務のてびき」を石川県養護教育研究会が発刊し、48年の時が経過しました。この間、私たちは円滑な執務の遂行のため、諸先輩方の英知が集結された「座右の書」として活用してきました。

　時代の移り変わりとともに養護教諭を取り巻く環境も変化し、時代の変化に対応できる養護教諭が求められてきました。その社会のニーズに対応できるよう本書は改訂を継続的に行っています。

　昭和55年には、教育課程や学校保健法施行規則の改正に伴う改訂、平成2年には学習指導要領や教育職員免許法の改正に併せてヘルスカウンセリング、保健教育、性の指導などを充実させ「新・養護教諭執務のてびき」を発刊しました。平成9年には学校保健法施行規則の一部改正、「いじめ」に端を発した養護教諭への新たな期待を受け「新版・養護教諭執務のてびき」を発刊しました。また、平成15年には、健康診断の内容の一部改正や大学院入学資格の改正を踏まえると共に健康相談活動を新たな章として構成するなどの改訂をしました。そして平成26年には、度重なる法の改正や社会的にクローズアップされる健康問題の変化などから益々養護教諭あるいは健康安全面においてきめ細かな対応が求められるようになり、新たな章「特別な配慮を要する児童生徒の健康管理」を構成し、「新版・養護教諭執務のてびき」として発刊しました。このようにこれまでに5回ほぼ10年に一度のペースで全面的な改訂を重ね、その間、細かな改訂を繰り返し9版を発刊しました。そして、今回平成30年に石川県養護教育研究会の創立70周年を記念し、第10版を発刊する運びとなりました。これまで同様法の改正に伴う改訂に併せ、新学習指導要領を見据えた内容などを盛り込みました。

　今回70周年記念の発刊にあたり、石川県養護教育研究会とともに歩んできた「養護教諭執務のてびき」の重みを感じ、改めて継続し歴史を守り続けることの難しさと大切さを痛感させられました。

　改訂作業の過程で、これまでの実践のみならずそれぞれが抱える問題なども出し合います。その中で作業の大変さと引き換えに学び得るものは計り知れません。学校現場では組織での対応が叫ばれるものの専門職を背負う養護教諭にとっては1校1人職の養護教諭個々の対応になりがちです。そんなときに養護教諭がみな同じ視点にたっているということは大切です。色々な問題に直面した時にこの「養護教諭執務のてびき」が微力ながらもその一助を担えればと願っています。

　また、改訂作業にあたり養護教諭自らの視点でまとめていくことは、実践活動を専門的なものの見方や考え方で見直し整理していくことにもなります。これらの過程を通して私たち養護教諭の職務を再認識していくと共に職務の質の維持・向上のために新たな実践の指針を発信していく意義も感じ取りました。そして、このような改訂作業の積み重ねが石川県養護教育研究会の活動の原動力につながればとも考えます。これまでの会員の理解・協力があっての継続と心から感謝しております。

　10版の発刊につきましては、多忙を極める中、勤務する傍ら作業を行った改訂委員の献身的な努力と熱意の賜物です。また、休日を利用しての改訂作業を進めることができたのはご家族の理解があってのことと思います。出版にあたって東山書房編集担当山本嘉広氏には大変お世話になりました。心より感謝いたします。

　最後になりましたが、改訂委員の所属学校の校長先生、石川県教育委員会及び金沢市教育委員会の方々から温かいご支援を賜りましたことに心よりお礼申し上げます。

平成29年度石川県養護教育研究会会長　吉田幸子

「養護教諭執務のてびき」改訂委員会編集代表　座主真智子

目次

第1章　養護教諭の職務の発展 ——————————————————— 15

1 養護教諭の職務と役割 ————————————————————— 16
- 1) 養護教諭の職務　16
- 2) 養護教諭の専門性と必要な能力　19
- 3) 今、養護教諭に求められている役割　21
- 4) 校内組織との関わり　21
- 5) 保健主事　23
- 6) 関係機関との関わり　24
- 7) 保護者との関わり　25

2 教育職員免許法からみた養護教諭の機能 —————————————— 26
- 1) 養護教諭の養成カリキュラム　26
- 2)「保健」の教科の領域に係る教諭または講師になり得る制度的措置　27

3 ヘルスプロモーションにおける養護教諭の役割 ——————————— 28
- 1) ヘルスプロモーションとは　28
- 2) 学校におけるヘルスプロモーション　28
- 3) ヘルスプロモーションと養護教諭　29
- 4) プリシード・プロシードモデル　30

4 活動計画及び評価 ————————————————————————— 31
- 1) 活動計画の意義　31
- 2) 計画立案上の配慮事項　31
- 3) 活動計画の評価　32
- 4) 学校種別による執務の特徴　33

5 学校保健における職務の分担 ——————————————————— 41

1-1〈養護教諭の新たな役割と求められる資質〉45 ／ 1-2〈養護教諭制度の変遷〉46 ／ 1-3〈養護教諭になるには〉47 ／ 1-4〈生涯にわたる心身の健康の保持増進のための今後の健康に関する教育及びスポーツの振興の在り方について〉48 ／ 1-5〈年間養護活動計画（例）（中学校）〉49 ／ 1-6〈一日の活動計画（例）（小学校）〉50 ／ 1-7〈一日の活動の様子（例）（高等学校）〉51 ／ 1-8〈教員免許更新制〉52 ／ 1-9〈教育職員免許法の一部を改正する法律等の公布について（通知）〉54

第2章　学校保健計画 ——————————————————————— 57

1 学校保健計画の意義 ——————————————————————— 58
2 養護教諭と学校保健計画 ————————————————————— 58
3 学校保健計画の立案（Plan） ——————————————————— 58
- 1) 立案の手順と留意点　59
- 2) 学校保健計画の内容　60

4 学校保健計画の実施（Do） ———————————————————————— 61

5 学校保健計画の評価（Check）と改善（Action） ——————————————— 61

  1）評価（Check）　61

  2）改善（Action）　61

2-1〈学校保健計画（幼稚園例）〉62 ／ 2-2〈学校保健計画（小学校例）〉63 ／ 2-3〈学校保健計画（中学校例）〉64 ／ 2-4〈学校保健計画（高等学校例）〉65 ／ 2-5〈学校保健計画（特別支援学校例）〉66 ／ 2-6〈学校保健計画の評価表（例）〉67

第3章　保健室経営 ———————————————————————————————— 69

1 保健室経営 ———————————————————————————————————— 70

2 保健室経営のとらえ方 ——————————————————————————————— 70

3 保健室経営計画の立案（Plan） ——————————————————————————— 71

4 保健室経営の実施（Do） —————————————————————————————— 72

5 保健室経営の評価（Check）と改善（Action） ———————————————————— 72

  1）評価（Check）　72

  2）改善（Action）　72

6 保健室の機能 —————————————————————————————————— 73

  1）保健室の機能を活かした場（スペース）づくり　73

  2）保健室における情報管理と活用　76

3-1〈保健室の設置基準〉79 ／ 3-2〈保健室経営計画（記入事項の項目と留意事項）〉80 ／ 3-3〈保健室経営計画（作成例）〉81 ／ 3-4〈保健室の備品〉85 ／ 3-5〈備えておきたい諸帳簿とその保存年限〉86 ／ 3-6〈保健日誌（例）〉87

第4章　学校保健組織活動 ———————————————————————————— 89

1 学校保健組織活動 ———————————————————————————————— 90

  1）学校保健組織活動の意義　90

  2）養護教諭の役割と学校保健組織活動　90

2 職員保健組織 —————————————————————————————————— 90

3 学校保健委員会 ————————————————————————————————— 91

  1）意義と目的　91

  2）学校保健委員会の構成　92

  3）学校保健委員会の運営　93

  4）実践例　94

4 児童生徒保健委員会 ——————————————————————————————— 99

  1）意義と目的　99

2）指導上の留意点　99

3）活動のポイント　99

4）実践例　100

4-1〈学校保健委員会運営案（例）〉104 ／ 4-2〈事後指導の生活チェックカード（例）〉105 ／ 4-3〈地域学校保健委員会実践（例）〉106

第5章　健康観察 ——————————————————————————— 107

1　養護教諭と健康観察 ———————————————————————— 108

2　日常の健康観察の機会と留意点 ————————————————— 110

3　健康観察の視点と内容 ————————————————————— 112

1）身体症状の場合　112

2）心因が背景にあると考えられる症状の場合　113

4　感染症発生時の健康観察 ———————————————————— 113

5　学校行事等の健康観察 ————————————————————— 114

1）持久走大会時の健康観察　114

2）水泳学習時の健康観察　114

3）宿泊を伴う行事（合宿、修学旅行）の健康観察　115

6　健康観察結果の記録とその活用 ————————————————— 116

5-1〈修学旅行健康チェックカード（例）〉118 ／ 5-2〈修学旅行に関する健康調査（例）〉119

第6章　健康診断 ——————————————————————————— 121

1　健康診断の意義 ————————————————————————— 122

2　養護教諭と健康診断 ——————————————————————— 122

3　児童生徒等の健康診断 ————————————————————— 122

1）定期健康診断　122

2）臨時健康診断　152

3）事後措置　152

4）評価　154

4　その他の健康診断 ———————————————————————— 156

1）就学時健康診断　156

2）職員の健康診断　157

6-1〈耳鼻咽喉科健康診断実施計画案（例）〉158 ／ 6-2〈歯科検診実施計画案（例）〉159 ／ 6-3〈児童生徒向け指導用参考資料（例）〉160 ／ 6-4〈結果の通知と受診勧告書（例）（歯科）〉161 ／ 6-5〈結核問診票（例）〉162 ／ 6-6〈児童生徒用尿検査資料（例）〉163 ／ 6-7〈児童生徒健康診断票（記入例）〉164 ／ 6-8〈児童生徒健康診断票（歯・口腔）（記入例）〉165

第7章　特別な配慮を要する児童生徒の保健管理 ———————— 167

1 保健管理の必要性 —————————————————————————————— 168
2 学校生活管理指導表 ————————————————————————————— 168
1）教職員への周知　168

2）定期的な見直し　168

3）保管　169

4）管理・指導　169

3 疾病別保健管理と保健指導 —————————————————————————— 169
1）心臓疾患　169

2）腎臓疾患　170

3）糖尿病　170

4）食物アレルギー　171

5）アトピー性皮膚炎　173

6）気管支ぜん息　173

7）てんかん　174

8）摂食障害　175

4 特別支援を要する子供への対応 ————————————————————————— 176
1）特別支援教育と養護教諭の関わり　176

2）養護教諭が行う具体的支援　176

5 与薬 ——————————————————————————————————————— 178
1）学校での与薬について　178

6 医療的ケア —————————————————————————————————— 179
1）医療的ケアの意義　179

2）養護教諭の役割　182

7-1〈医療的ケア校内組織体制（例）〉183 ／ 7-2〈与薬依頼書（内用薬）（特別支援学校）（例）〉184 ／ 7-3〈与薬依頼書（外用薬）（特別支援学校）（例）〉185 ／ 7-4〈医療的ケア実施通知書（特別支援学校）（例）〉186 ／ 7-5〈医療的ケア実施の報告（特別支援学校）（例）〉187 ／ 7-6〈医療的ケア指示書（指示報告書）（特別支援学校）（例）〉188 ／ 7-7〈学校医からの意見書（特別支援学校）（例）〉189 ／ 7-8〈医療的ケア実施承諾書（特別支援学校）（例）〉190

第8章　健康相談 ————————————————————————————————— 191

1 健康相談の意義 ——————————————————————————————— 192
2 健康相談の進め方 —————————————————————————————— 193
1）健康相談の対象者　193

2）健康相談の基本的技術と留意点　193

3）健康相談の基本的プロセスと支援体制　194

3 養護教諭が行う健康相談 ——————————————————————————— 195

1）養護教諭が行う健康相談のプロセス　195

　　2）養護教諭が行う健康相談の実際　196

　4　心の健康に関する予防的支援 -- 203

　5　健康相談と事例検討会 -- 204

8-1〈事例検討会の進め方（例）〉205 ／ 8-2〈事例検討時の活用シート（例）〉206

第9章　学校環境衛生 ——————————————————————————— 207

　1　学校環境衛生の意義 --- 208

　2　学校環境衛生の法的根拠 -- 208

　3　学校環境衛生活動の実際 -- 209

　　1）学校環境衛生活動の進め方　209

　　2）学校環境衛生活動の内容　210

9-1〈養護教諭が活用するための学校環境衛生基準〉211 ／ 9-2〈学校給食衛生管理基準より抜粋〉218 ／ 9-3〈飲料水検査記録（例）〉223 ／ 9-4〈プール管理日誌（例）〉223 ／ 9-5〈環境衛生活動の実践例〉224 ／ 9-6〈空気検査の結果実践例〉225

第10章　学校安全と危機管理 ——————————————————————— 227

　1　学校安全の意義 --- 228

　2　学校安全の領域と内容 -- 228

　　1）学校安全の領域　228

　　2）学校安全の構造　229

　3　危機管理 --- 229

　4　学校安全計画 --- 230

　5　安全管理 --- 231

　　1）安全管理の方法　231

　　2）安全管理と養護教諭の関わり　234

　6　安全教育 --- 234

　　1）安全教育の目標　234

　　2）安全教育の領域と構造　234

　　3）安全教育と養護教諭の関わり　235

　7　災害発生と養護教諭 --- 237

　　1）災害発生時における養護教諭の関わり　237

　　2）事件・事故災害時における心のケア　241

　8　評価 --- 246

10-1〈災害時にあると便利なもの〉247 ／ 10-2〈引渡し者を記載した緊急カードの工夫（例）〉247
／ 10-3〈平常時の心のケアの体制づくり〉248 ／ 10-4〈こころとからだのチェックリスト（例）〉249

第11章　救急処置活動 ——————————————————————— 251

1　救急処置活動の目的と意義 ———————————————————— 252
2　救急処置活動の実際 ————————————————————————— 252
　　1）救急処置活動の進め方　252
　　2）処置・対応の実際　264
　　3）救急体制　275

11-1〈緊急連絡カード〉278 ／ 11-2〈保健室利用連絡カード（中学校用）（例）〉279

第12章　保健教育 ——————————————————————————— 281

1　保健教育 ————————————————————————————— 282
　　1）保健教育と教育課程　282
　　2）保健教育への関わりと意義　282
　　3）保健教育と保健指導の特性　283
2　教科における保健教育 ————————————————————— 284
　　1）新学習指導要領　284
　　2）体育科・保健体育科における保健教育　285
　　3）養護教諭の関わり方　288
　　4）授業を担当するにあたって　289
　　5）授業のすすめ方　290
　　6）学習活動の工夫　292
　　7）評価　294
3　保健指導 ————————————————————————————— 296
　　1）保健指導の機会と特質　296
　　2）集団指導　296
　　3）個別指導　305
　　4）評価　307
4　総合的な学習の時間 ————————————————————————— 308
　　1）総合的な学習の関わりと意義　308
　　2）総合的な学習の時間と「健康」との関連　309
5　がん教育 ————————————————————————————— 309
6　保健だより ————————————————————————————— 310
　　1）保健だよりの意義　310
　　2）保健だよりの目標と内容　310

3）作成の留意点　310

12-1〈「がん対策推進基本計画（平成24年6月8日閣議決定）」抜粋〉314　／　12-2〈「学校におけるがん教育の在り方について　報告」平成27年3月抜粋〉314

第13章　感染症の予防とその対応 ———————————————————— 315

1　学校における感染症予防の意義 ———————————————————— 316
2　養護教諭と学校における感染症予防 ———————————————————— 316
3　法令に基づく学校での感染症対策 ———————————————————— 316
　　1）学校保健安全法　316
　　2）予防接種法　319
4　学校における感染症の対応 ———————————————————— 320
　　1）感染症が発生した場合の校内対応　320
　　2）感染症発生時の対応例　321
5　修学旅行等における感染症の予防と対応 ———————————————————— 327

13-1〈学校において特に予防すべき感染症の分類〉328　／　13-2〈その他の感染症〉332　／　13-3-1〈「感染症の予防及び感染症の患者に対する医療に関する法律」の分類と疾患の特徴〉332　／　13-3-2〈四類「その他既に知られている感染症の疾病（一類～三類感染症を除く）」で、政令で定めるもの〉333　／　13-3-3〈五類「その他既に知られている感染症の疾病（四類感染症を除く）」で、厚生労働省令で定めるもの〉333　／　13-4〈食中毒（細菌性・ウイルス性）の特徴と対策〉334　／　13-5〈症状（発しん）による疾病一覧表〉335　／　13-6〈家庭通知（例）（学級閉鎖について）〉336　／　13-7〈家庭通知（例）（アタマジラミの発生について）〉336　／　13-8〈おう吐物処理（例）〉337

第14章　養護教諭と研修 ———————————————————— 339

1　研修の意義 ———————————————————— 340
2　研修の機会 ———————————————————— 341
　　1）行政が行う研修　341
　　2）校内研修　342
　　3）自主的研修　342
　　4）認定講習と大学院　343
3　研修後のあり方 ———————————————————— 344
4　研究 ———————————————————— 344
　　1）研究の意義　344
　　2）研究のすすめ方　345
　　3）研究のまとめ方　346
　　4）研究の発表　347

第1章　養護教諭の職務の発展

1　養護教諭の職務と役割
　1）養護教諭の職務
　2）養護教諭の専門性と必要な能力
　3）今、養護教諭に求められている役割
　4）校内組織との関わり
　5）保健主事
　6）関係機関との関わり
　7）保護者との関わり

2　教育職員免許法からみた養護教諭の機能
　1）養護教諭の養成カリキュラム
　2）「保健」の教科の領域に係る教諭または講師になり得る制度的措置

3　ヘルスプロモーションにおける養護教諭の役割
　1）ヘルスプロモーションとは
　2）学校におけるヘルスプロモーション
　3）ヘルスプロモーションと養護教諭
　4）プリシード・プロシードモデル

4　活動計画及び評価
　1）活動計画の意義
　2）計画立案上の配慮事項
　3）活動計画と評価
　4）学校種別による執務の特徴

5　学校保健における職務の分担

第1章　養護教諭の職務の発展

1　養護教諭の職務と役割

1）養護教諭の職務

　学校教育法に、「養護教諭は、児童の養護をつかさどる」（37条12項）とあり、「養護をつかさどる」とは、「児童生徒の健康を保持増進するためのすべての教育活動」と解されている。その内容や機能は社会的環境や児童生徒の健康問題等時代によって変化しているが、いずれの時代においても、養護教諭は校内で児童生徒の心と体の健やかな成長発達に関する教育活動を行う専門職であり、学校保健に関しリーダーシップをとっている。それらの活動には、経験年数に関係なく、果たさなければならない役割・機能は同じであるという難しさがある。

　養護教諭の職務遂行に必要な能力として、下記の三項目を挙げることができる。これらは、教育基本法第1条*を担うために必要な条件である。養護教諭は、『養護をつかさどる』ことを専門として人間形成に関与するのである。

> ＊**教育基本法**（教育の目的）
> 第1条　教育は、人格の完成を目指し、平和で民主的な国家及び社会の形成者として必要な資質を備えた心身ともに健康な国民の育成を期して行わなければならない。

```
（1）　養護教諭独自のもの
　①　心身の健康問題を発見・解決への支援・予防する能力（知識・技能・態度）
　②　他の教員・関係者と連携する能力
（2）　教諭と共通するもの
　①　人間形成にかかわる能力
　②　研究・研修する能力
（3）　一人の社会人として不可欠なもの
　①　社会への適応能力
　②　職務を通して社会に貢献する能力
```

　小倉**は、教諭と養護教諭は専門性は違うが教師集団として協働して学校全体の目的達成をはかることが望ましいと考えていたが、「養護教諭の教育（教職）機能については、近年関係者の間に認識は広まってきたとはいえ、まだ問題が多い現状にある」ことを指摘していた。しかし、「教育職員免許法の一部を改正する法律（平成10年6月10日公布）」***において養護教諭が保健の授業を担当する教諭または講師になることについて示されたことにより、養護教諭の職務の教育機能はより広がりを持つこととなった。

　昭和47年以前、養護教諭の職務は補佐的な役割と捉えられていたが、同年（昭和47年）の保健体育審議会答申で、養護教諭の主体的な役割が明確になった。その後、平成9年の保健体育審議会答申で「養護教諭の新たな役割と求められる資質」が示された。さらに、平成20年の中央教育審議会答申（以降、本答申を中央教育審議会答申（平成20年）と示す）****では、昭和47年及び平成9年の保健体育審議会答申に示された役割が、保健管理、保健教育、健康相談、保健室経営、保健組織活動の5項目に整理された。平成20年の答申の役割と平成9年の答申の役割を対比したものが表1-1である。

　これらの役割や職務を適切に果たしていくためには、養護教諭に関係する法律や答申の内容を理解し、常に新たな知識や技能を習得していく必要がある。

　**小倉学（1924～1990）：養護教諭養成（1962-1990）にかかわり、学校保健、養護教育論、保健教育に関する研究を推進し、その体系化をはかった。
　***参照：p.26　教育職員免許法からみた養護教諭の機能
　****中央教育審議会答申：「子どもの心身の健康を守り、安全・安心を確保するために学校全体としての取組を進めるための方策について」（2008.1）

表1-1　各答申による養護教諭の役割

平成20年	平成9年		内　容	職務の実際（例）・役割	参考章
保健管理	人に関する管理	学校保健情報の把握に関すること	体格、体力、疾病、栄養状態の実態	・定期健康診断の実施と事後措置	6
			健康、安全の認識の発達に関する実態	・来室者の観察と分析	10
			健康生活の実践状況の実態把握と対策	・生活実態調査	12
			不安や悩み等心の健康に関する実態把握と対策	・健康相談	8
			性に関する実態	・事例記録の見直し	12
			（保健室で捉えた）傷病の実態	・来室記録	11
			健康観察・欠席状況の把握	・健康観察簿のチェック	5
			その他必要な事項		
		救急処置及び救急体制に関すること	日常の救急処置	・傷病手当の記録	11
			学校行事に伴う救急処置	・運動会の救護活動	11
			緊急時の救急処置・救急体制及び連絡網の整備	・校内救急体制の周知シュミレーション研修	11
			緊急時の地域連携	・集団下校	10
			救急薬品・材料の整備・保管	・救急備品の補充点検	11
			学校での救急処置基準の作成と管理運用	・緊急時の対応マニュアルを提案・確認	11
			アレルギー対応・日常の取組・事故予防	・食物アレルギー児童生徒の個人票の整備	7
			その他必要な事項		
		健康診断に関すること	定期・臨時健康診断	・健康診断実施計画の提案	6
			事後措置に関する計画と実施	・各検診結果のお知らせ	6
			その他必要な事項		
		感染症の予防に関すること	感染症による出席停止に関する事項	・出席停止事項の周知・届けの準備	13
			学校保健安全法施行規則第21条（感染症の予防に関する細目）に関する事項	・感染症対応	13
			地域の蔓延状況の把握・情報の収集と伝達	・学校との情報交換・協議	13
			その他必要な事項		
	環境管理	学校環境衛生の実施に関すること	学校環境衛生の日常的な点検への参画と実施	・飲料水の検査	9
			学校環境衛生検査（定期検査・臨時検査）への参画	・薬剤師との連携	9
			学校安全に関する実態と情報把握	・安全点検	10
			その他必要な事項		
保健教育	保健学習		専門的な助言と資料提供・教材作成の協力	・指導内容に即した資料・データの収集と整理	12
			ティーム・ティーチングや兼職発令を受けての授業	・授業の一部を担う・担当者との打合せ	12
			その他必要な事項		
	保健指導	個人を対象	心身の健康に問題を有する児童生徒	健康診断の事後措置に関して問題を有する児童生徒	・歯垢要観察者の個別指導	12
			疾病予防に関して問題を有する児童生徒	・脊柱側弯の経過観察者の個別指導	12
			性・性行動に関して問題を有する児童生徒	・月経困難症等の個別指導	12
			いじめが背景にあり問題を有する児童生徒	・いじめにより体調不良になった者の個別指導	12
			その他必要な事項		
		健康生活の実践に関して問題を有する児童生徒	身体や衣服の清潔に関して問題を有する児童生徒	・入浴や着替えに関する個別指導	12
			食事の摂り方に関して問題を有する児童生徒	・食習慣に関わる個別指導	12
			睡眠等の生活習慣に関して問題を有する児童生徒	・授業中に居眠りの多い者への個別指導	12
			薬物乱用等に関して問題を有する児童生徒	・喫煙習慣のある者への個別指導	12
			その他必要な事項		

第1章　養護教諭の職務の発展

大分類	中分類	対象	項目	例	数
保健教育	保健指導	集団を対象	学級活動・ホームルーム：学級担任が行う指導における専門的な助言、資料提供や教材作成の協力	・保健だより等を使った指導の重点の提示	12
			学級担任とのティームティーチングでの指導	・指導の一部を担う	
			学級・集会（学年、全校）での指導	・実態に即し改善が必要な事項の直接指導	12
			その他必要な事項		
			学校行事での保健指導：健康診断に伴う保健指導	・健康診断の受け方に関する集団の指導	12
			疾病・予防等に関する行事での保健指導	・インフルエンザ蔓延時の生活指導	12
			各種行事の実施に伴う保健指導	・運動会での熱中症に関する指導	12
			その他必要な事項		
	啓発活動	児童生徒	保健だより・ホームページなどによる活動	・保健だよりで食中毒の予防について啓発	12
			校内放送・校内掲示による活動	・歯と口の健康づくりに関する内容の啓発	12
			その他必要な事項		
		教職員	児童生徒に知らせたい情報の提供	・保健室の利用の仕方についての発信	12
			その他必要な事項		
		保護者	保健だより・ホームページによる活動	・地域の感染症の情報をホームページで発信	12
			ＰＴＡ活動・地域における健康づくり活動への協力	・学校保健委員会の内容について発信	12
			その他必要な事項		
健康相談	健康相談活動に関すること		職務の特質・保健室の機能を活かした相談・支援・環境づくり	・進級後に来室が増えた事例の相談	8
			学校三師の行う健康相談への協力	・医療的な観点から必要と考えられる事例の相談	8
			該当児童生徒及び保護者への助言と指導	・家族の変化により来室が増えた事例の相談	8
			相談結果を活かした支援の計画・実施	・担任や学年との支援計画に参画する	8
			その他必要な事項		
	健康相談に関する連携		教育相談等の校内関係職員との連携	・多動で授業に集中できない事例の相談	8
			該当児童生徒の保護者との連携	・急激に体重減少した事例の相談	8
			学校三師・スクールカウンセラー・スクールソーシャルワーカー・心の相談員との連携	・自傷行為をするようになった事例の相談	8
			校外専門家・専門機関との連携	・摂食障害の事例への相談	8
			その他必要な事項		
保健室経営	保健室の運営に関すること		保健室経営計画の作成・周知・実施・評価・改善	・児童生徒の実態に応じた保健室経営計画の作成	3
			保健室の設備、備品の管理	・医薬品等の点検・補充	11
			諸帳簿等の保健情報の管理	・健康診断票等の保管・管理	3
			その他必要な事項		
保健組織活動	学校保健に関する各種計画及び組織活動の企画、運営への参画及び一般教員が行う保健活動への協力に関すること		学校保健計画・学校安全計画	・保健主事の計画立案に協力する	4
			保健指導の全体計画と年間指導計画	・学年の保健担当者に協力する	4
			一般教員の行う保健活動への協力	・食物アレルギーの対応の助言	4
			保健主事に協力して学校保健委員会等の組織活動の企画運営に参画	・実態の把握を行い、情報提供	4
			児童生徒保健委員会の運営に協力する	・委員会に参加して助言する	4
			その他必要な事項		
その他			専門職としての研究・修養を行う	・職務の向上のための研修に参加する	14
			地域の学校と連携して、学校保健活動の活性化を図る	・学校保健会の一員として活動する	4
			その他必要な事項		

2）養護教諭の専門性と必要な能力

（1）養護教諭の専門性とは

養護とは子供の生活に寄り添い、深くかかわりあいながら、子供の心身の成長を支援することである。また、医学的背景と教育的背景の二面により支援する活動（養護活動）ともいえる。

養護活動の特徴には、養護教諭が独自に判断し活動を進めていく「自立性」と「専門性」があげられる。

さらに、近年の養護学確立の動きの中で、「養護教諭の専門性」とは、「学校教育の中で教師の一員として人間形成の教育に携わると共に、子供のニーズを把握し、保健管理と保健指導を通じて、それに応えていくことである。」と養護教諭の実践を理論的に捉えている。日本学校保健学会「養護教諭養成教育のあり方」共同研究班は、養護教諭のあるべき姿として、6項目を挙げている*。

（2）専門的機能

保健体育審議会答申（昭和47年）の序文には『学校保健を推進し、児童生徒の健康の保持増進を図ることは、心身ともに健康な国民の育成を期する教育の目的の達成に大きな役割を果たすものであり、また、あらゆる教育活動の基盤を培うものである』と示している。そして、養護教諭の項ではその職務を、「養護教諭は専門的な立場からすべての児童生徒の健康及び環境衛生の実態を的確に把握して、疾病や情緒障害、体力、栄養に関する問題等心身の健康に問題を持つ児童生徒の個別の指導にあたり、また、健康な児童生徒についても健康の増進に関する指導にあたるのみならず、一般の教員の行う日常の教育活動にも積極的に協力する役割を持つものである。」と示している。

小倉が養護教諭の専門的機能（試案4）を8つにまとめた（表1-2）研究では、「専門職は現場における実践の過程を研究的な観点をもって進め、学校保健活動の改善・向上をはかるという機能をもっている」ことも強調していた。

その後、平成9年の答申では、「児童生徒の心の健康問題の深刻化に伴い、児童生徒の身体的な不調の背景にいじめ等の健康問題がかかわっていること等のサインにいち早く気付く立場にある養護教諭の行うヘルスカウンセリング（健康相談活動）が一層重要な役割を持ってきている。」と述べられており、養護教諭の職務の特質及び保健室の機能を活かした健康相談が重要視されることとなった。

*これからの養護教諭の教育
（「養護教諭養成教育のあり方」共同研究1991より）

① 教育の意義や学校教育について常に問いかけを持ち、養護教諭として自らの役割を追及する姿勢を持っている。

② 健康の概念を多面的に捉え自らの健康観を確立しており、望ましい姿に向けて努力しようとする信念を持っている。また、健康に生きていく力を児童生徒に培っている。

③ 児童生徒の健康問題を早期に発見し、その問題の背景要因を学校、家庭、社会の中で全体的に構造的に捉え、判断している。健康問題を持つ児童生徒に対しては問題解決を図るために必要な身体的・精神的援助を行うとともに、保健の科学的認識を育て、また、児童生徒自身の変容を促し、人格の成長を目標とした支援を行っている。

④ 児童生徒の健康問題の共通化を図るために組織的な取組を行い、周辺への働きかけを行っている。

⑤ 専門性を深めるために自らの実践を分析し、研究の課題を把握して実践を問い直している。教師集団や他の専門家と交流しながら、絶えず学ぶ態度がある。

⑥ 温かい人間性や幅広い教養があり、児童生徒や他者の立場に立てる。また、仕事を誠実に行い、専門家としての責任感が重く、社会に貢献している。

養護教諭の定義
（日本養護教諭教育学会2003より）

養護教諭とは、学校におけるすべての教育活動を通して、ヘルスプロモーションの理念に基づく健康教育と健康管理によって子どもの発育・発達の支援を行う特別な免許をもつ教育職員である。

さらに、養護教諭の役割が保健管理、保健教育、保健組織活動、保健室経営、健康相談の5項目に整理された**ことにより、養護教諭に期待される役割として、児童生徒の人間形成においても大きな役割を果たしている健康相談が独立した項目としてあげられた。答申**では保健室経営や保健室経営計画等の用語の明記もされた。これらの内容は、養護教諭の専門性がさらに発揮されることを期待しているといえる***。

＊＊中央教育審議会：子どもの心身の健康を守り、安全・安心を確保するために学校全体としての取組を進めるための方策について（答申）（2008.1）

＊＊＊参照：p.45 資料1-1 養護教諭の新たな役割と求められる資質（中央教育審議会答申2008.1）

第1章　養護教諭の職務の発展

表1-2　養護教諭の専門的機能＊

計画（企画）	学校保健計画の立案に保健管理、保健指導の専門職として参画する。
運営	学校保健について教職員の理解を深め、組織的活動を推進する。
健康把握（問題発見・診断）	保健問題の発見・選定、その発生条件の分析・判断、対策の検討を計画運営するとともに、この面に関して教師に助言し、その活動を推進する。
健康改善	学校保健問題の改善にあたるとともに、教職員に情報を提供して、問題の改善を支援・推進する。
疾病予防、健康増進	疾病予防、健康増進、学校環境の衛生、安全の維持に努め教職員に助言して日常生活を推進する。
活動評価	学校保健活動の評価に参加するとともに、保健管理、保健指導面の専門的な評価にあたる。
教育	教職員の一員として学校教育の評価に参加し、実施にあたる。
専門職としての研究	学校内における学校保健に関する研究を推進するとともに、専門職としての資質の向上につとめる。

（3）養護教諭に求められる力

　子供の健康問題の複雑化、深刻化に伴い養護教諭に求められる能力にも変化がみられる。平成9年の保健体育審議会答申では、健康相談に関することや養護教諭の保健主事への登用（平成7年3月）の道が開けたことから次に示す力が求められており、4つにまとめることができる。
　それぞれの具体的な例を挙げると以下のようになる。

① 保健室を訪れる児童生徒等に対応するための知識・理解・技能及び確かな判断力と対応
　　例　心身の健康状態を的確に判断できる観察力
　　　　傷病者に対する応急手当や病人を看病する能力
　　　　来室する児童生徒等への健康相談を進めるための能力
② 健康課題を捉える力
　　例　健康、教育情報の収集と活用する力
③ 健康課題を解決するための指導力
　　例　人間形成にかかわる教育力
　　　　個別、集団の保健指導をする力
　　　　教科保健の指導力
④ 企画力、実行力、調整能力
　　例　学校保健を学校全体に広げる力
　　　　組織的な活動とするための力
　　　　様々な人材の活用する力
　　　　協力を得る力

＊小倉学「養護教諭―その専門性と機能―」東山書房　1970

3）今、養護教諭に求められている役割

　中央教育審議会答申（平成20年）において養護教諭の役割の明確化が図られ、学校保健活動の中核を担う役割が求められた。これを受けて、平成20年6月に大幅に改正された学校保健安全法では、第7条の保健室の設置目的に保健指導が加えられ、第9条の保健指導には「養護教諭その他の職員は」と明記された。このことは、養護教諭の職務の明確化や充実につながり、新たに求められる役割は、以下のようにまとめることができる。

これからの学校保健に求められている養護教諭の役割

（1）　学校内及び地域の医療機関等との連携を推進する上でのコーディネーターの役割
（2）　養護教諭を中心として関係教職員と連携した組織的な健康相談、健康観察、保健指導の実施
（3）　学校保健センター的役割を果たしている保健室経営の実施（保健室経営計画の作成）
（4）　いじめや児童虐待等児童生徒の心身の健康問題の早期発見、早期対応
（5）　学級（ホームルーム）活動における保健指導をはじめ、ティーム・ティーチングや兼職発令による保健学習等への積極的な授業参画と実施
（6）　健康・安全にかかわる危機管理への対応（救急処置、心のケア、アレルギー疾患、感染症　等）

4）校内組織との関わり

（1）教育相談*

　養護教諭の職務の特質は全校の児童生徒を対象としており、入学時から経年的に児童生徒の成長・発達をみることができることや、職務の多くは学級担任をはじめとする教職員、保護者等との連携の下に遂行されること等である。また、活動の中心となる保健室は、だれでもいつでも利用でき、児童生徒にとっては安心して話を聞いてもらえる人がいる場所でもある。そのため、保健室には、心身の不調を訴えて頻回に来室する者、いじめや虐待が疑われる者、不登校傾向者、非行や性的な問題行動を繰り返す者等、様々な問題を抱えている児童生徒が来室する。養護教諭は、このような問題を抱えている児童生徒と日常的に保健室で関わる機会が多いため、そのような機会や健康相談を通して、問題の早期発見、早期対応に努めることが重要である。対応にあたっては、医療機関等の関係機関との連携の必要性の有無について適切な判断を行えるようにするとともに、学級担任をはじめ教育相談部等の校内組織と連携し、以下の4点の対応が大切である。

①　早期発見
　心の問題が原因となって現れる身体症状や児童虐待の徴候等、児童生徒の発するサインを見逃さないようにするとともに、様々な訴えに対して心身の健康観察や情報収集を図り、問題の背景の的確な分析を行う。
②　早期対応
　徴候に気付いた時点で学級担任等と話し合い、対応を検討するとともに、必要に応じて学年主任や教育相談担当教員、スクールカウンセラー等と校内連携を図る。
③　専門機関との連携
　保護者に専門機関を紹介する等学校側の窓口となり、学校と関係機関等とをつなぐ役割を果たす。
④　保健室からの発信
　教員に向けて心身の健康に関する調査結果等の情報提供を行うとともに、家庭に向けては児童生徒の健全な生活を支える睡眠や食事、保健衛生、健康問題への対応等について保健だより等で情報を発信し、啓発活動を行う。また、保護者の相談にも対応する等、学校と家庭との連携を図り、児童生徒の援助を行う。

*文部科学省：生徒指導提要（2010.3）

第1章　養護教諭の職務の発展

（2）生徒指導*

　一人一人の児童生徒の人格を尊重し、社会的資質や行動力を高めることを目指す生徒指導の実践にあたり、目前の問題に対応するだけにとどめることなく、個々の発達段階を踏まえた個別の指導や援助を通じて個性の更なる伸長を図ることが求められる。教職員の共通理解を図り、様々な関係者がそれぞれの役割・分野において組織的・体系的な取組を進めるにあたり、保健室で個別に関わることができる養護教諭は、児童生徒の訴えの中から基本的な生活習慣や人間関係、性格特性、発達課題等の情報を得やすく、いじめ等のサインにいち早く気付くことができる。組織的な対応の中で情報の提供を行うとともに、傾聴と受容により感情の明確化を図りながら、「やさしさ」のある生徒指導にあたることが大切である。

（3）特別支援教育**

　特別支援教育は障害のある児童生徒の自立や社会参加に向けた主体的な取組を支援するという視点に立ち、一人一人の教育的ニーズを把握し、その持てる力を高め、生活や学習上の困難を改善又は克服するため、適切な指導及び必要な支援を行うことを目的としている。そこに、LD、ADHD（注意欠陥／多動性障害）、自閉症スペクトラム障害等が加えられたことから、どの学級にも特別な教育的支援が必要な児童生徒がいることを前提にした学校経営が行われるようになった。

　養護教諭は、人間関係をうまく築くことができずに悩んだり、学習に困難さを感じている児童生徒に保健室で対応することが多く、それぞれの「困り感」に寄り添った望ましい支援を行うことは大切な職務となっている。組織的な対応が求められる中で、このような関わりを活かして専門的な立場から支援計画の立案に参加し、二次的に生じる問題への配慮を含めた対応を検討していくことが大切である。

（4）危機管理***

　近年、災害や事件・事故が発生しており、子供たちの心身の健康に大きな影響を与えている。災害等に遭遇し、「家や家族・友人等を失う」、「事故を目撃する」、「犯罪に巻き込まれる」等の強い恐怖や衝撃を受けた場合、不安や不眠等のストレス症状が現れることが多い。こうした反応はだれでも起こり得ることであり、時間の経過とともに薄らいでいくものであるが、場合によっては長引き、生活に支障をきたすこと等があり、その後の成長や発達に大きな障害となることもある。そのため、日ごろから子供の健康観察を徹底し、情報の共有を図る等早期発見に努め、適切な対応と支援を行うことが必要である。

　こうした事後の対応や措置を組織的かつ円滑に実施するために、日ごろから事件・事故対策本部を設置し、事件・事故発生時には速やかに活動を開始できるようにしておくことが必要である。なお、養護教諭の救護活動には以下のようなことが求められる。

緊急事態発生時の対応のポイント	養護教諭・保健主事が中心となる救護班の活動
1．子どもの安全確保、生命維持最優先 2．冷静で的確な判断と指示 3．適切な対処と迅速・正確な連絡・通報	・負傷者の実態把握 ・応急手当の実施 ・学校医、医療機関等との連絡、調整 ・その他の経過把握 ・心のケア ・救急車の搬送記録

（文部科学省「子どもの心のケアのために―災害や事件・事故発生を中心に―」2010）

　＊文部科学省：生徒指導提要（2010.3）
　＊＊中央教育審議会：特別支援教育を推進するための制度の在り方について（答申）（2005.12.8）
　＊＊＊文部科学省：学校の危機管理マニュアル―子どもを犯罪から守るために―（2007.11）

5）保健主事

　保健主事が学校保健活動の企画、調整にあたる教員として、学校に置かれるようになったのは昭和25年からであり、「中等学校保健計画実施要領（試案）」によって学校保健活動の指針として初めて示された。その後、昭和33年8月「学校保健法」の制定に伴って、学校教育法施行規則の一部改正が行われ、小、中、高、及び特別支援学校に保健主事を置くことになった。

　保健主事は、「学校保健と学校全体の活動との調整」、「学校保健計画の作成と実施」、「学校保健に関する組織活動の推進」等に、すべての教職員が関心を持って取り組めるように、また、それぞれの役割を円滑に推進できるように、マネジメントの考え方を十分に生かしながら、企画、連絡・調整、実施、評価、改善等の働きかけをすることが求められる＊。

保健主事の役割＊＊

> 　保健主事は、学校保健と学校全体の活動に関する調整や学校保健計画の作成、学校保健に関する組織活動の推進（学校保健委員会の運営）等学校保健に関する事項の管理に当たる職員であり、その果たすべき役割はますます大きくなっている。
>
> 　このことから、保健主事は充て職であるが、学校における保健に関する活動の調整にあたる教員として、すべての教職員が学校保健活動に関心を持ち、それぞれの役割を円滑に遂行できるように指導・助言することが期待できる教員の配置を行うことやその職務に必要な資質の向上が求められている。

　近年、児童生徒の心身の健康問題が複雑・多様化し専門的力量が求められるようになったことや、組織的な指導体制の必要が高まってきたことにより、学校教育法施行規則の一部改正が行われ（平成7年4月1日施行）＊＊＊、教諭だけでなく養護教諭も保健主事に任命されるようになり、コーディネーターの役割に加えリーダーシップの発揮が求められるようになった。養護教諭の専門的な立場を活かし、学校保健活動がより推進し、活性化していくことが期待されるようになった。

＊**保健主事の具体的な役割**
（「保健主事のための実務ハンドブック」より）
○学校保健と学校全体の活動との調整
　学校保健の活動は、保健教育、保健管理、そして両者の活動を円滑に進めるための組織活動から構成されており、保健主事は、それらの活動と学校全体との調整を図り、学校保健活動が円滑に実施されるように配慮すること。
○学校保健計画の作成と実施
　学校保健計画は、学校において必要とされる保健に関する具体的な実施計画であり、毎年度、学校の状況や前年度の学校保健の取組状況等を踏まえ、作成される。保健主事は、計画作成の中心となり、保健教育、保健管理、組織活動等の必要な内容を盛り込み、その円滑・適切な実施を推進する。
○学校保健に関する組織活動の推進
　学校保健活動を円滑に実施するためには、学校保健に関する組織活動を推進することが大切である。学校保健に関する組織活動には、学校保健委員会はもとより、学校内における学校保健委員会の運営に当たり、その活性化を図っていくことが求められる。

＊＊＊**学校教育法施行規則**
第45条
1　小学校においては、保健主事を置くものとする。
2　前項の規定にかかわらず、第4項に規定する保健主事の担当する校務を整理する主幹教諭を置くときその他特別の事情のあるときは、保健主事を置かないことができる。
3　保健主事は、指導教諭、教諭又は養護教諭をもって、これに充てる。
4　保健主事は、校長の監督を受け、小学校における保健に関する事項の管理に当たる。
　※　中学校、高等学校、中等教育学校、特別支援学校等にもそれぞれ準用。

＊＊中央教育審議会：子どもの心身の健康を守り、安全・安心を確保するために学校全体としての取組を進めるための方策について（答申）（2008.1）

第1章　養護教諭の職務の発展

6）関係機関との関わり*

　災害や事件・事故、問題行動等の対応にあたっては、関係機関との連携によって進められることが多い。そのため、どのような地域資源があるのかを把握するとともに、平常時から関係機関等との連携を図っておくと必要な時に連携をとりやすい。

＊学校保健安全法
（地域の医療機関等との連携）
第10条
　学校においては、救急処置、健康相談又は保健指導を行うに当たっては、必要に応じ、当該学校の所在する地域の医療機関その他の関係機関との連携を図るよう務めるものとする。

関係機関の概要**

専門機関名	内　　容
教育委員会	教育課程、学習指導、生徒指導に関する相談・指導・助言、法的な助言
教育相談センター・教育相談所 教育研究所・教育相談機関	性格、行動、心身障害、学校生活、家庭生活等の教育に関する相談
教育支援センター（適応指導教室）	不登校児童生徒の学校復帰への支援
発達障害者支援センター	発達障害に関する相談・生活支援
特別支援学校（センター的機能）	障害全般に関する相談・学校支援
市町村	児童福祉法に基づき、児童等の福祉に関し、情報提供、相談対応、調査、指導を行う第一義的な窓口である。児童相談所とともに、児童虐待の通告先となっている。
学校医を含む病院等の医療機関	心身の疾病に関する相談・診断・予防・治療
保健所 保健センター 保健福祉センター	地域保健法に基づき、各都道府県・指定都市・中核市に設置。主な業務は、栄養の改善及び食品衛生に関する事項、医事及び薬事に関する事項、保健師に関する事項、母性及び乳幼児並びに老人の保健に関する事項、歯科保健に関する事項、精神保健に関する事項、エイズ・結核・性病・感染症その他の疾病の予防に関する事項、その他地域住民の健康の保持及び増進に関する事項等 （一部省略）
精神科	神経症や精神的疾患に関する相談・予防・治療
精神保健福祉センター	精神保健福祉法に基づき、各都道府県・指定都市に設置。主な業務は、精神保健に関する相談、人材育成、普及啓発、調査研究、精神医療審査会の審査に関する事務等
児童相談所	児童福祉法に基づき、各都道府県・指定都市等に設置。18歳未満の子どもに関する様々な相談（養護相談、育成相談、非行相談、障害相談等）に対応。都道府県によっては、その規模等に応じ複数の児童相談所及びその支所を設置。主な業務は、児童福祉司や児童心理司が保護者や関係者から子どもに関する相談に応じ、子どもや家庭について必要な心理判定や調査を実施し指導を行う。行動観察や緊急保護のために一時保護の制度もある。
児童自立支援施設	不良行為を行ったりそのおそれがあり、また生活指導の必要な児童に対し、入所や通所をさせて、個々の状況に応じた自立支援を行う施設
児童養護施設	保護者のいない児童、虐待されている児童、その他環境上養護を要する児童を対象とした入所施設
情緒障害児短期治療施設	軽度の情緒障害を有する児童の治療を行う入所及び通所治療施設
児童家庭支援センター	地域の子ども・家庭の福祉に関する相談機関
福祉事務所	生活保護や子ども・家庭等の福祉に関する相談、保護実施の機関
民生委員・児童委員、主任児童委員	厚生労働大臣の委嘱を受け地域住民の保護、保健・福祉に関する援助・指導等を行う。児童虐待の通告の仲介も行う。
警察	非行少年の補導・保護・検挙・捜査・少年相談の受理を行う。
少年サポートセンター	警察の設置するセンターであり、子どもの非行、問題行動、しつけ、犯罪被害に関する相談を行う。
家庭裁判所	非行少年についての調査・審判を行うほか、親権や養育等の親子・親族に関する家事調停や審判も行う。
少年鑑別所	法務省の施設であり、観護措置決定を受けた少年の収容、資質鑑別を行う。
保護観察所	法務省の機関であり、保護観察処分を受けた少年、少年院を仮退院した少年等に対し、社会内で指導・助言を行う。
少年院	法務省の施設であり、少年院送致となった少年を収容し、矯正教育を実施
大学等の相談室	家庭、教育や心理に関する相談
電話相談	電話での相談、自殺予防の相談

＊＊文部科学省：生徒指導提要（2010.3）

7）保護者との関わり*

　近年、学校教育に対する保護者の姿勢は様変わりし、様々な意味で教員との信頼関係や協力関係が作りにくくなっているのが現状である。そればかりか、時には相互不信感や敵対感情すら漂うこともあり、保護者からの批判や要求等に対する適切な対応も危機管理として考えていくことが重要である。ていねいに保護者の話に耳を傾けていると、保護者のゆとりのなさや親としての行動を学んだり身につける機会がなかったこと、価値観の多様さ等の保護者の難しさの背景にあるものが見えてくることがある。反対に、保護者との間にしっかりした信頼関係が形成されていれば、児童生徒を置き去りにした論議にはならない。普段から、保護者とよい関係を結んでおき、面談の際には児童生徒の問題を解決することを目的としたものであることを伝え、可能な限り直接会って話し合うこと、学校の問題として組織的に対応することが大切である。

＊文部科学省：生徒指導提要（2010.3）

第1章　養護教諭の職務の発展

2　教育職員免許法からみた養護教諭の機能

　教育職員免許法は昭和23年に制定されて以来数回の改正を経て、昭和63年12月に大幅に改正された。それにともなって教育職員免許法施行規則も平成元年3月に改正された。この改正で養護教諭に関する主要な部分を抜粋すると次の3点である。

① 専修免許状の新設と免許状の改称
　⇒　専修免許状は大学院修士課程修了者
　　　一種免許状は大学卒業程度　　　　　を基礎資格とする
　　　二種免許状は短期大学卒業程度
② 養護教諭免許状取得に必要な専門科目の単位数の改正
　⇒　教職専門科目を中心に大幅ひきあげ
③ 養護に関する専門科目名の学問体系に沿った組み替え及び整理

養護に関する科目が専門化、学問体系化されてきたんだね。

　平成9年7月28日には「新たな時代に向けた教員の養成の改善方策について」教育職員養成審議会から第一次答申があり、養護教諭の養成カリキュラムについて別途検討が必要とされた。その後、9月22日の保健体育審議会の答申には「・・・養成課程については、養護教諭の役割の拡大に伴う資質を確保するため、養護教諭の専門性を活かしたカウンセリング能力の向上を図る内容等について、質・量ともに抜本的に充実することを検討する必要がある」との内容が盛り込まれた。

　これらを受け、教育職員免許法の一部を改正する法律が平成10年7月1日に施行された。

　また、平成21年4月から教員免許更新制の実施に伴い、養護教諭にも免許の更新が義務づけられた（資料1-8）。

　そして、平成29年には社会環境の急速な変化と学校を取り巻く環境の変化（大量退職・大量採用による年齢・経験年数の不均衡、学校教育課題の多様化・複雑化）に伴い、教育職員免許法施行規則及び免許更新講習規則の一部改正がなされた。

1）養護教諭の養成カリキュラム

　平成29年11月17日に教育職員免許法施行規則の一部改正があり、養護教諭の普通免許状の授与を受ける場合の養護及び教職に関する科目の単位の修得方法は以下のとおりとなった。

第1欄		養護教諭及び教職に関する科目	左項の項目に含めることが必要な事項	養護教諭 専修免許状	一種免許状	二種免許状
最低修得単位数	第2欄	養護に関する科目		28	28	24
	第3欄	教育の基礎的理解に関する科目	教育の理念並びに教育に関する歴史及び思想	8	8	5
			教職の意義及び教員の役割・職務内容（チーム学校運営への対応を含む）			
			教育に関する社会的、制度的又は経営的事項（学校と地域との連携及び学校安全への対応を含む）			
			幼児、児童及び生徒の心身の発達及び学習の過程			
			特別の支援を必要とする幼児、児童及び生徒に対する理解			
			教育課程の意義及び編成の方法（カリキュラム・マネジメントを含む）			
	第4欄	道徳、総合的な学習の時間の内容及び生徒指導、教育相談等に関する科目	道徳、総合的な学習の時間及び特別活動に関する内容	6	6	3
			教育の方法及び技術（情報機器及び教材の活用を含む）			
			生徒指導の理論及び方法			
			教育相談（カウンセリングに関する基礎的な知識を含む）の理論及び方法			
	第5欄	教育実践に関する科目	養護実習	5	5	4
			教職実践演習	2	2	2
	第6欄	大学が独自に設定する科目		31	7	4

- (26) -

2）「保健」の教科の領域に係る教諭または講師になり得る制度的措置

養護教諭の「保健」担当に関しては、「教育職員免許法　附則第15項」（平成10年 6 月）において次のように示されている。

> 養護教諭の免許状を有する者（三年以上養護をつかさどる主幹教諭又は養護教諭として勤務したことがある者に限る。）で養護をつかさどる主幹教諭又は養護教諭として勤務している者は、当分の間、第三条の規定にかかわらず、その勤務する学校（幼稚園を除く。）において、保健の教科の領域に係る事項（小学校又は特別支援学校の小学部にあっては、体育の教科の領域の一部に係る事項で文部科学省令で定めるもの）の教授を担任する教諭又は講師となることができる。

この改正は保健体育審議会答申（平成 9 年）を受けて行われたものであり、薬物乱用、いじめ、不登校、性の逸脱行為等の現代的な課題への対応とともに、健やかな心身の発達を支援するために、養護教諭の持つ専門的な知識や技能を活用するために講じられた措置といえる。このことは養護教諭の職制以後、大きな改正である。

さらに、中央教育審議会答申（平成20年）において、深刻化する子供の現代的な健康課題の解決に向けて、学級担任や教科担任等と連携し、養護教諭の有する知識や技能等の専門性を保健教育に活用することが求められた。そのため、学習指導要領解説に、地域や学校の実状に応じて養護教諭等、専門性を有する職員等の参加・協力を推進すること等多様な指導方法の工夫を行うよう配慮することが示された。

実施にあたっては、「Ⅲ　留意事項」*にも留意してすすめていく必要がある。また、実施にあたって大切にしたいことは、養護教諭として自校の保健室の状況や子供達の課題と向き合い、何が一番重要な課題なのか、どの課題に優先的に関わるのか等を主体的に考え判断してすすめていくことである。さらに、保健の授業を担当するにあたっては、保健担当教諭（小学校においては担任教師または教科担任）との連携を図ることや校内の協力体制を作っていくことも必要である。

養護教諭の専門性を活かしこの制度の成果を示すためにも、養護教諭自身が教材や教育方法等の研修を考える必要もある。授業実践後は実践記録をとり、成果や課題を意見交換することによって、お互いの力量を高めあうことも求められる。

教育職員免許法の一部を改正する法律等の公布について（通知）（平成10年 6 月25日）

> Ⅲ　留意事項
> 1　養護教諭が保健の授業を担任する教諭または講師となることについて
> ① 新法附則第15項の新設により、養護教諭の免許状を有し、3 年以上養護教諭として勤務経験を有する者で、現に養護教諭として勤務している者は、その勤務する学校において「保健」の教科の領域に係る事項の教授を担任する教諭または講師となることができることとなるが、養護教諭が教諭または講師を兼ねるか否かについては、各学校の状況を踏まえ、任命権者または雇用者において、教員の配置や生徒指導の実情などに応じ、教育指導上の観点から個別に判断されるべき事柄であり、本来の保健室の機能がおろそかになるような事態を招くことのないよう、留意する必要があること。
> ② 養護教諭が年間教育計画に基づき、組織的、継続的に、保健の領域に係る事項のうち一定のまとまった単元の教授を担任する場合にあっては、該当養護教諭を教諭又は講師として兼ねさせる発令が必要となること。
> ③ 新法附則第15項は、養護教諭の免許状を有する者について、「保健」の教科の領域に係る事項の教授を担任する場合にかぎり「教諭又は講師」となることができるとするものであり、新法附則第 2 項の適用はないこと。

＊参照：p.54　資料 1-9　教育職員免許法の一部を改正する法律等の公布について（通知）

3　ヘルスプロモーションにおける養護教諭の役割

1）ヘルスプロモーションとは

　今日、学校保健の中でヘルスプロモーションの理念に沿った健康教育の推進が叫ばれている。このヘルスプロモーションは、1986年 WHO がオタワ憲章の中で提唱された概念である。

　ヘルスプロモーションとは「人々が自らの健康をコントロールし、改善することができるようにするプロセスである」と定義された。この最終目的は QOL（Quality Of Life：生活の質）の向上である。その後 Green と Kreuter（1991）は「健康に資する諸行為や生活状態に対する教育的支援と環境的支援の組み合わせ」としている。

　その後2005年には、健康づくり国際会議で健康づくりのためのバンコク憲章が採択され、「すべての人びとがあらゆる生活舞台―労働・学習・余暇そして愛の場―で健康を享受することのできる公正な社会の創造」を健康づくり戦略の目標とした。そこで、ヘルスプロモーションの定義に「その決定要因」をコントロールすることが加えられ「ヘルスプロモーションとは人々が自らの健康とその決定要因をコントロールし、改善することができるようにするプロセスである」と再定義された。

　このヘルスプロモーションを図式化すると以下のようになる。

ヘルスプロモーションの概念図

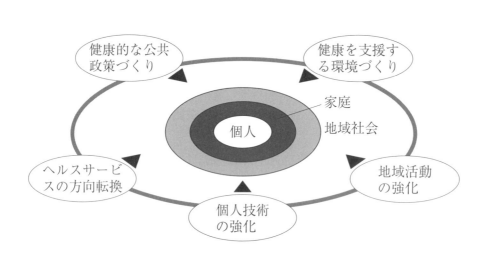

（健康日本21ホームページ「地域における健康日本21実践の手引き」より）

　つまり、自身が主体的に健康づくりに取り組むことや、個人の行動を変えるだけでなく、個人を取り巻く医学的側面と社会科学的側面の環境づくりの改善をも含む概念ということができる。

2）学校におけるヘルスプロモーション

　児童生徒は、発育・発達過程にあり、学齢期における学校教育の影響は非常に大きい。また、小児期の生活習慣が成人時における各種の疾病発生に大きな関連があることからも、学校におけるヘルスプロモーションの意義は大きい。

WHO は1995年、この概念を具現化するため Kolbe の提言を参考に「GLOBAL SCHOOL HEALTH INITIATIVE」構想を示し、8領域の学校保健活動を最優先すべきとした。また、学校が中核となって、児童生徒・教職員はもちろん、家庭・地域社会と協力して包括的に総合的な健康づくりを推進していくこと（ヘルスプロモーティングスクール）を提唱している。これは、健康的な学校づくりを自ら行い続けることができ、さらに地域の健康づくりの拠点となる学校である。

我が国でも、WHO の理念が平成9年保健体育審議会答申*において「ヘルスプロモーションの理念に基づく健康の保持増進」として取り上げられた。

また、平成20年中央教育審議会答申**においてもヘルスプロモーティングスクールの体制を整えておくことの重要性について取り上げている。

GLOBAL SCHOOL HEALTH INITIATIVE構想（WHO, 1995）
【8領域】
① 総合的な学校教育
② 健康的な学校環境
③ 学校ヘルスサービス（健康管理）
④ 学校保健と地域保健との連携による活動
⑤ 教員のためのヘルスプロモーション計画
⑥ 給食・栄養教育
⑦ 体育・レクリエーション・スポーツ活動
⑧ カウンセリングとその社会支援体制

3）ヘルスプロモーションと養護教諭

養護教諭は専門的な立場から健康上の問題を包括的に的確に把握し、学校として何ができるかについて十分な情報を提供する必要がある。子供たちの視点に立ち、学校の問題点を学級担任や保護者とは異なる角度から指導していく視点を提供することもある。さらに、養護教諭は健康問題が個人への指導や学校教育だけでは解決できないことを様々な機会を通して伝え、校長・教職員・保護者・地域社会に働きかけることにより、理解と協力を求め、組織的に取り組んでいく方策を実践していくことになる。

喫煙防止教育において考えてみると、喫煙している生徒の指導だけではなく、いつでもタバコを吸える環境そのものをも問題とし、働きかけの対象と考える。具体的には、職員会議等の場で教職員に禁煙を呼びかけ、さらに、保護者・地域の人々に学校保健委員会等でタバコの自動販売機の撤去や学校全面禁煙化運動を働きかけることにより健康的な学校環境を整えていく。このような運動は、教職員のみならず、学校内に出入りする人すべてを対象とすることである。

このように、養護教諭はヘルスプロモーティングスクールについて、理解を深めるとともに、コーディネーター的役割を十分に果たすことにより、学校と地域社会を連携させた効果的な取組を実践する力を必要とされている。

---

*保健体育審議会答申
（21世紀に向けた健康の在り方）
WHO のオタワ憲章（1986年）においても、「人々が自らの健康をコントロールし、改善することができるようにするプロセス」として表現されたヘルスプロモーションの考え方が提言され、急速に変化する社会の中で、国民一人一人が自らの健康問題を主体的に解決していく必要性が指摘されている。ヘルスプロモーションは、健康の実現のための環境づくり等も含む包括的な概念であるが、今後とも時代の変化に対応し健康の保持増進を図っていくため、このヘルスプロモーションの理念に基づき、適切な行動をとる実践力を身に付けることがますます重要になっている。

**子どもの心身の健康を守り、安全・安心を確保するために学校全体としての取組を進めるための方策について（中央教育審議会答申）
（学校における健康・安全に関する推進体制の構築について）
子どもたちが抱え、直面する様々な心身の健康課題に適切に対処し、解決していくためには、単に個人の課題としてとらえるだけでなく、学校、家庭、地域の連携の下に組織的に支援することが大きな意味を持つことに留意する必要がある。そのためには、学校においても、子どもと教職員の健康の保持増進のために組織的な取組が容易となるよう、校長のリーダーシップの下、日ごろから運営上の方針や原則について検討し、教職員の役割分担を明確にしつつ、体制を整えておくことが大切である。これは、ヘルスプロモーションを学校において具体的に展開するヘルスプロモーティングスクールとしてWHO でも示されている。

4) プリシード・プロシードモデル

　従来、健康教育のモデルでは、知識を得ることで人々が態度を変え、その結果、行動を変えていくというものが主流であった。しかし1991年 Green が作った本モデルは、Green の健康教育の定義である「個人や集団、地域において健康にかかわる行動を健康問題の準備因子、実現因子、強化因子をおさえながら自発的に変えていくこと」を実現するためのモデルとなっている。このモデル図をたどっていくと、健康教育がどのようにして健康に関する社会問題の解決にかかわっていくか理解することができる。

　本モデルはヘルスプロモーションプログラムの作成にあたり、事前の評価あるいは先行条件となる諸条件、特に対象者の特性やコミュニティの特性を把握することを目的として行うニーズの査定を重視している。

　学校保健においてはプリシードモデルの段階でニーズアセスメント（児童生徒・保護者・教職員の要求、欲求等の診断）を行う。そしてプロシードモデルで実施したあとの評価を行うことになる。

　プリシード・プロシード（Green & Kreuter, 1991）モデルを用いて口腔内衛生の例を示した。

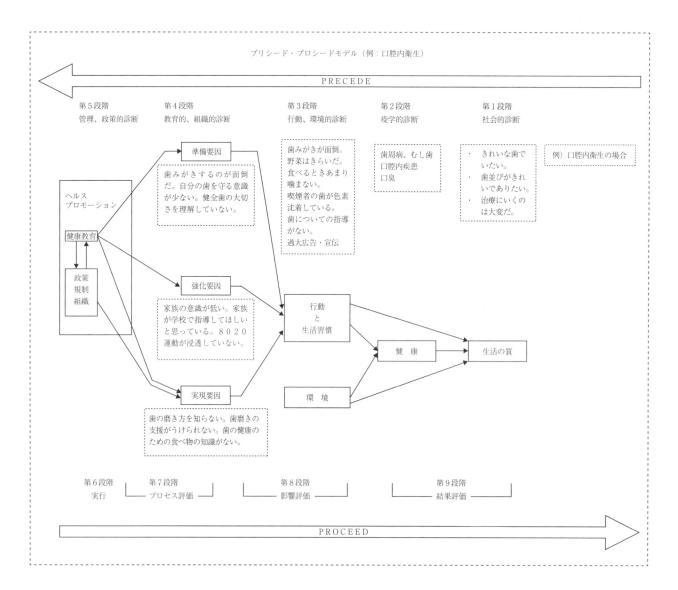

4 活動計画及び評価

1）活動計画の意義

養護教諭の活動内容は、年間を通して行うものや特定の期間に行うもの、ある学年を対象に行うもの等が混在している。そのため、より効果的で能率的な活動の展開に結びつけるためには、具体的な活動計画を立案し、活動内容の見通しを持つことは重要である。

活動計画の立案にあたっては、学校教育計画や学校保健計画、保健室経営計画が指針となり、活動内容は養護教諭独自の活動や学校保健計画に関連する内容、保健室経営に関するものと関連させる必要がある。また、保健室経営計画も、学校保健計画と同様に教職員に提示し、教育活動として理解が得られていると、養護教諭独自の活動内容や児童生徒への教育的役割を共通理解することになり、効果的な活動につながる。

活動計画と活動記録の評価は、適宜行い、次年度への検討資料として活用するとより改善された活動計画の立案に結びつく。

養護教諭複数配置の場合は、より具体的な計画を立てることが相互の活動内容の確認にもつながり、効果的に複数配置の機能を発揮できるといえる。

2）計画立案上の配慮事項

計画にあたっては、次の内容を配慮して立案するとよい。児童生徒の健康課題やそれぞれの学校における重点目標を盛込み、計画を立てる必要がある。計画した内容は、養護教諭自身が定例の職員会や職員の打ち合わせ会、保健だより等を活用して、教職員、児童生徒、保護者に適宜伝えていく必要がある。

このように、実施にあたって計画は不可欠であり、また、評価はその後の活動や次年度の活動にとって重要である。一日の活動計画や週、月の評価を行い、次へつないでいく工夫や活動の修正や工夫も行っていくと重点目標に結びつけることができる。

① その年度の重点目標を明確にする。
　児童生徒の健康実態、環境の問題点、地域社会の実態等を把握し、具体的な目標を設定する。
② 学校教育計画及び学校保健計画に沿って具体的に立案する。
③ 活動計画は、学期・月・週・日と分類して立案する。
④ 一日の活動計画では、勤務校の日課を考慮して計画する。
⑤ 活動内容や時間に余裕を持たせた計画とし、必要に応じて修正できる余地を残しておく。
⑥ 実施状況を適宜評価することを計画的に組み込み、いつでもフィードバックできるようにしておく。

第1章　養護教諭の職務の発展

3）活動計画と評価

　専門性を発揮するためには、職務全体を見据えながら年・月・週・日の計画を立案し、具体的に展開することが重要である。それぞれの計画を立案することによって、一年間の流れや月、週、一日の流れをイメージすることができるため、諸計画の準備や実施に必要な時間の予測と必要事項の確認を行うことができる。さらに、健康相談や保健指導等の計画も織り込みやすくなる。

	年間活動計画	月間活動計画	週の活動計画	一日の活動計画
	年度計画の際に計画的に入れておく	月の活動の流れを見通して活動を入れておく	行事に伴う活動内容と関係者との計画は具体的に入れておく	一日の活動の流れを見通して活動できるようにしておく
内容	Ⅰ養護教諭独自の内容 ①救急処置 ②配慮を要する児童生徒の経過観察 ③個別、グループ、集団の保健指導 ④健康相談 ⑤健康問題の分析、研究 ⑥疾病予防や健康増進の働きかけ ⑦学校保健計画の立案に参画 ⑧保健室備品等の点検と補充計画 ⑨年間活動のまとめと評価 Ⅱ学校保健計画と関連する内容 ①養護教諭が担当する保健行事の具体案（薬物乱用防止教育、性の健康教育、歯・口腔や目の健康教育等） ②学校安全、環境衛生に関する事項 ③児童生徒保健委員の指導に関する事項 ④学校保健組織活動に関する事項	①月例保健行事の具体案（体重測定、健康相談等） ②救急医薬品等の点検と補充 ③児童生徒保健委員会活動の指導に関する事項 ④学校保健指導活動に関する事項 ⑤諸帳簿の記入整理 ⑥月ごとの統計分析（救急処置、健康相談、病気欠席しらべ等）と支援 ⑦執務のまとめと評価 ⑧翌月の計画	①週の具体案・関係者との連携確認 ②救急医薬品等の点検と整備 ③諸帳簿の記入整理 ④執務のまとめと反省 ⑤次週の計画	①保健室の整備 ②健康観察と事後措置 ③病気欠席状況の確認 ④校内巡視、環境衛生、安全の日常点検 ⑤救急処置 ⑥健康相談 ⑦保健指導 ⑧執務のまとめと反省 ⑨翌日の計画 ⑩その他
実施後の評価	①活動目標は達成され、目標は妥当であったか ②計画に基づいて年間の職務が円滑に実施できたか ③健康問題を的確に把握し、改善に向けての検討、支援はできたか ④把握した健康問題を児童生徒、教職員、保護者と共通理解でき、その方法は適切であったか ⑤救急処置の実態から課題を把握し、改善に向けての検討、支援を適切に計画したか ⑥配慮を要する児童生徒への保健指導、健康相談等の支援活動や方法は適切であったか ⑦疾病予防や健康増進の取組やその方法は適切であったか	①月の目標は妥当であったか ②計画に基づいて月の職務が円滑に実施できたか ③来室状況等から健康問題を的確に把握でき指導に結びつけ、関係者と共通理解することができたか ④月間の救急処置から実態を把握し、課題を把握したか	①週の具体案は妥当であったか ②計画に基づいて週の職務が円滑に実施できたか ③来室状況等から健康問題を的確に把握し具体的な指導が実施できたか ④救急処置から問題を把握し適切に対応できたか	①一日の計画案は妥当で、実行できたか ②健康観察の結果に基づき事後処置を実施できたか ③来室状況等から健康問題を的確に把握し、指導できたか ④救急処置を適切に行い、関係者に連絡・連携できたか

4）学校種別による執務の特徴

　学校教育法には、幼稚園、小学校、中学校、高等学校、中等教育学校、特別支援学校、大学、高等専門学校について、それぞれの発達段階に沿った教育目標が示されている。それを受けて、学校では児童生徒数の規模や地域の違い等によって、それぞれの特性に応じた経営と運営がなされている。こうした違いに加えて、児童生徒等の身体的、精神的発達やその特性及び疾病の罹患状況等によって多様化している健康課題は、校種によって指導のあり方が大きく異なっている。そのため、それぞれの学校の特性や児童生徒等の実態に即した計画的、体系的な活動を養護教諭の専門的視点で展開し、職務の遂行を図ることが求められている。

　ここでは、校種の特性と児童生徒等の特徴や課題を挙げ、さらに各校種の具体的執務の特徴を述べる。

《校種の特性と児童生徒等の特徴や課題》

	幼稚園	小学校	中学校	高等学校	特別支援学校
心身の発育・発達		←――― 成長発達が著しい ―――→		・発育が緩やかになる ・身体的機能がより発達する	・成長発達は小・中・高校に準ずる
	・免疫獲得（リンパの発達が著しい） ・軟骨の割合が高い ・生まれ月による個人差が大きい	・高学年女子の体格が男子を上回る ・個人差が大きい	・体格の男女差が明確になる ・女子の運動能力が14歳でピークとなる（男子は20歳前後）		・多種多様な障害がある ・障害により個人差が大きい
		・中高学年から二次性徴が発現する	・異性への興味関心が高まる	・愛情の対象が異性へ向かうようになる（男女交際）	
			←――― 異性との関係が発展する ―――→		
			・性的発達が著しい ・体型、容姿、性に関する悩みが多い	・性成熟期に向かう	
			←――― 自己内面的な時期 アイデンティティ（自我同一性）の形成 ―――→		・病気、障害に対する不安が大きい
	・言葉（表現）を獲得する ・自己中心的な傾向がある（人との関わりを通して他者を理解していく） ・衣服の着脱や排便などが自立に向かう	・低学年は言語表現が未熟 ・低学年で衝動的な行動が見られる ・有意義な仕事をしようとする熱意（勤勉性）が出てくる	・心の変化が大きい ・第二反抗期に入り大人や社会に対し批判的な言動を取る ・進路への期待と不安が高まる	・親から精神的に自立する ・職業選択の準備期に入る	・障害により表現方法に差がある ・将来の生き方に不安がある
	・生まれて初めての体験を日々重ねる（感情体験を含む）	・ギャングエイジの中学年では集団行動をとる ・友人関係が広がる	・同性の友人関係が親密になる ・部活動等で先輩との関係ができる	・社会性がより発達する	

第1章　養護教諭の職務の発展

	幼稚園	小学校	中学校	高等学校	特別支援学校
健康・安全	・ほとんどが乳歯（年長児の一部に永久歯がみられる） ・遠視や不同視性弱視の幼児がみられる ・視神経が発達（視力がアップしていく）	・乳歯から永久歯に生え変わる時期 ・う歯罹患率が高い ・低学年では遠視傾向の児童がみられる	・歯周疾患がみられる	・歯周疾患が多い	・障害により健康上の課題が異なる ・障害が重度重複化している
			内科的訴えで保健室を利用する生徒が多い		
			近視傾向の児童生徒が増加する		
	・幼児体型から学童の体型に変化していく	・肥満傾向児童の増加がみられる	コンタクトレンズの装着者が多くなる		・医療的援助を必要とする場合が多い
	食物アレルギーの児童生徒がみられる				
	・食物アレルギーの症状からアレルゲンが判明する	食物依存性運動誘発アナフィラキシーの児童生徒がみられる			・肢体不自由及び病弱特別支援学校の児童生徒は、抵抗力が弱く感染しやすい
	喘息、アトピー性皮膚炎の罹患率が高い				
			月経についての不安や悩みがある		・運動量が少ないため、肥満傾向の児童生徒が多い
		・低学年の学校感染症罹患率が高い	性にかかわる問題が多くなる（性感染症）		
	・感染症罹患率が高い ・低身長の疑いのある幼児がみられる		飲酒、喫煙問題が多くなる		
			起立性調節障害の児童生徒がみられる		
			心に悩みを持つ生徒が増える 過敏性腸症候群が見られる		
	虐待のサインを発している場合がある		精神疾患の発症期		
			摂食障害、リストカットが見られる		
	家庭的背景が学校（園）生活に大きく影響する		・心理的、身体的機能が不安定 ・あらゆる面で個人差が著しい		
			不登校の児童生徒が目立つようになる		
学習指導体制及び教育活動	・学級担任制だが教職員全員でかかわる	・学級担任制であるが、一部教科担任制をとる	教科担任制である		・小学部は学級担任制、中学部、高等部は、中学・高等学校に準ずる
	・幼児期の特性を踏まえ、環境を通して行う教育活動（遊びを中心に） ※「健康」「人間関係」「環境」「言葉」「表現」の5領域を総合的に捉えている	・いろいろな形態の教育活動を行っている（学年単位、低中高学年別単位、縦割り形式）	学年単位で活動することが多い		・学年、学部単位で活動する ・学校により部活動を実施している
			部活動に参加している 部活動顧問等他の教員との関わりがある		
				・興味関心、進路等により教科を選択して履修する	・日常生活で介助を要する児童生徒がいる

（1）養護教諭の具体的執務

① 保健管理

保健管理に伴う 保健指導	養護教諭の「見る・観る・診る・看る」という眼と心と手（スキンシップ）が個々の児童生徒の保健管理と指導に大きな影響を及ぼし、次の展開への要素となる。「みる」ことの広さと深さを認識することが大切である。
環境衛生	学校薬剤師と連携をとり、定期及び日常の環境衛生検査を行い管理と指導にあたる。また学級担任や他の教職員と協力して、環境の日常点検・改善・指導等を行う。教育活動としての日常点検活動は、自主的な環境衛生管理能力の育成にもつながる。

② 保健教育

教科における 保健教育 保健指導 総合的な学習の 時間	教科における保健教育は、健康や安全に関する理解を通して実践力（思考・判断、行動選択、意思決定）を育てる目的がある。 保健指導は、日常の具体的な問題に即して自ら実践していくことのできる能力や態度の育成を目指し、あらゆる機会をとらえて行われている。また、保健管理に伴う保健指導においても、保健教育の目的が活かされるように努める。 〈実施にあたって考えられる場面や方法〉 ・ 児童生徒の発達段階に応じて個別・集団指導を適切な時間と場所を設定して実施する。 ・ 必要に応じて特別活動や総合的な学習の時間等にもかかわり、指導を行う等協力する。 　　┌ 資料の提供や専門的知識に基づき助言する 　　└ 学級担任とティーム・ティーチング形態で指導にあたる ・ 兼職発令により保健の授業を担当し、学習を進める。
健康相談	健康相談には、学校医と協力して行うものと養護教諭が主体となって行うものがある。 養護教諭は日々変化する児童生徒の心と体に関心を持ち、健康の保持増進へのアプローチと支援を行う必要がある。 〈健康相談対象者〉 ・ 健康観察簿：欠席、早退、遅刻、主訴が多い ・ 健康診断結果と事後措置の記録簿：未治療、治療中断等 ・ 救急処置簿：頻回来室児童生徒（傷害、疾病）、不定愁訴等 ・ 養護教諭の判断：他の児童生徒とかかわりが持てない、爪かみ、チック、表情がさえない、奇声を発する等 ・ 児童生徒の希望 ・ 担任から連絡を受けた児童生徒 ・ 保護者等から相談依頼のあった児童生徒 ・ 学校行事に参加させる場合に必要と認めた児童生徒 ・ その他 相談時には児童生徒や保護者の主体性・独自性・社会性を尊重し、健康増進に向けての意思決定を支援する。場合によっては、担任や関係職員・専門機関と連携をとり、経過観察や事後措置にあたる。いずれの場合も計画を立て、健康相談後に記録を残し、評価を行うことが大切である。
安全指導	（小・中・高等学校の内容を参照のこと）
学校給食	・配膳や摂食時における安全と衛生について教職員と協力し、指導と管理にあたる。感染症の発生防止に、年間を通じて努める必要がある。最近は「腸管出血性大腸菌」や「ノロウイルス」の集団感染が発生しているので、徹底した手洗いや配膳時の管理や指導が必要である。 ・学校給食という日常的な事柄を教材として活用し、食事と健康について保健指導を行うことは、具体性があり指導の効果が期待できる。食事内容や摂取量については個に応じた配慮が必要である。食物アレルギーのある児童生徒を把握し管理しながら支援する必要がある。

第1章　養護教諭の職務の発展

③　組織活動

児童生徒 保健委員会	（小・中・高等学校の内容を参照のこと）
学校保健委員会	学校保健委員会は、学校保健の課題や当面の問題について検討し、保護者や地域との連携を取りながらその解決に向けて活動を推進していくことを目的としている。養護教諭は保健主事や教務主任、他の関係職員と連携をとり、会の運営に積極的に関わり、資料提供、助言等の支援も行うことが求められている。

（2）小学校における具体的執務の特徴

①　保健管理

保健管理に伴う 保健指導	・学校において予防すべき感染症（麻疹・風疹・水痘・流行性耳下腺炎・インフルエンザ等）は、低学年ほど罹患しやすい。 　流行期の把握と健康観察・適切な保健指導を行う。 ・乳歯と永久歯の交換期である。 　萌出初期のう歯予防や要注意乳歯の適切な指導、歯列異常や不正咬合のある児童の指導と管理が重要である。 ・ぜん息・アトピー性皮膚炎・食物アレルギー等の疾患を有する児童の実態を把握する。 　季節・個人差等考慮して指導方針や対応を明らかにしておく必要がある。 ・身長・体重等の発育の様子が個別に的確に把握できるよう指導・助言する。 　成長に関する資料や情報等を提供し、自らの成長に関心を持ち生活習慣等を見直すことができるよう支援する。 ・救急処置は単なる処置に終わることなく、受傷児童の感情を捉えて対処し、気持ちの安定を図るようにする。 　この体験を健康・安全指導の貴重な教材として、活かすことが効果的な指導につながる。つまり、「けがをした原因を探求する心の育成」「自分ができる応急手当の理解」「その後の処置への関心と実践意欲の高揚」「教師や保護者に報告することで家庭での手当の確認」「手当の科学的意味」等、発達段階に応じた学習の場となる。 ・身体測定は、学級担任と協力・連携して、健康管理と保健指導に活用する。 　教育としての測定のあり方を考え、広がりのある保健指導へと結びつける。
環境衛生	・机・いすを適正に配当する。 　児童期は成長発達の盛んな時期であり、内臓諸器官の発達時期でもある。正しい姿勢の保持と学習効率の向上を図るため、身長に応じた机やいすの配当が必要である。また、最前列の児童が黒板を見る際、あごを突き出す等不自由な姿勢にならないように黒板と机との距離を考慮する。机の向きによっては、机上照度が下がることやまぶしさを感じることがあるので配慮する。 ・教室の換気や室温・湿度の状態を把握する。 　定期検査は学校薬剤師によって実施されることが多いが、日常点検は養護教諭や全教職員で実施する。季節・天候によって変化する室温・湿度が学習や健康に適した環境条件を満たすよう調整する。季節によっては換気等により改善を図ることが必要である。 ・照度や輝度の問題、直射日光の差し込み状態を把握し、対策・改善を図る。 ・日常的な騒音等にも配慮する。 ・音楽室のまわりの普通教室は授業にも支障をきたしかねない。教室の配置等も考慮する。 ・手洗い場・水飲み場を清潔に保ち、水道水の日常点検を行う。

②　保健教育

教科における 保健教育 保健指導 総合的な学習の 時間	近年の生活状況の変化により、体育科における保健教育は中学年から実施されるようになった。
健康相談	○児童に対して 　健康相談を必要とする場合には、その内容に応じてタイミングを図り、プライバシーを配慮して呼び出し相談を行う。児童の感情や身体状況に配慮しながら、「今、何を必要としているのか」を焦点化し、支援することが望ましい。 ○学級担任に対して 　情報を交換し、協力・連携して児童の問題解決の計画や支援にあたる。また、保護者との相談に際しては、学級担任の了解や協力を得ながら効果的に進めていくことが大切である。同時に、全職員で共通理解を図り、多くの目で見守っていく協力体制づくりも必要である。 ○保護者に対して 　家庭における児童の様子・保護者の養育状況・児童への保護者の思い等の情報を収集し、児童の立場に立った支援を保護者と連携して行う。保護者が安心して学級担任や養護教諭に心を開き、保護者自身が自分と向き合えるように支援していく。
安全指導	低学年では、潜在危険察知能力が低く、衝動的な行動が多いので、細やかな安全点検が必要となる。中学年では、ギャングエイジの特徴として集団で行動することが多くなるため、一人一人が冷静な判断をすることができなくなってしまう場合がある。また、高学年になると男子は冒険やチャレンジ精神が旺盛となり、自他の能力を無視した行動に出ることがある。そのため、それぞれの発達段階に応じた管理・指導が必要となる。児童の身近な事例や体験は、学習の動機づけとなり、児童の思考を揺さぶる教材となりうる。
学校給食	（養護教諭の具体的執務の内容を参照のこと）

③　組織活動

児童保健委員会	児童保健委員会については、組織活動を通して、児童の保健に関する意識の高揚と自他の生活の改善について、自主的・積極的に活動できるように支援することが大切である。活動そのものにおいても、児童の所属感と充実感を持つことができるように教育的配慮を要する。また、この活動が学校全体の"健康づくり"の中心的な役割として機能するように支援することが大切である。
学校保健委員会	（養護教諭の具体的執務の内容を参照のこと）

（3）中学校・高等学校における具体的執務の特徴

①　保健管理

保健管理に伴う 保健指導	・健康観察を通して、生徒自らが心身の健康状態や生活行動に興味関心を持ち、自主的な健康管理能力を高めることができる。 　健康観察の方法として、生徒自らが記録する個人の健康観察簿の活用がある。その際、学級担任、生徒保健委員等に健康観察の要領や着眼点等を明確に示しながら、生徒に記録の要点が伝わるように継続して支援していくことが大切である。 ・起立性調節障害や過敏性腸症候群、便秘、摂食障害等が多くみられる。 　これらが疑われる生徒には、適切な処置や指導を行いながらカウンセリングマインドで対応する。 ・裸眼視力1.0未満の生徒が次第に増加する時期である。 　眼鏡やコンタクトレンズが必要であるにもかかわらず、装着せず、適切な矯正視力を得ていない生徒がみられる。学習内容が高度になり、板書の文字が細くなるため、良好な視力を得ることが必要となる。視覚による情報収集の重要性から、適正な視力を保持するよう矯正することの必要性を指導する。

第1章　養護教諭の職務の発展

	・う歯以外にも歯肉炎並びに歯周疾患が増加する時期である。 　歯周疾患の理解とその予防のために、ブラッシング方法の指導等の他、「噛む」ことの意義や大切さについても指導する。8020運動の推進を通して、生涯にわたって歯科保健への関心や良好な生活習慣の育成を図り、行動変容に結びつくよう支援する。 ・思春期には、こころやからだに不安や悩みを持つ生徒が多い。 　女子においては、月経周期やホルモンのバランスに関する情報を提供するとともに、思春期は子宮や卵巣等の女性生殖器が発育途中であり、個人差があることを指導する。月経痛が激しい場合保健室での休養や、痛みを軽減するような体操や処置等を紹介し、月経中の生活について精神面も含めた指導にあたる。痛みが継続する生徒には受診を勧めることも必要である。また、この時期には摂食障害がみられるようになる。女子生徒の場合、体重減少による無月経があり体重管理が必要である。 　男子においては、性器の発育、精通現象、発毛、体臭等の変化や発現に戸惑いや不安を覚える時期である。他者に相談できず、激しい性衝動を罪悪視したり、内向したりする傾向もみられる。性器の清潔について、女子生徒と同様発育に個人差があることを機会を捉えて指導する必要がある。 ・救急処置は小学校での指導と同様であるが、日常のけがの手当や心肺蘇生法等についても、生徒自身が体験できるように指導していくことが大切である。
環境衛生	生徒保健委員会が自主的に環境衛生に関する検査測定を行うことは、問題点の発見とその改善への能力を育成することにつながる。その際、養護教諭が具体的に検査の目的や方法、基準値、事後措置について指導することは、正確な検査を実施するうえから重要である。また、その活動内容を教科保健や総合的な学習の時間に発展的に取り入れることも可能である。

② 保健教育

教科における 保健教育 保健指導 総合的な学習の 時間	この時期の健康問題には、性、飲酒、喫煙、薬物乱用、心の健康問題等があり、また、日常のライフスタイルがかかわっている生活習慣病の問題もある。そのため、保健教育には、生涯にわたる健康を視野に入れて取り組んでいきたいものである。そのことが生徒自身の健康観や自主的健康管理能力を育成することにつながる。
健康相談	○生徒に対して 　思春期は精神的に不安定になりやすいため、さまざまな心の問題が生じやすい。健康相談の対象者の把握は、保健室の機能や養護教諭の職務を通して、様々な場面やきっかけで（健康観察記録、救急処置、保健室来室時の様子、各種健康診断結果、身体測定時、学級担任・保護者からの質問や相談、学校行事、廊下での出会い等）可能である。生徒の対応において大切なことは、聴く姿勢を基本に本人の思いに寄り添うことであり、事実を確認することである。健康相談時には、相談時間を決めることや、相談内容の秘密保持を約束することが大切な場合もある。必要によっては、スクールカウンセラーや専門機関と連携をとりながら健康相談を行う場合もある。 ○学級担任・教科担任・部活動顧問に対して 　養護教諭一人で抱え込まないように、情報交換を密にし、協力・連携して支援にあたる。その際、連携する教師との人間関係は重要なポイントである。学級担任やかかわった教職員の立場を十分配慮し、専門的視点を活かしながらかかわっていくことが重要である。また、ケースによっては、教職員との情報の共有化と生徒から得た情報の秘密保持との板ばさみとなることもあるが、その際は、「生徒にとって何が本当に大切なのか」を考えながら対処することが重要である。 ○保護者に対して 　保護者の中には、何でも話してくれた小学校時代とは違うわが子に、戸惑いと距離感を感じ始め、どう向き合ってよいのか悩んでしまうことがある。相談を受けた場合には、保護者の話に十分耳を傾け、その心情を捉えながら支援する。そのことで保護者は安定感を取り戻し、我が子に接する自信を回復するようになる。 　状況に応じて学級担任と連携をとり、保護者に関係機関への相談を勧めることも必要である。

安全指導	学校の施設設備の安全点検は定期的に実施する必要がある。安全点検結果については、日常のけがの状況等の結果も踏まえて、専門的立場から教職員に報告し、担当者に改善を求めなければならない。また、生徒同士の事故については生徒指導部と連携をとりながら、その改善に組織的に取り組む必要がある。健康安全教育においては、教職員の連携や協力を得ながら、資料提供、ティーム・ティーチングによる指導に取り組む。この時期は、通学範囲も広がり、バス・電車等公共交通機関や、自転車の利用も多くなるため、事故や傷害の防止のための指導が必要である。また、台風・大雨・降雪・落雷等の悪天時の安全指導も必要に応じて実施しなければならない。
学校給食	（養護教諭の具体的執務の内容を参照のこと）

③　組織活動

生徒保健委員会	生徒保健委員会は、健康増進のための自主的活動である。組織活動を通して、生徒自身が健康について学習し、それを学校全体に発信できる機会でもある。集団での学び合い、語り合いの学習活動を積み上げていく中で、所属感や充実感を感じとり、生徒は自主的に活動する能力を育んでいく。そこでの学びを発信して、他者からの承認を得ることで、自己肯定感を持つようになる。こうした「生きる力」につながる活動となるよう支援する必要がある。
学校保健委員会	（養護教諭の具体的執務の内容を参照のこと）

（4）特別支援学校における具体的執務の特徴

①　保健管理

保健管理に伴う保健指導	・児童生徒の障害は、年々重度・重症化、多様化してきている。 　症状が複雑化し、日常的な感染による発熱、多発する発作や疲労しやすさ等がみられるようになってきた。そのため、主治医や学校医等との連絡を十分に取ることや、病院や福祉施設等に併設又は隣接している学校においては、各専門家との連絡・情報交換も必要となる。 ・校種によっては、独自に健康診断項目を設けている。 　例えば、視覚特別支援学校の視野検査・眼底検査、聴覚特別支援学校の肺活量測定、肢体等特別支援学校の整形外科診断等がある。心身の発達や自己表現方法に個人差が大きいことを理解して健康診断を実施することが大切である。 ・校種により健康上の課題が異なる。 　知的特別支援学校では、てんかん発作のある児童生徒が多く、そのため、服薬の内容や状況を把握しておく必要がある。ダウン症の児童生徒に心臓疾患・アトピー・頸椎亜脱臼を併発する傾向がみられること、また自己確認が難しく、周りとのコミュニケーション不足からパニック状態に陥る児童生徒がいること等、一人一人の心の成長や発達を熟知することが必要となる。 　肢体等特別支援学校では、脳性まひの児童生徒には体温の調節困難、てんかん、股関節脱臼を合併しているケースが多く、体幹の保持が不安定なため、転倒事故に結びつくことがある。水頭症ではシャント手術を施行した場合のトラブル、心臓疾患ではペースメーカーを埋め込んでいる場合の電磁波問題等個別に注意することが必要となる。また、病弱・身体虚弱の児童生徒には、排痰や食物の咀嚼・嚥下の困難なことが多く、かつ抵抗力が弱く、感染しやすいため、特に日常の健康観察・管理が重要である。 　視覚特別支援学校では、網膜剥離を起こしやすい状態にある児童生徒が多く、自覚症状を訴えた際の適切な対応が求められる。また糖尿病の児童生徒への健康管理と低血糖発作時の対応については、教職員間の共通理解が大切である。 　聴覚特別支援学校では、かぜによる聴力低下や中耳炎がみられる。日常的に聴力低下に留意する。
環境衛生	特別支援学校では、特に、児童生徒の個々の障害の状態に応じた学習環境づくりとその管理が必要である。例えば、異物誤飲のおそれのある児童生徒の周囲の整頓や、体温調節が困難な児童生徒のための冷暖房等による室温の調整、ぜん息の児童生徒の使用する教室に加湿機の設置等、健康に配慮した環境整備が必要である。視覚特別支援学校では、気温が14℃を下回ると指先の感覚が鈍り点字が読み取りにくくなるため配慮する。

第1章　養護教諭の職務の発展

② 保健教育

教科における保健教育保健指導総合的な学習の時間	・基本的生活習慣の確立と身辺自立 摂食、排泄の自立、身体の清潔等、個々の課題は多様である。学校と家庭が一体となり一人一人の心身の障害や実態に応じた個別の指導計画や学習計画を立てる必要がある。さらにそれらの計画を基に基本的な生活習慣の確立やコミュニケーション能力の向上、よりよい人間関係等を学べるような指導・支援を行うことが重要である。 ・健康の保持増進 自らの訴えが的確に表現できない児童生徒が多いため、日常の健康観察により、心身の健康状態を把握することが必要である。症状があれば専門医への受診をすすめ、その後の経過や対処法について保護者・担任と共通理解を図る。 ・健康の自己管理能力の育成 障害や健康上の課題に対して適切な指導助言を行い、児童生徒が、自ら積極的に改善・回復に努めることを支援する。さらに、一人一人の実態に即した指導の積み重ねが不可欠である。 ・寄宿舎との連携 寄宿舎は、通学が困難な児童生徒の家庭という役割の他に、生活リズムをつくる等生活基盤を整え、自立という社会参加を培う重要な場となっている。寄宿舎教育職員と児童生徒の健康課題について、連絡・情報交換を行い、また、研修の機会をもつ等共通理解を図ることが大切である。さらに、感染症や食中毒の発生防止、予防に努める必要がある。
健康相談	児童生徒のみならず、保護者からも、病気や障害に対する不安や将来の生き方、社会参加等も含めて相談を受けることがあり、健康面のアドバイスや新しい医学・福祉の情報が求められる。つまり、児童生徒の障害に基づく諸々の問題点の改善・克服を図るための支援や障害を受容するための支援は、本人の情緒の安定を図り、保護者の心の負担を軽減することにつながる。精神科医を校医とする学校もあり、必要によっては相談しながら問題を解決する場合もある。
安全指導	障害のため、状況判断が難しく、突発的な行動や予期せぬ事故がしばしばある。そのため、施設・設備の定期的な安全点検を行い、危険性を認識しながら指導・介助にあたることが重要である。エレベーターやスロープ、手すり、点字ブロック等の点検も不可欠であり、安全点検の結果は教職員に周知徹底しなければならない。
学校給食	知的障害児には、偏食のある児童生徒が多くみられ、給食を通して行う食に関する指導は重要である。また、嚥下の不得手な児童生徒も多く、誤嚥性肺炎を起こさないよう注意して指導にあたることや、食後の口腔内食物残渣の除去、歯みがき指導も重要である。給食は、個々の疾病や障害に応じた食事となる。例えば、視覚特別支援学校における糖尿病性網膜症の糖尿病食、肢体等特別支援学校等では、きざみ食、軟菜、ペースト食等の食事が必要となるため、栄養教諭や学校栄養職員との連携を密にしながら、管理と指導にあたることが大切である。

③ 組織活動

児童生徒保健委員会	（小・中・高等学校の内容を参照のこと）
学校保健委員会	（養護教諭の具体的執務の内容を参照のこと）

5 学校保健における職務の分担

学校保健を運営するためには、職務分担を明確にし、教職員及び学校医・学校歯科医・学校薬剤師等がそれぞれの役割を理解し、組織的、有機的に活動することが求められる。

（石川県養護教育研究会作成　S44年・H14年・H18年・H19年・H21・R1年更新）

職別〈法的根拠〉　項目	校　　長〈学教法37条①④・60条①・69条①〉（含法的根拠等）	保健主事保健担当職員〈学教規45条〉	養　護　教　諭〈学教法37条①⑫〉	学　校　医学校歯科医学校薬剤師〈学保法23条〉〈学保規22・23・24条〉	一　般　教　職　員
全般の任務	○学校保健安全法・令・規則等の周知徹底をはかり、その実施管理の総括責任を負う〈学教法12・21・37条・学保法1・31条〉○関係機関との連絡交渉○保健担当職員の決定と指導	○学校保健の事項についての企画、調整をはかる	○児童生徒の養護をつかさどり、学校保健の推進につとめる	○学校保健管理に関する専門的事項についての助言、指導、並びに実施にあたる	○学校保健の推進に協力する。○担任は学級の児童生徒の健康管理・保健指導に直接あたり、健康の保持増進をはかる
学校保健計画〈学保法5条〉	○計画の決定○校務分掌の決定	○計画立案、連絡調整	○参画、協力、資料提供と助言	○参与	○計画立案に進言と協力
実施計画（定期・随時）〈学教法12条、学保法13・14・17、学保規3～11条〉	○計画の検討と決定○学校行事への位置づけ	○日、場所、検査担当と補助員の分担○関係機関との連絡○日課における時間調整	○計画作成に協力、器具点検準備○健康診断票準備（保健調査票、歯の検査票を含む）〈学保規8条〉	○指導○参与	○実施計画への進言
実施〈学保規3・6・7条〉〈文部科学省令〉	○管理と指導○健康手帳の作成（局長通知S36.2）	○運営調整	○学級担任への連絡○保健調査票、移管された健康診断票等から特に留意を要する児童生徒とその事項の把握と資料作成○健康手帳の準備	○従事医療面、生活規正、要精検勧告者の決定と指導	○児童生徒への周知徹底と指導○保護者への連絡○保健調査実施○健康診断票作成
事後措置〈学保法12・14条〉	○疾病予防・治療指示、その他教育的措置（学習、運動、作業の軽減または停止、変更、行事の参加軽減等）○精検、治療勧告	○協力○教育措置への連絡調整	○必要な医療面、生活規正の確認とその他保健指導等、保健管理についての必要事項の掌握○周知徹底と保健指導と助言○精検、治療勧告書の作成と学級担任、保護者への配付○精検、治療勧告者の保健指導と健康相談の実施による経過観察○精検、治療状況の確認と健康回復への支援	○精検、未検診者検診従事○疾病異常者に対しての健康相談に従事〈学保法8条〉○疾病の予防処置に従事	○担任は児童生徒の医療面、生活規正該当者の掌握と教育措置の配慮と確認○常時健康観察を実施○精検、治療について該当児童生徒の保健指導にあたり、保護者への連絡○精検、治療状況の確認と支援○健康診断票並び健康手帳の記入整理
結果の活用と評価	○結果の把握と教育計画への活用	○結果の把握○まとめ○評価○次年度の計画	○結果のまとめと、教育計画への資料作成と助言・提言○事後措置の徹底○評価	○助言・協力	○健康手帳の活用○結果の資料の活用（保健学習、保健指導、生活指導）

－（41）－

第1章　養護教諭の職務の発展

職別〈法的根拠〉　項目	校　長〈学教法37条①④・60条①・69条①〉（含法的根拠等）	保健主事保健担当職員〈学教規45条〉	養　護　教　諭〈学教法37条①⑫〉	学　校　医学校歯科医学校薬剤師〈学保法23条〉〈学保規22・23・24条〉	一　般　教　職　員
学校給食衛生管理とその指導	○総括責任 ○児童生徒の栄養管理〈学給法2条〉 ○食品衛生管理 ○調理場、食器、配膳器具の衛生管理 ○給食委員会の配置と係担当者の決定 ○学校従事者の健康管理	○協力 ○関係機関との連絡調整	○衛生管理の指導と助言 ○調理従事員の健康管理と指導に協力 ○栄養指導 ○給食を通しての保健指導	○環境衛生定期点検 ○栄養（献立）についての指導	○食事マナーの指導 ○栄養指導 ○衛生指導
保健組織活動　職員組織活動　学校保健委員会　児童・生徒保健委員会　学級保健活動	○組織活動担当者の決定 ○計画の検討と指導助言 ○活動状況の把握と助言 ○学校保健委員会の開催（局長通達S33.6）	○組織の計画運営、推進 ○調整と連絡	○指導、助言、協力 ○資料提供	○指導、助言 ○参画	○学級保健活動の計画、運営、指導 ○参画（職員保健活動、学校保健委員会）
研　修	○計画と実施〈地公法39条、教特法21・22条〉 ○職員の参加体制の考慮	○計画立案 ○参加	○参加 ○指導、助言、協力 ○資料提供等協力、助言 ○専門分野について提言	○指導、助言、協力 ○資料提供等 ○専門分野について提言	○参加 ○学校教育諸問題について提言
保健室の管理と経営	○設備の充実と機能〈学教規1条、学保法7条〉	○運営と協力	○専門分野について提言 ○管理、経営責任者 ○保健管理、保健指導、救急処置、健康相談等合理的、教育的な経営 ○保健センターとしての運営と経営 ○諸帳簿、保健教育資料の整備と活用	○指導、助言	○教育的活用
学校保健事務　○日本スポーツ振興センター　○医療援助事務	○要保護、準要保護児童・生徒の選定と確認 ○事務担当者の決定 ○医療費申請と給付〈学保法24条、学保令8条〉 ○受給状況の把握と経理事務の監督、指導	○協力 ○連絡調整	○受給傷害の要因分析 ○災害報告書等の作成事務に協力 ○医療援助事務に協力		○指導 ○保護者への連絡 ○災害報告書等の作成事務に協力 ○医療援助事務に協力
学校保健の評価	○総括責任 ○学校教育への反映	○問題発見と要因の分析 ○次の計画へ資料として活用	○問題発見と要因の分析 ○研究と対策に活用 ○次の計画に活用	○助言と協力	○協力、意見提言 ○課題の明確化

○記載については、紙面の都合上、ここでは、下記のように略記する。
（註）学　教　法……学校教育法　　　　　　学　保　規……学校保健安全法施行規則　　　学　給　法……学校給食法
　　　学　教　令……　〃　　施行令　　　　局長通知……文部省体育局長通知　　　　　S　　……昭和
　　　学　教　規……　〃　　施行規則　　　局長通達……文部省体育局長通達　　　　　H　　……平成
　　　学　保　法……学校保健安全法　　　　地　公　法……地方公務員法
　　　学　保　令……　〃　　施行令　　　　教　特　法……教育公務員特例法

第1章 養護教諭の職務の発展

項目 \ 職別〈法的根拠〉	校　長〈学教法37条①④・60条①・69条①〉（含法的根拠等）	保健主事 保健担当職員〈学教規45条〉	養護教諭〈学教法37条①⑫〉	学校医 学校歯科医 学校薬剤師〈学保法23条〉〈学保規22・23・24条〉	一般教職員
健康相談	○計画と実施〈学保法8条〉 ○結果に基づく教育的措置 ○時間の設定、協力 ○施設、設備の充実 ○教育的措置への配慮を要する児童生徒の掌握	○実施協力 ○連絡調整	○対象者の選定、準備、協力、資料整備 ○結果の掌握と事後措置 ○必要な教育相談も含めた個別相談の実施 ○学級担任への協力、支援	○従事（生活規正、医療面決定指示） ○指導、協力	○対象者選定に協力、資料提供 ○保護者連絡、同席 ○結果に基づく経過観察と指導と管理 ○情報提供、協力、経過観察、保護者との連絡 ○必要な教育相談も含めた個別相談の実施
健康観察	○実施者の決定 ○実施時期、場所、方法、内容について検討と助言 ○結果の把握と指導	○計画 ○実施	○日常の健康状態の観察 ○保健室来室児童生徒の観察と指導、相談 ○健康状態に応じた支援 ○経過観察	○指導、助言	○日常の健康状態の観察 ○朝の健康観察 ○異常を認めた児童生徒の保健室への移送 ○保護者連絡 ○経過観察
救急処置	○救急管理体制の確立 ○安全移送措置への配慮 ○災害事故の実態把握	○協力 ○必要により従事	○従事（判断・処置・指導） ○救急体制の整備（器具、薬品、衛生材料、連絡網）と明示 ○機会をとらえた教育	○指導、助言 ○必要により従事	○簡単な応急処置 ○保健室への連絡 ○保護者への連絡 ○児童生徒の保護と指導 ○養護教諭が行う救急処置に協力
保健教育　教科における保健教育	○教育課程の編成〈学教法21条⑧〉 学習指導要領告示 小学校　　H29.3 中学校　　H29.3 高等学校　H30.3 特別支援（幼・小・中・高）各学校段階に準じて実施	○指導 ○協力	○指導〈教育職員免許法附則15項〉 ○助言、協力	○指導、助言 ○必要により従事	○指導
保健教育　集団保健指導 学校行事等	○総括責任 ・計画の検討 ・実施状況の掌握と管理 ・助言	○計画 ○連絡調整	○保健指導と管理	○指導、協力 ○必要により従事	○指導の周知
保健教育　個別指導 健康観察 健康診断 健康相談	○実施状況の掌握、援助	○指導 ○協力	○実施・支援	○指導、協力 ○必要により従事	○健康観察の徹底 ○保護者への連絡 ○経過観察

第1章　養護教諭の職務の発展

項目／職別〈法的根拠〉		校　長〈学教法37条①④・60条①・69条①〉（含法的根拠等）	保健主事　保健担当職員〈学教規45条〉	養　護　教　諭〈学教法37条①⑫〉	学　校　医　学校歯科医　学校薬剤師〈学保法23条〉〈学保規22・23・24条〉	一　般　教　職　員
学校安全	安全管理	○学校環境の安全管理責任 ・安全点検 ・事後措置 ・危険物除去等 〈学保規28・29条〉	○安全管理計画立案と教育活動の企画推進	○安全点検を指導し、潜在危険の発見とその事後措置（保健自治活動としての教育活動を指導） ○傷害事故の要因を分析し、安全な環境への改善に助言	○指導、助言、協力 ○必要により従事	○安全点検活動の指導 ○担当教室等の安全点検実施 ○潜在危険を発見し、改善要請と進言
	安全教育	○安全教育計画指導、検討、徹底（学習指導要領準拠）教科、道徳、特活、総合的な学習において実施 ○交通安全指導	○計画立案、協力、推進	○計画に協力 ○傷害事故要因を分析し、安全教育に必要な資料を提供するとともに専門的立場での助言 ○必要に応じ直接指導	○指導、助言	○安全教育実施 ○評価
学校環境衛生		○管理、維持、改善 〈学保法6条、学保規1・2条〉	○環境衛生検査及び維持改善の企画連絡調整	○日常検査活動の実施と指導（児童生徒保健自治活動） ○定期検査への協力、保健的環境維持、改善への助言と提言	○保健的環境維持への助言 ○定期検査実施 ○日常検査における指導と協力 ○事後措置への指導、助言	○教室等の清掃、換気、採光、照明、保温等、環境衛生の維持管理と指導の徹底 ○改善への要請
感染症・食中毒の予防	発生防止	○関係機関との連絡、予防体制確立 ○学校で予防すべき感染症 〈学保規18〜21条、学保法19条〉	○環境衛生管理 ○流行期の予防と対策 ○流行時の対策	○環境衛生管理について指導、助言 ○旅行時の安全確認と指導 ○流行期情報の早期入手と対策についての進言 ○学校給食についての衛生管理の指導、助言 ○保健指導の実施	○環境衛生検査に従事 ○結果に基づく指導、助言	○生活指導 ○保健指導・給食指導の徹底 ○健康観察の徹底 ○旅行時の安全確認と指導
	発生時の措置	○校医・関係機関との連絡、報告 ○出席停止指示と報告 〈学保法19・20条、学保令5・6・7条〉 ○出席停止の期間の基準 〈学保規19条〉 ○臨時休業（学級閉鎖を含む） 〈学保法20条〉 ○保護者の指導 〈学保法19・学保令5・6条、学保規19条〉 ○消毒及び予防措置 〈学法規21条〉 ○臨時健康診断の実施 ○予防接種への協力	○校医、関係機関との連絡調整 ○環境衛生管理の徹底 ○臨時健康診断の計画	○出欠状況の把握 ○健康観察の徹底 ○感染源の究明と措置 ○保健指導の徹底 ○臨時健康診断に協力	○防疫体制の実施 ○指導、助言 ○臨時健康診断に従事	○出欠状況の把握 ○健康観察と異常の早期発見 ○保健指導の徹底 ○保護者への連絡 ○臨時健康診断に協力

資料 1 - 1　養護教諭の新たな役割と求められる資質（平成20年 1 月17日中央教育審議会答申より、養護教諭の部分抜粋）

Ⅱ－2－（1）養護教諭

① 養護教諭は、学校保健活動の推進に当たって中核的な役割を果たしており、現代的な健康課題の解決に向けて重要な責務を担っている。平成18年度の調査によると、子どもの保健室の利用者は、1 日当たり小学校41人、中学校38人、高等学校36人であり、養護教諭の行う健康相談活動がますます重要となっている。また、メンタルヘルスやアレルギー疾患などの子どもの現代的な健康課題の多様化により、医療機関などとの連携や特別な配慮を必要とする子どもが多くなっているとともに、特別支援教育において期待される役割も増してきている。そのため、養護教諭がその役割を十分果たせるようにするための環境整備が必要である。

② 養護教諭の職務は、学校教育法で「児童生徒の養護をつかさどる」と定められており、昭和47年及び平成 9 年の保健体育審議会答申において主要な役割が示されている。それらを踏まえて、現在、救急処置、健康診断、疾病予防などの保健管理、保健教育、健康相談活動、保健室経営、保健組織活動などを行っている。また、子どもの現代的な健康課題の対応に当たり、学級担任等、学校医、学校歯科医、学校薬剤師、スクールカウンセラーなど学校内における連携、また医療関係者や福祉関係者など地域の関係機関との連携を推進することが必要となっている中、養護教諭はコーディネーターの役割を担う必要がある。このような養護教諭に求められる役割を十分に果たせるよう、学校教育法における養護教諭に関する規定を踏まえつつ、養護教諭を中核として、担任教諭等及び医療機関など学校内外の関係者と連携・協力しつつ、学校保健も重視した学校経営がなされることを担保するような法制度の整備について検討する必要がある。

③・④　略

⑤ 深刻化する子どもの現代的な健康課題の解決に向けて、学級担任や教科担任等と連携し、養護教諭の有する知識や技能などの専門性を保健教育に活用することがより求められていることから、学級活動などにおける保健指導はもとより専門性を生かし、ティーム・ティーチングや兼職発令を受け保健の領域にかかわる授業を行うなど保健学習への参画が増えており、養護教諭の保健教育に果たす役割が増している。そのため、保健教育の充実や子どもの現代的な健康課題に対応した看護学の履修内容の検討を行うなど、教員養成段階における教育を充実する必要がある。

⑥　略

⑦ 近年、社会的な問題となっているいじめや児童虐待などへの対応に当たっては、すべての教職員がそれぞれの立場から連携して組織的に対応するための校内組織体制の充実を図るとともに、家庭や、地域の関係機関等との連携を推進していくことが求められている。養護教諭はその職務の特質からいじめや児童虐待などの早期発見・早期対応を図ることが期待されており、国においても、これらの課題を抱える子どもに対する対応留意点などについて、養護教諭に最新の知見を提供するなど、学校の取組を支援することが求められる。

⑧ 子どもの健康づくりを効果的に推進するためには、学校保健活動のセンター的役割を果たしている保健室の経営の充実を図ることが求められる。そのためには、養護教諭は保健室経営計画を立て、教職員に周知を図り連携していくことが望まれる。また、養護教諭が充実した健康相談活動や救急処置などを行うための保健室の施設設備の充実が求められる。

第1章　養護教諭の職務の発展

資料1-2　養護教諭制度の変遷

1　学校看護婦の誕生

　我が国で初めて学校に看護婦が雇い入れられたのは、1905年（明治38年）、岐阜県竹ヶ鼻小学校及び笠松小学校であり、その職務は軽症のトラホームの子に対する洗眼点眼であった。この看護婦雇用は期限つきのもので、笠松小学校では、トラホーム被患率が24.6％となり1年後に解雇された。以降の治療は校医に嘱託された。こうしてトラホーム対策看護婦は次第に増え、巡回、パートタイムで勤務した。その後、トラホームが減少し、この派出（巡回）看護婦に新たな任務が付与されていった。

2　包括的保健活動への発展

　1921年（大正10年）、堺市では、5名の学校看護婦を採用し学務課所属とし、市内全般を巡回した。その職務はトラホーム治療のほか身体検査（健康診断）、応急（救急）処置、校外行事への付き添い等学校衛生全般にわたっていた。服務や給与は、学校職員と同等であり、当時としては画期的な位置づけであった。1922年（大正11年）、大阪市に学校医の制度に準じて1校1名専任駐在制の新しい学校看護婦が置かれた。職務は救急処置や学校行事への参加等、包括的な保健活動にまで広がった。

　大阪市北区斉美学区では6学区内小学校全てに1校1名専任制をとり現在の養護教諭の原型をみることができる。1926年（大正15年）この頃になると、学校看護婦も急激に増加し900名余の配置となった。

3　教育的役割の養護訓導

　1929年（昭和4年）、文部省訓令「学校看護婦ニ関スル件」が交付され、職務内容に関して全国的統一がなされた。昭和に入って学校看護婦は飛躍的に増加し全国1438名となった。しかし、この頃の身分は、教員ではなく教員の補助的な職種とみなされていた。その後教育職員としての身分確立を求める職制運動が展開された。1934年学校衛生調査会では、学校看護婦の名称を学校衛生婦と改称したが、職務内容については従来のままであった。1941年（昭和16年）国民学校令の中に「国民学校令ニハ…養護訓導ヲオク」「養護訓導ハ学校長ノ命ヲ承ケ児童ノ養護ヲ掌ル」と規定され教育職員としての身分が確立し、養護という独自の専門的な職務が明確にされた。

4　養護教諭の発展

　1947年（昭和22年）の学校教育法により、小学校、中学校、高等学校の六三三制が定められ、養護訓導は養護教諭に改称された。養護教諭の職制は同法28条で「児童（40条で中学校に準用する場合は「生徒」）の養護を掌る」となった。1949年（昭和24年）、教育職員免許法が制定され養護教諭養成制度が定められた。しかし、大学教育において行われる教員養成とことなり、昭和23年に制度化された保健婦助産婦看護婦法＊に基づく養成に依存することとなった。1953年（昭和28年）、教育職員免許法の改正により、大学における養護教諭の養成が開始されることになった。また、看護婦の免許の有無とは関係なく養護コースが設けられた。1962年（昭和37年）、国による養護教諭養成が開始され、国立8大学に看護婦免許の所有者に一級免許を授与する養成コースが設置された。さらに、昭和40年に、国立養護教諭養成所（3年コース）が全国9ヶ所に設置された。我が国の養護教諭は、学校におけるヘルスサービスの提供者としてのスクールナース（学校に勤務していても教員という身分はなく、正規の看護婦である。）とは違い、教育職員である。医学的素養をベースに、保健室の機能を活かした専門職として、世界に類をみない職業である。

＊現在は、2002年3月より看護師、保健師、助産師と名称が統一された。

保健室の変遷

検査室・医務室

学校診察室

衛生室

保健室

資料1-3　養護教諭になるには

養護教諭になるには、まず養護教諭免許状を取得し、免許取得後に都道府県教育委員会（公立学校）やそれぞれの学校（私立学校）が行う採用試験を受験して合格しなければならない。
養護教諭普通免許状には専修免許状、1種免許状、2種免許状の3種類がある。
それぞれの免許取得方法は以下のようなものがある。

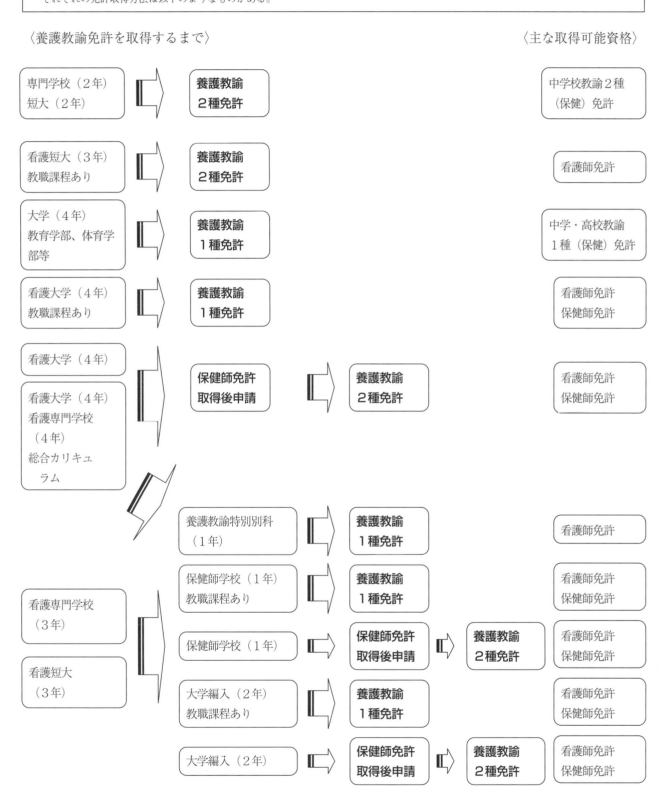

○養護教諭専修免許は、養護教諭養成に係る大学院（2年）修了で取得可能である他、養護教諭1種免許状を取得後、必要な在職年数を満たし専門及び教職科目の単位を修得し、申請することで取得可能である。

第1章　養護教諭の職務の発展

資料1-4　生涯にわたる心身の健康の保持増進のための今後の健康に関する教育及びスポーツの振興の在り方について

（1997保健体育審議会　答申　一部抜粋）

Ⅰ　生涯にわたる心身の健康に関する教育・学習の充実
（21世紀に向けた健康の在り方）

　　国民の健康をめぐって今日指摘されている様々な問題は、経済や科学技術等の発展に伴う社会の変化によって生じたものであり、これらの変化は今後も基本的には変わらないと予想される以上、その克服のためには、国民一人一人が、これらの心身の健康問題を意識し、生涯にわたって主体的に健康の保持増進を図っていくことが不可欠である。

　　健康とは、世界保健機関（WHO）の憲章（1946年）では、病気がなく、身体的・精神的に良好な状態であるだけでなく、さらに、社会的にも環境的にも良好な状態であることが必要であるとされている。すなわち、健康とは、国民一人一人の心身の健康を基礎にしながら、楽しみや生きがいを持てることや、社会が明るく活力のある状態であることなど生活の質をも含む概念としてとらえられている。

　　したがって、国民の生涯にわたる心身の健康の保持増進を図るということは、すなわち、このような活力ある健康的な社会を築いていくことでもあると言えよう。

　　また、健康を実現し、更に活力ある社会を築いていくためには、人々が自らの健康をレベルアップしていくという不断の努力が欠かせない。WHO のオタワ憲章（1986年）においても、「人々が自らの健康をコントロールし、改善することができるようにするプロセス」として表現されたヘルスプロモーションの考え方が提言され、急速に変化する社会の中で、国民一人一人が自らの健康問題を主体的に解決していく必要性が指摘されている。ヘルスプロモーションは、健康の実現のための環境づくり等も含む包括的な概念であるが、今後とも時代の変化に対応し健康の保持増進を図っていくため、このヘルスプロモーションの理念に基づき、適切な行動をとる実践力を身に付けることがますます重要になっている。

資料1-5　年間養護活動計画（例）　（中学校）

生 徒 数：524名　　学級数：16クラス
教育目標： 1．心身ともに健康で人間性豊かな生徒を育てる
　　　　　 2．向上心を持って意欲的に学ぶ生徒を育てる
　　　　　 3．人権を尊重し自他を大切にする生徒を育てる

			前年度からの課題等	活　　　動	評　　　価
	欠席・健康しらべ		・木曜日にパソコン入力ができないことが多いので、確認を確実にする必要がある。 ・中1に不登校の生徒の増加がみられる。	・パソコン入力と記録ノートの双方を活用する。パソコンは保健室での確認、統計に使用し、記録ノートは学級担任、教科担任が随時確認できるために使用する。記録ノートの回収は木曜日にする。 ・欠席が連続3日の場合は、教育相談部と連携しその原因を知るために早急に対応する。 ・欠席状況、健康観察の結果から環境整備を行う。	・欠席・健康しらべの結果から、生徒のシグナルやおかれている状況を把握できたか。 ・疾病（感染症）の管理、予防の機会をのがさずタイミングよく対応したか。
	健康調査			・1年生は、授業参観日を利用して、保護者と面談を行い、健康管理を行う。 ・健康手帳や調査から健康管理の必要な生徒の把握を行い、教職員で共通理解を行う。 ・学校生活管理指導表の確認を確実に行う。	・必要な内容を把握し、教職員で共通理解できたか。
生徒の実態	定期健康診断	内　科	・二次検査を受けるまでの時間がかかる。	・二次検査の必要性を知らせるために、保護者懇談会等を利用する。	
		歯　科	・自己の口腔環境について関心を持たせる必要がある。 ・必要な治療を行わない生徒が多い。	・検診前に保健だよりを通じて学級で指導する時間を設定する。 ・自分の口腔内に関する関心を持たせ検診時に自分から質問させる。 ・治療の終わらない生徒に、個別保健指導を行う。	
		尿検査	・治療観察を継続している生徒の尿提出状況が少ない。	・該当生徒や保護者と連絡をとり、かかりつけの病院での検査を確実にしていくように促す。	
		要配慮者	・学校管理指導表の提出が遅く把握しにくい事例があった。	・7月の懇談会で学級担任から保護者に依頼、確認をしてもらう。 ・次年度も継続観察が必要な場合は、3月末に保護者に依頼文を提出する。	
	救急処置	内　科	・体調不良の原因を考えない生徒がいる。 ・保健室来室回数の多い生徒がいる。	・来室時の検温、脈拍、症状等を来室カードに記入させる。応急処置の方法もアドバイスする。 ・そのデータから原因を気づかせる。 ・生活習慣に関連すると考えられる生徒には、その体調に至らないためにはどうすればよいかを考えさせる指導を行う。 ・来室回数の多い生徒には、内面の問題も含めて対応し、健康相談活動に結びつけ、学級担任等と連携を取る。	・保健室来室者に自分の健康状態から気付きをつかませたか。 ・来室回数の多い生徒に対する健康相談活動ができたか。
		外　科	・生徒自身ができる応急処置がされていない。 ・けがの状況の説明が不得意である。	・生徒自身ができる応急処置を説明し、実践させるようにする。 ・けがの状況を説明できるように、質問や記録用紙記入で促す。	・専門的立場から応急処置の必要性を指導できたか。
	その他		・健康診断の精検結果の内容や保健室来室の生徒の様子から本人、保護者面談が必要な生徒がいる。 ・保健室カードを有効に使用し、保健室来室状況を、教科担任、学級担任に知らせる工夫を継続する。	・保護者との面談は、学級担任、学年とも連絡し、保護者懇談会を利用する。 ・生徒の状態に合わせて、タイミングよく面談を設定する必要がある場合は、学級担任、学年、保護者と連絡調整し、随時行う。	・必要に応じて保護者との相談の機会を持つことができたか。 ・保護者と受診結果も含めてスムーズな連絡が取ることができたか。
保健教育	薬物乱用防止教室		・会場の大きさを検討する必要がある。	・保健学習、専門家による講演、道徳教育を結びつけて設定し、薬物の害のみを教えるのではなく生き方に結びつく指導を行う。	・関連教科と結びつけた設定ができたか。
	性教育に関する講演会		・講師のスライドの字が細かくて生徒が読みにくかった。 ・内容が、生徒の実態（事前アンケート）と合っていなかった。	・生徒の実態や教職員の要望等をもとに、事前打ち合わせを十分に行う。 　　・生徒の実態 　　・スライドの内容や文字の大きさ 　　・講演の内容	・講師との打ち合わせができたか。 ・生徒の実態や教職員の意図にあったものとなったか。
	ピュアキッズ		・メールによる友だち同士のトラブルがある。 ・知らない生徒からのメールに対応する生徒がいる。	・メールやインターネット等情報を媒体とした犯罪について指導する。 ・アダルト系サイトについても、法律規制を含めて指導を行い、その危険性を理解させる。	・インターネット等情報の危険性について、指導することができたか。
	心の健康		・友だちの気持ちを考えずに言葉をつかい、喧嘩になったりする。	・道徳教育と関連させて、言葉の使い方は人間関係に影響することを指導する。	・日常生活の中での言葉の使い方を考えさせることができたか。

前年度の反省から、改善の必要な課題を入れておくと具体的な活動を考えることができて良い。

今年度の活動として取り組む内容を記載する。
学校保健計画、学校安全計画や保健室経営等と関連させて考えよう。

評価を行い、次年度への活動に結びつけよう。

第1章　養護教諭の職務の発展

資料1-6　一日の活動計画（例）　（小学校）

日課区分	項　目	内　容
始業前	◇活動準備 ◇児童観察	・保健室の準備、医薬品の点検整備 ・登校児童の観察（表情、顔色、姿勢、行動等） ・前日に早退した児童やけがをした児童の受診結果や経過観察
朝礼	◇諸連絡 ◇健康観察の援助 ◇欠席状況の確認	・保健関係の連絡事項が児童に周知するよう学級担任に依頼 ・係の児童や保健委員の指導、学級担任への助言 ・学級担任から依頼のあった児童への的確な判断と処置、指導、関係者への連絡 ・学級担任、保護者からの情報収集、長期欠席者への対応
学習時	◇校内巡視 ◇保健学習、総合的な学習の時間、道徳等への協力	・環境衛生、保健安全面に関する日常点検とその対応（校舎内の衛生状態、飲料水、照度、室温、換気、危険箇所の発見等） ・ティーム・ティーチングと資料の提供
特別活動	◇学級活動の協力 ◇委員会活動の指導	・保健指導資料の提供、保健指導の担当、ティーム・ティーチング ・児童保健委員会活動の指導
休み時間	◇来室者の対応 ◇児童観察 ◇委員会活動の常時活動の指導	・救急処置、健康相談、保健指導、児童観察 ・遊びや行動を観察し、児童理解や潜在危険の発見を行う ・児童保健委員会の活動を支援
昼食時	◇保健指導と給食指導	・手洗い、うがい、歯みがき指導、栄養指導
清掃時	◇保健指導	・清掃指導
業後	◇保健指導 ◇家庭訪問 ◇活動のまとめ	・疾病や異常の発見された児童の個別、グループ別指導 ・児童の相談に対する個別指導 ・長期欠席児童に対し必要時実施 ・一日の活動内容の評価と翌日の準備
		上記のほか、日課区分によらず行う執務 ・来室者の対応（救急処置、健康相談、保健指導、児童観察） ・保健行事の準備、実施、事後措置 ・調査の集計や統計処理 ・健康課題の分析と対応・教育方針の検討 ・諸帳簿の記入整理 ・保健だよりの作成　　　　　　　　　　　　　等

資料1-7　一日の活動の様子（例）（高等学校）

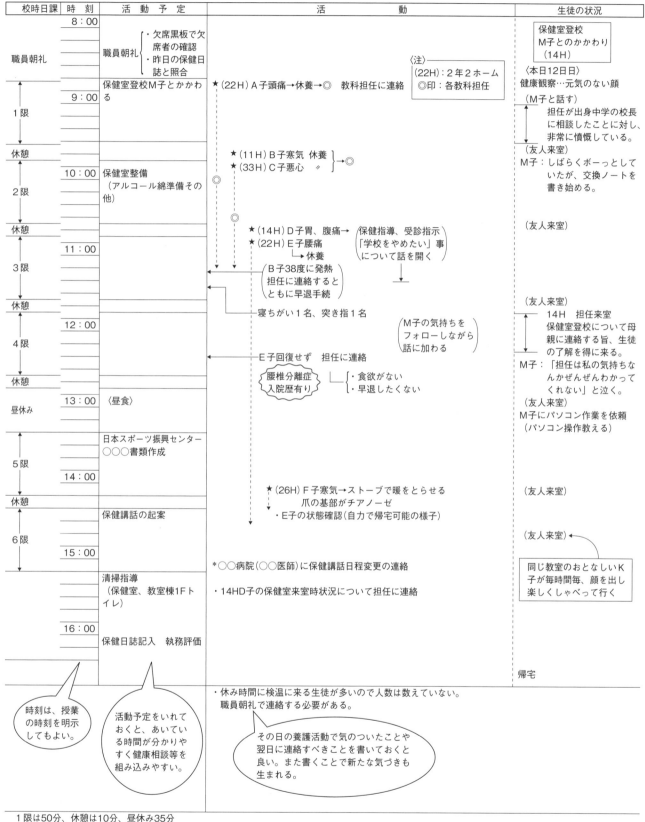

1限は50分、休憩は10分、昼休み35分

第1章　養護教諭の職務の発展

資料1-8　教員免許更新制

　平成19年6月の改正教育職員免許法の成立により、平成21年4月1日から教員免許更新制が実施されることになった。

目的：免許更新制は、その時々で求められる教員として必要な資質能力が保持されるよう、定期的に刷新の知識技能を身に付けることで、教員が自信と誇りを持って教壇に立ち、社会の尊敬と信頼を得ることを目指すものとする。

【基本的な制度設計】

　○新免許状（平成21年4月1日以降に初めて授与された免許状）には10年間の有効期限が付される。
　　以降10年ごとに修了確認期限の更新が必要である。

　○旧免許状（平成21年3月31日以前に初めて授与された免許状）所持者にも更新制の基本的な枠組みが適用される。旧免許状には有効期限は付されていないが生年月日によって最初の修了確認期限が設定（表1-3）される。
　　以降10年ごとに修了確認期限の更新が必要である。

　○教員免許状を有効な状態で保持するためには、有効期間満了日又は修了確認期限の2年2か月前から2か月前までの2年間に、大学などが開設する30時間以上の免許状更新講習を受講・修了した後、免許管理者（都道府県教育委員会）に申請する必要がある。

表1-3

	生年月日	最初の修了確認期限	免許状更新講習の受講期間及び更新講習修了確認申請期間	次回の修了確認期限
①	昭和30年4月2日～昭和31年4月1日 昭和40年4月2日～昭和41年4月1日 昭和50年4月2日～昭和51年4月1日	平成23年3月31日	平成21年4月1日～平成23年1月31日	平成33年3月31日
②	昭和31年4月2日～昭和32年4月1日 昭和41年4月2日～昭和42年4月1日 昭和51年4月2日～昭和52年4月1日	平成24年3月31日	平成22年2月1日～平成24年1月31日	平成34年3月31日
③	昭和32年4月2日～昭和33年4月1日 昭和42年4月2日～昭和43年4月1日 昭和52年4月2日～昭和53年4月1日	平成25年3月31日	平成23年2月1日～平成25年1月31日	平成35年3月31日
④	昭和33年4月2日～昭和34年4月1日 昭和43年4月2日～昭和44年4月1日 昭和53年4月2日～昭和54年4月1日	平成26年3月31日	平成24年2月1日～平成26年1月31日	平成36年3月31日
⑤	昭和34年4月2日～昭和35年4月1日 昭和44年4月2日～昭和45年4月1日 昭和54年4月2日～昭和55年4月1日	平成27年3月31日	平成25年2月1日～平成27年1月31日	平成37年3月31日
⑥	昭和35年4月2日～昭和36年4月1日 昭和45年4月2日～昭和46年4月1日 昭和55年4月2日～昭和56年4月1日	平成28年3月31日	平成26年2月1日～平成28年1月31日	平成38年3月31日
⑦	昭和36年4月2日～昭和37年4月1日 昭和46年4月2日～昭和47年4月1日 昭和56年4月2日～昭和57年4月1日	平成29年3月31日	平成27年2月1日～平成29年1月31日	平成39年3月31日
⑧	昭和37年4月2日～昭和38年4月1日 昭和47年4月2日～昭和48年4月1日 昭和57年4月2日～昭和58年4月1日	平成30年3月31日	平成28年2月1日～平成30年1月31日	平成40年3月31日
⑨	昭和38年4月2日～昭和39年4月1日 昭和48年4月2日～昭和49年4月1日 昭和58年4月2日～昭和59年4月1日	平成31年3月31日	平成29年2月1日～平成31年1月31日	平成41年3月31日
⑩	昭和39年4月2日～昭和40年4月1日 昭和49年4月2日～昭和50年4月1日 昭和59年4月2日～	平成32年3月31日	平成30年2月1日～平成32年1月31日	平成42年3月31日

（引用　文部科学省　教員免許更新制ハンドブック【第3版】）

第1章　養護教諭の職務の発展

資料1-9　教育職員免許法の一部を改正する法律等の公布について（通知）

教育職員免許法の一部を改正する法律等の公布について（通知）

> 平成10年6月25日　文教第234号
> 各都道府県知事
> 各都道府県・指定都市教育委員会教育長
> 各国公立大学長
> 各国立短期大学部学長
> 各指定教員養成機関の長
> 国立特殊教育総合研究所長あて　　　　　　文部事務次官通達

　このたび、別添のとおり、「教職員免許法の一部を改正する法律」（以下「改正法」という。）が、平成10年6月10日法律第98号をもって公布され、平成10年7月1日から施行されることとなりました。また、これに伴い、「教育職員免許法施行規則の一部を改正する省令」（以下「改正規則」という。）が平成10年6月25日文部省令第28号をもって公布され、平成10年7月1日から施行されることとなりました。

　今回の改正の趣旨、要点及び留意事項は、下記のとおりですので、各位におかれては、これを踏まえ、適切な事務処理をお願いします。

　なお、各都道府県・指定都市教育委員会にあっては、貴官下の関係者に対して、今回の改正の趣旨を徹底されるように願います。

記

Ⅰ　改正の趣旨等

　今回の改正の趣旨は、教育職員養成審議会の答申を受けて、教員の資質の保持と向上を図るため、普通免許状の授与を受けるために大学等において修得することを必要とする単位数を改めるとともに、学校教育における社会人の一層の活用の促進を図るため、特別免許状を授与することができる教科及び教員免許を有しない者を非常勤の講師に充てることができる事項の範囲を拡大する等、大学における教員養成の改善及び免許制度の弾力化等を図るものであること。

Ⅱ　改正の要点

1　各担当学校の教員の免許状を有しない非常勤の講師について

　①　免許状を有しない者を非常勤の講師に充てることができる事項について、小学校における国語、社会、算数、理科、生活及びクラブ活動並びに盲学校、聾学校における国語等の各教科及び特殊の教科等の領域の一部に係る事項を新たに加えるとともに、その手続きを授与権者の許可から授与権者への届出に改めること。（改正法による改正後の教育職員免許法（昭和24年法律第147号。以下「新法」という。）第3条の2及び4条並びに改正規則による改正後の教育職員免許法施行規則（昭和29年文部省令第26号。以下「新規則」という。）第65条の8関係）

　②　免許法第3条の2第2項に規定する届出について定めること。（新規則第65条の9関係）

2　特別免許状を授与することができる教科について、小学校における国語、社会、算数、理科及び生活並びに盲学校又は聾学校における特殊の教科以外の教科を新たに加えるとともに、特別免許状の有効期間を3年以上10年から5年以上10年以内に改めること。（新法第4条、第9条及び附則第19項関係）

3　盲学校、聾学校又は養護学校において、精神薄弱者に対し特殊の教科以外の教科の教授又は実習を担任する教諭又は講師は、盲学校、聾学校又は養護学校の教諭の普通免許状のほか、小学校、中学校、高等学校及び幼稚園（以下「小学校等」という。）のいずれかの学校の教諭の普通免許状を有する者であれば足りることとすること。（新法第17条の3関係）

4　養護教諭の免許状を有し3年以上の勤務経験のある者で、現に養護教諭として勤務しているものは、当分の間、その勤務する学校において保健の教科の領域に係る事項の教授を担任する教諭又は講師となることができることとすること。（新法附則第18項及び新規附則第33項関係）*

───────────────────────────

＊平成14年5月31日付けの改正で教職員免許法新法附則第18項は、第15項に、新規則第33項は、第34項となった。

5　新法別表第１及び別表第２に規定する、普通免許状の授与を受けるために大学において修得することを要する科目の単位数を改めるとともに、これに伴い、以下の科目の単位の修得方法を改めること。（新法別表第１及び別表第２）

　　―中略―

Ⅲ　留意事項

1　養護教諭が保健の授業を担任する教諭又は講師となることについて

①　新法附則第18項の新設により、養護教諭の免許状を有し、３年以上養護教諭として勤務経験を有する者で、現に養護教諭として勤務している者は、その勤務する学校において「保健」の教科の領域に係る教授を担任する教諭又は講師となることができることとなるが、養護教諭が教諭又は講師を兼ねるか否かについては、各学校の状況を踏まえ、任免権者又は雇用者において、教員の配置や生徒指導の実情等に応じ、教育指導上の観点から個別に判断されるべき事柄であり、本来の保健室の機能がおろそかになるような事態を招くことのないよう、留意する必要があること。

②　養護教諭が年間の教育計画に基づき、組織的、継続的に、保健の領域に係る事項のうち一定のまとまった単元の教授を担任する場合にあっては、当該養護教諭を教諭又は講師として兼ねさせる発令が必要となること。

③　新法附則第18項は、養護教諭の免許状を有する者について、「保健」の教科の領域に係る事項の教授を担任する場合に限り「教諭又は講師」となることができるとするものであり、新法附則第２項の適用はないこと。

2　新法別表第１又は別表第２に規定する小学校等の教諭又は養護教諭の普通免許状の授与を受ける場合の教職に関する科目の単位の修得方法について

①　新規則第６条第１項の表及び第10条の表に掲げる科目に係る授業科目の名称については、その内容が明らかになるように配慮しつつ、各大学において適切に定めるとともに、大学は、当該大学における授業科目と同表に掲げる科目及び各科目に含めることが必要な事項との対応について、免許状の授与の申請がなされる際に授与権者に対して文書で示すこと。

②　新法別表第１に規定する中学校教諭の普通免許状の授与を受ける場合の教育実習及び別表第２に規定する養護教諭の一種の授与を受ける場合の養護実習の単位数を引き上げたことについて、教育実習を行う学生の円滑な受入の確保については、とりわけ都道府県・市町村教育委員会及び各学校の関係者に協力を願いたいこと。

③　普通免許状の授与を受けるための所要資格について、大学は、当該学生が新法あるいは旧法いずれの規定の適用により免許状の授与を受けるかについて、免許状の授与の申請がなされる際に授与権者に対して文書で示すこと。

④　新規則第６条第１項の表及び第10条の表に掲げる教職に関する科目については、教員養成を目的としない学科等においても、内容に応じ、当該学科等の卒業に係る科目として開設されているものを充てても差し支えないこととする。これに伴い、「教育職員免許法施行規則の一部を改正する省令の公布について」（平成３年６月20日文教教第123号教育助成局長通知）記Ⅲ１については、これを廃止すること。なお、卒業に係る科目として開設されているものを教職に関する科目に充てるに際しては、教職の専門性の維持の観点から、その適切な水準の確保を図る必要があること。

3　新法の施行に伴い、現在小学校の教諭の一種免許状若しくは二種免許状又は養護教諭の一種免許状若しくは二種免許状の認定課程を有している大学、文部大臣の指定を受けている養護教諭養成機関及び文部大臣の指定を受けている教員養成機関については、新たに新法による課程の認定又は文部大臣の指定を受ける必要があること。この場合の手続き等については、別途各大学、養護教諭養成機関及び教員養成機関に通知する予定であること。

第2章　学校保健計画

1　学校保健計画の意義

2　養護教諭と学校保健計画

3　学校保健計画の立案（Plan）
　1）立案の手順と留意点
　2）学校保健計画の内容

4　学校保健計画の実施（Do）

5　学校保健計画の評価（Check）と改善（Action）
　1）評価（Check）
　2）改善（Action）

第2章　学校保健計画

1　学校保健計画の意義

　学校保健計画*は、学校保健に関することを、学校全体の立場から年間を見通した基本となる計画である。また、学校保健計画は、児童生徒の健康課題の解決に向け、学校全体が一体となり、教育課程の中で学校保健活動を推進していくための計画である。この計画は、保健教育と保健管理の円滑な推進や関係職員と連携をしていくための計画でもあり、これらの計画に必要な組織活動の活性化や学校外の関係機関と協力支援を得ながら連携するためにも必要である。

　このことから、学校保健計画を適切に立案し、組織的・計画的かつ効果的に実施することは教育の目的に結びつくといえる。

> ＊学校保健安全法第5条
> （学校保健計画の策定等）
> 　学校においては、児童生徒等及び職員の心身の健康の保持増進を図るため、児童生徒等及び職員の健康診断、環境衛生検査、児童生徒等に対する指導その他保健に関する事項について計画を策定し、これを実施しなければならない。

2　養護教諭と学校保健計画

　養護教諭は、学校保健の専門職として、その専門的立場から学校保健活動を評価し、保健主事に協力して、次年度の学校保健計画の立案に参画していくことが求められる。そのためには、健康診断の結果や学校環境衛生検査の結果、日常の保健室経営等から児童生徒の健康課題を把握・分析し、情報を専門的に提供していく必要がある。

　学校保健計画の実施は、全教職員で進めていかなければならない。養護教諭は、学校医や学校歯科医・学校薬剤師等の関係職員と連携するとともに、児童生徒が自分の健康を守り育てていくという意識や態度、実践力が身につくような保健室経営目標と連動させていく必要がある。

3　学校保健計画の立案（Plan）

　学校保健計画の作成にあたっては、学校や地域の実情に応じ、学校独自の計画を作ることが大切である。ただし、法律で規定された①児童生徒等及び職員の健康診断、②環境衛生検査、③児童生徒等に対する指導に関する事項を必ず盛り込むこととする**。

　図2-1に示したように、立案、実施、評価、改善の流れを有効に活用して作成していくことが重要である。

　なお、学校保健計画の内容については、学校医・学校歯科医・学校薬剤師・教職員のみならず、保護者や地域の関係機関等の理解や協力を得るために、保護者等の関係者に周知を図る必要がある**。

図2-1　学校保健計画の立案、実施、評価、改善

＊＊学校保健法等の一部を改正する法律の公布について（通知）20文科ス第522号　平成20年7月9日　第二留意事項　第1学校保健安全法関連　二（5）3

1）立案の手順と留意点

① 資料の収集 （通年）	・前年度の活動評価と問題点 ・児童生徒の健康状態（発育、疾病被患、治療状況、運動能力、その他、各種保健統計より） ・学校環境衛生の状況 ・児童生徒の学校生活、家庭生活、社会生活における問題点 ・児童生徒の保健教育における問題点 ・学校保健についての組織活動の問題点
② 学校保健目標の決定 （1～2月）	・基礎資料をもとに、年度の重点課題を設定 ・教育目標に沿った目標となるように配慮
③ 原案の作成 （1～2月）	・教育目標に沿った保健目標の設定 ・解決すべき学校保健上の問題点を考慮 ・目標達成のための方法、実施時期、役割分担、評価方法を提示 ・保健主事を中心に、関係職員、関係機関の意見を参考にしながら立案
④ 検討と共通理解 （1～2月）	・原案を分掌部会、職員会議へ提案し協議 ・協議をもとに課題を修正
⑤ 学校保健委員会での協議 （2～3月）	・担当する領域の説明 ・学校保健委員会での意見を聴取し、共通理解
⑥ 決定 （4月）	・職員会議で検討し、校長が最終決定

実施・評価・改善

作成上の留意点

① 地域や児童生徒の実態、学校種別、規模、教職員組織等、学校の実情に即して作成する。
② 前年度の評価をふまえ、収集した資料や調査結果を十分活用して、学校の実態との関連で、適切で実施可能な計画とする。
③ 学校の教育方針、学校諸行事を考慮して実施の重点事項を精選し、有機的な関連をもたせる。
④ 保健教育と保健管理との関連を明確にしておく。
⑤ 関係職員の理解と関心を深めるとともに、責任分担を明確にする。
⑥ 保健管理、保健教育、保健組織活動を含む総合的な計画を立てるとともに、各領域の活動との関連を図る。
⑦ 学校内関係者だけの一方的な計画にならないように、市町村教育委員会等はもちろん、各保健関係機関との連絡調整を十分図る。
⑧ PTAや地域社会の保健活動との連携を図り、児童生徒が校外においても健康で安全な生活が送れるように配慮する。

第2章　学校保健計画

２）学校保健計画の内容*

　学校保健計画の項目としては、「健康教育に関する事項（各月の保健目標と保健指導・保健学習）」「保健管理に関する事項（各月の保健行事、環境衛生に関する事項）」「組織活動に関する事項」が考えられる。内容については、次のとおりである。

事　　項	学校保健計画の内容
保健教育に関する事項	体育科・保健体育科での学年別・月別の保健学習の指導事項
	理科、生活科、家庭科等関連教科における保健に関する指導事項
	総合的な学習の時間における保健に関する学習内容
	道徳における保健に関連する指導事項
	学級活動・ホームルーム活動での月別・学年別指導事項
	学校行事の健康安全・体育的行事の保健に関する行事
	児童会活動・生徒会活動で予想される活動
	児童生徒等に対する養護教諭等による個別または集団対象の保健指導
	その他必要な保健指導
保健管理に関する事項	健康観察や保健調査
	児童生徒の定期・臨時の健康診断
	健康診断の事後措置
	職員の健康診断
	学校保健安全法第8条の健康相談
	定期・臨時の学校環境衛生検査・事後措置
	学校環境の美化清掃
	身長及び体重の測定
	感染症・食中毒の予防措置
	児童生徒の健康に対する意識や生活行動に関する調査
	その他必要な事項
組織活動に関する事項	学校内における組織活動
	学校保健委員会、地域学校保健委員会
	地域、関係機関、団体との連携
	学校保健に関する校内研修
その他必要な事項	学校保健活動の評価
	総合的な学習の時間との関連

＊参照：p.62　資料2-1　学校保健計画（幼稚園例）
　　　　p.63　資料2-2　学校保健計画（小学校例）
　　　　p.64　資料2-3　学校保健計画（中学校例）
　　　　p.65　資料2-4　学校保健計画（高等学校例）
　　　　p.66　資料2-5　学校保健計画（特別支援学校例）

－（ 60 ）－

4 学校保健計画の実施（Do）

　学校保健計画の実施にあたっては、計画に盛り込まれた事柄が確実に実行されることが大切である。教育活動の中に具現化していくには、教職員全員が共通理解した上で、教育活動全体を通して展開していく必要がある。

実施上の留意点

① 活動ごとに実施計画を作成し、教職員全員の共通理解を図り、実施の成果が上がるようにする。
② 指導計画は、毎月学年別に主題ごとに指導計画を作成し、より具体的な資料や教材を整え活用する。
③ 教務主任は他の計画との調整を図り、学校保健計画が適切に実施されるように時間の確保に努める。
④ 保健主事は確実に実施されるように学校保健の全体像を把握する。
⑤ 養護教諭は専門性を活かすとともに、学校医・学校歯科医・学校薬剤師の専門性の活用を図り、連携がとれるようにする。
⑥ 事前に危機管理体制を十分に整える。

---

5 学校保健計画の評価（Check）と改善（Action）*

1）評価（Check）

　学校保健計画の評価は、計画全般、対人管理、対物管理、保健教育、組織活動等の各分野において、全職員で分担して行う。具体的には、教職員全員がそれぞれの役割の中で展開しているか、分掌や役割は適切であるか等、実施上の問題を見直す必要がある。その際、学校の実情に応じて、学校保健計画の評価表を作成することが望ましい。そのことにより、具体的に評価することができ改善へつなげることができる。

評価の観点

① 計画・立案は学校の教育目標や実情を反映させたものになったか。
② 年間計画が学校教育活動と連携し、実施できたか。（年間の学校行事や他の部署の指導計画、教科・単元との進行の連動等）
③ 実施計画が、児童生徒の課題解決にとって有効であったか。
④ 各計画の実施時期は適切であったか。
⑤ 保護者の理解と協力が得られたか。
⑥ 学校医・学校歯科医・学校薬剤師等関係職員と連携ができたか。
⑦ 地域の関係機関の理解と協力が得られたか。
⑧ 実施上の留意点が達成できたか。

2）改善（Action）

　具体的な評価により改善が必要になった事項については、全職員で共通理解を図り、問題点の解決を図ることができるよう方策を改善する。また、評価や学校の実情により明らかになった事項については、必要となった新たな方策を加え、次年度の計画立案や新たな活動方針へとつなげる必要がある。

＊参照：p.67　資料2-6　学校保健計画の評価表（例）

第2章　学校保健計画

資料2-1　学校保健計画（幼稚園例）

重点目標①園での生活を楽しく過ごし、心身の健康に関心を持つ。
②友達と関わりながら、相手も自分も大切にする心を持つ。

月	目標	保健行事 ●組織活動	保健管理		保健指導
			心身面	環境面	
4	身体計測をすすんで受ける	・身体計測 ●エピペン®講習会	・健康診断計画実施 ・健康調査 ・緊急連絡先確認 ・救急体制 ・スポーツ振興センター加入	・薬品点検 ・砂場の消毒 ・園庭の安全点検確認 ・園庭の除草・石拾い	・身体計測事前指導 ・トイレの使い方 ・遊具の安全な使い方 ・手洗い、うがい
5	健康診断をすすんで受ける はだしで元気に遊ぶ	・視力検査（年中・年長） ・尿検査 ・聴力検査（年中・年長） ・内科検診	・検診事後措置	・飲料水検査	・裸足、外遊びの効用 ・排便に関する指導 ・避難経路や放送
6	歯を大切にする	・眼科検診 ・耳鼻科検診 ・体重測定 ・視力検査（年少） ●心肺蘇生講習会 ●親子歯磨き講習会（年中）	・検診事後措置 ・歯の衛生指導 ・梅雨時の生活指導 ・宿泊体験健康調査（年長）	・害虫等の駆除 ・プール水質検査	・検診の事前指導 ・夏の健康な生活 ・安全な水遊び ・宿泊体験に向けて ・夏期休業に向けての保健指導 ・裸足の効用
7	夏を元気に過ごす	・足がたの記録 ●健康相談	・検診事後措置	・プール水質検査	
8				・ぬいぐるみ等の衛生 ・プール水質検査	元気アップカードの活用
9	丈夫な体をつくる	・身体計測 ・視力検査	・夏休みの健康調査	・園庭の除草・石拾い	・生活リズムと睡眠 ・体づくり
10	目を大切にする	・聴力検査（年少）	・視力検査の事後措置	・照度検査	・目を守る生活 ・薄着の習慣
11	みんなで楽しく食べる	・体重測定	・感染症予防（インフルエンザ・感染性胃腸炎等）	・暖房器具の点検 ・保育室の換気温度・湿度の点検 ・空気検査	
12	寒さに負けず元気に遊ぶ	●健康相談			・かぜの予防 ・冬期休業に向けての保健指導
1	感染症を予防する	・身体計測			・雪遊び ・安全な室内遊び ・食育（手づくり昼食、味噌汁昼食）
2					
3	心の成長をふりかえる	・体重測定 ●健康相談	・健康手帳まとめ ・一年のまとめと反省 ・次年度の準備	・ぬいぐるみ等の衛生 ・次年度の準備	・心の成長 ・年度末休業に向けての保健指導

・定期管理（日常）…手洗い場、トイレ、足洗い場、飲料水、牛乳等

・園生活の中で、体験を通して生活習慣を身につけられるよう援助

・足がたとりを各年齢で行い、修了時にこれまでの足がたを見て、成長をふりかえる

資料2-2　学校保健計画（小学校例）

＜保健目標＞健康で安全な生活を営むために必要な習慣や態度を養い、心身の調和的な発達を図る。

月	目標	保健関連行事	保健管理（対人管理）	保健管理（対物管理）	保健教育（保健指導）	保健教育（体育科、関連教科）	組織活動
4	自分の体のことを知ろう	身体測定、視力検査（1,2,3,5年）聴力検査（1年）心臓検診 歯科検診 調理員健康診断	健康診断票の整理 健康面で配慮を要する児童の確認、面談 日本スポーツ振興センター加入手続き 定期健康診断、健康診断事後措置 健康観察（毎日）生活清潔チェック（毎週）	机、椅子の整理 飲料水水質検査 医薬品等の点検	健康診断の受け方 保健室利用の仕方 トイレの使い方 給食後のはみがきについて 遠足時の健康安全指導	たのしい体づくり（2年・学活）	分掌部会 児童保健委員会 前期組織作り PTA保健委員会 組織作り
5	友だちと仲良くしよう	内科検診・結核健診 眼科検診、尿検査1次 耳鼻科検診	定期健康診断 健康診断事後措置 運動会前の健康管理	手洗い場の清潔 環境日常点検の励行 安全点検 備生害虫	健康診断事後措置 健康診断の受け方	好きになる心（6年・学活）動物のからだのはたらき（6年・理科）	児童保健委員会 PTA保健委員会
6	歯を大切にしよう	歯と口の健康週間 尿検査2次 救急法講習会 給食試食会	定期健康診断 健康診断事後措置 運動会、練習時の健康管理 プール学習前の事前健康調査 プール学習時の健康管理	プール水質検査 備生害虫 冷房器具点検	運動会時の健康安全 歯や歯の健康 はみがき指導 プール学習時の健康安全指導	からだをきれいに（1年・学活）毎日の生活と健康（3年・保健）心の発達（5年・保健）生物のくらしと環境（6年・理科）歯と口の健康（1〜6年・学活）	児童保健委員会 PTA保健委員会 プールの安全指導 救急法講習会
7	熱中症に気をつけよう	教職員定期健康診断	健康診断結果のまとめ 個別指導対象児童の確認 疾病治療勧告、健康の記録点検 プール学習時の健康管理	教室内温湿調整 校舎内外の環境点検 照明器具の清潔 プール水質検査	梅雨時の衛生指導 熱中症予防 夏休みの健康安全指導	病原体と病気（エイズ）（6年・保健）	児童保健委員会 PTA保健委員会 分掌部会 行事評価
8							
9	けがをしないように気をつけよう	身体測定 合宿事前調査 学校保健委員会	夏期休業中の健康状態把握 疾病治療状況の把握 プール学習時の健康管理	飲料水水質検査 照明器具の点検 備生害虫、安全点検	身体計測時三二保健指導 けがの防止と自分でできる 応急手当	さそいにのらない（2年・学活）	児童保健委員会 PTA保健委員会 学校保健委員会
10	目を大切にしよう	視力検査 就学時健康診断	健康診断票の記録の整理 健康の記録の点検 配慮を要する児童の確認		目の健康 学習、読書時の姿勢指導	校内の安全（2年・学活）家族の助け合い（3年・学活）目の衛生（1〜6年・学活）	児童保健委員会 後期組織作り
11	寒さに負けない体をつくろう		マラソン大会事前調査 マラソン大会練習時の健康管理	暖房器具の点検	外遊びの奨励 マラソン大会時の健康安全指導	毎日の生活と健康（3年・保健）心の発達（5年・保健）生活のしかたと健康（6年・保健）	児童保健委員会
12	心について考えよう		健康観察の強化 かぜによる欠席調査 手洗い、うがいの励行	教室内室温調整	かぜの予防 保湿と換気の指導 衣服の調節 冬休みの健康安全指導	育ちゆく体とわたし（4年・保健）初経指導・精通指導（4年・学活）人のたんじょう（5年・理科）心と体のつながり（5年・保健）	児童保健委員会 分掌部会 行事評価
1	かぜを予防しよう	身体測定		保温と換気 飲料水水質検査 安全点検	身体計測時三二保健指導 かぜ、インフルエンザの予防と対処 手洗い、うがいの励行	けがの発生（5年・保健）交通事故の防止（5年・学活）安全生活の防止（5年・学活）かぜの予防（1〜6年・保健）	児童保健委員会
2	姿勢を正しくしよう	薬物乱用防止教室		照度測定	スキー教室時健康安全指導 かぜ、インフルエンザ予防 姿勢の指導	命のはじまり（3年・学活）けがの防止（5年・保健）けがの手当（5年・保健）薬物乱用の害（6年・保健）	児童保健委員会
3	健康生活の反省をしよう	幼小連絡会 小中連絡会	健康診断票の整理、健康の記録のまとめ 1年間の学校保健のまとめ 次年度の保健計画立案	机、椅子の移動 保健室内の環境整備	耳の健康 1年間の健康生活の反省の健康指導	育ちゆく体とわたし（4年・保健）不安なとき、なやみがあるとき（5年・保健）	児童保健委員会 分掌部会 行事評価

第2章　学校保健計画

資料2-3　学校保健計画（中学校例）

＜保健目標＞日々の生活を通し、心身の健康を保持増進させる。
＜今年度の重点目標＞自分の健康状態やケガの状況を知ることで、健康な身体づくりができる生徒を育成する。

月	目標	保健管理 — 保健行事	保健管理	保健教育 — 保健指導 集団指導	保健教育 — 保健指導 個別指導	保健体育科（保健分野）1年	2年	3年	組織活動
4	自分の健康状態を知ろう	定期健康診断 ・身体測定 ・視力・聴力 ・内科検診 ・心臓検診 ・耳鼻科検診	保健調査、健康観察 結核問診、机いす調整 緊急連絡体制 学習環境衛生 日本スポーツ振興 センター加入手続き	保健だより 検診前指導 保健室利用 検診の活用	個別調査 検診後指導 応急手当（常時）	健康な生活と疾病の予防	健康な生活と疾病の予防	健康な生活と疾病の予防	学校保健計画立案 分掌部会 生徒保健委員会 PTA保健委員会 前期組織作り 組織作り
5	生活リズムを整えよう	定期健康診断 ・内科検診 ・歯科検診 ・尿検査	学習環境 ・飲料水検査 ・カーテンチェック	保健だより 修学旅行と遠足の健康	配慮を要する生徒の指導 健康相談（常時）		傷害の防止	健康と環境	生徒保健委員会 検診協力
6	歯を大切にしよう	定期健康診断 歯と口の健康週間	保健統計 健康診断未受診者検診 冷房器具点検	保健だより 歯科指導 からだの衛生 手洗い励行	疾病の治療通知 検診未受診者対応	心身の機能の発達と心の健康			生徒保健委員会 歯と口の健康週間
7	規則正しい生活をしよう	薬物乱用防止教室 教職員健康診断	プール水質検査	保健だより 薬物事前指導 熱中症と食中毒の予防 環境美化強化	疾病治療の勧め				生徒保健委員会 分掌部会（行事評価）
8									
9	ケガの予防に努めよう	身体測定	運動場整備	保健だより 救急法実習	運動制限者健康相談 生活リズムの確立				生徒保健委員会 救護活動
10	目を大切にしよう	視力検査	照度チェック 蛍光灯・カーテン	保健だより	矯正視力相談				生徒保健委員会 後期組織作り 目の愛護デー活動
11	食生活を考えよう	学校保健委員会	暖房器具点検	保健だより 咳エチケット	交友関係相談				生徒保健委員会 学校保健委員会 う歯治療推進
12	思いやりを大切にしよう	思春期講座	集団かぜ予防措置	保健だより 健康観察強化	アレルギー相談				生徒保健委員会 分掌部会（行事評価）
1	姿勢を正しくしよう	かぜ調査	集団かぜ予防措置	保健だより 環境美化強化 換気調整	インフルエンザの早期対応 受験期相談				生徒保健委員会 手洗い・マスクの勧め う歯治療推進
2	かぜを予防しよう	かぜ調査	集団かぜ予防措置 保健統計処理	保健だより 環境美化強化	インフルエンザの早期対応 受験期相談				生徒保健委員会 手洗い・マスクの勧め
3	健康生活を反省しよう		諸帳簿の整理	保健だより 環境美化強化					生徒保健委員会 分掌部会（行事評価） 校医連携

資料2-4　学校保健計画（高等学校例）

＜今年度の重点目標＞明朗誠実な生活態度を通し、心身の健康を保持増進させる。

月	重点目標	保健管理 保健関係行事	対人管理	対物管理	保健教育 保健指導 HR活動	集団指導	個別指導	保健教育 保健体育科目	組織活動
4	自分の健康状態を把握する	内科検診 歯科検診 身体測定 尿検査1次 心電図検査（1年）結核検診（1年）	入学時健康調査	諸帳簿の整備 使用物品の整理	健康診断の意義と受け方 規則正しい生活 保健室利用（1年）	保健だより	配慮を要する生徒への個別指導 健康診断結果通知	健康のすがた 健康のとらえ方 / 思春期と健康	課の係り分担決定 生徒保健委員会
5	疾病の早期発見・早期治療	尿検査2次 耳鼻科検診 教育相談委員会	修学旅行事前調査	雨水検査	健康診断の意義と受け方	保健だより	健康診断結果通知 修学旅行事前健康相談	さまざまな健康活動や対策 / 性意識と性行動の選択	生徒保健委員会
6	口腔内の健康 / 梅雨期の健康	結核未受診者検診	学校保健統計調査 学習生活調査		健康診断の意義と受け方 修学旅行時の健康管理	保健だより（生徒）修学旅行事前指導 性教育講話	健康診断結果通知 健診要受診者への指導	生活習慣と日常生活 / 結婚生活と健康	
7	夏休み中の健康と安全	救急法講習会 教育相談委員会（職員）健康診断	ボート大会救護	雨水検査	性情報の正しい選択 熱中症について 病気の治療	性教育講話 歯科指導 保健だより	健診要受診者への指導	喫煙と健康 飲酒と健康 / 妊娠・出産と健康	生徒保健委員会
8									
9	生活習慣の見直し / 食中毒予防	第2回身体測定	体育祭救護 マラソン大会の事前健診・相談	飲料水検査 雨水検査	生活習慣の見直し 食中毒の注意 マラソン大会における健康管理	保健だより 1年生保健講座	痩せの保健指導 マラソン大会事前指導	薬物乱用と健康 医薬品と健康 / 家族計画と人工妊娠中絶 加齢と健康	生徒保健委員会
10	目の健康	教育相談委員会	マラソン大会救護		マラソン大会における健康管理 目の健康	保健だより		感染症とその予防 エイズとその予防 / 高齢者のための社会的取組 保険制度と保険サービス	生徒保健委員会
11	かぜの予防 冷え予防			雨水検査	かぜ・インフルエンザ予防 換気の励行	保健だより		健康に関わる意思決定・行動選択 / 医療制度と医療費 医療機関と医療サービス	生徒保健委員会
12	かぜの予防 規律ある生活の維持	教育相談委員会	学習生活調査	環境検査（気流・騒音・浮遊粉じん・黒板面の色彩）	かぜ・インフルエンザ予防 人権教育について	保健だより（生徒）運動部員 身体づくり講座	健診要受診者への指導 受験生への保健アドバイス掲示	欲求と適応機制 心身の相関とストレス / 大気汚染と健康 水質汚染と健康	生徒保健委員会
1	かぜの予防 生活習慣の見直し	薬物乱用防止教室		飲料水検査 雨水検査	生活習慣の見直し かぜ・インフルエンザ予防 感染性胃腸炎の予防	保健だより 運動部員 身体づくり講座	受験生への保健アドバイス掲示	ストレスへの対処 自己実現 / 土壌汚染と健康 健康被害の防止と環境対策	生徒保健委員会
2	かぜの予防 1年間のまとめと反省	学校保健委員会 教育相談委員会	1年間まとめ・反省	1年間まとめ・反省	健康生活の自己評価	保健だより	受験生への保健アドバイス掲示	交通事故の現状 交通社会 / 食品衛生活動と食品の安全性	学校保健委員会 生徒保健委員会
3	心の健康 次年度の計画		次年度の計画	次年度の計画		保健新聞	心臓・腎臓要管理者個別指導	応急手当 心肺蘇生 / 労働災害・職業病と健康	

第2章　学校保健計画

資料2-5　学校保健計画（特別支援学校例）

＜重点目標＞医療と連携し、病種、病状並びに発達段階に応じた健康管理、健康教育を推進し、生涯を通じて健康な生活を営むために必要な知識、技能を養う。

月	重点目標	保健行事	保健管理（対人管理）	保健管理（対物管理）	保健指導	保健教育（体育・保健体育科）	保健教育（関連教科）	組織活動
4	自分の体の状態を知ろう／1年間の生活のめあてをたてよう	身体測定、視力検査／聴力検査、結核健診／尿検査1次	保健調査／入学時健康調査／日本スポーツ振興センター加入手続き	薬品の適切な管理、整備／便所、洗面所の衛生管理と点検	定期健康診断／事前事後指導／手洗い、うがい励行／保健だより、掲示物	心身の機能の発達（保健・中）／健康の考え方（保健・高）	健康と食生活（家庭・中）／日常着の活用（家庭・中）	児童生徒会
5	（1年間の生活のめあてをたてよう）	心電図検査、歯科検診／耳鼻科検診、眼科検診／尿検査2次／職員健康診断	健康診断事後措置	年間を通して・日常管理・薬品管理・行事中の服薬管理・環境整備（教材教具消毒含む）	定期健康診断／事前事後指導「性」／保健だより、掲示物	毎日の生活と健康（保健・小）／健康の保持増進と疾病の予防（保健・中）	日常着の手入れ（家庭・中）	児童生徒会
6	口の中の健康を考えよう		健康診断事後措置／水泳教室前健康観察	水質検査	定期健康診断／事前事後指導「歯科衛生」／保健だより、掲示物	育ちゆく体とわたし（保健・小）／障害の各段階における健康（保健・高）		児童生徒会
7	水分をとろう		水泳教室前健康観察	照度検査	定期健康診断／事前事後指導／保健だより、掲示物	健康な生活と疾病（家庭・中）／住まいの働き（家庭・中）／家族とともに住まう（家庭・中）		児童生徒会／病院学校連絡会
8	生活のリズムを整えよう		修学旅行事前準備			健康で快適に住まう（家庭・中）		児童生徒会
9	（生活のリズムを整えよう）		修学旅行中の健康観察	空気検査（温度・湿度・ダニ）	「けが、事故」／保健だより、掲示物	病気の予防（保健・小）／自然とともに住まう（家庭・小）		児童生徒会
10	目を大切にしよう		文化祭模擬店の衛生指導	騒音検査	「目」／手洗い、うがい励行／保健だより、掲示物	保健・医療制度及び地域の保健（保健・高）／医療機関（保健・高）	食生活の課題（家庭・中）	児童生徒会
11	かぜ、インフルエンザを予防しよう	薬物乱用防止教室	インフルエンザ予防接種奨励（11月）／感染症予防対策／健康観察強化	暖房管理	「かぜ、インフルエンザ予防」／保健だより、掲示物	心の健康（保健・小）／精神の健康（保健・高）	地域の食材とその調理（家庭・中）	児童生徒会／学校保健委員会
12	食生活を見直そう		年間を通して・行事中の与薬・健康観察・健康相談・児童生徒の病状把握・個人カルテ記入・病院での諸カンファレンス・行事中の医師・看護師派遣依頼・感染症対策（手洗い・マスク着用の励行、予防接種勧奨等）・感染症発生時の消毒、病棟への連絡、学校医の指示・助言	照度検査、水質検査／暖房管理	「食」「エイズ」「性」／保健だより、掲示物	交通安全（保健・高）	これからの食生活（家庭・中）	児童生徒会
1	生活のリズムを整えよう			空気検査（温度・湿度・二酸化炭素）／暖房管理	「生活習慣」／保健だより、掲示物	健康と環境（保健・中）／環境と健康（保健・高）	生活に必要なもの（家庭・中）	児童生徒会
2	心の健康を考えよう			暖房管理	「心」／保健だより、掲示物	環境と食品の保健（保健・高）／応急手当（保健・中）	商品の選択と購入（家庭・中）	児童生徒会
3	1年間の生活を振り返ろう			薬品の適切な管理方法の検討／机・椅子調子／暖房管理	「耳」／「体の成長」／保健だより、掲示物	けがの防止（保健・小）／障害の防止（保健・中）／労働と健康（保健・高）	消費生活と環境（家庭・中）	児童生徒会／病院学校連絡会

－（66）－

資料2-6　学校保健計画の評価表（例）

A：十分達成できた　B：達成できた　C：達成できなかった

	項　目	評　価　内　容	A	B	C	次年度に向けて
計画全般	学校保健計画	学校教育目標を受けた保健重点目標が設定できた		○		学校医との連携が必要。
		児童生徒の実態や学校行事及び地域社会の実態等を考慮して作成できた		○		
		学校教職員、学校医、学校歯科医、学校薬剤師の意見を反映し計画できた			○	
		養護教諭の把握した健康に関する情報や意見を反映して作成できた	○			
		保健教育（保健学習・保健指導）、保健管理（対人管理・対物管理）及び組織活動に関する内容が盛り込まれていた		○		
		前年度の健康問題や学校保健に関する評価を反映して計画できた		○		
対人管理	健康診断	児童生徒の定期健康診断の項目、対象及び方法が法令に基づいて適切に計画できた	○			マラソン大会前の臨時健康診断の実施時期は、すでに体育での練習が開始されていたため時期を早める必要がある。
		児童生徒の臨時健康診断の項目、対象及び方法が学校や児童生徒の実態に応じて適切に計画できた			○	
		前年度の評価を活かして計画できた		○		
		事後措置が的確に行えるように計画できた		○		
	健康観察	児童生徒の健康状態把握のための項目及び方法は適切に計画に盛り込んだ		○		
	健康相談	実施時期は適切であった		○		
		児童生徒の実態を考慮した健康相談内容で計画できた		○		
	疾病及び感染症の予防	疾病予防に関して適切な時期に必要な内容が計画できた		○		計画時に学校医等の意見を反映させて計画していく必要がある。
		児童生徒の実態や学校行事との関係を考慮して計画できた	○			
		学校医等の意見を反映させて計画できた			○	
	要観察者の継続観察と指導	要観察児童生徒の継続的な指導の計画ができた		○		
		前年度の評価を活かして計画できた		○		
対物管理	学校環境衛生の管理	定期及び臨時環境衛生検査の時期、項目、方法は適切に計画できた		○		薬剤師との連携が必要。
		学校薬剤師等の意見を反映させて計画できた			○	
		事後措置が的確に行えるように計画できた		○		
		学校行事や地域の実態に応じて計画できた	○			
保健教育	保健教育	児童生徒の実態や学校行事を考慮して適切な時期に計画できた		○		
	保健指導	保健重点目標や月目標を具現化する指導内容が計画できた	○			担任の意見も取り入れ、適切な時期に保健学習との関連を考慮し特別活動の内容も計画に明示する。
		保健学習と関連させて計画できた			○	
		学校行事や児童生徒の実態に応じて適切に計画できた		○		
		保健関係の特別活動（学級活動・行事・児童生徒委員会活動等）の内容は計画に位置づけられていた			○	
組織活動	地域・家庭との連携	地域の実態に応じて児童生徒の健康について考える会合または連絡会を計画できた		○		
	学校保健委員会	学校教職員・学校医・学校歯科医・学校薬剤師・児童生徒・家庭・地域が組織的に健康について考える場を計画した		○		

第2章　学校保健計画

第3章　保健室経営

1　保健室経営

2　保健室経営のとらえ方

3　保健室経営計画の立案（Plan）

4　保健室経営の実施（Do）

5　保健室経営の評価（Check）と改善（Action）
　1）評価（Check）
　2）改善（Action）

6　保健室の機能
　1）保健室の機能を活かした場（スペース）づくり
　2）保健室における情報管理と活用

第3章 保健室経営

1 保健室経営

　保健室経営とは、児童生徒の健康の保持増進を図ることを目的に、養護教諭の専門性と保健室の機能を十分に活かしながら、保健室の経営において達成されるべき目標を立て、計画的・組織的に運営することである。

　子供の効果的な健康づくりを推進するために、学校保健活動のセンター的役割を果たす保健室経営の充実を図ることが養護教諭に求められている。保健室経営を進める際には、保健室経営計画を立て、教職員に周知し連携を図るとともに、各学校の保健室の施設設備や児童生徒等の実態にあったものになるよう配慮する必要がある。

2 保健室経営のとらえ方

　保健室経営は、各種法令、各学校の教育目標や学校保健目標、学校保健計画等に基づいて進められる。養護教諭は、学校保健情報の把握、保健指導・保健学習、救急処置、健康相談、健康診断等、多岐にわたる職務を専門的に行う。それらがよりよく遂行されるように、保健室の機能を活かした経営計画を作成し、実施し、評価していくことが必要である。

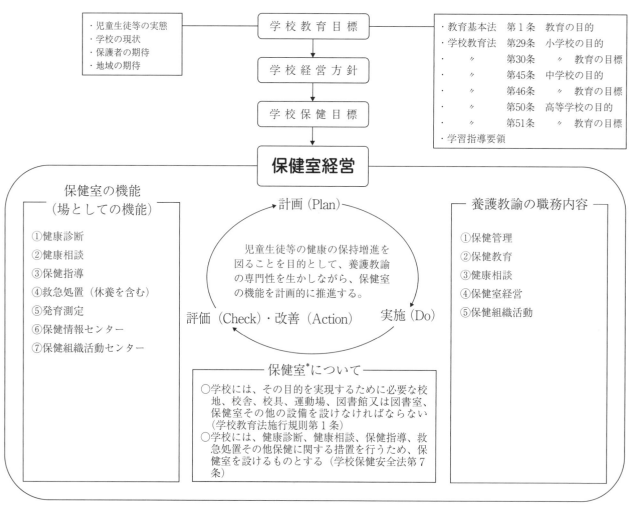

図3-1　保健室経営の構造

＊参照：p.79　資料3-1　保健室の設置基準

3 保健室経営計画の立案（Plan）

　保健室経営計画は、養護教諭が保健室の経営の充実を図るために作成する計画である。学校保健目標や児童生徒の健康課題を踏まえて立案した計画を、年度当初に職員会議で提案し方針や内容について教職員へ理解を求め、連携を図ることが必要である。年度末には、自己評価と他者評価を併せて経過評価や結果評価をもとに総合的な評価を行い、成果と課題を明確にし、次年度の計画に向けて改善・修正を図る。

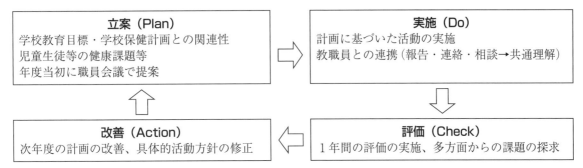

図3-2　保健室経営のPlan・Do・Check・Action

　保健室経営計画は、児童生徒や学校・地域の実態に応じ、次の基本的な計画立案のための観点を踏まえ、立案することが大切である＊。

① 学校保健目標を具現化する視点を踏まえる。
② 学校保健活動を推進するための総合計画である「学校保健計画」の目標との整合性を図る。
③ 保健室の機能を十分に発揮できるようにする。
④ 養護教諭の取組事項として何を行うかわかるように具体的に記載する。
⑤ 学校経営や学年・学級経営等と相互に関連をもったものにする。
⑥ 児童生徒等の健康課題の解決及び健康づくりの場（健康問題の発見と評価の場、健康問題解決の場、健康増進の場等）の観点から目標及び方策を立てる。
⑦ 保健室経営計画と共に、評価計画（自己・他者、経過・結果、総合評価）を作成する。

　保健室経営計画では、学校教育目標や学校保健計画と保健室経営とをどのように関連づけているのか、養護教諭が把握した健康実態からどのような課題が見えるのかを整理し、具体的な目標及び方策について計画する。そのためには、児童生徒等の健康課題の解決と健康の保持増進の観点から、その年度の保健室経営において達成されるべき目標を立て、どのように計画的・組織的に運営していくのかを具体的に明示する必要がある。保健室経営計画は養護教諭の視点が活かされるものではあるが、立案にあたっては児童生徒の健康増進にかかわるさまざまな人々の意見も踏まえて作成し、さらに、前年度の評価から策定された改善案も活用し修正していく。

　このようにして作成した保健室経営計画は、児童生徒や教職員、保護者に理解されるよう具体的に提示し、教職員に周知を図り、学校全体の理解を得て推進していくことが望まれる。

　なお、保健室経営の基本的事項である、保健室の利用方法、救急体制、感染症への対応等については、保健室経営計画とは別立てとし、年度当初に周知を図り、全教職員の共通理解を図っておくことが必要である。

＊参照：p.80　資料3-2　保健室経営計画（記入事項の項目と留意事項）

第3章 保健室経営

4 保健室経営の実施（Do）

　日常の活動は経営案に基づいた具体的な計画をもとに行われるが、突発的事態や実情にあわない場合においては臨機応変に対応しなければならない。そのため、実施後は保健日誌等で執務の記録を残し、評価のための資料となるよう整理しておくことが必要である。

5 保健室経営の評価（Check）と改善（Action）

1）評価（Check）

　評価は、保健室経営の目標や方策について振り返り、今年度の運営の成果や、今後（次年度）の課題を明らかにするために行う。

　評価方法には、経過評価と結果・成果評価がある。経過評価は保健室経営目標を達成する方策や手立てについての評価である。成果評価は、その目標に対する達成の状況についての評価である。また、養護教諭による自己評価と、教職員、保護者、児童生徒等による他者評価がある。

　自己評価は、養護教諭の取組を対象とし、具体的な方策がどの程度到達できたかについて評価する。

　他者評価は、目標に対する達成状況について、聞き取りやアンケートで学級担任等の関係職員、保護者の意見を聞いたり、児童生徒の振り返りカードから読み取ったりして、客観的なデータをもとにどの程度到達できたのかについて評価する。

表3-1　自己評価と他者評価

評価方法	自己評価	他者評価
何を	養護教諭の取組	目標に対する達成の状況
誰が	養護教諭自身	児童生徒、教職員、学校保健委員会のメンバー、保護者、地域、関係諸機関　等
どんな手段で	総合的に「よくできた」「ほぼできた」「あまりできなかった」「まったくできなかった」の4件法で評価し、なぜそうなったのか、今後に向けての改善点等を具体的に記載する。	聞き取り、アンケート、児童生徒の振り返りカード等から客観的なデータで評価し、意見・助言等について具体的に記載する。

　これらの評価を合わせて最終的に保健室経営目標に対する総合評価を行う。適切に評価を行うためには、評価の観点や指標を明らかにし、評価方法、いつ、だれが、どのような観点で行うのかといった評価計画を年度当初から明確にして作成しておくとよい*。

2）改善（Action）

　保健室経営計画の目標がどの程度達成できたか、方策は有効であったか、何が問題だったか等、評価によって明らかになった課題を踏まえ、次年度の保健室経営計画の改善・修正を図る。

＊参照：p.81　資料3-3　保健室経営計画（作成例）

6　保健室の機能

　保健室には、安らぎの空間があることや、心身のさまざまな問題に対していつでも柔軟な対応が可能な養護教諭がいるという特性がある。また、社会環境の変化とともに児童生徒の健康課題はより多様化してきている。養護教諭は、こうした課題に留意し、保健室の特性や養護教諭の専門性を活かして保健室の機能を有機的に展開させる必要がある。

　保健室には、次のような機能があり、学校教育における保健センターとしての役割があるといえる。

> 学校保健安全法（保健室）
> 第7条　学校には、健康診断、健康相談、保健指導、救急処置その他の保健に関する措置を行うため、保健室を設けるものとする。

【保健室の機能】〈場としての機能〉
①健康診断
②健康相談
③保健指導
④救急処置（休養を含む）
⑤発育測定
⑥保健情報センター
⑦保健組織活動センター

　これらの保健室の機能を十分に発揮するためには、次の条件が求められる。
・児童生徒等が主体的に活動できる機会と場の工夫
・児童生徒等のヘルスニーズの十分な理解
・健康問題や課題を解決できるよう支援する専門的知識・技術
・教職員の共通理解や協力が得られる体制

１）保健室の機能を活かした場（スペース）づくり

　保健室の位置と広さはそれぞれの学校によって様々である。したがって、その限られた空間内にその学校のニーズや児童生徒の特性に応じてさまざまなスペースを配置することによって、保健室の機能を活かした効果的な保健室経営が可能となる。

　スペースの配置にあたっては、児童生徒等と養護教諭の動線を考えた空間配置や児童生徒等が安心かつスムーズに利用できる配置（救急処置・休養スペース）、プライバシーを考慮した配置（相談スペース）、児童生徒の動きが見え、情報の保護が図れる配置（執務スペース）等を考慮する必要がある。

　加えてそれぞれのスペースをより効率よく機能させるために、適切な備品整理を行うことも重要である。

> 中央教育審議会答申（平成20年）
> ２．学校保健に関する学校内の体制の充実
> （１）養護教諭
> ⑧子どもの健康づくりを効果的に推進するためには、学校保健活動のセンター的役割を果たしている保健室の経営の充実を図ることが求められる。そのためには、養護教諭は保健室経営計画を立て、教職員に周知を図り連携していくことが望まれる。また、養護教諭が充実した健康相談活動や救急処置などを行うための保健室の施設設備の充実が求められる

第3章　保健室経営

　保健室の機能がより適切に効果的に運営されるためには、次のようなスペースや設備を設けることが望ましい*。

スペース	機　　能
救急処置スペース	応急手当の学習の場
休養スペース	一時休養し、観察を行う場 規模に応じてベッド数を決定
健康相談スペース	養護教諭が健康相談を行う場 児童生徒の一時避難的利用等
検査・測定スペース	身長・体重や視力等を自由に測定・検査できる場
組織活動スペース	委員会活動ができる場 資料作成のための図書等の収蔵
健康学習スペース	健康教育にかかわる資料（児童生徒用図書・教師用図書・視聴覚教材、手づくり教材等）を整備し調べ学習に対応する場
健康情報 集積・発信スペース	パソコン等を配置し、保健室から子供達、校内、家庭へ情報を発信・受信できる場 健康安全教育のための情報を収集
執務スペース・ 資料保管スペース	事務処理、書類の分類保管、さまざまな記録をする執務空間
管理スペース	環境衛生や感染症予防等にかかわる空間

＊2005年　石川県養護教育研究会会員に行ったアンケート結果より作成

＊参照：p.85　資料3-4　保健室の備品

(1) 各スペースの配置（例）

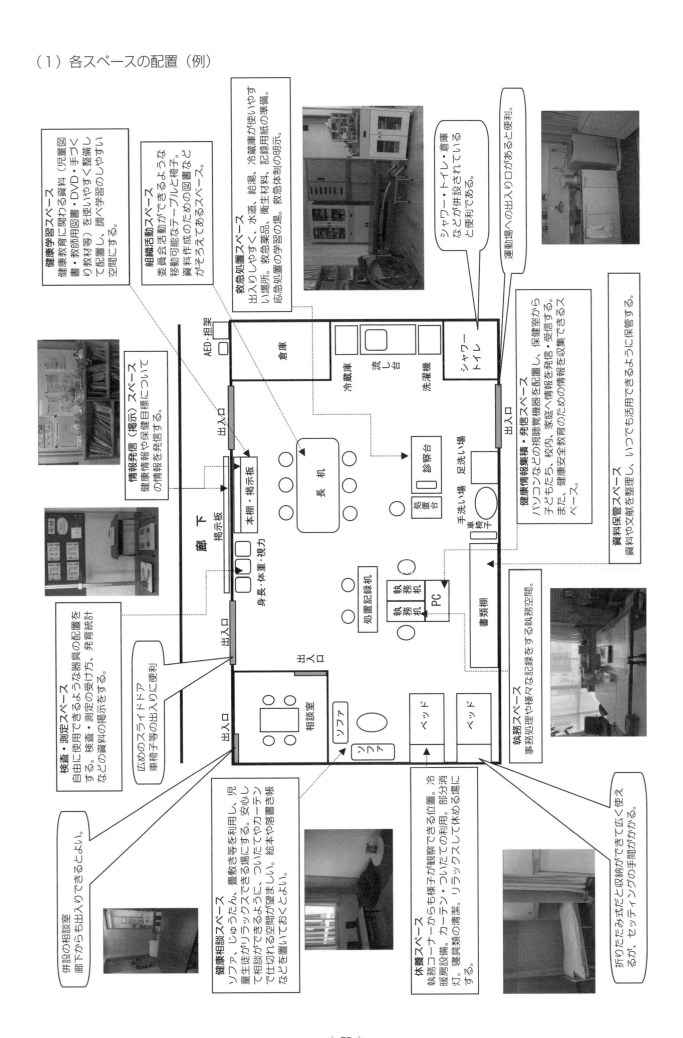

第3章　保健室経営

（2）校種に応じた場（スペース）づくり（工夫点）

保健室経営の実際では、校種や学校の特徴に応じた場づくりの工夫が必要である。

小学校	中学校
・保健室内で保健行事（身体測定等）や保健指導（ミニ指導）ができるように部屋のレイアウトを変えやすくしておく ・児童の動きの把握のため、視界をさえぎらないように配置する（高さ、位置） ・色合いや掲示を工夫し、落ち着きの中に明るい雰囲気を持たせる ・低学年から高学年までが利用できるような工夫をする（いすの高さ、掲示物のふりがな等）	・委員会活動のスペースや休養、応急処置、相談等のスペースをニーズに合わせて使い分けられるように仕切っておく（相談スペースは特に留意） ・ある程度室内全体を見渡せて生徒の動きを把握できるようにしておく ・簡単なけがの手当を学習・実践できるように掲示物等を工夫する ・ベッド、寝具類は大人用
高等学校	特別支援学校
・入り口側に執務机を配置することで、廊下の生徒の様子も把握できる ・簡単なけがの手当は生徒でもできるように、衛生材料等の配置は使いやすくしておく ・明るい雰囲気・安らげる雰囲気に ・保健室内の相談スペースより、隣接した別室の相談室がのぞましい ・教育相談室は保健室の隣か、すぐ近くで保健室からの出入りもできるとよい	・障害に配慮した安全なレイアウトでかつ理解しやすい表示を心がける ・障害の程度に応じたコミュニケーションの工夫（メッセージカード等の準備）をする ・休養中の児童生徒を常時観察できるように執務スペースを配置する ・小物や危険物等はなるべく収納し、危険を避ける ・車椅子利用時の動線を配慮する ・たたみ敷き等臥位になれるスペースをつくる（処置しやすいスペースづくり）

近年、発達障害や身体的障害をもった児童生徒等が普通教室で共に学習するようになった。日常生活での支援の必要性から保健室を利用することもあるため、児童生徒の安心できる場を保障する等設備を工夫することが必要である。

（3）健康相談を重視した場（スペース）づくり

生活習慣の乱れ、いじめ、不登校、児童虐待、性の問題行動、薬物乱用等、健康に関する今日的課題は、心の問題と深くかかわり、その解決には、養護教諭が行う健康相談が重要となっている。

平成20年1月の中央教育審議会の「子どもの心身の健康を守り、安全・安心を確保するために学校全体としての取組をすすめるための方策について」と題する答申によると、学校保健に関する校内体制の充実の「養護教諭」という項目の中で、養護教諭が充実した健康相談や救急処置等を行うための保健室の施設設備の充実が求められている。

養護教諭が健康相談をするにあたり、保健室をプライバシーが守られ安心して相談できる場所及び心休まる空間として整備することが必要となっている。

2）保健室における情報管理と活用

保健室は、児童生徒の健康診断や健康観察、保健室来室状況等から健康に関するさまざまな情報を得ており、健康情報のセンター的機能を担っている。したがって、これらの情報から、養護教諭がそれぞれの学校の健康課題や健康状態、経年的な変化を知ることは重要である。そのためには、それぞれの情報を活用しやすい記録方法で整理と管理をしていく必要がある。

（1）諸帳簿*

保健関係帳簿は、整理保管し、全職員に所在を明らかにしておく。

① 児童生徒健康診断票（最終学校にて5年間保存）、その他法令によるもの以外は、その学校の文書規定による。

② 学校保健安全法施行規則第8条第2項により進学する児童生徒の健康診断票は、進学する学校の校長に送付する。（学校生活管理指導表等も添付すると児童生徒の経過がわかり健康管理に活用できる）

③ 児童生徒健康診断票は、学籍簿の保管方法と同様に非常持出として保管する。

④ 保健指導や健康相談のための帳簿は、いつでも利用できるように整理し、プライバシーの保護についても留意する。

保健日誌＊＊

　保健日誌は、日々の養護活動を記録し、活動の見直しや評価、またその改善の資料となる。この記録は、保健室経営の記録であり、保健担当職員や管理職との連携や活動への理解を得る資料にもなる。帳簿としての法的な規定はないが、学校の実情に合わせて記載内容を工夫し活用する事が望ましい。

（2）帳簿・資料の作成と活用

作成の留意点	①	わかりやすく、記入しやすい形式とする
	②	累積簿は、毎年同じ見出し・配列とし、比較検討しやすいようにする
	③	各種の検査結果等は、項目別に分冊し、年次順、月別にラベルをつける 各冊には、過去の推移が個々にいつでもわかるようにする
	④	1冊で学校全体の児童生徒等の健康実態が把握できるよう、必要事項を網羅し、内容を工夫する
	⑤	数年ごとに保健概況や保健だより、研究発表要項等をまとめておくとよい
分類と保存	①	年次別、項目別に分類し、各帳簿に背表紙をつけて配列する
	②	ラベルを使って分類する
	③	治療勧告、指導プリント、家庭連絡、保健だより、公簿、帳簿等の用紙は、乱雑にならないように整理保管する
	④	掲示資料は、学習や指導にも使用できるように保管する
活用	①	集団状況や個人の状況を把握し、保健指導や継続観察に利用する
	②	健康診断、健康相談等の際、資料として活用する
	③	担任の行う保健管理や指導、生活指導、教室の学習環境整備、連絡の際の資料とする
	④	児童生徒自身が自己の健康歴を理解し、将来の健康保持と増進のため自主的に健康管理ができるように活用する
	⑤	校長、学校医、保健関係職員、設置者、医療機関、保健所等との連絡の際の資料とする
	⑥	学校保健委員会、児童生徒保健委員会に資料として活用する
	⑦	学校保健年間計画の資料とする
	⑧	保護者との懇談、家庭訪問時の資料として活用する

　＊参照：p.86　資料3-5　備えておきたい諸帳簿とその保存年限

＊＊参照：p.87　資料3-6　保健日誌（例）

第3章　保健室経営

（3）個人情報保護と情報発信について

「個人情報の保護に関する法律」（平成15年5月30日法律第57号）を受け、保健室内で扱う個人情報の取り扱いに留意することが義務となっている。

> **留意事項**……（石川県養護教育研究会による調査より）
> ・情報の取り扱いについて家庭へ通知
> ・保管対策・施錠できる棚に保管
> ・データ管理（パスワード、ＬＡＮのセキュリティ、独立したメモリの利用）
> ・保健室の施錠
> ・記録時のプライバシー配慮（個人カード、健康診断時や健康観察時の配慮）
> ・情報の提出を求める時・通知する時の封書利用（往復封筒・連絡袋等）
> ・情報の廃棄（シュレッダー利用、業者処理）
> ・個人が特定されるもの（写真、作品等）を公表するときの承諾

（4）統計資料

保健統計資料は児童生徒の健康実態を把握する資料となり、健康課題を知る手がかりとなる。これらを整理し必要に応じて教職員や児童生徒等に提示することは、学校保健に関しての興味関心を深めるものとなる。したがって、養護教諭にとってこれらの資料をどのように保健室経営と結びつけて活用するかが重要である。

> **統計資料　例**
> ・健康診断結果：体位の平均値（国、県、市町、他校）　肥満とやせの割合
> ・疾病異常の被患率及び受診率
> ・主な疾病異常の推移
> ・欠席、かぜの状況
> ・救急処置状況：本年度の処置状況（月別、学年別、男女別、曜日別、症状別、場所別件数）
> 　　　　　　　　日本スポーツ振興センター適用のけがの状況
> ・疾病異常の被患率別状況：う歯の処置完了状況等の推移　　裸眼視力1.0未満の者の推移
> 　　　　　　　　　　　　12歳の永久歯一人当りの平均う歯数（DMF）
> ・健康実態調査　　　　　　　　　　　　　　　　　　　　　　　　　　　　　　　　　等

> **複数配置における保健室経営**
>
> 　複数配置校では、養護教諭相互の連携は不可欠であり、学校の健康課題の実態やニーズにより創意工夫し、コミュニケーションを図りながら活動を充実させる必要がある。複数の養護教諭による保健室経営は多面的な活動が可能となり付加価値の高い活動が期待できる。留意点としては、業務分担を明確にし、全教職員へ知らせることや、日々の執務について共通理解を図り、情報の共有化に務めることが大切である。その方法として記録をとることも重要となる。

資料 3-1　保健室の設置基準

保健室は、学校の施設設備として必要であり＊、その利用目的＊＊が示されている。

従来の保健室においては救急処置機能が重要視されていたが、最近では「心の居場所」としての機能も加わってきている。

・保健室の設備

プライバシーを保ち健康相談ができる相談室を保健室に整備することや、健康情報センターとしての機能を担っていく観点からパソコンを設置し情報をタイムリーに収集する必要性も示されている。さらに、学校設備整備指針の基本方針＊＊＊では、設置者等の創意工夫の下で社会状況の変化、教育内容・教育方法の変化に対応した新しい施設設備の推進が期待され、ここにおいても保健室でのカウンセリング機能の充実が求められている。法的な設置基準には含まれていないが、多様な子供達のニーズに対応するためにも、トイレ・シャワールーム等も望まれる施設である＊＊＊＊。今日的な機能を重視し、柔軟かつ弾力的に整備されると保健室の機能を活かした保健室経営が実践できる。

・備品

保健室の設備の基準（令和3年改正）で、資料3-4の備品を備えることが適当とされているが、保健室の機能を十分に発揮させるには、法に決められたもの以外にその学校や児童生徒のニーズにあった備品の設置が必要となってくる。そのためには備品に関する新しい情報を収集し、適切なものを選択し、計画的に購入し、備品を整備していくことが必要である。

＊学校教育法施行規則
第1条（学校の設備、位置）
学校には、その学校の目的を実現するために必要な校地、校舎、校具、運動場、図書館又は図書室、保健室その他の設備を設けなければならない。

＊＊学校保健安全法
第7条（保健室）
学校には、健康診断、健康相談、保健指導、救急処置その他の保健に関する措置を行うため、保健室を設けるものとする。

＊＊＊「小学校施設整備指針」
平成4年3月31日作成　平成13年3月30日改正　平成15年8月27日改正　平成19年7月24日改正　平成21年3月31日改正　平成22年3月30日改正　平成26年7月25日改正
第1章　総則
第2節　学校施設整備の課題への対応
第2　安全でゆとりと潤いのある施設整備
7　カウンセリングの充実のための施設
保健室、教育相談室（心の教室）、適応指導教室、保護者等のための相談スペース等については、カウンセリングの機能を総合的に計画することが重要である。
第3章　平面計画
第9管理関係室　3　保健室
（1）静かで、良好な日照、採光、通風などの環境を確保することのできる位置に計画することが重要である。
（2）特に屋内外の運動施設との連絡がよく、児童の出入りに便利な位置に計画することが重要である。
（3）救急車、レントゲン車などが容易に近接することのできる位置に計画することが重要である。
（4）職員室との連絡及び便所等との関連に十分留意して位置を計画することが望ましい。
（5）健康に関する情報を伝える掲示板を設置するなど、健康教育の中心となるとともに、児童のカウンセリングの場として、児童の日常の移動の中で目にふれやすく、立ち寄りやすい位置に計画することが望ましい。
第4章　各室計画
第9管理関係室　4　保健室
（1）各種業務に柔軟に対応し、ベッドを配置する空間を適切に区画することのできる面積、形状等とすることが重要である。
（2）屋外と直接出入りすることのできる専用の出入口を設け、その近傍に手洗い、足洗い等の設備を設置する空間を確保することも有効である。
（3）必要に応じ養護教諭がカウンセリングを行うことのできる空間を保健室に隣接した位置又は保健室内に間仕切り等を設置して確保することも有効である。

＊＊＊＊石川県養護教育研究会会員に対する質問紙調査より　2005.7〜9実施

第3章　保健室経営

資料 3-2　保健室経営計画（記入事項の項目と留意事項）

○　**学校教育目標**

学校の教育目標を記載する。

○　**学校保健目標**

学校教育目標を受け、児童生徒の健康課題の解決に向け長期的な目標を立てる。

重点目標…学校全体でその年度において重点的に取り組む事項について短期的な目標を立てる。

○　**児童生徒の主な健康課題**

・統計的にとらえている児童生徒の健康状況及び課題

・学校生活における日常的な健康観察、欠席状況、保健室利用状況、健康相談や保健指導の記録

○　**保健室経営目標**

学校保健目標の重点目標と関連した保健室経営目標を立てる。

・今年度、特に重点的に取り組むものを取り上げる。

○　**具体的な方策**

養護教諭として、その年度に重点的に取り組む具体的な方策・手だてを記載する。

・保健室経営計画は、単年度の計画であり、1年の間に実施できる範囲で、何を行うかが具体的に分かるように記入する。

○　**評価（自己・他者、経過・成果、総合）**

保健室経営の目標や方策について振り返り、今後の課題を明らかにするために評価を行う。

どのような観点・指標で、誰が、いつ、どのような方法で評価するのかを計画の時点で明確にしておく。

・自己評価だけではなく、他者評価（保健主事・教職員・児童生徒・保護者等）も取り入れる。

・主観的なものだけではなく、客観的なデータによる評価も取り入れる。

・到達度は4件法で評価し、各方策の到達度と総合した評価も4件法で記載する。

・保健室経営の目標に対する達成状況の「経過評価」及び「結果・成果評価」を行う。

・具体的な方策の到達度の平均を各保健室経営目標ごとに算出し、「総合評価」を行う。

資料3-3 保健室経営計画（作成例）

令和○○年度　○○小学校　保健室経営計画

養護教諭　○○○○

学校教育目標
心豊かでたくましく、しっかり考え、自ら進んで行動する児童の育成

学校経営方針（保健安全に関するもののみ）
児童一人一人の実態や発達段階に応じ明るく健康的な生活を営む態度の育成を目指す。

学校保健目標
健康で安全な生活を営むための基本的な生活習慣を養い、心身の調和的発達を図る。

重点目標	児童生徒の主な健康課題
生活習慣（早寝・早起き・朝ご飯・ゲームの利用時間）の改善に向けた指導の充実を図る。	・生活習慣アンケートから、ゲームを一日2時間以上している児童は約40％である。 ・生活習慣アンケートから、朝ご飯を毎日食べてこない児童が7.2％いる。 ・就寝時刻の遅い児童（11時以降）は、高学年では13％、中学年では8％いる。

到達度：1よくできた　2ほぼできた　3あまりできなかった　4全くできなかった

経営目標	保健室経営目標達成のための具体的な方策（※評価の観点）	自己評価		他者評価			
^	^	到達度	理由／今後に向けて	到達度	いつ	誰から	方法	意見・助言等
生活習慣改善のための指導の充実を図る。保健教育の調査や保健教育を学級担任等と連携して実施し、生活	A）保健教育（保健学習・保健指導）において、担任と事前打合せを行い、児童の実態に即したTT等による指導を行う。 〈評価の観点〉 ※担任と事前打合せのもとに、TT等による指導を実施できたか。	①234	事前に打ち合わせをし、TTによる授業が実践できた。	①234	実施後	教職員	聞き取り	養護教諭と連携し、効果的にすすめることができた。
^	B）毎月、生活のチェック（朝食・ゲーム利用・睡眠）を学級担任と連携して実施する。 〈評価の観点〉 ※毎月生活チェックができたか。	1②34	生活チェックをできない月もあった。来年度は学期に一回実施していきたい。	1②34	年度末	教職員	聞き取り	忙しい時期もあり、毎月一回は実施することができなかった。
^	C）学校保健委員会を開催し、児童の実態及び課題を共有し、生活リズムの改善について協議する。 〈評価の観点〉 ※学校保健委員会を開催し、生活リズム改善について協議できたか。	1②34	実態をもとにグループ協議し、具体的な対策を話し合うことができた。	1②34	委員会終了後	学校三師・保護者・教職員・児童	聞き取り	グループで協議し、有意義な話し合いができた。保護者の参加が少なかったため、今後保護者の参加を促す工夫があるとよい。
保健室経営目標に対する総合評価		1 ② 3 4						

〈総評と次年度への課題〉
生活リズムの改善について、学校全体で取り組むことができた。今後、より家庭との連携を図るための工夫を検討していく必要がある。

第3章　保健室経営

令和○○年度　○○中学校　保健室経営計画

養護教諭　○○○○

学校教育目標
希望に燃え努力する生徒の育成「自学」、友情と寛容と協調の精神を持った生徒の育成「友愛」、自立心と克己心を持った生徒の育成「自律」

学校経営方針（保健安全に関するもののみ）
教育相談の充実を図り生徒の非行化・問題行動、不登校生をなくすとともに、自他の尊厳を重んじた規範意識や道徳的実践力を育むための道徳教育を推進する。

学校保健目標
自らの心身の状況に関心を持ち、健康作りを実践できる力を育てる。

重点目標	児童生徒の主な健康課題
○不登校傾向の生徒に適切な支援計画を作成し、支援を行う。 ○生徒の心身の健康問題を早期に発見し、配慮を必要とする生徒への組織的な対応の充実を図る。 ○「心の健康」の保健指導を行う。	・現時点で、6人の個別指導が必要な不登校傾向の生徒や普通教室で特別支援が必要な生徒が数名いる。 ・前年度の保健室来室者数は、1日10名以下で、相談やクールダウンのケースがある。 ・4月実施の3年全国学力調査の質問紙「自分には、良いところがあると思いますか。」「あてはまる」＋「ややあてはまる」が昨年度71.4%から今年度58.7%に減少している。（昨年度県平均72.7%）

到達度：1よくできた　2ほぼできた　3あまりできなかった　4全くできなかった

経営目標	保健室経営目標達成のための具体的な方策（※評価の観点）	自己評価 到達度	自己評価 理由／今後に向けて	他者評価 到達度	他者評価 いつ	他者評価 誰から	他者評価 方法	他者評価 意見・助言等
適切に情報収集やアセスメントを行い、保健室の校内健康センター的役割の充実を図る。	A）欠席状況、保健室来室状況から登校渋りの早期の段階で担任・学年と情報交換し、問題の背景や要因を的確に把握・分析する。 ※情報収集・共有により早期に問題の背景や要因を的確に把握することができたか。	1 ②3 4	口頭での情報交換が主だったので、来年度は記録に残したい。	① 2 3 4	学期末	その他関係者・管理職	アンケート	適切に問題の背景や要因を把握していた。
	B）A）のアセスメントをもとに校内組織（生徒指導・教育相談・特別支援委員会）を通じて組織的に対応し、有効な支援につながるようにコーディネートする。 ※組織的な対応、有効な支援につながるコーディネートができたか。	① 2 3 4	来年度もより有効なチーム支援となるよう心がけたい。	① 2 3 4	学期末	その他関係者・管理職	アンケート	丁寧で迅速な対応に感謝している。
	C）教育相談担当教諭・生徒指導主事・特別支援学級担任・SC等との連携を密にし、支援体制をコーディネートする。また、必要時、相談機関や医療機関などの専門機関との連携を図る。 ※それぞれの職域を理解し、組織的に動ける支援体制をコーディネートできたか。 ※相談機関や医療機関との連携を校内組織に還元できたか。	1 ②3 4	それぞれの職域の方と連携できた。医療機関との連携を図ることはできなかった。	① 2 3 4	学期末	管理職・その他関係者	アンケート	色んな職域の方とも連携をとり、専門的な立場からの支援は有効であった。
	D）データ管理・記録を充実させ、必要時すぐに取り出せるようにする。 ※欠席状況・来室者・記録などのデータ管理はできているか。	1 ②3 4	会議などに資料提供がおおむねできた。	1 ②3 4	実施後	管理職等	アンケート	面談時や会議時に、提供された資料が活用できた。
保健室経営目標に対する総合評価				1 ② 3 4				

〈総評と次年度への課題〉
校内組織が円滑に動き、有効な支援につながるようコーディネートできた。次年度も組織活動を充実させ、心の健康問題の早期発見に努める。

令和○○年度　○○高等学校　保健室経営計画

養護教諭　○○○○

学校教育目標
高く調和の取れた知性と豊かな人間性を涵養し、健康でたくましい体力を育成する。

学校経営方針（保健安全に関するもののみ）
生徒のコミュニケーション能力や規範意識、自律心の向上を図り、人間力の育成に努める。

学校保健目標
心身の健康に関心をもち、自らの健康を適切に管理できる生徒を育てる。

重点目標	児童生徒の主な健康課題
受診行動の必要性が理解できるよう、歯科保健に関する指導の充実を図る。	・歯科検診後に受診勧告を受ける生徒の割合が60.8％と多いが、歯科検診後に受診をした生徒の割合は32.7％と少ない。 ・毎年繰り返し受診勧告を受ける生徒が多く、歯科保健に関する意識が低い。

到達度：1 よくできた　2 ほぼできた　3 あまりできなかった　4 全くできなかった

保健室経営目標	保健室経営目標達成のための具体的な方策（※評価の観点）	自己評価 到達度	自己評価 理由／今後に向けて	他者評価 到達度	他者評価 いつ	他者評価 誰から	他者評価 方法	他者評価 意見・助言等
集団・個別指導の実施や生徒保健委員会の活動などにより、校内組織と連携した歯科保健指導の充実を図る。	A）保健学習における受診行動に関する指導を、保健体育科と連携してTTで実施する。 〈評価の観点〉 ※保健体育科と連携し、指導が実施できたか。	①234	保健体育科と連携して、TTによる指導を実施することができた。	①234	実施後	保健体育科教員・生徒	聞き取り	専門性を生かして、今後も保健学習に関わって欲しい。
	B）生徒保健委員会を主体とした「歯と口の健康月間」を設定し、ホーム担任・部活動顧問と連携して積極的な受診勧告を行う。 〈評価の観点〉 ※「歯と口の健康月間」の設定ができたか。 ※ホーム担任・部活動顧問と連携し、積極的な受診勧告を行えたか。	1②34	健康月間を設定し連携して受診勧告を行ったが、保健委員全員が積極的に実施することはできなかった。	1②34	実施後	ホーム担任・部活動顧問・生徒保健委員	聞き取り	効果的な取組であった。生徒の主体性が生かされる活動となるとより良い。
	C）昨年度未受診の生徒やう歯保有数の多い生徒を対象に、個別指導を実施する。 〈評価の観点〉 ※対象生徒に対し、個別指導が実施できたか。	12③4	対象生徒が多く、全員に個別指導を実施することができなかった。次年度も継続して実施する。	1②34	年度末	教職員	聞き取り	個別指導後、受診をする生徒が増え、効果がみられた。
保健室経営目標に対する総合評価			1 ② 3 4					

〈総評と次年度への課題〉
保健体育科や学年団、部活動顧問と連携を図り、学校全体に働きかけることができた。しかし、生徒保健委員会の活動には課題が残り、次年度はより生徒の主体性を生かせる取組を検討していく必要がある。

第3章　保健室経営

令和○○年度　○○特別支援学校　保健室経営計画

養護教諭　○○○○

学校教育目標
児童生徒の障害の特性やニーズに基づいた教育を行い、適切な支援のもとに一人一人の生きる力を伸ばし、心豊かに生きる人間を育てる。

⇩

学校経営方針（保健安全に関するもののみ）
児童生徒一人一人のニーズに基づき、可能性を最大限に伸ばし、質の高い教育を実践する。

⇩

学校保健目標
健康への関心を持ち、積極的に健康の保持増進ができる児童生徒を育てる。

⇩

重点目標	⇐	児童生徒の主な健康課題
児童生徒の障害の特性や発達段階に応じた肥満指導の充実を図る。		・障害の特性から肥満傾向の児童生徒が多い（小学部16％、中等部22％、高等部30％）。

⇩

到達度：1よくできた　2ほぼできた　3あまりできなかった　4全くできなかった

保健室経営目標	保健室経営目標達成のための具体的な方策（※評価の観点）	自己評価		他者評価			
		到達度	理由／今後に向けて	到達度	いつ	誰から	方法	意見・助言等
児童生徒に応じた身体測定を行い、肥満傾向の児童生徒への指導の充実を図る。	A）毎月、身長と体重を測定し、その結果を分析する。〈評価の観点〉※毎月、身長と体重の測定を継続し、その結果を分析することができたか。	1 ②3 4	毎月測定し経過をデータ化できたが、情緒不安のため隔月しか実施出来なかった児童生徒もいた。	① 2 3 4	学期末・年度末	学級担任	聞き取り	毎月のデータで変化を感じることができた。
	B）掲示物や保健だよりを積極的に活用し、肥満に関する視覚的情報を保健室から発信する。〈評価の観点〉※肥満に関する掲示物や保健だよりを活用し、視覚的情報を発信することができたか。	① 2 3 4	毎月、掲示物または保健だよりによる情報を発信することができた。	① 2 3 4	年度末	教職員児童生徒	聞き取り	児童生徒の興味をひく、工夫を凝らした内容であった。
	C）学級担任や医療機関、保護者等と情報交換を行いながら個別の指導計画を作成し、個々の特性に応じた保健指導を行う。〈評価の観点〉※児童生徒が理解しやすい保健指導を行うことができたか。	1 2 ③ 4	個々の特性に応じた指導は、十分に実施できなかった。	1 2 ③ 4	年度末	教職員児童生徒	聞き取り	個々の児童生徒の特性について、事前に情報提供をすると良かった。
保健室経営目標に対する総合評価		1　② 　3　4					

〈総評と次年度への課題〉
毎月、肥満度をデータ化することができたが、個々の特性に応じた指導にはつながらなかった。次年度は担任との情報交換を密にして勧めていきたい。

資料3-4　保健室の備品

区分	品　名	区分	品　名	区分	品　名
一般設備品	1．机（救急処置用・事務用）	健康診断・健康相談用	1．身長計	救急処置・疾病の予防処置用	1．体温計
	2．いす（救急処置用・事務用）		2．体重計		2．ピンセット
	3．ベッド		3．巻尺		3．ピンセット立て
	4．寝具類及び寝具入れ		4．国際標準式試視力表　　　　　　　　及び照明装置		4．剪刀
	5．救急処置用寝台及びまくら				5．膿盆
	6．脱衣かご		5．遮眼器		6．ガーゼ缶
	7．長いす（待合用）		6．視力検査用指示棒		7．消毒盤
	8．器械戸棚		7．色覚異常検査表		8．毛抜き
	9．器械卓子		8．オージオメータ		9．副木、副子
	10．万能つぼ		9．額帯鏡		10．携帯用救急器具
	11．洗面器及び洗面器スタンド		10．捲綿子		11．担架
	12．薬品戸棚		11．消息子		12．マウス・トゥ・マウス用マスク
	13．書類戸棚		12．耳鏡		13．松葉杖
	14．健康診断書類格納庫		13．耳鼻科用ピンセット		14．救急処置用踏み台
	15．ついたて		14．鼻鏡		15．洗眼瓶
	16．湯沸器具		15．咽頭捲綿子		16．洗眼受水器
	17．ストップウォッチ		16．舌圧子		17．滅菌器（オートクレーブを含む）
	18．黒板（ホワイトボードを含む）		17．歯鏡		
	19．懐中電灯		18．歯科用探針		18．汚物投入器
	20．温湿度計		19．歯科用ピンセット		19．氷のう、氷まくら
	21．冷凍冷蔵庫		20．聴診器		20．電気あんか
	22．各種保健教育資料		21．打診器	環境衛生検査用	1．湿度計（0.5度目盛又は同等以上のもの）
			22．血圧計		2．風速計
			23．照明灯		3．WBGT（暑さ指数）計
			24．ペンライト		4．照度計
					5．ガス採取器セット
					6．塵埃計
					7．騒音計
					8．黒板検査用色票
					9．水質検査用器具
					10．プール用水温計
					11．プール水質検査用器具
					12．ダニ検査キット

（文部科学省初等中等教育局長通知　2021.2）

第3章　保健室経営

資料3-5　備えておきたい諸帳簿とその保存年限

【法定的根拠がある帳簿】

番号	帳　簿　名	根　　拠	備　　考
1	児童生徒健康診断票	学校保健安全法施行規則第8条第1項	最終学校にて5年間保存
2	保健調査票	同規則第11条	保存期間は、設置者の規定による
3	学校医執務記録簿	同規則第22条第2項	同　　　上
4	学校歯科医執務記録簿	同規則第23条第2項	同　　　上
5	学校薬剤師執務記録簿	同規則第24条第2項	同　　　上
6	就学時健康診断票	同令第4条	管理責任者は、市町村教委
7	職員健康診断票	同規則第15条	管理責任者は、設置者
8	環境衛生検査記録簿	同規則第1条 学校環境衛生基準第6雑則	定期及び臨時検査の記録は、5年間保存 日常点検の記録は、3年間保存
9	安全点検記録簿	同規則第28条	保存期間は、設置者の規定による
10	結核検診問診票	同規則第7条第5項	同　　　上
11	医療援助費関係綴	学校保健安全法第24条	同　　　上
12	独立行政法人日本スポーツ振興センター関係綴	独立行政法人日本スポーツ振興センター法による	災害報告書控、医療費支払請求書、領収書等は、10年間以上保存する

【その他の帳簿】

番号	帳　簿　名	根　　拠	備　　考
1	学校保健統計関係綴	学校の文書規定による	永年保存が望ましい
2	保健日誌	同　　上	保存期間は、設置者の規定による
3	保健関係公文書等綴	同　　上	同　　　上
4	保健室備品台帳	同　　上	同　　　上
5	学級保健簿	同　　上	同　　　上
6	健康相談記録簿	同　　上	同　　　上
7	健康観察記録簿	同　　上	同　　　上
8	救急処置記録簿	同　　上	同　　　上
9	疾病異常児童生徒名簿	同　　上	同　　　上
10	各種検診・検査等関係綴	同　　上	同上　尿検査、結核検査、心臓検診結果表等

資料3-6　保健日誌（例）

第3章　保健室経営

月　　日（　　　）	天気

校長	教頭	保健主事	養護教諭

行事	○その日の行事を記入する。 ・事前に書き込んでおくと、執務の予定を立てるときに役立つ。
保健事務	○その日行った事務処理の内容を記入する。 ・事前に事務処理の予定を立てておくと、執務の漏れをなくすことにつながる。

欠席状況

学年	欠席総数	欠席理由			
		病欠	事故欠	出席停止	忌引
1					
2					
3					
4					
5					
6					
計					

○欠席人数を記入する。
・感染症の流行や欠席傾向の児童生徒を把握するために必要な情報である。

特記事項	○特記すべき事項について記入する。 ・病院に受診するような大きなけがや病気についての発生状況や処置内容 ・不登校傾向、保健室登校の児童生徒の様子 ・児童生徒、保護者との健康相談の内容 ・健康診断、保健指導等の内容や反省点 ・把握した感染症の流行状況　　　　　　　　　　　　等 ・養護活動を行った時刻を記入しておくと、その日の執務の時間的経過が把握できる。 ・合わせて校内で起きた事故やトラブルについても記入しておくと振り返りに役に立つ。

	年組	氏名	性別	傷病名	来室時刻	場所	原因	処置
傷病記録								

○その日行った救急処置について記入する。
・来室状況を把握するために記入する。
・継続して記録することで頻回来室者の状況等が把握できる。
・傷病記録をエクセル等のPCソフトで管理することで、月別、曜日別、学年・学級別、個人別等様々な形式で集計ができ便利である。

第4章　学校保健組織活動

1　学校保健組織活動
　1）学校保健組織活動の意義
　2）養護教諭の役割と学校保健組織活動

2　職員保健組織

3　学校保健委員会
　1）意義と目的
　2）学校保健委員会の構成
　3）学校保健委員会の運営
　4）実践例

4　児童生徒保健委員会
　1）意義と目的
　2）指導上の留意点
　3）活動のポイント
　4）実践例

第4章　学校保健組織活動

1　学校保健組織活動

1）学校保健組織活動の意義

　学校保健活動は、「保健教育」と「保健管理」の2領域として捉えられている*が、この両者が有機的に関連づけられ、その成果を上げるために「組織活動」が必要となってくる。学校保健組織活動は、学校保健におけるさまざまな問題を発見し、これを自主的・効果的に解決するために、学校及び関連する集団の人的・物的・行財政的な資源を活用して実行していく過程である。つまり、学校保健担当者だけが学校保健にたずさわるのではなく、児童生徒、職員、保護者、学校医、学校歯科医、学校薬剤師、地域社会の人々と協力・連携して行うことにより、学校保健活動が円滑に実施されるのである。

　学校保健における組織には、職員保健組織、学校保健委員会、児童生徒保健委員会、ＰＴＡ保健組織等がある。各組織やその活動がそれぞれの特性に応じた役割を果たし、また、お互いの組織が連携することで、より大きな成果が得られる。

　学校保健組織活動を活性化することは、学校保健活動の発展にとって重要なことといえる。

> **＊学校保健活動の領域とは・・・**
> 　文部科学省設置法第4条第12号では、「学校保健（学校における保健教育及び保健管理をいう。）」と記述されており、「保健教育」と「保健管理」の2領域と捉えている。これに基づき、2領域としての考え方が一般的である。

2）養護教諭の役割と学校保健組織活動

　中央教育審議会答申（平成20年）**において、子供の健康課題に対応するにあたり、養護教諭には関係機関との連携を推進するコーディネーターの役割を担うことが求められている。

　養護教諭は、職員保健組織、学校保健委員会、児童生徒保健委員会、ＰＴＡ保健委員会等学校内の各保健組織に所属し活動している。そのため、各組織の関係者と連携し、活動を内外に広めながら推進していくことができる。組織活動の推進は保健主事が中心となって行うが、養護教諭は専門性を活かしながら積極的に関わり、協力していくことが大切である。

> **＊＊中央教育審議会答申（平成20年）**
> 　子どもの現代的な健康課題の対応に当たり、学級担任等、学校医、学校歯科医、学校薬剤師、スクールカウンセラーなど学校内における連携、また医療関係者や福祉関係者など地域の関係機関との連携を推進することが必要となっている中、養護教諭はコーディネーターの役割を担う必要がある。

2　職員保健組織

　職員保健組織は、学校内における保健活動の推進役であり、児童生徒・教職員・家庭・地域へ保健活動を広げる要として、日常的に活躍する機関である。学校運営組織としては、保健部や健康安全部等として校務分掌に位置づけられることが多い。職員保健組織は、生徒指導部や教育相談部等の関連する校内組織と綿密な連携を図るとともに、それぞれが受け持つ役割分担を明確にすることにより、組織的な活動として機能を発揮することが大切である。

　養護教諭は、職員保健組織に所属し、構成メンバーの意識やニーズを把握したり自校の健康課題や日頃の保健室状況等の情報や資料を提供することにより、職員保健組織活動の推進を図っていくことが求められている。

3　学校保健委員会

1）意義と目的

　学校保健委員会は、複雑・多様化する学校保健の諸問題に対処するために、単なる審議の機関としてではなく実践化を目指す組織である。健康・安全に関する学校、家庭、地域社会の連携を図るための中核となることにより、子供の生活行動をより良く改善していく資質や能力を培い、「生きる力」の育成を目標とした児童生徒等の心身の健康課題の解決に向けて効果的な取組ができる。

　学校保健委員会については、これまで体育局長通達（昭和33年6月16日）では実施基準、保健体育審議会答申（昭和47年12月20日）では設置の促進と運営の強化、保健体育審議会答申（平成9年9月22日）では運営の強化と校内外の連携と地域保健委員会の設置の促進について示された。さらに中央教育審議会答申（平成20年1月17日）では現代的な健康課題に適応していくために、適切な役割分担に基づく活動を行うことが求められた。以下にこれまでに示されてきた答申の内容を示す。

体育局長通達（昭和33年6月16日）

> 「学校保健法および同法施行等の施行にともなう実施基準について」
> 　学校保健計画は学校保健法、同法施行令および同法施行規則に規定された健康診断、健康相談あるいは学校環境衛生などに関することの具体的な実施計画を内容とすることはもとより、同法の運営をより効果的にさせるための諸活動たとえば学校保健委員会の開催およびその活動の計画なども含むものであって、年間計画および月間計画を立てこれを実施すべきものである。

保健体育審議会答申（昭和47年12月20日）

> 　学校における健康問題を研究協議し、それを推進するための学校保健委員会の設置を促進し、その運営の強化を図ることが必要である。

保健体育審議会答申（平成9年9月22日）

> 　「生涯にわたる心身の健康の保持増進のための今後の健康に関する教育及びスポーツの振興の在り方について」
> 　（学校保健委員会・地域学校保健委員会の活性化）
> 　学校における健康の問題を研究協議・推進する組織である学校保健委員会について、学校における健康教育の推進の観点から、運営の強化を図ることが必要である。その際、校内の協力体制の整備はもとより、外部の専門家の協力を得るとともに、家庭・地域社会の教育力を充実する観点から、学校と家庭・地域社会を結ぶ組織として学校保健委員会を機能させる必要がある。
> 　さらに、地域にある幼稚園や小・中・高等学校の学校保健委員会が連携して、地域の子どもたちの健康問題の協議等を行うため、地域学校保健委員会の設置の促進に努めることが必要である。

中央教育審議会答申（平成20年1月17日）

> 　「子どもの心身の健康を守り、安全・安心を確保するために学校全体としての取組を進めるための方策について」

第4章　学校保健組織活動

Ⅱ-3　学校、家庭、地域社会の連携の推進
（1）　学校保健員会
① 学校保健委員会は、学校における健康に関する課題を研究協議し、健康づくりを推進するための組織である。学校保健委員会は、校長、養護教諭・栄養教諭・学校栄養職員などの教職員、学校医、学校歯科医、学校薬剤師、保護者代表、児童生徒、地域の保健関係機関の代表などを主な委員とし、保健主事が中心となって、運営することとされている。
② 学校保健委員会については、昭和33年の学校保健法等の施行に伴う文部省の通知において、学校保健計画に規定すべき事項として位置付けられている。また、昭和47年の保健体育審議会答申においても、「学校保健委員会の設置を促進し、その運営の強化を図ることが必要である」と提言されているが、平成17年度の学校保健委員会の設置率は、小学校81.7%、中学校78.6%、高等学校76.7%にとどまっている。また、設置されていても開催されていない学校や年１回のみの開催が多く、充実した議論が行われていないなど質的な課題がある。
③ 学校保健委員会を通じて、学校内の保健活動の中心として機能するだけではなく、学校、家庭、地域の関係機能などの連携による効果的な学校保健活動を展開することが可能となることから、その活性化を図っていくことが必要である。
このため、学校において、学校保健委員会の位置付けを明確化し、先進的な取組を進めている地域の実践事例を参考にするなどして、質の向上や地域間格差の是正を図ることが必要である。さらに、国、地方公共団体において、様々な資料を収集したデータベースを作成し、ホームページから一括してダウンロードできる環境整備を図るとともに、学校において適切な管理の下に活用することや、普及のために啓発資料を活用した研修会を実施するなどして、学校保健委員会の設置の推進や質の向上を図っていく必要がある。

2）学校保健委員会の構成

学校保健委員会は、家庭と学校、地域社会が連携して、子供たちの健康問題の解決を推進していくものであることから、それぞれの学校の実態や健康問題に応じて、構成メンバーを検討することが大切である。

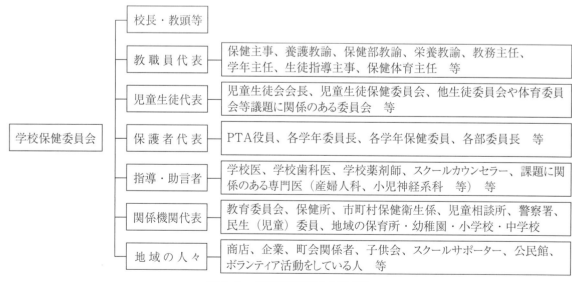

図4-1　学校保健委員会の構成例

3）学校保健委員会の運営
（1）開催の流れと留意点

養護教諭は、専門的立場から保健主事と協力し、学校保健委員会の計画・運営・推進にあたることが大切である。学校保健委員会開催にあたっての流れと運営上の観点を示すと、次の通りである。

計画	・学校保健計画作成の際に日時を位置づけておく ・自校の健康課題や、家庭・地域に連なる問題など、解決したい内容を絞り込む ・組織や年間計画を職員会議に提案し、職員全体の理解を深め、意識づけをする

準備	・議題の決定…具体的な議題を取り上げる ・運営案を作成し、話し合いの流れ、資料の活用方法、話し合いからどのような活動につなげることができるかなどについて事前に確認する（資料4-1） ・開催案内文の発送、資料の準備、当日の係りなどの分担をする

当日の運営	・会場の設営をする ・議題に即した提案、報告、発表を行う ・参加者全員が協議するよう配慮する ・協議内容を受けて、事後活動につなげるよう働きかける

事後活動	・記録の整理と報告をする（教職員、保護者、児童生徒等） ・児童生徒、学校、家庭、地域など、それぞれの立場でどんな取組ができるか、協議事項に基づいて計画し、実践する

評価	・立案から実施に至るまでの経過、手順や方法、内容および活動の成果などについて総合的に評価し、次の学校保健委員会に活かす

文部科学省「保健主事のための実務ハンドブック」2010、日本学校保健会「学校保健委員会マニュアル」2000

（2）地域学校保健委員会

子供たちの現代的な健康課題に対応するためには、学校や家庭を中心に関係機関を含めた地域レベルの組織体制づくりが必要となってくる。地域学校保健委員会は、一定地域内の幼稚園や小・中・高校、あるいは特殊教育諸学校の各学校保健委員会が連携して、地域の子供たちの健康問題の解決や健康づくりの推進に関して、協議を行うために設置されるものである。

地域学校保健委員会では、その地域の学校保健に関する情報や課題を検討分析し、共通する健康課題の解決や健康づくりを推進するための協議や研修を行う。地域の他の学校との交流を通して、地域レベルで健康課題の解決に向けて効果的な取組ができる。

第4章　学校保健組織活動

4）実践例
（1）小学校での事例（児童参加型の学校保健委員会）

①**テーマ**　「めざせ時間の達人！～生活リズムを整えよう～」

②**日時、場所**　10月○日　5限　○○小学校体育館

③**議題設定の理由**　昨年度の睡眠のアンケートから、寝る時間が遅くなる理由を知り、「計画的な時間の使い方」について考える。

④**参加者**　3～6年の児童、保護者、地域の方、学校医、学校歯科医、教職員

⑤**ねらい**

「時間の使い方を意識することで、児童自ら生活リズムを整える事ができる。」

昨年度は睡眠をテーマに考えたことから、今年度は睡眠を確保するために生活リズムを整えることに視点をおいた。

⑥**事前準備**

日　時	内　　容	担　当
9月	実施計画案作成	保健主事
	学校三師に案内・出欠確認	保健主事・養護教諭
	保護者案内・出欠確認	保健主事
10月初旬	保護者生活委員会で、当日の係分担	保健主事・保護者生活委員会
10月中旬	学校長・ＰＴＡ会長あいさつ依頼	保健主事
10月中旬	児童発表原稿・練習作成・発表用プレゼン作成	保健主事・養護教諭
10月中旬	発表練習指導	保健主事・養護教諭・他教諭
10月中旬	司会原稿作成	保健主事
前々日迄	レジメ作成・印刷	保健主事・保健指導部
前日迄	演題準備・掲示物準備	保健主事・養護教諭
前日迄	会場・受付・感想用紙など準備	保健主事・保健指導部

⑦**議事の流れ**
- 開会挨拶（学校長）2分
- 保健委員会児童による発表
　（児童保健委員会）20分
- 感想及び質疑応答　5分
- 学校医助言　5分
- 閉会挨拶（ＰＴＡ会長）2分

⑧**事後活動**
・生活チェック（p.105　資料4-2）
・学校保健委員会だより（児童、保護者向け）

事後指導で、意識づけを強化し、実践につなげる。

⑨**成果と課題**
以前は、体調不良で来室する児童の問診で就寝時間や起床時間を聞いても意識できていない児童がいたが、この会の後は、しっかり答えられる子が増えた。
また、年度末の保護者アンケートで、「生活リズムチェックのあと、子供自身で、時間を意識しようとしている。」「生活習慣の意識づけになった。」などの記述があった。
今後も児童が計画的に時間の使い方を意識し、生活リズムを整えるように働きかけていきたい。

（2）高等学校での事例
①**テーマ**
　「スマホと生活習慣について考える」

②**日時、場所**
　〇月〇日　　15：45～16：45　　〇〇高等学校会議室
　〇 高等学校会議室

③**議題設定の理由**
生徒の健康課題として、スマホ等の就寝前使用による睡眠不足から、心身の不調による保健室利用をはじめ、遅刻や欠席、学習時間等に影響を及ぼしている生徒が多い。
また、定期健康診断結果から、視力B以下の生徒の割合が、県や全国と比較しても多い。

④**参加者**
　学校医、学校歯科医、学校薬剤師、ＰＴＡ委員代表、スクールカウンセラー
　学校長、教頭、事務長、総務課長、生徒指導主事、各学年主任
　保健主事、養護教諭、教育相談教諭、生徒保健委員長・副委員長

⑤**ねらい**
　スマホ等の使い方について協議し、今後の学校での指導や家庭での対応に役立てる。

⑥**事前準備**

保健主事	テーマの決定（昨年度の健康課題から）
	原案作成
	各機関との日程調整
	案内文発送
	レジメ作成と資料の印刷
	報告資料の作成
	会場準備
養護教諭	報告資料の作成
	生徒発表用プレゼン作成指導

⑦**議事の流れ**
　1．学校長あいさつ
　2．出席者紹介
　3．学校保健安全活動報告　　　　　　　　　　（保健主事）

第4章　学校保健組織活動

4．保健概況報告　　　　　　　　　　　　　　（養護教諭）
5．保健室経営計画と取組報告　　　　　　　　（養護教諭）
6．生徒保健委員会研究発表　　　　　　　　　（生徒保健委員長・副委員長）
7．生徒の様子や健康問題について　　　　　　（各学年主任・ＰＴＡ委員）
8．協議
9．学校三師指導助言
　　　　　検診所見と健康課題等について　　　　　　　（学校医）
　　　　　歯科保健の状況について　　　　　　　　　　（学校歯科医）
　　　　　学校環境衛生及び薬物乱用防止教室について　（学校薬剤師）
10．まとめ（次年度の課題に向けて）、挨拶

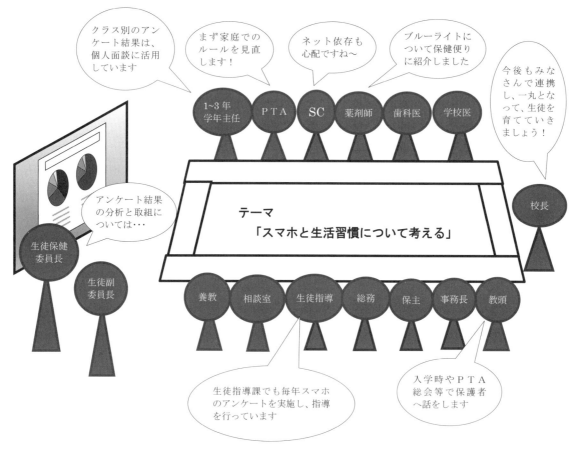

⑧事後活動

・〇〇高新聞への記事の提供（保健主事）
・保健便りの発行　　　　　（養護教諭）
・ＰＴＡ広報誌に掲載　　　（ＰＴＡ）

⑨成果と課題

・生徒保健委員会研究発表から、課題を提起し生徒保健委員会の取組を発表することで、生徒自身の本音や生活習慣、家庭の実態に基づいた具体的な話し合いをすることができた。
・教職員を始め、学校医やスクールカウンセラー、ＰＴＡ、生徒といった多方面で、課題を共有し、解決に向けて対応策を考え協議することで生徒理解が深まった。
・今後も課題に即したアンケートや、生徒主体の研究発表を中心に、教職員・生徒・家庭が一体となり、保健教育活動を行っていきたい。

（3）地域と連携した学校保健委員会
①**テーマ**　「歯科保健について」、「不登校・不登校傾向生徒について」
②**日時、場所**　　1月○日　　13：30～14：30　　○○中学校会議室
③**議題設定の理由**　歯、心の健康について、各学校で取り組んできたが、「個」ではなく「地域」の課題として連携して取組たい。

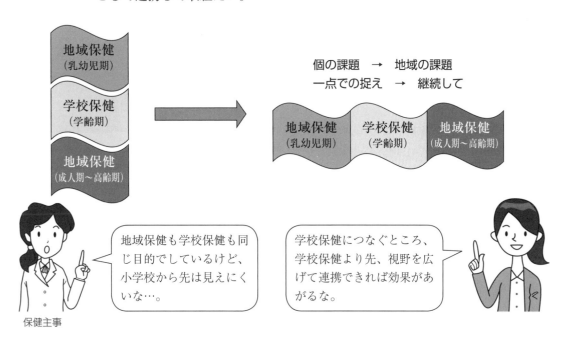

④**参加者**（テーマに合わせて校長、保健主事等と協議して決める）
　　学校医、学校歯科医、学校薬剤師、ＰＴＡ会長、ＰＴＡ代表、スクールカウンセラー、校長、教頭、生徒指導主事、保健主事、養護教諭、教育委員会、県保健センター、町健康子ども課（課長、保健師）、校区小学校養護教諭、地元の高校養護教諭　等

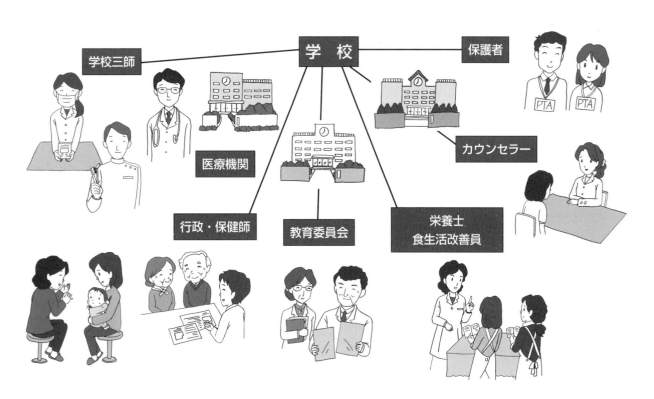

第4章　学校保健組織活動

⑤ねらい

　歯科保健　小学校では給食後のはみがきは定着しているが、各中学校で取組に差があった。小中連携して給食後のはみがきを定着させるための取組を探る

　不登校・不登校傾向　町内中学校の実態（理由、家庭状況）や対応、支援の方法を知ってもらい、校種、各機関と連携してできる取組を探る

⑥事前準備

　役割分担　A小　参加者名簿、出席確認、座席表
　　　　　　B小　調査資料（欠席状況）
　　　　　　C小　司会進行
　　　　　　D小　記録、写真
　　　　　　E小　啓発活動　事後のお便り作成
　　　　　　F中　各校の現状報告、協議事項、当日資料作成、レジュメ作成
　　　　　　　　　会場設営、案内看板等
　　　　　　G中　評価（感想、改善アンケート）集約

⑦議事の流れ

1. 学校長あいさつ
2. 自己紹介
3. プレゼン提案
4. 協議
5. まとめ　あいさつ

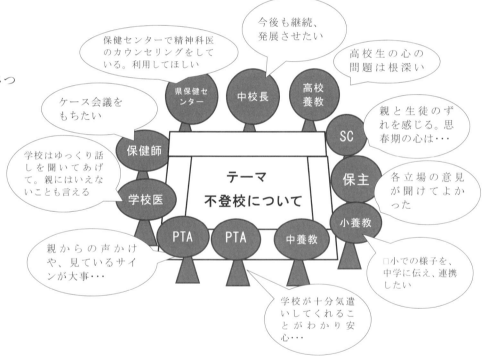

⑧事後活動

・地域学校保健委員会だよりの発行（参加者向け、保護者向け）（資料4－3）
・県精神保健センターの講演会の実施など

⑨成果と課題

・行政など他職種や、他校種の多方面が参集し、縦、横のつながりができ、顔の見える関係になった。
・課題の把握と共有、各校の取組の情報交換、対応策の共通理解ができた。
・相談事業、ケース会議など公共機関を利用した連携を知り連携の幅が広がった。
・今後、専門家を招く、ＰＴＡを増やすなどしてもよい。
・小中学生の生活アンケートなど他の議題についても協議したい。
・計画的にテーマ（1つにしぼる）や時期を決めて開催したい。

4 児童生徒保健委員会

1）意義と目的

　児童生徒保健委員会は、学校の保健組織であると同時に、教育課程の特別教育活動*として位置づけられている。

　個人や集団にかかわる健康問題を児童生徒の視点で捉え、その解決のために話し合い、実践活動へと進んでいくのが児童生徒保健委員会の活動の特質である。保健委員会に所属する児童生徒が意欲的に活動することで、学級や全校の児童生徒が健康に関して興味関心をもち、自主的に健康の保持増進を図る等の意識の向上につなげていくことが重要である。

> **＊学習指導要領**
> ・異年齢の児童生徒同士で協力し、学校生活の充実と向上を図るための諸問題の解決に向けて、計画を立てて役割を分担し、協力して運営することを自主的、実践的に取り組むことを通じて、第1の目標に掲げる資質・能力を育成することを目指す。

2）指導上の留意点

　児童生徒保健委員会を活発に進めていくためには、次の点に留意することが大切である。

① 活動の主眼は「学校生活を向上させようとする自発的、自主的活動」にあり、児童生徒の発想や気づきを大切にしながら主体的な活動になるよう支援する。

② 委員会代表が児童会や生徒会に報告（提案）し学校全体で取り組む活動にしていくことで、学校文化づくりのきっかけとする。

③ 委員会の活動が各学級で実践され学校全体へ浸透していくよう、学級指導の実施等担任とも連携を図る。

④ 委員が自主的に活動できるよう、個々の委員の健康について基礎的な知識や理解度のレベルアップを図る。

⑤ 限られた時間内で互いに協力し合って活動する中から社会性を身につけさせるとともに、委員会の構成員であることの自覚を高め、より積極的に活動しようとする意欲を引き出す。

3）活動のポイント

　児童生徒保健委員会の活動は、各学校で工夫しながら行われるものであるが、主な活動のポイントとして次のようなことが挙げられる。

目標の設定	身近な課題を目標として設定する
活動計画	学校行事等と関連づけながら具体的で実践可能な年間計画をたてる
活動内容	<u>日常の活動</u> 　健康観察、石けんやトイレットペーパーの補充、調査統計・環境衛生・救護・広報等の班での活動等 <u>全校に向けた情報発信</u> 　全校集会等を利用し、保健委員から児童生徒に向けて啓発や情報発信をしていく <u>家庭・地域への情報発信</u> 　学校保健委員会での提案、ＰＴＡ行事での発表、児童生徒作成の保健だよりの発行等を通して、家庭や地域への啓発と連携を図っていく
評　　価	・学習指導要領の特別活動における評価に基づいて行う ・具体的な評価の観点を設定し、評価の場や時期、方法を明らかにする ・児童生徒自身の自己評価や、相互の評価等の方法について工夫する ・評価を通じて、養護教諭が指導の過程や方法について反省し、より効果的な指導が行えるような工夫や改善を図っていく

＊：小学校学習指導要領（平成29年3月告示）　第6章特別活動　第2各活動・学校行事の目標及び内容【児童会活動】1目標　文部科学省
中学校学習指導要領（平成29年3月告示）　第5章特別活動　第2各活動・学校行事の目標及び内容【生徒会活動】1目標　文部科学省
高等学校学習指導要領（案）（平成3年7月）　第5章特別活動　第2各活動・学校行事の目標及び内容【生徒会活動】1目標　文部科学省

4）実践例*

(1) 児童保健委員会　小学校実践例

年間活動計画

月	活　動　内　容	月	活　動　内　容
4	前期の活動計画をたてよう 係分担	10	後期の活動計画をたてよう 係分担
5	手作りスポーツドリンクの計画と準備	11	手洗い実験の計画
6	手作りスポーツドリンクの試飲と反省	12	手洗い実験実施、掲示物 1月集会でかぜ予防の発表の準備、練習
7	けがのクイズラリーの計画と準備	1、2	かぜ予防の発表、換気の放送
9	けがのクイズラリー呼びかけ、実施、参加賞など配付と反省	3	1年間の活動を反省しよう

〈活動例1〉　テーマ「手作りスポーツドリンクをつくって飲んでみよう」

①係分担　レシピを考える係（図書室等で調べる）、説明係、呼びかけ係等・
②集会で全校児童に呼びかけ
③当日昼休み　手作りスポーツドリンクを作り説明する。レシピを配付、試飲
④後日の委員会　反省

※食物アレルギー等に配慮する

〈活動例2〉　テーマ「けが予防のクイズラリー」

①分担　クイズ作成係、ポスターつくりと集会発表係、景品作成係
②

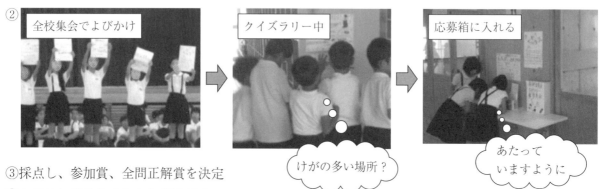

③採点し、参加賞、全問正解賞を決定
④クラスに手作りのしおり等を渡す
　正解と説明を玄関に掲示
⑤後日委員会　反省

＊参照：p.104　資料4-1　学校保健委員会運営案（例）
　　　　p.105　資料4-2　事後指導の生活チェックカード（例）
　　　　p.106　資料4-3　地域学校保健委員会実践（例）

（2）生徒保健委員会　中学校実践例

年間活動計画

月	活　動　内　容	月	活　動　内　容
4	組織編成 正しい保健室の使い方ビデオ作成	10	組織編成 正しい姿勢についての資料作成
5	正しい保健室の使い方ビデオ上映	11	正しい姿勢についてのビデオ作成
6	むし歯治療啓発ポスター作成・展示 むし歯予防ビデオ作成	12	エイズに関する資料作成・展示
7	熱中症予防ポスター作成・展示	1	「クイズでかぜ予防」紙芝居・ビデオ作成
9	応急手当についての資料作成・展示	2	正しい手洗いの仕方指導—手洗いチェカー
		3	1年間の活動の振り返り

＊各月の活動は縦割りで。（各学年で活動担当月を決める）
＊活動時間　　昼休み・放課後

〈活動例1〉　テーマ「正しい保健室の使い方ビデオ作成・上映」

・活動担当者　1年3人、2年3人、3年3人
・活動内容
　①役割分担を決める　　ナレーター、演じる係、小道具・資料作成係
　②シナリオ作成　　　③場面に応じた小道具・資料を作成する　　　④演技練習
　⑤リハーサル　　　　⑥撮影　　　⑦ビデオ上映　　お昼の校内放送
　「保健室の正しい使い方」

〈活動例2〉　テーマ「エイズに関する資料作成・展示」

・活動担当者　1年2人、2年2人、3年3人
・活動内容
　①役割分担を決める　　資料内容検討・収集係（3人）、資料作成・展示係（5人）、
　　　　　　　　　　　　放送（ピーアール）係（1人）
　②資料内容検討・収集（昼休み・放課後）
　③資料作成・展示（昼休み・放課後）
　④放送（ピーアール）　　お昼の校内放送

第4章　学校保健組織活動

（3）生徒保健委員会　高等学校実践例

年間活動計画

月	活　動　内　容	月	活　動　内　容
4	組織編成、係分担	10	組織編成、係分担
5	学校環境衛生活動	11	学校環境衛生活動
6	歯と口の健康月間、歯科受診推進活動	12	かぜ予防の啓発活動
7	ヘッドホン難聴について調査研究	1	かぜ予防の啓発活動
8	県生徒保健推進講習会　参加・発表	2	インフルエンザに関する調査
9	体育祭　救護活動、文化祭　発表	3	今年度の反省、次年度に向けて

＊年間を通しての活動：健康観察、学校環境衛生活動・日常点検（飲料水）、手洗い場の衛生管理

〈活動例1〉　テーマ「○○高・歯と口の健康月間（歯科受診推進活動）」
①ホームごとの掲示物作成（受診勧告人数・受診済人数・ホーム目標・担任より一言　等）
②各ホームで、目的・期間・実施方法を説明、期間内の積極的な受診を呼びかける
③部活動と連携して、ホーム・部活動ごとの受診率を競う
④受診済人数の調査・集計
⑤全校集会で成績発表・表彰

掲示物

表彰

〈活動例2〉　テーマ「調査研究：あなたの耳は大丈夫？　～ヘッドホン難聴の危険性～」
①係分担　実験係・考察係・パワーポイント作成係・発表係
②研究テーマの決定、データ収集、アンケート調査
③実験1「イヤホンで音楽を聴いていると、周りの音は聞こえる？」
　実験2「イヤホンをつけていると、車のクラクションはどれくらいの距離で聞こえる？」
④パワーポイントで発表用のスライド・原稿を作成
⑤石川県高等学校生徒保健推進講習会及び文化祭で発表

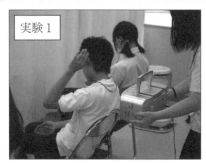
実験1

実験2

発表

〈活動例３〉　高等学校生徒保健委員会　研究発表活動
　　―石川県高等学校生徒保健推進講習会より―
　夏休みに各学校の生徒保健委員が集い、身近な健康問題を取り上げて研究したことを発表するという生徒保健委員会活動が昭和28年から永年続いており、歴史と伝統のある行事となっている。

①概要
　【主催】石川県高等学校保健会
　【対象】県内の高等学校・特別支援学校の生徒保健委員と教職員（主に保健主事、養護教諭）
　【内容】研究発表、グループ演習、レクリエーション活動、救急法実習、指導講話、座談会など、日程や時代に即したプログラムにより構成

②平成○年度の研究発表テーマ

（１）　朝食の重要性	Ａ高校
（２）　本校の生徒保健委員会活動について	Ｂ高校
（３）　笑顔の効果	Ｃ高校
（４）　スマホに潜む依存性	Ｄ高校
（５）　歩いて元気!!　〜私たちの生活と歩数の関係〜	Ｅ高校
（６）　深めよう！　性への認識	Ｆ高校
（７）　スマホマナーの向上作戦	Ｇ高校
（８）　食品添加物の効果と危険性　〜実演あり!市販のジュースの作り方〜	Ｈ高校
（９）　インターネット依存について　〜健全な高校生活を送るために〜	Ｉ工業高校
（10）　「歯」を大切に Part2	Ｊ工業高校
（11）　ＡＥＤで救える命　〜私たちにできること〜	Ｋ高校

〈発表資料の一部〉

 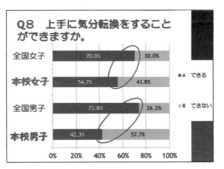

③講習会の様子
　　参加する生徒は発表・ＰＣ操作・実演等、各々の役割を集結して自校のプレゼンテーションを行い、他校の工夫を凝らした研究発表を聞いて思考の広がりや深まりを自覚する。生徒保健委員会活動は日々の学習や部活動の合間を縫って行うため、研究に十分な時間をかけることは容易ではない。それでも課題解決に向けた高校生の取組や、その研究成果を発信する良い機会となっている。

第4章　学校保健組織活動

資料4-1　学校保健委員会運営案（例）

令和〇年度　学校保健委員会（PTA厚生委員会合同開催）（案）
～「親と子の生と性の学習」～〇〇先生とともに～

1. 日　時：令和〇年〇月〇日（火）　午前10時45分～12時00分
　　　　　　　　　　　　　　　　　午後1時45分～4時00分

2. 場　所：〇〇小学校　2階　マルチ

3. 対　象：4年生児童、保護者、教職員、その他の参加希望者

4. 内　容：思春期の体の変化と生命誕生（生と性の学習）

5. 日　程：3部構成とし、Ⅱ部とⅢ部をできるだけⅢ部に設定しして行います。
　　　　　Ⅰ部の参加者もできるだけⅢ部に参加するように勤めます。
　　　　（＊Ⅰ部とⅡ部の授業内容は、同じものです。）

学校保健委員会		
Ⅰ部	10:45～11:45	4年生への授業（2クラス） ＊児童は、授業後教室でふりかえり
Ⅱ部	11:45～12:00	簡単な質疑応答
Ⅲ部	1:45～1:50	4年生児童入室
	1:50～2:00	開会のあいさつ、講師紹介
	2:00～3:00	4年生への授業（2クラス） ＊児童は、授業後教室でふりかえり
	3:00～4:00	先生を囲んでのワーク 保護者、教職員等のふりかえり ・質疑応答

6. 出席者：講師：〇〇　先生
　　　　　4年生児童　135名（2クラスずつ）
　　　　　保護者（PTA会長、厚生委員、参加希望のPTA会員）
　　　　　教職員（学校長、教頭、4年担任、養護教諭、あき時間の職員）
　　　　　地域の方々（当日は、学校公開週間）

7. 会場準備：先生に机、いす
　　　　　　学習教材用机
　　　　　　パソコン
　　　　　　プロジェクター
　　　　　　児童、出席者は、床に座って参加

8. 打合せ内容
　・4年生の性指導、保健学習の進度
　　　　⇒自由に。（クラスごとのばらつきがあっても可。）
　　ただし、教科保健「育ちゆく体とわたし」の
　　　　　　第1時「大きくなってきたわたしの体」
　　　　　　第2時「すくすく育てわたしの体」は、済ませておきたい。
　・当日の指導案　⇒別紙（60分授業の予定）
　　　　"思春期の体の変化"については、ビデオで簡単に押さえる。
　　　　誕生の追体験、胎児の体験、赤ちゃんを抱く（命の重みを感じる）
　　　　などの実習を通し、自分のいのち・他の生きるみんなのいの
　　　　ちの大切さを学ばせる。
　・派遣願い　　　⇒日程表程度でOK
　・プロフィール　⇒別紙
　・謝金　　　　　⇒学校の事情に合わせて

9. 当日までの準備と当日、事後に必要なこと

4年生
①授業を午前、午後のどちらにするか、2クラ
　スずつの割り振り
②アンケート
　・別紙アンケートより8～10項目選び（その
　他（　）は必ず入れる）4年生に適した言
　葉に直してアンケートをとる。
　・クラス別、男女別に集計し、3～4日前ま
　でに〇〇先生に送る。
　　　　　〇月はじめ→アンケート実施
　　　　　　　　　　　集計
　　　　　〇/〇（月）→結果を養護教諭へ
　　　　　　　　　　　グラフ化
　　　　　〇/〇（木）→〇〇先生に送付
③生後5～6ヶ月までの赤ちゃんの参加手配
　（各クラスひとり以上いるとよい）
④当日、実習時の指導
⑤ふりかえり　・文と絵がかける用紙の準備
　　　　　　　・数人分選び〇〇先生へ
⑥事後での指導のつながり
　60分で内容の濃い授業を受けるので、クラス
　の実態にあわせて補足やさらに広げた指導が
　必要と思われる。

厚生委員会
①案内プリント
②日程確認｜養護教諭と
②役割分担｜
③PTA会長挨拶依頼
③感想用紙（文と絵がかけるもの）準備
④当日のビデオ、写真撮影（〇〇先生分、学校
　分をダビング、写真撮影）→先生へ送付
⑤接待
⑥謝金、お礼
⑦感想まとめ

養護教諭
①〇〇先生、厚生委員会との連絡調整
②職員会議提案、職員の参加要請
③事前アンケート集計、（送付）
④給食手配（先生とお手伝いの方分）
⑤当日の案内看板、接待、会場設営
　（机・いす・スクリーン・ビデオ・プロジェクター・
　デジカメ撮影）

資料4-2　事後指導の生活チェックカード（例）

けんこう生活チェックカード

ねるじこく…1－3年生は9時30分まで、4－6年生は10時までに
おきるじこく…6時45分までに
テレビゲーム（インターネット）など…あわせて2時間まで　　になるようにしましょう。

できたものには○をつけましょう。（できた○、できなかった△）

		日		日		日		日		日	
		（月）		（火）		（水）		（木）		（金）	
1 　時　分 までにねる											
2 　時　分 までにおきる											
3 朝ごはん											
4 歯みがき		あさ	よる	あさ	よる	あさ	よる	あさ	よる	あさ	よる
5 テレビ・ゲームなどは 　時間　分まで											

5日間チェックしてみてどうでしたか？○はいくつありましたか？

こ

できたところはこれからもつづけていきましょう！
できなかったところは、これからできるようにがんばりましょう！

〈5日間のふりかえり〉

〈おうちの人から〉

第4章
学校保健組織活動

－（105）－

第4章　学校保健組織活動

資料4-3　地域学校保健委員会実践（例）

地域学校保健委員会だより

令和　年　月　日

○○中学校　校長
○○中学校　校長

学校保健委員会は、生徒の心身の健康課題を協議し、健康づくりを推進することを目的とする組織です。

昨年度より、○○中学校・○○中学校合同で『地域学校保健委員会』を開催しています。今年度は、1月21日（木）に○○中学校にて、テーマを**『中学生のこころの健康問題』**について協議しました。学校医・歯科医・薬剤師・PTA代表をはじめ、○○中学校に合わせて出席者として、専門的な立場からスクールカウンセラー、行政から石川中央保健福祉センター、○○町の健康こども課、町社会福祉課、教育委員会、さらに町内の高校や小学校の皆様にも参加していただきました。

「中学生のこころの健康問題」の現状について、共通理解を図るとともに、どのような支援体制がとれるのかについても、経験や事例をあげて協議されました。その中から、『中学生のこころの健康問題』について、保護者・家庭での留意点や学校・地域の留意点を以下のようにまとめましたので、ご参考にしてください。

家庭では・・・・親として・・・・

- 日頃から、子どもの話に耳を傾け、よく聞いてあげよう。
- 子どもの変化に早く気付けるように、両親や家族で協力して、子どもをみていこう。（気持ちよく眠れているか、おいしく味わって食事をすることを楽しんでいるかなど、行動や言動に注意しましょう。）
- 学校との情報交換を密にして、場合によっては地域や公的な相談機関を積極的に活用し、専門家の支援を仰ぎましょう。
- 単なる「悩み」ではなく、「病気で医療が必要」な場合もあります。保護者自身のメンタルヘルスもたいせつです。学校・地域にはたくさんの人材資源があります。一人で悩まずまず相談しましょう。

学校では・・・

- 町勤員全員で、生徒の変化に早く気づきやすい体制をつくろう。
- 保護者と連絡を密にして情報を共有し、協力してサポートしよう。
- 校内の相談体制を充実させ、生徒が相談しやすい体制をつくろう。
- （個に応じて）スクールカウンセラーなど専門家の活用を勧めよう。
- 地域と連携して、サポート体制を整えよう。

地域・行政は・・・・

- 町民に相談窓口を広く知らせ、利用しやすい体制をつくろう。
- 学校だけの問題とせず、教育委員会でも組織的により組み体制をつくろう。
- 社会資源（専門家・医師・相談機関）を周知して利用しやすくしよう。

*今回、石川こころの健康センターから**『子どもの診療・相談機関情報ガイド』という冊子を各中学校に1冊配付しました。医療機関や相談機関が、詳細にのっていますので、活用を！**

現状の報告

中学校生活は、思春期の子どもから大人に変わっていく途中の不安定な時期です。学校生活の中に、友達との関係・いじめ・学習・部活動・進路など悩みにつながる要素がたくさんあります。また、親子関係の悩みを打ち明ける場合も少なくありません。そんななかで、教育相談体制を整えて対応に当たっています。

今回、それぞれの中学校で、対応に苦慮した事例や、思春期に特徴的な心配される行動について事例をあげて説明が行われました。その中には、命に直結する内容も含まれます。日々、中学校の保健室・相談室では、生徒の心に寄り添って対応するよう、保護者の方々と協力し合って対応するよう努力していますが、対応の難しい事例も少なくありません。このテーマを、学校保健・地域保健関係者で共有することは意義深いのではないかと提案がありました。

意見交換

高校の先生
- 高校生の心の健康問題は根が深く、家庭環境・親子関係が大きく関わっていることが多い。また、精神科の領域の問題を抱えている場合もある。

スクールカウンセラー
- 面談やカウンセリングをしていて、本人と親の受け止め方にズレがあると感じることもある。友達関係」と本人は言うが家族関係が根本にある場合もある。
- 思春期は、自分というものをどう取り扱ってよいのか分からず、自己肯定感や自分に自信をつけることができないかできない時期。人から認められたり、愛められたりする機会の少ない子は特に難しい。

県中央保健福祉センター
- 地域センターでは、2ヶ月に1回精神科医による『心の健康相談』を実施している。予約が必要だが、アドバイスをもらい、医療が必要か相談も受けつけているので、利用してほしい。

町健康こども課保健師
- 町ではケース会議の都度ケース会議を行っている。必要ならば関係者が集まって会議を持ちたい。

学校医
- なかなか自己開示してくれない子が多いが、ゆっくり時間をかけて本人の言い分を聞いてあげてほしい。親にには恥ずかしくて言えない、他人には言うという子が多い。

薬剤師
- 薬局では、成人や老人から相談されることがある。今回、町の健康こども課など行政に電話相談すれば良いことが分かり、これから伝えていきたい。

PTA代表
- 学校が十分に気配りをしてくれていることがわかり安心した。親からもも子どもに声かけをすること、見ているよというサインを出していくことが大切だと思った。
- 癒しの場となるべき家庭がストレスになっているケースがあると知った。学校でサインが見えたら、是非家庭に伝えてほしい。

第5章 健康観察

1　養護教諭と健康観察

2　日常の健康観察の機会と留意点

3　健康観察の視点と内容
　1）身体症状の場合
　2）心因が背景にあると考えられる症状の場合

4　感染症発生時の健康観察

5　学校行事等の健康観察
　1）持久走大会時の健康観察
　2）水泳学習時の健康観察
　3）宿泊を伴う行事（合宿、修学旅行）の健康観察

6　健康観察結果の記録とその活用

第5章　健康観察

1　養護教諭と健康観察

　健康観察は児童生徒の日常的な健康生活と学習能率の維持向上を図るために、心身の異常を早期に発見し、適切な健康管理と保健指導を行うための教育活動である。健康観察の目的は、次のとおりである。

①　児童生徒の心身の健康問題の早期発見・早期対応を図る。

②　感染症や食中毒等の集団発生状況を把握し、感染の拡大防止や予防を図る。

③　日々の継続的な実施によって、児童生徒に自他の健康に興味・関心を持たせ、自己管理能力の育成を図る。

　さらに、近年社会問題にもなっている「いじめ」「虐待」「不登校傾向」等の早期発見においても重要な意味を果たす。

　健康観察は教育活動全体を通じて全教職員により行われているものであり、中央教育審議会（H20.1.17)*でも「学校保健に関する学校内の体制の充実」が明示された。また、学校保健安全法（H21.4.1施行)**においても健康観察が新たに位置づけられ、充実が図られている。

　養護教諭は観察の方法や技術、観察の視点等について一般教諭に提示し支援する必要がある。また一般教諭の健康観察の結果、養護教諭がさらに専門的な観察を行い、適切な判断をすることも重要な役割である。そして、個別の観察のみならず、一般教諭が収集した情報を総合的に判断し、学校全体の健康評価につなげていかなければならない。これは感染症の発生が疑われる場合には特に重要になってくる。

　また、養護教諭は児童生徒が保健室を来室した時や健康診断時等に、直接個別に健康観察を行うことで、日常生活の中では発見することのできないような心身の健康問題にも気づくことができる。そこからさらに長期的、継続的な支援に結びつけることもできる。

　養護教諭は保健室の中で児童生徒の身体的不調の背景にいじめ、虐待等の心の健康問題のサインが潜んでいることに気づくことのできる立場にある。健康観察を実施する際には、常に心因的な要因や背景を念頭に置いて心身の健康観察や問題の背景の分析等を行い、他の教職員と連携して対応にあたることが必要となってくる。

　さらに、養護教諭は児童生徒自身が自他の健康観察を通して、自己の健康管理の能力を養うための健康教育の機会の一つとなるよう支援していくことも必要である。そして、健康観察から得られた情報は必要に応じて教職員や児童生徒、保護者に提供をし、保健学習、保健指導、健康相談等に活用していくことも大切である。

＊中央教育審議会（平成20年）
Ⅱ学校保健の充実を図るための方策について
2学校保健に関する学校内の体制の充実
（3）学級担任や教科担任等
②健康観察は、学級担任、養護教諭などが子どもの体調不良や欠席・遅刻などの日常的な心身の健康状態を把握することにより、感染症や心の健康課題などの心身の変化について早期発見・早期対応を図るために行われるものである。また、子どもに自他の健康に興味・関心を持たせ、自己管理能力の育成を図ることなどを目的として行われるものである。
（後略）
③学級担任等により毎朝行われる健康観察は特に重要であるため、全校の子どもの健康状態の把握方法について、初任者研修をはじめとする各種現職研修などにおいて演習などの実践的な研修を行うことやモデル的な健康観察表の作成、実践例の記載を含めた指導資料作成が必要である。

＊＊学校保健安全法（平成21年）
第9条
　養護教諭その他の職員は、相互に連携して、健康相談又は児童生徒等の健康状態の日常的な観察により、児童生徒等の心身の状況を把握し、健康上の問題があると認められるときは、遅滞なく、当該児童生徒等に対して必要な指導を行うとともに、必要に応じ、その保護者に対して必要な助言を行うものとする。

本日の欠席状況						2	月	1	日			
	欠　席							かぜ登校		罹患者 （欠席＋登校）		在籍
クラス	インフルエンザ(A)	かぜ(B)	熱(C)	かぜ欠席合計A+B+C	学年欠席合計	欠席率	学級20%以上学年5%以上	学級	学年計	学級	学年計	学級	学年計
11	0	0	0	0		0.0%	なし	1		1		35	
12	3	0	0	3	3	8.8%	なし	2	5	5	8	34	136
13	0	0	0	0		0.0%	なし	2		2		34	
14	0	0	0	0		0.0%	なし	0		0		33	
21	1	5	0	6		17.6%	なし	0		6		34	
22	1	0	0	1	9	2.9%	なし	5	5	6	14	34	103
23	0	2	0	2		5.7%						35	
31	0	0	0	0		0.0%	なし	0		0		31	
32	0	0	0	0	16	0.0%	なし	3	3	3	19	31	92
33	11	5	0	16		53.3%	20%以上	0		16		30	
合計	16	12	0	28		8.5%	5%以上	13		41		331	

図5-1　養護教諭が行う健康観察集計・分析例

表 5-1　養護教諭が行う健康観察集計・分析例 2

平成　年　月 〈気になる欠席や遅刻への対応〉					
年　組	名　前	欠席	遅刻	理　由	対　応
1-1	○○○○	8	8	行きたくない	月　日　校内ケース会議 月　日　市教委ケース会議
2-2	○○○○	2	5	行きたくない	順調に登校できる日が続くが、些細なことから登校渋りがある。母親の育児不安も大きいため、市教委より医療機関への受診を依頼中。
2-3	○○○○	7	5	家庭要因	不規則な生活により朝寝坊することが多い。遅刻した際に本人が、教室へ行きたくないと言うことがある。本人と保護者への継続した働きかけが必要。 月　日　学校担任と打ち合わせ予定。
5-1	○○○○	8	4	家庭要因	不規則な生活により朝寝坊することが多い。本人の意識も低い。本人と保護者への継続した働きかけが必要。特別支援教育について、関係機関との連携が必要。 特別支援コーディネーターへ連絡した。

（日本学校保健会「学校保健の課題とその対応」2012　を一部加筆）

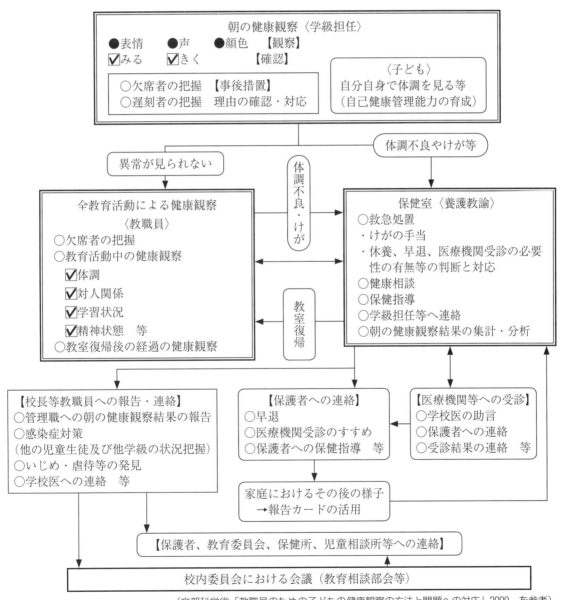

（文部科学省「教職員のための子どもの健康観察の方法と問題への対応」2009　を参考）

図 5-2　健康観察のフローチャート

第5章　健康観察

2　日常の健康観察の機会と留意点

　児童生徒の健康観察は、学校生活のあらゆる場面を通して全ての教職員で実施しなければならない。それぞれの観察の機会に応じて、観察のポイントや重点項目等を変更する必要がある。以下に、日常における健康観察の留意点等を機会別にまとめた。

観察の機会	実施者	観 察 の 項 目 と 留 意 点
登校前	保護者 児童生徒等	○今日一日健康的に学校生活を送ることができるかを判断する。 ○感染症の発生あるいはその兆しがある場合、早期発見・早期対応あるいは集団への蔓延を防止するため、健康観察の強化を図る。 観 察 項 目 心身の健康状態（p.112参照）、いつもと違った様子はないか、登校可能かどうか等
朝礼時	学級担任	○今日一日健康的に学校生活を送ることができるかを判断する。 ○毎朝学級担任が同じ視点で観察することにより、疾病異常の早期発見・早期対応につながる。 ○欠席状況から不登校等の早期発見につなげる。 観 察 項 目 心身の健康状態（p.112参照）、生活習慣（朝食、睡眠、排便、入浴、服装、身だしなみ）、欠席状況（散発的欠席、継続的欠席、理由が不明確な欠席）、遅刻（頻回の遅刻、理由が不明確な遅刻、登校しぶり）等
	養護教諭	○観察のために必要な情報（観察ポイント：校内・地域等の感染症の発生状況、学校全体の健康問題等）を提供する。 ○感染症の発生や蔓延状況あるいはその兆しを把握する。 ○学級担任と連携 ・健康観察簿より児童生徒等の、個々の異常の早期発見と対応、継続支援につなげる。 ・学級担任による児童生徒等の健康観察の結果から、学校全体の健康状態の把握と分析とその対応を行う。 観 察 項 目 心身の健康状態（p.112参照）、生活習慣（朝食、睡眠、排便、入浴、服装、身だしなみ）、欠席状況（散発的欠席、継続的欠席、理由のはっきりしない欠席）、遅刻（遅刻が多い、理由がはっきりしない遅刻、登校しぶり）等
	児童生徒等	○児童生徒等自身の健康管理の機会とする。
授業中	教科担任 学級担任	○心身の健康観察（p.112参照） ○人間関係、学級・クラスの児童生徒の位置関係等の観察 ⇩ ○学級担任、養護教諭、教育相談部、生徒指導部との連携
	養護教諭	○児童生徒等の授業での様子を参観したり、教科担任、学級担任から情報を得たりしながら児童生徒等の心身の健康状態を把握する。 観 察 項 目 心身の健康状態（p.112参照）、姿勢、態度 同一授業（教師、教科との関係、友だちとの関係、授業形態、座席の配置等の関係）の欠課の有無、集会等特定時間の欠課の有無等
休み時間	全職員	○授業では観ることのできない児童生徒等の様子を観察できる機会でもあり細やかに観察する。 観 察 項 目 心身の健康状態（p.112参照）、人間関係、遊び、態度、行動、いじめ、甘え、同じ行動の繰り返し、トイレでの閉じこもり、職員室や保健室等への頻回来室等

給食時	学級担任	○アレルギーの症状の有無、危険な摂取の仕方、いたずら、事件（異物の混入等）等がないか準備から後始末まで注意深く観察する。 食中毒や、事件性が考えられる場合、養護教諭、給食担当者、管理職等連携し、関係機関との連絡等適切に対応する必要がある。 ○食物アレルギーのある児童生徒等がアレルギーの症状が出ていないか、学校生活管理指導表の内容に従って管理できているか等を確認する。給食中だけではなく、食後２時間は観察を必要とする。 アナフィラキシーショックを起こしたことのある児童生徒等については学校生活管理指導表の内容について保護者と具体的に確認しておく必要がある。 ※アナフィラキシーの症状、対応については、p.172参照 観 察 項 目 心身の健康状態（p.112参照）、アレルギー症状、食欲、偏食、欠食、表情、誰と食べているか（孤立）、弁当の場合持参状況や内容や量等
放課後	全職員	○授業では観ることのできない児童生徒等の様子を観察できる機会でもあり、細やかに観察する。 観 察 項 目 人間関係、他の児童生徒等との対話、帰宅しぶり、部活動の参加状況等
校内巡視時	養護教諭	○通常の児童生徒等の様子を知っておくことが異常の発見につながる。 ○保健室に来室したことのない児童生徒を直接観察することのできる大切な機会である。 ○廊下等で出会った際、積極的に声をかけることで問題の発見につながることもある。また、継続支援にもつながる。 ○トイレ、手洗い場等の使用状況（汚れ等）等環境の点検をすることにより児童生徒の心身の健康状態が把握できることがある。 ○児童生徒等の個としての情報だけではなく、学校やクラスでの人間関係、クラスで置かれている立場等が観察できる。 ⇩ ○学級担任、生徒指導部、教育相談部等と連携 観 察 項 目（授業中と同じ） 心身の健康状態（p.112参照）、姿勢、態度 同一授業（教師、教科との関係、友だちとの関係、授業形態、座席の配置等の関係）の欠課の有無、集会等特定時間の欠課の有無等
保健室来室時	養護教諭	○緊急性を適切に判断し、優先して対応する。 ○時期を逸することなく適切な対応をするためには、きめ細かな観察が基本である。その際、心的な要因や背景、いじめや虐待等も念頭に置いて観察する。 ○保健室とそれ以外で見せる様子の違い等があることを念頭に置いて観察する。 ○正確に記録を取っておく。 ⇩ ○管理職、学級担任、生徒指導部、教育相談部、スクールカウンセラー、保護者、学校医等関係機関との連携
担任、保護者からの依頼時	養護教諭	○専門的な視点でさらなる観察を実施することで感染症、疾病異常の発見につながる。併せて保健指導や継続的な支援もできる。 ○観察結果を総合的に判断することで学校全体の健康評価につなげる。 ⇩ ○学校医等との連携

第5章 健康観察

－（111）－

第5章 健康観察

3 健康観察の視点と内容

1）身体症状の場合

　身体的症状を訴えた場合、あるいは異常が見受けられた場合、まずはバイタルサインのチェックが基本である。その上で、訴えについては、部位（どこが）、時期（いつ、いつから、期間）、程度（どのような、どれくらい）、場所（どこで）等を正確に聞き取っていくことが必要となる。たとえ児童生徒が一つの症状を訴え来室したとしても、その一つの症状で対応を判断するわけではなく、訴えの背景にいじめや虐待がないか等、多方面の観察と情報から判断することが大切である。以下に、観察事項の例を部位別にまとめた。

部位	主な観察事項（自覚・他覚）		主な質問・把握したいこと	配慮が必要と予想される事項
全身的な状態	・元気がない ・だるそうだ ・ぼんやりしている ・落ち着きがない	・気持ちが悪い ・腹痛、下痢 ・食欲不振	・疲れるような生活状況があるか ・食事、睡眠、運動等の生活状況 ・心配事やストレスはないか	・睡眠不足　・栄養不良 ・疲労　　　・精神的なもの 以上のような異常だけでなく、重大な疾病の症状であることもあり経過観察も必要
頭部	・痛み、頭重感等 ・吐き気 ・意識状態 ・随伴症状（肩こり等）	・外傷の有無 ・脱毛、抜毛 ・汚れやにおい	・視力の変化や目の異常 ・眼鏡やコンタクトレンズは適正か ・睡眠状況 ・パソコン、テレビゲーム等の実施状況	・かぜ　　　・頭部外傷 ・急性疾患　・眼の異常 ・睡眠不足　・精神的なもの ・疲労　　　・虐待
顔色・表情	・顔色が悪い （赤い、青白い等） ・表情 ・顔のむくみ	・咳 ・吐き気 ・動悸、息切れ ・外傷の有無	・食事、睡眠、運動等の生活状況	・かぜ　　　・心疾患 ・急性疾患　・腎疾患 ・貧血　　　・疲労 ・睡眠不足　・虐待
目	・充血 ・眼痛 ・流涙 ・目やに ・まぶしさ	・まぶたの腫れ ・痒み ・アレルギーの有無 ・外傷の有無	・見え方に問題はないか（視力・視野・色覚） ・衝撃を受けていないか ・眼鏡やコンタクトレンズの使用状況 ・パソコン、テレビゲームの実施状況 ・プールの入水状況	・アレルギー　・眼部打撲 ・結膜炎　　　・眼精疲労 ・麦粒腫　　　・精神的なもの ・咽頭結膜熱や流行性角結膜炎 ・コンタクトレンズによる障害 ・ゴミが入っている
耳	・耳だれ　・耳鳴り ・耳痛　　・耳閉感 ・出血　・外傷の有無 ・リンパ節の腫れ	・聞こえ方、左右差 ・平衡感覚の異常 ・随伴症状（頭痛やめまい）	・プール等の入水状況 ・ヘッドホン等の使用の有無	・難聴　　　・外耳炎 ・鼓膜穿孔　・異物挿入 ・中耳炎　　・精神的なもの ・虐待
鼻	・鼻づまり ・鼻汁(出方、色、量、左右差) ・鼻血	・においを感じない ・外傷の有無（頭、鼻） ・随伴症状（頭痛やくしゃみ）	・アレルギーの有無	・かぜ　　　・異物 ・アレルギー性鼻炎 ・副鼻腔炎 ・骨折等の外傷
口	・口臭 ・よだれ ・嚥下困難 ・あくび ・口内炎 ・舌苔	・口呼吸 ・出血 ・痛みや腫れ ・口の開閉の可否 ・発疹の有無 ・外傷の有無	・歯みがき状況 ・疲労感はないか ・睡眠状況 ・食欲、食事摂取状況	・むし歯　　・虐待 ・歯肉炎 ・口内炎 ・扁桃炎 ・口唇ヘルペス ・腹部症状によるもの
胸部	・胸痛 ・息苦しさ ・外傷の有無 ・心臓疾患の既往	・胸部打撲の有無 ・随伴症状（咳、ぜん鳴、チアノーゼ）	・運動状況 ・心配事やストレスはないか	・心臓疾患　・肋間神経痛 ・過呼吸 ・ぜん息 ・気胸
腹部	・腹痛 ・膨満感 ・吐き気 ・便の状態、下痢や便秘 ・下血	・頻尿・乏尿 ・残尿感 ・腹鳴 ・排尿痛 ・外傷の有無	・食事状況 ・心配事やストレスはないか ・月経との関連	・消化不良　　・月経痛 ・食中毒　　　・感染性胃腸炎 ・虫垂炎　　　・膀胱炎 ・過敏性腸症候群　・腹部打撲 ・睾丸破裂　　・結石
皮膚・爪	・発疹 ・浮腫 ・外傷・出血 ・水ぶくれ ・爪かみ	・あざ ・痛み ・痒みやかさつき ・皮膚の汚れ	・日光、気温、湿度等の環境 ・アレルギーを起こすようなものとの接触（食べ物、衣服、動植物、化学物質等）	・アレルギー疾患　　・虐待 ・アトピー性皮膚炎 ・虫刺されや湿疹　・じんましん ・外傷　　・心因性のもの ・慢性疾患や感染症
筋肉・関節	・痛み ・可動域の異常 ・腫れ	・熱感 ・左右差の有無	・運動状況	・筋肉痛　・脱臼 ・捻挫　　・肉離れ　・関節炎 ・骨折　　・突き指

- (112) -

２）心因が背景にあると考えられる症状の場合

　保健室を利用する児童生徒は様々な身体症状を訴える。その背景には心因的な要素が隠されている場合も少なくない。そのため、心身両面からの健康観察が必要である。

　以下に、観察事項の例を身体面・行動面・心理面でまとめた。

	主な観察事項（自覚・他覚）	主な質問・把握したいこと	予想される主な疾病・異常
身体面	頭痛、倦怠感、腹痛、下痢、腹部膨満感、便通異常、腹鳴、咳、放屁、気分不良、吐き気、嘔吐、発熱、めまい、動悸、息切れ、頻尿、肥満、急激なやせ、視力・視野の低下、聴力の低下、けいれん、脱毛、月経異常、呼吸困難、食欲不振、歩行障害、睡眠障害　　　　　　　　　　　　　　　　等	・ストレスはないか　友人関係　家族関係　成績　部活動　塾、稽古事　　　　等	筋緊張性頭痛　過敏性腸症候群　過換気症候群　起立性調節障害　心因性咳嗽　心因性発熱　心因性視力障害
行動面	遅刻・早退・欠席の増加、保健室頻回来室、不登校、学力低下、時間にルーズ、習癖（爪かみ・抜毛癖等）、自傷行為（リストカット等）、拒食、過食、落ち着きがない、頻回の手洗い、チック、緘黙、退行、言葉遣い、暴力、泣く、昼夜逆転　　　　　　　　　等	・生活習慣はどうか　食事　睡眠　生活のリズム　入浴　　　　等	心因性聴力障害　心因性頻尿　心因性けいれん　胃炎　胃潰瘍　摂食障害　適応障害
心理面	不安、抑うつ、気分の高揚、食欲不振、睡眠異常、無気力、不満、怒り、イライラ、落ち着かない、考えがまとまらない　　　　　　　　　等	・家庭環境はどうか　経済状況　居場所　転居、転勤　宗教　家族関係（離婚、再婚、下の子の出生等）特に母子関係　　　　等	うつ病　躁うつ病　パニック障害　神経症的障害　ヒステリー　円形脱毛症　虐待　　　　　　　等

4　感染症発生時の健康観察

　感染症発生時あるいは発生の疑いがある場合は、早期発見や重症化の予防、蔓延の防止のため等、特に児童生徒の健康観察の徹底を図ることが大切である。

　普段実施している健康観察に加え、その感染症特有の症状について観察をする必要がある。また、普段よりも丁寧かつ細やかに迅速に行うことも、感染症の蔓延状況をいち早く知り最小限の蔓延にとどめることにつながる。個人の感染の有無にとどまらず、学校全体あるいは学年、クラス、部活動等集団としての感染状況を把握することも養護教諭の大切な役割である。

　回復して登校してきた児童生徒の観察も重要である。感染のおそれのない状態になっているか、学校生活ができる状態まで回復しているかどうか等、心身ともに丁寧に観察しなければならない。

〈観察の視点とポイント〉

① 登校している児童生徒の健康状態・・・感染症特有の症状はないか
② 感染の可能性がある児童生徒の健康状態・・・部活動、クラブ活動、委員会活動等での感染はないか
③ 回復して登校してきた児童生徒の健康観察・・・出席停止期間は過ぎているか、症状は消失しているか
④ 欠席、早退、保健室利用者等の人数とその症状・・・同一症状はないか、罹患者数の推移はどうか
⑤ 家族の発生状況・・・兄弟姉妹の感染の有無はないか、学年をまたぐ等感染拡大が懸念されないか
⑥ 個人の過去の罹患状況や予防接種歴
⑦ 近隣地域の流行状況

第5章　健康観察

5　学校行事等の健康観察

　学校においては様々な行事が計画されている。行事に参加する児童生徒等の健康観察の観点は、それぞれの行事によって異なってくる。事故発生の防止を図るため、より丁寧な健康観察を実施する必要性がある。

　学校生活管理指導表が提出されている児童生徒等や、けがや病気で行事の参加について配慮が必要と思われる場合は、学校医、保護者を通じ、主治医に参加の仕方や注意点についての指示を仰いだり、緊急時の対応についての情報を得る等、連携・協力の下に対応していく。さらに、入手した情報は職員全体で共通理解し、緊急事態を想定した対処方法や連絡体制を事前に整えておくことが大切である。当日も学級担任・養護教諭を中心に職員全体で健康観察をする必要がある。保護者に対しては行事の参加の可否を含め、問診票の提出や当日朝の家庭での健康観察の状況報告を求める等協力を依頼する必要がある。

　また、行事後も一定期間、個別・全体の観察を継続し、児童生徒等の心身の状況を把握する必要がある。そして健康観察の結果から行事全体を通じての保健分野にかかわる評価を行い、次回の計画立案の参考にする等活用することが重要である。

　次に、事前調査や当日の健康観察が必要な主な行事について述べる。

1）持久走大会時の健康観察

　持久走大会のような体力の消耗が激しい行事は、生命の危険を伴う行事でもある。練習段階から丁寧な健康観察が必要となる。当日は参加の可否を含めてきめ細やかな健康観察をしなければならない。

表5-2　持久走大会時の事前調査と健康観察

事前調査		心臓病、腎臓病、ぜん息、てんかん、アレルギー（食物依存性運動誘発アナフィラキシー等）その他主治医に相談が必要な病気、けが　等
健康観察	事前	発熱の有無、かぜ症状、頭痛、顔色、胃腸症状（腹痛、吐き気、下痢）、睡眠状況、朝食の摂取状況、けが　等
	行事中	意識、顔色、表情、呼吸、発汗状態、走るペース　等
	事後	呼吸、体温、脈拍、顔色、表情、水分摂取状況、頭痛・気分不良等の自覚症状　等

2）水泳学習時の健康観察

　配慮の必要な児童生徒の場合、学校生活管理指導表の管理区分に従い、プール入水を見合わせたり医師に相談が必要になるときがあることを保護者に伝え、理解を求める。事故防止や病気予防のため、これらの児童生徒の保護者には日頃から連携をとっておく必要がある。

　特に、咽頭結膜熱や伝染性軟属腫等プールで感染する可能性がある病気の観察や情報把握は大切である。そのため、養護教諭は健康観察で得た情報を指導や管理に活用していく必要がある。

表5-3　水泳学習時の事前調査との健康観察

事前調査		心臓病、腎臓病、ぜん息、てんかん、アレルギー（食物依存性運動誘発アナフィラキシー等）その他主治医に相談が必要な病気、けが、中耳炎、外耳炎、目の病気、皮膚の病気、感染症等の有無や治療、管理状況
健康観察	事前	発熱の有無、かぜ症状、頭痛、顔色、胃腸症状（腹痛、吐き気、下痢）、プールで感染する病気（医師に相談）、皮膚の状態、睡眠状況、朝食の摂取状況、けが、爪　等
	行事中	顔色、チアノーゼ、表情、呼吸、皮膚の状態（鳥肌、寒冷じんましん）、動作　等
	事後	結膜の充血、皮膚の状態（鳥肌、寒冷じんましん）、自覚症状、疲労　等

3）宿泊を伴う行事（合宿、修学旅行）の健康観察*

　修学旅行のような数日続く行事では、児童生徒等が疲労やストレスで体調を崩すことがある。学校や家を離れての生活を送ることになるため、心身ともにきめ細かい観察と配慮が必要となってくる。旅行先で医療機関を受診することを想定し、医療機関の確認（場所、搬送に要する時間、受け入れ態勢等）や保護者との連絡体制等を教職員や保護者で共通理解しておく。

　行事中の健康観察は朝だけ行うのではなく機会を捉えて随時行い、児童生徒等の健康状態の把握に努めなければならない。また、班ごとに係を決めて健康観察を行うことは、児童生徒等自らの健康に対する意識を高め、参加者が健康状態を把握できる点で効果的である（p.118　資料5-1「修学旅行健康チェックカード（例）」参照）。

　海や山等屋外活動のときは、疲労、熱中症、さらに体力面や精神面での個人差等にも視点をあてた健康観察が必要である。

　感染症や食中毒が発生することもあるので、適切に対応ができるようにしておく（p.327　第13章5「修学旅行等における感染症の予防と対応」参照）。

表5-4　宿泊を伴う行事（合宿、修学旅行）の事前調査と健康観察

事前調査		心臓病、腎臓病、ぜん息、てんかん、アレルギー（特に食事や薬等）その他主治医に相談が必要な病気、乗り物酔い、けが、夜尿、頭痛、腹痛等よく訴える症状、月経痛、それぞれについて服薬の有無や治療・管理状況　等
健康観察	事前	発熱の有無、かぜ症状、頭痛、胃腸症状（腹痛、吐き気、下痢）、睡眠状況、食欲、朝食の摂取状況、けが　等
	行事中	発熱の有無、かぜ症状、自覚症状、睡眠状況、食欲、食事・おやつ・水分摂取状況、排便状況、服薬の確認、感染症・食中毒の症状、疲労の状況　等 ※服薬状況について確認が必要な場合、保護者から事前に医師の指示書を提出してもらう
	事後	疲労感、欠席状況　等 感染症・食中毒の発生の有無　等

＊参照：p.118　資料5-1　修学旅行健康チェックカード（例）
　　　　p.119　資料5-2　修学旅行に関する健康調査（例）

第5章 健康観察

6 健康観察結果の記録とその活用

　健康観察の結果は欠席、遅刻の情報とともに整理すると、効果的に活用できる。毎日・毎月・毎学期・1年間と累積することによって、個々・集団それぞれの異常や変化を把握することができる。これらのデータは、感染症・食中毒の集団発生やいじめ・不登校傾向等の早期発見につながる。また、生徒指導担当者や教育相談担当者等との連携にも役立つ。

　毎日の記録を表計算ソフトに入力すると、個別、月別、理由別等に迅速に集計でき多方面に活用できる。例えば、報告や保健指導の際は、グラフ化すると状況が明確にわかってよい。

活用の方法

① 感染症及び食中毒等の集団発生の早期発見・・・集計し、発生状況を把握
　　　　　　　　　　　　　　　　　　　　　　児童生徒、教職員、保護者に知らせる
　　　　　　　　　　　　　　　　　　　　　　教育委員会や保健所に報告
② いじめ、不登校傾向、虐待等の早期発見・・・集計し、生徒指導担当者や教育相談担当者と連携
③ 個々及び集団の健康課題の把握
④ 健康相談、保健指導・・・実態を示す生きた資料となる
⑤ 健康診断・・・学校医への提示
⑥ 家庭訪問時や保護者面談時・・・健康課題を保護者と共有
⑦ 児童生徒理解・・・資料にし、会議等で全教職員で共通理解
⑧ 休業中の保健指導計画等の参考資料・・・熱中症対策やかぜ予防の呼びかけ等の週末指導
⑨ 学校保健計画立案の参考資料

（文部科学省「教職員のための子どもの健康観察の方法と問題への対応」）

個別データの活用例

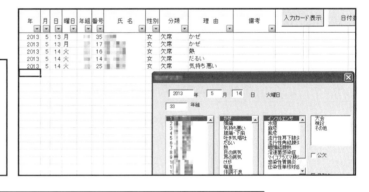

問題の発見
（欠席状況の分析と来室時の訴えより）

①毎日の欠席、遅刻者入力

②個別データ集計
「A子欠席多いな」
→月日、理由を集計
来室記録等も合わせて情報を整理
→発熱で欠席が多いことがわかる
→「来室時、注意して話を聞こう」

③小学6年A子保健室来室。主訴：気持ち悪い
「新しいクラスになって、周りに無視されて・・・」
「悶々として学校行きたくない」
「合宿がもうすぐあるのがすごくイヤ」
「いやなことがあると、本当に熱が出るから休む」
（欠席理由と一致）

・実態把握
・問題分析
・活動計画

④保健室での相談内容を担任、教育相談担当、生徒指導担当等に連絡
養護教諭が集めた情報、担任等からの情報を元に対応を検討

実践　　⑤支援していく

評価・修正　⑥A子への対応は適切だったか

- (116) -

集団風邪発生時の欠席者集計データの活用例

アセスメント（情報収集、整理、検討）

①情報収集
・毎日の欠席、遅刻者入力
・かぜ罹患登校者の健康観察
・保健室来室状況
・近隣校、地域の状況　等

②集計
・欠席者数（率）
・罹患登校者数（率）
・症状　等

1年1組、3年3組に多い。

③情報の視覚化
　学校全体のかぜ欠席者、罹患登校者の推移をグラフ化

だんだん増えてきた。生徒や保護者に情報提供と学級指導が必要か関係者と検討しよう。

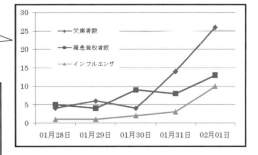

④検討
・①②③等の情報をもとに管理職、保健主事、担任等と、対応策の検討
・学校医と連携

措置の実施

⑤本日は措置なし
・管理職等による保護者注意喚起を文書・メールで配信等
・ほけんだよりにて児童生徒等、保護者に情報提供
・学級担任による保健指導（手洗い、うがい、換気等）
・学級担任による欠席理由の把握、健康観察の強化
・児童生徒保健委員への指導（健康観察の徹底、換気励行、石鹸液の補充等）

事後処理

⑥事後処理
・③の情報を教職員に提供、経過観察

評価

⑦評価
・情報収集、検討、措置、情報提供、保健指導、保健委員の活動の評価

第5章　健康観察

― (117) ―

第5章　健康観察

資料5-1　修学旅行健康チェックカード（例）

修学旅行健康チェックカード

　班　保健係：　　　　　　　　　　　　　　　　○はい（異常なし）×いいえ（異常あり）

項目 名前	○月○日（○）								○月○日（○）						
	きのうの夜は眠れましたか	食事は残しませんでしたか	便通はありましたか	乗物よいをしましたか	頭痛はありませんか	腹痛はありませんか	ケガはありませんか	その他	きのうの夜は眠れましたか	食事は残しませんでしたか	便通はありましたか	頭痛はありませんか	腹痛はありませんか	ケガはありませんか	その他
先生の検印															

※保健係は、朝、自分の班の人の健康チェックを行います。全員のチェックが終わったら、カードを先生のところに持ってきてください。

資料5-2　修学旅行に関する健康調査（例）

令和○年○月○日

3年生の保護者　様

○○中学校
校長　○○　○○

修学旅行に関する健康調査

○月○日（○）から2泊3日で○○中学校3年生の修学旅行が行われます。そこで、3日間体調を崩すことなく、元気に楽しく旅行ができるように、事前の健康調査を実施いたします。下記の質問に回答し記載をお願いします。（ご使用につきましては、答えられる範囲内で結構ですので、下記の質問に回答し記載をお願いします。（ご使用薬また名称等を記載する）

記載内容に関してご連絡する場合がありますので後日ご連絡をよろしくお願いします。

記

1. 現在、治療中・通院中・経過観察中の病気やけがなどがありますか？
（例えば　心臓病、腎臓病、貧血、片頭痛、自律神経失調症、過敏性大腸炎、ねんざ、骨折、腰痛　など）
いいえ　・　はい　→　傷病名？（　　　　　）
　　　　　　　　　　現在の様子は？（　　　　　）
　　　　　　　　　　薬を使用（薬品名　　　　　）
　　　　　　　　　　運動・生活制限（制限内容　　　　　）
　　　　　　　　　　その他（　　　　　）

2. 喘息がありますか？
いいえ　・　はい　→　この一年間に発作は起きましたか？（　はい　・　いいえ　）
　　　　　　　　　　どれくらいの頻度で起きますか？（　毎日　・　時々　・　発作時のみ　）
　　　　　　　　　　薬は服用していますか？（　毎日　・　時々　・　発作時のみ　）
　　　　　　　　　　薬品名（　　　　　）

3. これまでにてんかん、あるいはてんかん様発作を起こしたことがありますか？
いいえ　・　はい　→　現在、薬を服用していますか？（服用なし　・　毎日　・　発作時のみ　）
　　　　　　　　　　薬品名（　　　　　）

4. じんましんが出やすいですか？出やすい方は原因を具体的にお書きください。
いいえ　・　はい　→　原因は？（　　　　　）
　　　　　　　　　　薬は服用していますか？（　毎日　・　時々　・　必要時のみ　）
　　　　　　　　　　薬品名（　　　　　）

5. アレルギーはありますか？
いいえ　・　はい　→　何のアレルギー？（　　　　　）
　　　　　　　　　　いつ頃？（　　　　　）
　　　　　　　　　　症状は？（　　　　　）
　　　　　　　　　　薬は服用していますか？（　毎日　・　時々　・　必要時のみ　）
　　　　　　　　　　薬品名（　　　　　）

*食物アレルギーの場合、アナフィラキシーショックをおこしたことはありますか？
いいえ　・　はい　→　原因（　　　　　）

*食事について配慮が必要ですか？
いいえ　・　はい　→　くわしく知るために後日ご連絡します。

6. 乗り物に酔いやすいですか？
いいえ　・　はい　→　薬を使いますか？（　使う　・　時々使う　・　使わない　）
　　　　　　　　　　何の薬ですか？（　　　　　）
　　　　　　　　　　使用頻度はどれくらいですか？（　毎日　・　時々　・　必要時のみ　）

> 旅行中に酔う可能性のある人は酔い止めを必要な分だけ各自用意してください

7. 現在、1～6までに記載した以外で使用している薬はありますか？
いいえ　・　はい　→　何の薬ですか？（　　　　　）
　　　　　　　　　　使用頻度はどれくらいですか？（　毎日　・　時々　・　必要時のみ　）

8. 修学旅行に持参する薬を全てお書きください
（服薬中の薬、ぬり薬、目薬、常備薬など、上記に記載した物を含め持参する薬全て）

薬品名	服用時間

*本人が管理できない薬がある場合は、必ず医師の「指示書」を学校にご提出ください。

9. その他（健康上の問題）なんでも気がかりな点、知らせておいたほうがよいことなどがありましたらお書きください。

女子の生徒のみ
初経はむかえましたか？　　いいえ　・　はい（　　年生　　月）
月経は順調ですか？　　順調　・　時々不順になる　・　不順（いつなるかわからない）
生理痛はありますか？　　いいえ　・　はい→症状は？（　　　　　）
　　　　　　　　　　　薬を使いますか？（　いつも使う　・　時々使う　・　使わない　）
*生理痛のひどい人は産婦人科などに相談し、自分にあった薬を準備しましょう。

* この情報に関しては漏洩のないよう保管・管理に十分留意をいたします。
* 調査書に書きにくいことなどは、直接担任あるいは養護教諭までお知らせください。
* 修学旅行の事前の健康診断は実施しませんので、心配な病気や症状がある方は早めに医療機関を受診し、医師の指示書を学校までお知らせください。
* 調査書は○月○日（○）までに担任にご提出ください。なお担任が直接回収します。個人情報など気になる方は封筒に入れて提出してください。

年　　組　　番　生徒氏名
　　　　　　　　保護者氏名　　　　　印

第6章　健康診断

1　健康診断の意義

2　養護教諭と健康診断

3　児童生徒等の健康診断
　1）定期健康診断
　　（1）検査項目
　　（2）実施計画
　　（3）保健調査
　　（4）実施内容
　　　　① 身体測定（身長・体重）
　　　　② 視力検査
　　　　③ 眼科の健康診断
　　　　④ 聴力検査
　　　　⑤ 耳鼻咽喉科の健康診断
　　　　⑥ 歯及び口腔の健康診断
　　　　⑦ 結核検診
　　　　⑧ 尿検査
　　　　⑨ 心臓検診
　　　　⑩ 内科の健康診断
　　　　⑪ その他
　　　　⑫ 特別な配慮を要する児童生徒等の健康診断
　2）臨時健康診断
　3）事後措置
　　（1）健康診断結果の通知
　　（2）健康診断結果のまとめ
　　（3）健康診断結果の記録
　　（4）健康診断票及び歯の検査票の管理
　　（5）健康手帳
　　（6）学級保健簿
　　（7）統計の作成と活用
　4）評価

4　その他の健康診断
　1）就学時健康診断
　2）職員の健康診断

第6章　健康診断

1　健康診断の意義

　学校における健康診断は、学校教育法*や学校保健安全法**に定められており、児童生徒等の健康の保持増進や疾病の早期発見、早期治療及び学校生活上の留意等保健管理の中核を占める。また学習指導要領***において示されているように教育活動として実施される。

　健康診断を実施することにより、個人及び集団の健康状態を把握、評価し、発育・発達や疾病異常の現状や問題点などを明らかにすることができる。さらに、これらに対して継続的な保健管理、保健指導、健康相談、健康教育等の教育活動を通して、個人・集団の課題解決に役立てることができる。

2　養護教諭と健康診断

　健康診断は、教育課程上では学習指導要領で「特別活動」の健康安全・体育的行事に位置づけられ教育活動として実施される。つまり、健康診断は、学校における保健管理の中核であるとともに、教育活動でもあるという2つの性格を持っている。また単に健康診断を実施するというだけでなく、事前、実施時、事後にわたって教育活動として位置づけることや、教育的な配慮が必要である。このことは児童生徒等が健康診断を通して自己のからだの成長や変化に気づき、健康についての認識を深める機会となるようにいろいろな工夫を積み重ねる必要があることを意味している。

　また、健康診断は法に義務付けられているため「受けさせられている健康診断」であったり、「検査するためだけ」に受けているように健康診断を展開している場合もみられる。運営面では、いかに手際よくスムーズに進めるかに意が払われるのも、やむを得ない面がある。その理由として、対象者と必要時間が合ってない実態や、行事の精選などで時間にゆとりがないことなどがあげられる。しかし、健康診断の意義や教育の場における健康診断と考えれば、児童生徒等の主体性を大切にするという目的意識を持ち、その意義や方法をしっかりと認識して自ら課題をもって参加する健康診断を展開する必要がある。保健教育への意識づけや児童生徒等が自主的な健康診断へと意欲を持つために、養護教諭は教育活動として計画・実施・評価を提案していくことが重要である。その結果、健康診断は単に異常を発見するものではなく、児童生徒等が自己の健康状態をとらえ、それをもとに自分の生活をコントロールしていくために役立てるようになる。学校での健康診断が「子供が心身の健康や生活の主体となるような活動」として教育的展開をするために、養護教諭が企画・コーディネートすることで学校全体の教育活動にしていかなければならない。

3　児童生徒等の健康診断

　定期健康診断に加え、臨時健康診断や就学時の健康診断など目的に応じた健康診断が実施される。

1）定期健康診断

　児童生徒等の健康診断は学校保健安全法第13条**に規定されており、学校医・学校歯科医・養護教諭が

---

*学校教育法
第12条
　学校においては、別に法律で定めるところにより、幼児、児童、生徒及び学生並びに職員の健康の保持増進を図るため、健康診断を行い、その他その保健に必要な措置を講じなければならない。

**学校保健安全法
第13条
　学校においては、毎学年定期に、児童生徒等（通信による教育を受ける学生を除く。）の健康診断を行わなければならない。
2　学校においては、必要があるときは、臨時に、児童生徒等の健康診断を行うものとする。

***学習指導要領
特別活動　学校行事
健康安全・体育的行事
　心身の健全な発達や健康の保持増進などについての関心を高め、安全な行動や規律ある集団行動の体得、運動に親しむ態度の育成、責任感や連帯感の涵養、体力の向上などに資するような活動を行うこと。

****学校保健安全法施行規則
第2章　健康診断
第2節　児童生徒等の健康診断
（時期）
第5条
　法第13条第1項の健康診断は、毎学年、6月30日までに行うものとする。ただし、疾病その他やむを得ない事由によつて当該期日に健康診断を受けることのできなかつた者に対しては、その事由のなくなつた後すみやかに健康診断を行うものとする。
第6条〜第9条　関連法規参照

専門的な立場に立って行うだけでなく、校長はじめ職員全体が共通理解のもとに計画的に実施する重要な行事である。学校保健安全法施行規則（p.122）では時期、検査の項目・方法及び技術的基準、健康診断票、事後措置について規定されている。

（1）検査項目

表6-1　検査の項目及び実施学年 （平成28年4月1日現在）

項　　　目			幼稚園	小1年	小2年	小3年	小4年	小5年	小6年	中1年	中2年	中3年	高1年	高2年	高3年	大学	ページ
保健調査			○	◎	◎	◎	◎	◎	◎	◎	◎	◎	◎	◎	◎	○	125
身長			◎	◎	◎	◎	◎	◎	◎	◎	◎	◎	◎	◎	◎	◎	126
体重			◎	◎	◎	◎	◎	◎	◎	◎	◎	◎	◎	◎	◎	◎	
栄養状態			◎	◎	◎	◎	◎	◎	◎	◎	◎	◎	◎	◎	◎	◎	144
脊柱・胸郭 四肢 骨・関節			◎	◎	◎	◎	◎	◎	◎	◎	◎	◎	◎	◎	◎	△	144
視力	裸眼の者	裸眼視力	◎	◎	◎	◎	◎	◎	◎	◎	◎	◎	◎	◎	◎	△	129
	眼鏡等使用者	矯正視力	◎	◎	◎	◎	◎	◎	◎	◎	◎	◎	◎	◎	◎	△	
		裸眼視力	△	△	△	△	△	△	△	△	△	△	△	△	△	△	
聴力			◎	◎	◎	◎	△	◎	△	◎	△	◎	◎	△	◎	△	132
眼の疾病及び異常			◎	◎	◎	◎	◎	◎	◎	◎	◎	◎	◎	◎	◎	◎	131
耳鼻咽喉頭疾患			◎	◎	◎	◎	◎	◎	◎	◎	◎	◎	◎	◎	◎	◎	134
皮膚疾患			◎	◎	◎	◎	◎	◎	◎	◎	◎	◎	◎	◎	◎	◎	144
歯及び口腔の疾患及び異常			◎	◎	◎	◎	◎	◎	◎	◎	◎	◎	◎	◎	◎	△	136
結核	問診・医師の診察			◎	◎	◎	◎	◎	◎	◎	◎	◎					138
	エックス線撮影												◎			◎ 1学年	
	ツベルクリン反応検査等			○	○	○	○	○	○	○	○	○					
心臓の疾病及び異常	臨床医学検査 その他の検査		◎	◎	◎	◎	◎	◎	◎	◎	◎	◎	◎	◎	◎	◎	142
	心電図検査		△	◎	△	△	△	△	△	◎	△	△	◎	△	△	△	
尿			◎	◎	◎	◎	◎	◎	◎	◎	◎	◎	◎	◎	◎	△	141
その他の疾病及び異常			◎	◎	◎	◎	◎	◎	◎	◎	◎	◎	◎	◎	◎	◎	145

（注）　◎　ほぼ全員に実施されるもの　　　○　必要時又は必要者に実施されるもの
　　　　△　検査項目から除くことができるもの

※大学でのエックス線撮影は、1年時のみ実施する

〈特別な配慮を要する児童生徒等の健康診断は p.148～151に記載〉

＊学校保健安全法施行規則　第6条 （平成28年4月1日施行）
　法第13条第1項の健康診断における検査の項目は、次のとおりとする。
1　身長、体重
2　栄養状態
3　脊柱及び胸郭の疾病及び異常の有無並びに四肢の状態
4　視力及び聴力
5　眼の疾病及び異常の有無
6　耳鼻咽頭疾患及び皮膚疾患の有無
7　歯及び口腔の疾病及び異常の有無
8　結核の有無
9　心臓の疾病及び異常の有無
10　尿
11　その他の疾病及び異常の有無

第6章　健康診断

（2）実施計画*

実施計画の立案は、ねらいを確認し、前年度の反省や改善事項を反映させ、より効率的で教育的に実施できるように策定する。

流　れ	主 な 内 容	留 意 事 項
学校保健計画	・次年度の学校保健計画の作成 ・健康診断の実施計画の作成 ・関係者・関係機関との連絡調整 ・検診・検査用機器等の確認	○学校医・学校歯科医・学校薬剤師からの助言や、今年度の反省及び改善事項を活かす ○ねらいを確認する ○保健主事、主幹教諭・教務主任等と協議する ○教育委員会、学校医・学校歯科医、検査機関等と日程を調整する ○検診・検査用機器等を点検する
事前活動	・実施計画・実施要項の決定 ・関係者との共通理解・確認 　学校医等との事前の打ち合わせ ・配慮を要する児童生徒等への受診体制づくり ・事前準備 ＊会場、機器、用紙など ・健康実態の把握 　保健調査、日常の健康観察 ・指導資料やお知らせの準備	○職員会議で検討し、決定する ○教職員、学校医・学校歯科医、関係機関等と実施内容を共通理解する ○日程を確認する ○未受診者の対応等について事前に確認する ○検診等の会場に適した場所を確保する ○検診・検査用機器を準備する ○健康診断票、調査票、記録用紙を準備する ○事前指導資料を作成する 　指導資料の作成 　（保健だより，掲示資料等） 　保護者向けのお知らせ 　学級活動、HR等での事前指導資料
実　施	・校内で行う検査 　（身体測定、視力、聴力検査等） ・検査機関による検査 　（心電図、尿検査等） ・学校医・学校歯科医による検査 　（総合判定）	○検診時の指導を行う 　（必要に応じて再検査） ○児童生徒等が主体的に健康診断を受けることができるように実施する。
事後活動	・健康診断の結果通知 ・健康診断結果の集約 ・健康課題の明確化と検討 ・教育計画や学校保健計画の修正 ・学校環境の改善 ・健康相談 ・未受診者への対応	○実施後21日以内に結果を通知 ○受診が必要な児童生徒等には勧告、指導を行う。 ○学校生活で配慮が必要な児童生徒等には、学校生活管理指導表を活用する。 ○結果をもとに、個別の保健指導と集団への保健指導を行う。 ○健康教育へ活用する。 ○必要に応じて速やかに健康相談を実施する。
評　価	・学校保健計画の評価 ・健康診断に関する評価 ・健康教育の評価	○結果を統計的に分析し健康課題の把握を行う。 ○健康診断が滞りなく、また教育的に行われたかを評価する。 ○改善点をまとめ次年度に活かす。 ○自校の健康課題を分析する。

図6-1　健康診断の年間の流れ

＊参照：p.158　資料6-1　耳鼻咽喉科健康診断実施計画案（例）
　　　　p.159　資料6-2　歯科検診実施計画案（例）
　　　　p.160　資料6-3　児童生徒向け指導用参考資料（例）

（3）保健調査

〈対象者〉全学年（幼稚園、大学は必要と認めるとき）

〈目的と意義〉

　保健調査は健康診断を的確かつ円滑に実施するために、児童生徒等の発育、健康状態等に関する調査を行うものである*。

　保健調査票を活用することにより、事前に児童生徒等の個々の健康状態を把握し、診断の際の参考資料として、健康診断をより的確、円滑に実施することができる。また、個人のプライバシーに十分配慮しつつ、保健調査票の活用により家庭や地域における児童生徒等の生活の実態を把握し、日常の健康観察、新体力テストの結果を健康診断の結果とあわせて活用することにより、児童生徒等の保健管理及び保健指導を適切に行うことができる。

> ＊学校保健安全法施行規則第11条
> （保健調査）
>
> 　法第13条の健康診断を的確かつ円滑に実施するため、当該健康診断を行うに当たつては、小学校、中学校、高等学校及び高等専門学校において全学年（中等教育学校及び特別支援学校の小学部、中学部、高等部を含む。）、幼稚園及び大学においては必要と認めるときに、あらかじめ児童生徒等の発育、健康状態等に関する調査を行うものとする。

〈留意点〉

・地域や学校の実態に即した内容のものとする。
・内容・項目を精選し、活用できるものとする。
・集計や整理が容易で客観的分析が可能なものとする。
・発育・発達状態や健康状態及び生活背景を捉えることができるものとする。
・個人のプライバシーに十分配慮し、身上調査にならないようにする。
・継続して使用できるものとする。

これまでの様子	既往歴、予防接種、アレルギー症状（眼、鼻、皮膚、呼吸器・消化器等の症状、薬・食物などのアレルゲン等）、家庭・学級での様子、学校生活管理指導表に関するもの等
内科	栄養状態（食事摂取状況等）、睡眠状況、排便状況、運動状況、心疾患の既往歴、チアノーゼ、動悸・息切れ等の有無
皮膚科	肌の状態、発疹の有無、皮膚病の既往や受診状況等
眼科	眼の疾患の有無、眼の状態（疲労度、見え方、目やにの有無・程度、アレルギー症状等）、眼鏡やコンタクトレンズの使用、色覚に関するもの
耳鼻咽頭科	耳と鼻の疾患の有無、耳の状況（聴覚、めまいの有無、耳だれの有無等）、アレルギー症状、鼻の状況（鼻水の程度、鼻出血の有無・程度等）発音、喉の症状等
歯科口腔科	顎関節の状態、歯列、嚙み合わせ、歯肉の状態、歯みがき状況、歯・口腔疾患の有無等
整形外科	背骨の状態、姿勢、四肢の状態や動きの様子等

第6章　健康診断

第6章　健康診断

（4）実施内容
①　身体測定（身長・体重）
〈対象者〉全学年

〈目的と意義〉
　身長と体重は、身体の成長状態を示す指標となる。一人一人の身長測定値を身長成長曲線として検討することで、身長の伸びを確認したり低身長などの早期発見ができる。体重の成長についても、体重成長曲線を描いて検討する必要がある。

〈事前準備〉
・実施計画、連絡調整…日時、方法、記録、必要物品、プライバシーの保護、配慮を要する児童生徒等について等
・会場の確保…広さ、室温の調整
・器具の準備、点検…身長計、体重計、脱衣かご、記録用紙、スクリーン等
・保護者への連絡…保健だよりなどでのお知らせ
・児童生徒等への指導…意義・測定方法、記録用紙の取り扱い等
・結果のお知らせ用紙の準備…測定結果等

（児童生徒向け指導用参考資料）

〈身長〉
①せなか、かかと、おしりがきちんと柱につくようにする
②せのびをしたり、膝を曲げてはいけない
③軽くあごをひいて、目と耳がまっすぐになるようにする
④肩の力をぬいて腕はまっすぐ下にする

〈体重〉
①乗り降りは静かにする
②足型にあわせて真ん中に乗る

〜その他〜
・測定前にトイレにいっておく
・測定中は静かにする
・髪の毛を結ぶ時は、頭の上やうしろにこないようにする
・測るときは肩の力をぬいてリラックスする

女の子が髪の毛を結ぶ時は、頭の上やうしろにこないようにしましょう！

〈方法と留意事項〉

| 身　長 | ・測定の際は裸足で、両かかとを尺柱にくっつけて直立させ、両上肢は体側に垂れさせる。|

　　　　・正面から見て、体の正中線と尺柱が重なっていることを確認する。
　　　　・測定者は、頭部を正位に保たせて（眼耳水平位）、測定する。
　　　　・目盛を読む時は、検査者の視線を目盛と水平になるよう留意する。

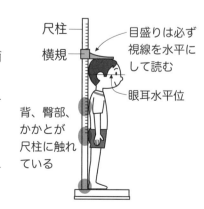

| 体　重 | ・被検査者を体重計の中央に静かに立たせ、静止した目盛を読む。
・皮膚疾患や体格で羞恥心をもつ児童生徒等がいるため、可能な範囲で衣服を着たまま測定する配慮も必要。その場合、測定後に衣服相当分の重量を差し引く。
・体重を気にする児童生徒等も多いので、数値を読みあげないで記録するなどの配慮をする。 |

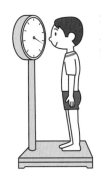

測定前に用便を済ませておく

乗り降りは静かに

栄養状態の判定

　身長と体重の測定値を成長曲線に示すことで、正常な発育を確認したり、肥満度を測定して肥満とやせを判定したりすることができる。

＊肥満度＝（実測体重－身長別標準体重）／身長別標準体重×100（％）

肥満度に基づく判定

肥満	やせ
＋20％以上＋30％未満：軽　度	－20％以下：やせ
＋30％以上＋50％未満：中等度	－30％以下：高度のやせ
＋50％以上　　　　　：高　度	

〈事後措置〉

・児童生徒等の身長や体重の測定値が、他の児童生徒等と比べ明らかに違う場合は、健康診断終了後に児童生徒等の身長成長曲線・体重成長曲線と肥満度曲線を活用して適切な事後指導につなげる。
・身長や体重の測定値だけでなく、一人一人児童生徒等の成長曲線を作成する。体の成長には個人差があることを児童生徒等に自覚させるためにも役立てる。
・体重は身長に対して適性かを検討するために肥満度を用いる。高度の肥満ややせの児童生徒等には、保護者と連携しながら生活の様子を把握し、必要に応じて医療につなげる。
・身体計測の測定値について、学校単位、都道府県・市町村単位などの測定値と比較することも大切である。

〈成長曲線等について〉

　児童生徒等の発育を評価する上で、身長曲線・体重曲線等を積極的に活用することが重要である。（26文科ス第96号）

第6章　健康診断

身長と体重の成長曲線作成基準図

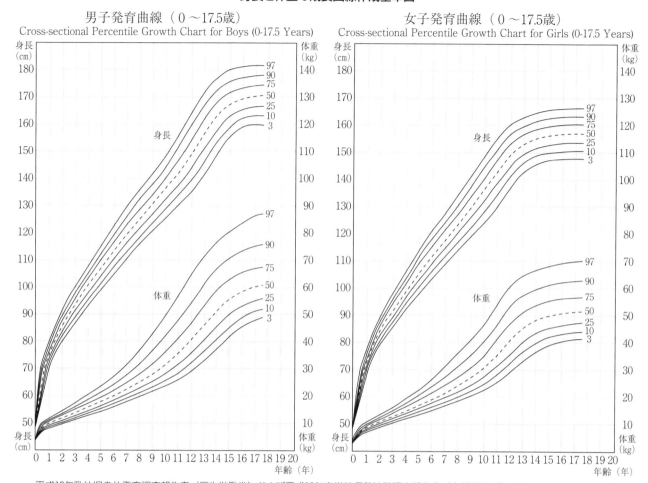

平成12年乳幼児身体発育調査報告書（厚生労働省）および平成12年度学校保健統計調査報告書（文部科学省）の源データをもとに作成
作図：加藤則子　村田光範

② 視力検査

〈対象者〉 全学年

〈目的と意義〉

学校における視力検査は、学習に支障のない見え方（以下視力という）であるかどうかを検査するものである。検査の際、裸眼視力を測定することが望ましいが、眼鏡やコンタクトレンズ等を常用している者は、裸眼の検査を省略することができる。また、スクリーニングの観点から、0.3、0.7、1.0の3指標で検査が実施される。

〈事前準備〉

・実施計画、連絡調整…日時、方法、記録、必要物品、プライバシーの保護、配慮を要する児童生徒等について等（眼科の健康診断の前に実施しておく。）
・会場の確保…広さ、明るさ、落ち着いた雰囲気等

　〜会場設営の例〜

・検査場の照度は、視力表の照度の基準（視標面の照度は500〜1,000ルクス）を超えず、また、その基準の10分の1以上が望ましい。カーテンを閉めて照明をつける（直射日光を防ぐ）。
・視力表（視標）は、原則5m用を使用する。距離が取れない場合は、3m用でもよい。視力表から5（3）m離れた床上に、テープ等で印を付ける。
・単独（字ひとつ）視力表は、目の高さと視標の高さがほぼ等しくなるように掲示する。並列（字づまり）視力表は、1.0の視標が目の高さになるように掲示する。
・器具の準備、点検…視力表（国際標準に準拠したランドルト環を使用した視力表）、遮眼器、指示棒、巻き尺、消毒綿、記録用紙等
・保護者への連絡…保健だより等でのお知らせ
・児童生徒等への指導…意義、検査方法等
・結果のお知らせ用紙の準備…低視力等

（児童生徒向け指導用参考資料）

> 5メートル先にある視力表のランドルト環を使って、片目ずつどのくらいものが見えるかを調べます。
> 〈検査の受け方〉
> 　① 自分の番が来たら、テープの貼ってあるところに立ちます。
> 　② 左目に遮眼器をあてて（圧迫しない）、右目からはかります。
> 　　（この時隠した左目も開けたままにしておいてください）
> 　③ 先生が指したランドルト環の切れ目のある方向を答えます。
> 　　右目が終わったら左目も同様にはかります。
> ☆注意すること
> 　・緊張しないで、リラックスして受けましょう。
> 　・大きな声で答え、見えないときは「わかりません」といいましょう。
> 　・目を細めたりのぞき見したりしないでください。
> 　・遮眼器は目に押し付けないようにしましょう。
> 　・メガネを持っている人は、忘れずに持ってきてください。

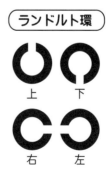

第6章　健康診断

〈方法と留意事項〉
・国際標準に準拠したランドルト環を使用した視力表を使用する。幼児、小学校低学年の児童の場合、並列（字づまり）視力表では読み分けが難しく、視力が出にくいため、単独（字ひとつ）視力表を使用する。汚損、変色、しわのある視標は使用せず、新しいものに交換する。
・検査は、検査場に児童生徒等を入れ、2分以上経過してから開始する。
・最初に左眼に遮眼器等をあてる。その際、圧迫したり、のぞき見していないか等、十分に注意する。
・右眼から、視標のランドルト環の切れ目を答えさせる。左眼についても同様に行う。
・はじめに0.3の指標から開始する。ただし、現場の状況によっては、1.0から開始してもよい。上下左右の4方向を任意に見せる。指標の提示時間は3～5秒間。4方向のうち3方向以上を正答すれば、その視力があると判断する。
・眼鏡やコンタクトレンズを常用している者については、裸眼視力の検査を省略してもよい。

〈視力判定〉

判定結果	事　後　措　置　等
A（1.0以上）	受診勧告は不要。…学校生活は影響ない。
B（0.7～0.9）	再検査を実施。再度B以下であれば受診勧告が必要。ただし、幼稚園の年中、年少児においては受診勧告は不要。…学校生活に影響がある場合がある。
C（0.3～0.6）	受診勧告が必要。…教室の後ろの座席では、黒板の文字が見えにくいことがある。
D（0.2以下）	受診勧告が必要。…教室の前の座席でも黒板の文字が見えにくいことがある。

〈事後措置〉
・結果を本人と保護者に通知する。低視力の児童生徒等には眼科の受診を勧め、眼科医の指示に従うよう指導する。
・低視力者には、座席や板書の工夫等の配慮がなされるよう、教職員間で連携を図る。
・視力が低下傾向にある児童生徒等の経過を観察し、個別指導（生活リズム、TVの視聴時間、姿勢等）につなげる。
・目の健康への意識の啓発、姿勢や目を疲れさせない生活等の全体指導を行う。

③ 眼科の健康診断

〈対象者〉全学年

〈目的と意義〉
　感染性眼疾患やその他の外眼部疾患及び眼位の異常などを検査する。

〈事前準備〉
・実施計画、連絡調整…日時、方法、記録、必要物品、プライバシーの保護、配慮を要する児童生徒等について等
・会場の確保…手洗いができる場所、出来れば部屋の明暗を調節出来る場所
　　～会場設営の例～

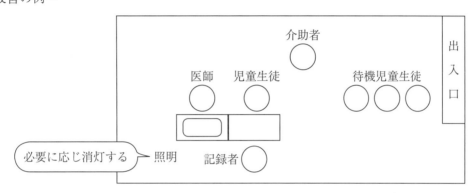

・器具の準備、点検…手洗いバット及び台、消毒液、タオル、照明、検査器具（ペンライトやルーペ等）
　※事前に眼科医と相談しておく
・保護者への連絡…保健だより等でのお知らせ
・視力検査結果の把握
・保健調査による注意が必要な児童生徒等の把握
・児童生徒への指導…意義、方法等
・結果のお知らせ用紙の準備…感染性眼疾患、アレルギー性眼疾患

〈方法と留意事項〉
・視診（または外眼部健診）…目の周囲、睫毛、眼瞼、結膜、前房及び水晶体の一部をルーペ等で検査
・眼位検査…ペンライトの角膜反射、おおい試験、交代おおい試験、眼球運動
・眼鏡、コンタクトレンズ装用者については、装用状態を確認し、指導する。特にコンタクトレンズについては、装用時間やケアの方法など適切なコンタクトレンズの使用方法の指導は大切である。

〈事後措置〉
・異常があった児童生徒に対しては、適切な対応を行うように指導する。感染性眼疾患が疑われた場合は速やかに受診するよう勧める。

第6章　健康診断

眼科検診で対象となる主な疾患

疑いのある病名	内　容　と　説　明
アレルギー性結膜炎	充血、目のかゆみ、目やになどの症状あり。またそのために、まばたき、まぶしさ、視力低下などの症状が出る場合もある。
結膜炎	充血、流涙、痛み、目やになどの症状も強く、発熱やのどの痛みを伴うこともある。感染性の場合は出席停止が必要となる。
眼瞼炎	目の周囲にただれ、切れ、かぶれ、かさつきなどの症状が現れ、かゆみ、痛みを伴う。
睫毛内反	まつ毛が眼の内側に入るため、よく目をこする。角膜（くろめ）が傷つくことあり。症状によっては手術が必要な場合もある。
麦粒腫	まぶたの急性感染症。ひどい場合は、眼の周囲に感染が広がっていくことがある。
霰粒腫	まぶたにできるやや硬いしこり。炎症が治まっても、しこりが残ることがある。
斜視	常にどちらかの目が斜めを向いている。
斜位	通常は両眼とも正常であるが、視線を遮られた眼が斜めを向く。

④　聴力検査

〈対象者〉全学年が望ましいが、小4・小6・中2・高2・大学は除くことができる。

〈目的と意義〉

　難聴は学校での学習や生活等に支障をきたすことが多い。聴力検査は、難聴の有無やその程度を検査し、難聴の発見や経過観察のために必要とされる。

〈事前準備〉
・実施計画、連絡調整…日時、方法、記録、必要物品、プライバシーの保護、配慮を要する児童生徒等について等（耳鼻咽喉科の健康診断の前に実施しておく。）
・会場の確保…静寂な部屋（正常聴力者が1000Hz、25dBの音を明瞭に聞きうる場所）
・器具の準備、点検…オージオメータ（日本工業規格（JIS）により規格が規定。頻繁に使用すると精度に狂いが生じるので、定期的に専門業者による校正が必要。）、記録用紙等
・保護者への連絡…保健だより等でのお知らせ
・児童生徒等への指導…意義、検査方法等
・結果のお知らせ用紙の準備…難聴の疑い等

（児童生徒向け指導用参考資料）

〈検査の受け方〉
① しっかりとレシーバーをあて、手に合図ボタンを持つ。
② レシーバーから『ピー』という音がしたらボタンを押す。
③ 音がしている間はボタンを押し続け、聞こえなくなったらボタンをはなす。右耳が終わったら左耳も同様にはかる。

☆注意すること
・緊張しないで、リラックスして受けましょう。
・レシーバーからの音はとても小さいので、待っている人は静かにしましょう。

〈方法と留意事項〉

・プライバシーに配慮し、一人ずつ行うのが望ましい。二人以上を同時に検査できるオージオメータの場合、誤った判断をしてしまう可能性があり、不慣れな状態で検査をする時は注意が必要である。

・検査者の手元が見えると正確な検査ができないため、仕切り等で手元を隠す。

・低学年の児童は、検査に不慣れのため保健調査等を参考にして、難聴を見逃さぬよう、慎重に検査する。

・再検査は時間がかかること、プライバシーに配慮する必要があることから、後に改めて行う方が望ましい。

【選別聴力検査】

　・レシーバーを耳にきっちりあて、良く聞こえる方の耳、不明なら右耳から検査する。

　・ 1000Hz30db 、 4000Hz25dB の順で聞かせる。（応答が不明瞭なときは、断続音で確認する。）

　・同様に反対の耳も検査する。

　・応答は、応答ボタンや挙手等で行う。

【選別聴力検査で難聴が疑われた場合の再検査】

・再検査を行う場合は、耳鼻咽喉科学校医の直接の指示の下に以下の要領で行う。

　 1000Hz → 2000Hz → 4000Hz → 1000Hz → 500Hz 　の順で行う。

・目を閉じてもらい、レシーバーを耳にきっちりあてさせる。

・各Hzごとに、はじめに、十分聞こえる強さの音を聞かせる。次に、音（dB値）を次第に弱めていき、全く聞こえなくなったら合図してもらう。そこから再び音を1ステップ1～2秒の速さで強めていき、音が聞こえたら応答してもらう。その音（dB値）をHzの閾値とする。

・1回目の1000Hzの閾値と2回目の1000Hzの閾値が同じであることを確認する。

> ※平均聴力（4分法）の算出
>
> $$平均聴力 = \frac{a + 2b + c}{4}$$ （a：500Hzの閾値　b：1000Hzの閾値　c：2000Hzの閾値）

〈事後措置〉

・選別聴力検査の結果、所見があった場合は受診を勧める（耳鼻咽喉科の健康診断の結果、難聴の原因となりそうな関連した所見がある場合は、その所見名も知らせる）。難聴の有無や程度を確認し、主治医の指示・指導のもと、学校生活の過ごし方等についてサポートする。

・難聴と診断された児童生徒等には、座席の配置（より聞こえる側が教壇側になるようにする）や難聴の程度によってはわかりやすくゆっくり話す等の配慮がなされるよう、教職員間で共通理解を図る。また、健側の耳の健康にも留意する。

第6章　健康診断

⑤　耳鼻咽喉科の健康診断

〈対象者〉　全学年が望ましい。

〈目的と意義〉
　耳、鼻、咽喉頭疾患等耳鼻咽喉科領域における心身の発達も含めてチェックする。特に日常の健康観察を考慮しながら進めることが大切である。
＊耳：学校生活や社会生活を営む上で、様々な音声情報を獲得できるかどうかを調べる。
＊鼻：鼻呼吸を阻害する種々の鼻疾患の有無を調べる。
＊咽頭：扁桃肥大は頻回に発熱するなど日常生活に影響を及ぼすことがあり、注意が必要である。
＊音声言語：コミュニケーションをよりスムーズに行い、自己表現を正確にするために重要な要素である。

〈事前準備〉＊
・実施計画、連絡調整…日時、方法、記録、必要物品、プライバシー、配慮を要する児童生徒等について等
・会場の確保…静かな場所、部屋をある程度暗くできる場所

　～会場設営の例～

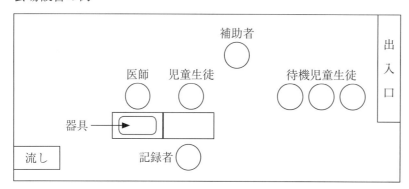

・器具の準備、点検……検診器具（耳鏡、鼻鏡、舌圧子、絵図版等）児童生徒等の人数分を確保する。
　　　　　　　　　　　額帯鏡、ヘッドライト、側燈、机・椅子、トレイ等　器具の消毒（オートクレーブ
　　　　　　　　　　　滅菌が望ましい）。
・聴力検査結果の把握
・保健調査による注意が必要な児童生徒等の把握
・保護者への連絡…保健だより等でのお知らせ
・児童生徒等への指導…意義、方法等
・結果のお知らせ用紙の準備…耳・鼻・副鼻腔疾患、口腔咽喉頭疾患、音声言語異常等

＊参照：p.158　資料6-1　耳鼻咽喉科健康診断実施計画案（例）

耳鼻科検診で対象となる耳鼻科の主な疾患

疑いのある病名	説明および注意事項
耳垢栓塞（耳あか）	鼓膜が見えないほどあかがたまっている状態で、家庭で無理にとると耳に傷をつけることがある。耳あかをとらないで水泳をすると、外耳炎の原因となる。
慢性中耳炎	鼓膜に孔があいており、耳だれが出ていることがある。水泳は専門医との相談が必要である。
滲出性中耳炎	鼓膜の奥に水（浸出液）がたまって、きこえが悪くなる。原因は乳・幼児期の急性中耳炎や鼻炎、アデノイドなどがあげられる。
難聴の疑い	専門医の精密な聴力検査を受け、難聴の程度とその原因を調べてもらう必要がある。心因性の場合もある。
慢性鼻炎	慢性的な鼻汁、鼻づまりの原因となり、症状がひどくなると、副鼻腔炎になることがある。専門医によるアレルギー性鼻炎や副鼻腔炎との鑑別が必要である。
アレルギー性鼻炎	主な症状は鼻水、鼻づまり、くしゃみである。アレルゲンによって症状の出る時期が違う。
副鼻腔炎	膿のような鼻汁や鼻づまり、頭痛、嗅覚減退（においがわかりにくい）などの原因となる。
鼻中隔弯曲症	鼻の真ん中のしきりの骨が強く曲がっていて、鼻づまり、鼻血、頭痛等の原因になる。
アデノイド	鼻の奥にある扁桃が大きくなったもので、鼻がつまり口呼吸をするようになり、いびきや耳や鼻の病気の原因となることがある。
扁桃肥大	大きくなると、呼吸困難、いびき、発音不明瞭、嚥下障害の原因となる。
扁桃炎	風邪をひきやすく、のどが痛くて熱が出やすいだけでなく、中耳炎、リウマチ、心臓病、腎臓病の原因となることがあり、扁桃のみかけの大きさで判断はできない。
音声言語異常	声がかれたり、発音、話し方に異常がある。早期に言語訓練を必要とすることもある。

〈方法と留意事項〉
・挨拶、名前を言わせ、口元をよく観察し、発音に注意する。
・耳から検診を始め、鼻、口腔、咽頭の順にすると恐怖心がない。
・口腔・咽頭の観察には声を出させると観察が容易である。

〈事後措置〉
・所見は、AとBの2つのランクに分けて判定する。所見Aは早急に受診を必要なもの、所見Bは症状の程度が軽度なものとする。

第6章 健康診断

第6章　健康診断

⑥　歯及び口腔の健康診断

〈対象者〉全学年

〈目的と意義〉
　発達段階に即した歯及び口腔の発育状態の把握とともに、疾病や異常の有無を調べる。それらが口腔の機能の発達に影響を及ぼしていないか、あるいは学習や学校生活に支障をきたしていないかを歯科医学的立場から判断する。児童生徒等の歯及び口腔の状態を良く知り、適切な事後措置につなげていくことが大切である。

〈事前準備〉（p.159　資料6-2）
・会場の確保…会場は可能な限り明るくて静かな部屋。照明は口腔内が500ルクス以上になる照度が望ましい。

　～会場設営例～

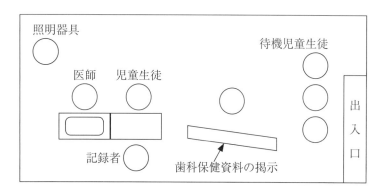
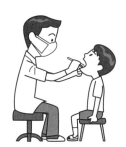

・検診器具・物品の準備…歯鏡（学校歯科医の指が児童生徒等の口に触れないように、ミラーを両手に持ち、2本のミラーで検査することもあるので十分な数を準備する）、探針（本数や使用については校医に確認）、ピンセット、舌圧子、照明器具、トレイ、机・椅子、記録用紙、消毒液、タオル、使い捨て手袋等。
　器具の点検…検診器具は破損について点検する。また、消毒はオートクレーブ滅菌などで実施するのが望ましい。
・連絡調整…学校歯科医との打ち合わせ（日程・場所・人数等）
・保健調査による注意が必要な児童生徒等の確認。

〈児童生徒等への指導〉（p.160　資料6-3）
　歯及び口腔の健康に関心をもって受けられるように、検診内容や方法等について説明する。また、歯科検診の前には、歯をみがくよう指導する。

〈事後措置〉（p.161　資料6-4）
　検査終了後、保健指導、健康相談、要観察者への個別指導、受診を勧める。
・個別の実態を把握し、むし歯や歯周疾患の原因及びその他の予防について指導する（ブラッシング方法、食事及び間食の摂り方等）。
・歯垢の付着やCO、GOの場合は、個別のブラッシング指導を実施する。また、学校での観察・指導と併せて、学校歯科医による臨時の健康診断の実施や、個別の健康観察を行う。
・未受診者については学校歯科医と連絡をとり、後日受診できるよう打合せをする。

・要観察歯ＣＯとは、放置するとむし歯に移行するリスクのある歯である。ＣＯ導入の意義は、児童生徒自ら気づき生活習慣を見直す契機となるような健康教育を行うことであり、治療勧告の対象とはならない。そのため、学校医による健康相談、臨時の健康診断を行うことが望ましい。また、地域の医療機関（かかりつけ歯科医等）の専門家による継続的な管理、予防処置によって抵抗性を高めていくことも考えられる。

・ＣＯ要相談は、隣接面や修復物下部に着色変化が見られる場合、及びむし歯の初期病変の状態が多数認めらる場合が該当し、受診を勧める。

・受診が必要な場合は保護者に検診結果を示し、医療機関において早期に治療を受けるよう勧める。治療状況報告が提出されたら、その書類を整理し、事後の保健指導に役立てる。

・歯周疾患要観察者ＧＯは歯肉に腫脹や軽い出血がみられる歯肉炎であり、ブラッシング指導等を適切に行い、観察を続ける必要がある者である。学校での観察・指導と併せて学校歯科医による臨時の健康診断を行うことや、地域の医療機関（かかりつけ歯科医等）の専門家による継続的な管理・指導による歯肉の改善を図ることが望ましい。

〈学校における歯科検診の判断基準について〉

歯列・咬合、顎関節の状態		歯垢の状態		歯肉の状態		歯の状態		その他の疾病及び異常
上下顎の歯列状態が正常か否か、噛み合わせ（咬合）の状態が正常か否か、顎関節状態（症状）に異常があるか否かを診査・観察し、下記の記号で示す		上下顎前歯の唇面の歯垢付着状態を観察し、下記の記号で示す		上下顎前歯の唇側歯肉の炎症状態を観察し、下記の記号で示す。なお、軽度の歯肉炎があるが、定期的観察と保健指導（適切な歯みがき指導）で症状が消失すると思われるものについては「1」とし、歯周疾患要観察者ＧＯとする		現在歯、要観察歯、むし歯、喪失歯、要注意乳歯は、下記の記号を用いて歯式の該当歯に該当記号を付する。現在歯は乳歯、永久歯ともに該当歯を斜線または連続横線で消す。（注：現在歯は健全歯、むし歯、要観察歯及び要注意乳歯を含む。）要注意乳歯は、「歯科医師による精査が必要（要精検）」と区分される。「ＣＯ要相談」は、学校歯科医の所見欄にＣＯ要相談と記載する。		むし歯及び歯周疾患以外に認められる歯及び口腔疾患については処置及び指導を必要とするものに重点をおいて診る ・口角炎 ・口唇炎 ・唇裂、口蓋裂 ・舌、上唇小帯付着位置異常 ・舌の異常 ・唾石 ・過剰歯 ・円錐歯 ・癒合歯 ・先天性欠如歯　等
0	異常なし	0	ほとんど付着なし	0	異常なし	／	現在歯	
						ＣＯ	要観察歯	
1	定期的に要観察	1	若干の付着あり	1	定期的に要観察	Ｃ	未処置歯	
						○	処置歯	
2	歯科医師による精査が必要（要精検）	2	相当の付着あり	2	歯科医師による診断が必要（要精検）	△	喪失歯	
						×	要注意乳歯	

＊シーラント（予防充填）は、健全歯とする。サホライト（う蝕進行防止）は、ＣＯとする。

第 6 章 健康診断

⑦ 結核検診*

〈対象者〉 問診：小・中学生全員

レントゲン撮影：高等学校 1 年生、大学生

〈目的と意義〉

結核は感染症であり、健康上及び教育上に多大な影響を与える疾患である。結核の健康診断については学校保健安全法のみならず感染症の予防及び感染症の患者に対する医療に関する法律**においても明記されている。学校での集団生活は感染症が蔓延しやすいため、疑いのあるものの抽出および有症状者の早期受診が重要となってくる。また、レントゲン撮影の報告や患者発生時には保健所と協力することが重要である。

**感染症の予防及び感染症の患者に対する医療に関する法律
第 9 章 結核
（定期の健康診断）
第53条の 2 労働安全法第二条第三号に規定する事業者、学校の長または矯正施設その他の施設の政令で定めるものの長は、それぞれ当該事業者の行う事業において業務に従事するもの、当該学校の学生、生徒もしくは児童又は当該施設に収容されている者であって政令で定めるものに対して、政令で定める定期において、期日または期間を指定して、定期の健康診断を行わなければならない。

＊参照：p.162 資料 6 - 5 結核問診票（例）

〈小・中学校の児童生徒に対する定期健康診断における結核検診の流れ〉

[概要] 問診による情報の概要（p.162　資料6-5）　→　海外からの編入の場合、保護者から十分な健康情報を聞き取り必要ならば健康診断を実施する

対象：全学年　──→　保健調査に項目を含めることが可能になったが設置者毎に統一した形が取られている
①本人の結核罹患歴
②本人の予防投薬歴
③家族等の結核罹患歴
④高まん延国での居住歴
⑤自覚症状、健康状態（特に、2週間以上の長引く咳や痰）
⑥ＢＣＧ接種歴

学校医による診察　→　事前に校医と打合せをしておくことで児童生徒の負担軽減、検診の効率化を図る

 上記①～⑥の問診結果及び学校医の診察の結果、必要と認められた者

教育委員会への報告

 教育委員会は必要に応じて、地域の保健所や結核の専門家等の助言を受ける

精　密　検　査

事　後　措　置

〈高等学校1年の定期健康診断における結核検診の流れ〉

[概要] エックス線撮影：全員

病変の発見された者及びその疑いのある者
結核患者並びに結核発病の恐れがあると診断された者

エックス線撮影2回目及び喀痰検査要に応じて聴診、打診その他必要な検査

第6章　健康診断

第6章　健康診断

〈事前準備〉

	小中学校	高校1年
（1）実施計画	・ねらい、進め方について教職員との共通理解をはかる ・実施要項の作成（学校医の指導助言）	
（2）連絡調整	・学校医と打ち合わせ（日程、検診の行い方）	・検査機関との打ち合わせ（日程、流れ等）
（3）会場の確保	・プライバシーの確保、内科検診の実施が可能な場所	・レントゲン車の停車位置 ・更衣室の確保
（4）必要な器具等の準備	・内科検診に必要な器具（事前に校医に相談して準備）	・受付場所（机等） ・受診者名簿の作成
（5）公簿等の整備	・健康診断票、問診票、保健調査等の確認	・健康診断票、保健調査票の確認
（6）指導資料、諸用紙準備	・保護者説明資料（ねらい、記入上の注意等）	・学級指導用（教師用、児童生徒用）
（7）保護者への連絡	・結核検診のお知らせと問診票の記入について（専用の問診票の代わりに保健調査票に統合してもよい）	
（8）児童生徒等への指導	・学級指導用資料（保健だより等で活用）	・胸部エックス線検査時の注意点（ボタン、金具のない衣服準備）

〈指導区分〉

生活面からの指導区分
A：要休業（学業を休む必要のある者）
B：要軽業（学業に制限の必要のある者、体育を禁止する）
C：要注意（学業はほぼ平常どおり行ってよいが、激動、過労を禁ずる必要のある者）
D：正常生活（全く正常の生活を行って差支えない者）
医療面より見た指導区分
1：要医療（医師による直接の医療行為を必要とする者）
2：要観察（定期的な医師の観察指導を必要とする者）
3：観察不要（特に定期的な医師の観察を必要としない者）

〈事後措置〉
・結核検診結果の通知（精密検査や医療機関受診の勧奨）
・教育委員会への精密検査対象者の報告
・個別（出席停止措置、接触者に対する健康診断）や集団の保健指導（臨時健康診断）
・管理の必要な者への保健指導・保健管理

⑧　尿検査*

〈対象者〉　全学年

〈目的と意義〉
　腎臓病・糖尿病等の早期発見、早期治療を目的として行う。特に慢性腎炎の初期は無症状で経過するため、学校検尿で偶然に発見されることが多く見られる。また、生活習慣の変化により若年者Ⅱ型糖尿病の発症も報告されるなど、将来の疾病重症化を予防する学校検尿の意義は大きい。

〈事前準備〉
・提出場所の確保…児童生徒玄関、保健室、教室等
・配付物等の準備…配付物（検尿容器、採尿コップ、容器入袋、提出方法の資料）の仕分け、提出用袋の設置、未提出者の確認
・連絡調整…検査機関との打ち合わせ（日程・人数等）

〈児童生徒等への指導〉（p.163　資料6-6）
・月経中の女子は無理に採らず、後日決められた日に提出する。
・提出日の前日寝る前に排尿し、起床直後の排尿で中間尿（早朝尿）を採尿する。

〈方法と留意事項〉
・検体は変質を防止するため、直射日光を避け、風通しの良い場所に保管する。
・蛋白尿は6～12時間後に陰転することがあり、採尿後5時間以内に検査が完了することが望ましい。

検査機関		医療機関
一次検査（全員）	二次検査（該当者）	三次検査（該当者）
10ml採尿（蛋白・糖・潜血）	20ml採尿（蛋白・糖・潜血）	「学校生活管理指導表」を学校へ提出

〈事後措置〉
・一次検査で異常の疑いが認められた場合、二次検査を行う。二次検査の結果、三次検査が必要となった場合、医療機関での検査となる。該当者は個別に連絡し、三次検査がスムーズに受けられるよう支援する。
・月経で提出できない場合、二次検査該当者の提出日（約2週間後が多い）に合わせて個別に連絡する。その時も提出できない場合、医療機関を受診させる。
・三次検査で腎臓疾患や糖尿病の診断を受けた場合、「学校生活管理指導表」や治療内容に従って学校生活が送られるよう配慮し、全職員の共通理解のもと支援する。
・経過を見て診断されるものや、専門機関で詳しい検査を行ってから診断されるもの等、数か月後に病気の診断がつくことも少なくない。従って、二次検査が終わった段階で尿所見を中心として暫定的な診断に基づいて生活管理を行う。
・三次検査該当者には早期受診を勧め、医療機関で「学校生活管理指導表」を記入してもらい学校に提出するよう連絡する。また「学校生活管理指導表」や治療内容に従って学校生活を送ることができるように全職員の共通理解のもと支援を行う。
・各種検査及び既往歴から診断名が確定し、定期的に検査を受けている者に対しては二次検査以降を省略することもある。

＊参照：p.163　資料6-6　児童生徒用尿検査資料（例）

第6章　健康診断

⑨　心臓検診

〈対象者〉　心電図検査：小学校1年生・中学校1年生・高等学校1年生

〈目的と意義〉

　心疾患の早期発見をすること、心疾患児に日常生活の適切な治療を受けるよう指示すること、日常的に適切な指導を行い児童生徒等のＱＯＬを高め、生涯を通じてできるだけ健康な生活を送ることができるようにするために検査をする。学校管理下で起こる突然死の80％が心臓病に起因している。その予防のために、心疾患の早期発見と適切な管理が重要である。

〈事前準備〉

・会場の確保…外部の雑音が入らない静かなカーテンのある場所、室温の調節ができる場所
・連絡調整…検査機関との打ち合わせ（日程・人数等）日時、方法、記録、必要物品、プライバシーの保護、配慮を要する児童生徒等について等
・必要機器・物品の準備…検査機器（検査機関が持参）、保健調査票、心臓検診調査票、スクリーン、脱衣かご、長机（心電図のベッド用）、暖房器具等
・保護者への連絡…保健だより等でのお知らせ
・児童生徒等への指導…意義、方法等
・結果のお知らせ用紙の準備

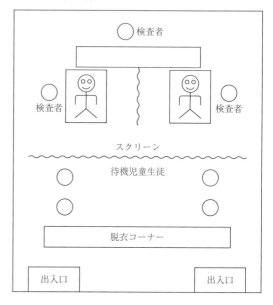

～会場設営の例～

〈方法と留意事項〉

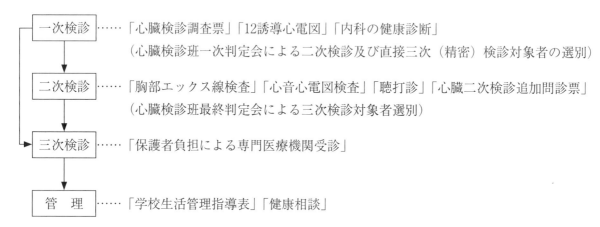

　児童生徒等は、初めて検査を受けることが多く、不安がったり緊張したりすることがあるため、事前に心電図検査の目的と方法を説明しておく。中・高校生の女子においては羞恥心を和らげるために、待機時はシャツを前にあて後向きで座らせたり、スクリーンを使用したりするなどの配慮も必要である。

　注意事項：体育授業やスポーツ活動の直後の検査は避ける。検査会場では児童生徒等を静かにさせる。

〈判定〉

　一次検診は、保健調査票、心臓検診調査票、川崎病調査票、学校医の診察所見、心電図の判定などにより判定を行う。過去に心疾患の診断を受けているにもかかわらず医療機関による経過観察・追跡がされていない者、心疾患を疑わせる症状を有している者、川崎病の既往があり冠動脈障害に関する適切な検査を受けていない者等が抽出され、二次以降の検診の対象者となる。

　学校医所見では、視診による全身観察や顔貌のチェック、触診による不整脈の有無のチェック、聴診による心疾患に起因する心雑音の有無のチェックの上、異常が疑われたときに二次以降の検診の対象となる。

　心電図所見では、小児循環器専門医を中心とした心電図判読医や心電図自動解析装置（小児用心電図判読プログラムを用いて判定）などの判読結果、二次以降の検診の対象となる。

〈事後措置〉

　有所見者を専門医に紹介し、学校生活管理区分に従った指導を行うなど適切な事後措置が必要である。学校では、「学校生活管理指導表」に基づいて生活管理や生活指導を行うため、家庭と連絡を取り、保護者や本人と話し合って、具体的な活動内容を確認する。確認した内容に基づいて全教職員で共通理解を図り、管理・指導を行う。

　児童生徒等の学年ごとに「学校生活管理指導表」に記載されている運動の指導区分を十分に把握して、学校での心臓突然死の予防に努めなければならない。

　保護者の了承を得た上で主治医（専門医）と連絡相談を行うなど、日頃から、学校、保護者、主治医（専門医）、学校医が緊急時や必要時に連携できる体制を整えておくことが大切である。

突然死を起こす可能性がある疾患

【先天性心疾患】
・手術をした後の心疾患　・大動脈狭窄　・冠動脈起始異常

【後天性心疾患】
・心筋症（拡張型・肥大型・拘束型等）　・急性心筋炎　・左室緻密化障害
・川崎病後冠動脈障害　・マルファン症候群　・突発性肺動脈性肺高血圧

【不整脈疾患】
・QT延長症候群　・WPW症候群　・原因不明の心室細動等

第6章　健康診断

⑩　内科の健康診断
〈対象者〉全学年

〈目的と意義〉
　発育・発達状態や疾病異常など健康状態を把握するために行う。また感染症の発生や拡大を防ぐという役割もある。

〈事前準備〉

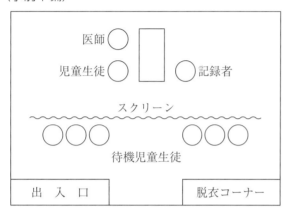

・会場の確保…静かなカーテンのある場所、歩行の様子が確認できるスペースが必要
・必要機器・物品の準備…記録用紙、消毒液、タオル、机・椅子、スクリーン、血圧計、脱衣かご、舌圧子、ペンライト、各種検査結果
　※使わない場合もあるので校医に確認する。
・男女差への配慮…男女別に実施できるようにする
・連絡調整…校医との打合せ（日程・人数等）
・保健調査による配慮の必要な児童生徒等の確認

〈方法と留意事項〉
栄養状態
・皮膚の色や光沢、貧血の有無、皮下脂肪厚、筋肉や骨格の発達の程度などについて視診あるいは触診により検査する。
・栄養状態の検査にあたっては栄養状態が不良または肥満傾向を発見するため肥満度などを参考にして判定してもよい。
・貧血について、顔面、四肢、体幹の皮膚の色、眼瞼結膜や口腔粘膜の色調、心雑音など視診、触診、聴診により行う。

脊柱・胸郭の疾病及び異常の有無並びに四肢の状態
・脊柱の疾病の有無は脊柱を視診、触診で検査する。
・胸郭については形態及び発育の異常の有無を検査する。形態並びに筋肉、骨格の発達速度を前後左右から視診及び触診で検査する。
・脊柱・四肢の状態等については、家庭における観察の情報が入った保健調査票、日常の健康観察の情報でけがや痛みがないかなど把握しておく。可能であれば体育やクラブ活動の担当者からの情報も集めておく。

皮膚疾患の有無
・感染性疾患、アレルギー疾患などによる皮膚の状態に注意する。
・全身にわたり詳細に観察し、発疹の状態を検査するとともに血色、光沢、弾力、緊張、皮脂、瘢痕などに注意する。

心臓の疾病及び異常の有無
・聴診、打診、心電図検査、その他の臨床医学的検査によって行う。（心臓検診 p.142参照）
・予め保健調査票などにより、心臓の疾患に関する既往、現在の症状を把握しておく。

結核の有無
・本人の家族や結核罹患歴、予防投薬歴、高まん延国での居住歴、自覚症状（2週間以上の長引く咳や痰）、ＢＣＧ接種歴を保健調査票で把握しておく。

－（144）－

その他
・呼吸器、消化器、その他内臓諸器官の疾病及び異常、気管支喘息等のアレルギー疾患がないか注意する。
・低身長、ホルモン分泌異常がないか注意する。
・虐待の兆候や摂食障害、発達障害などについても注意して観察する。

【脊柱及び胸郭の異常の有無並びに四肢の状態についての検査例】
1．背骨が曲がっていないか。（脊柱側わん症のスクリーニング）…図1参照
　・肩の高さ・肩甲骨の高さや後方への出っ張り・ウエストラインの左右差の有無を確認する。
2．腰を曲げたり、反らしたりしたときに痛みがないか。（脊椎分離症等のスクリーニング）…図2参照
3．上肢に痛みや動きの悪いところはないか。…図3参照
　・肩関節に痛みや動きの悪いところはないか。（野球肩等のスクリーニング）
　・肘関節に痛みや動きの悪いところはないか。（野球肘等のスクリーニング）
4．膝に痛みや動きの悪いところはないか。（オスグット病等のスクリーニング）
　・膝の皿の骨（脛骨粗面）の周囲に痛みや腫れ、動きが悪い、ひっかかるなどの症状はないかに注意する。
　・片脚立ちが5秒以上できるか。しゃがみこみができるか。（大腿骨頭すべり症、ペルテス病、発育性股関節形成不全（先天性股関節脱臼）等のスクリーニング）…図4参照
　・片脚立ちをしたときふらつかないか。（左右ともにチェック）
　・しゃがみこんだときふらついたり、後ろに転んだりしないか。痛みはないか。

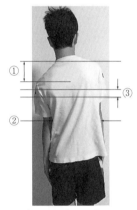

①両肩の高さ　②ウエストライン（脇線）
③肩甲骨の高さ　④前かがみになった時の背中の高さ
図1

腰を曲げた時の痛み　腰を反らした時の痛み
図2

肩、肘、膝に痛みや動きの悪いところがある
図3

片脚立ちが5秒以上できない

足の裏を全部床につけてしゃがみこみができない
図4

第6章　健康診断

〈事後措置〉*

・異常の疑いが認められた場合は保護者に通知し、専門医を受診するよう勧める。

・報告された受診結果は資科として整理し、事後の保健指導に役立てる。

・内科検診は、修学旅行やプール学習前の検診を兼ねて実施されることもあり、児童生徒等の健康状態を総合的に診る大切な検診である。従って未受診者がいないよう配慮する必要がある。

・内科検診の結果は、学習や運動、食事など学校生活への配慮に役立てる。また、個別の保健指導や健康相談に活かす。

＊参照：p.161　資料6-4　結果の通知と受診勧告書（例）（歯科）
　　　　p.164　資料6-7　児童生徒健康診断票（記入例）
　　　　p.165　資料6-8　児童生徒健康診断票（歯・口腔）（記入例）

⑪　その他
色　覚
〈対象者〉希望者

〈目的と意義〉
　色覚の検査は、児童生徒等が自身の色覚の特徴を知らないまま進学や就職等で不利益を受けることがないように、保護者の希望に応じて学校医による健康相談として実施する。

〈事前準備〉
・検査室…個室が望ましいが、ない場合は検査者や被検査者の姿や声が、他の児童生徒等に聞こえないような場所がよい。
・照明…十分な明るさがある自然光で行う。
・検査表…学習する上で、配慮を必要とする色覚異常の有無を検査できる色覚異常検査表を使用する。検査表は、変色を避けるため、暗所に置くなどして保管し、5年程度で更新することが望ましい。
・検査台…普通机でよい。

〈検査の方法と留意事項〉
・児童生徒等や保護者の事前の同意を得て個別に検査や指導を行うなど必要に応じて適切な対応ができる体制を整える。保健調査に色覚に関する項目を新たに追加するなど保護者への周知を図る。
・被検査者を検査台の前に立たせ、目と検査表の面がおよそ50〜75cmの距離で、視線がほぼ垂直になるようにする。
・色覚異常の疑いのある児童生徒等が、他の者から特別視されないように配慮するとともに、本人に嫌な思いや恥ずかしい思いをさせないよう、態度や言葉づかいに気をつける。
・教師が色覚特性がある児童生徒等がいるという事実を認識し、教材の色使いを配慮をするなど共通理解する。

〈事後措置〉
・教職員が色覚異常に関する正確な知識を持ち、適切な指導を行うよう取り計らう。
・色覚異常の判断は難しいので、「色覚異常の疑い」とし、受診勧告を行う場合はプライバシーに十分配慮する。
・保護者が、学校医の指導や相談を受けられるような体制をとっておく。
・指導に際しては、該当する児童生徒等が将来に希望を持ち、自己の個性の伸長を図ることを目指す。

　※学校保健安全法施行規則の改正（平成26年4月30日）により「座高」「寄生虫の有無の検査」は健康診断必須項目から削除された。

第6章　健康診断

⑫　特別な配慮を要する児童生徒等の健康診断

　特別な配慮を必要とする児童生徒等は、自分で身体の不調を訴えたり意思表示することが難しいため、特に健康診断を行う際には工夫や配慮が必要になってくる。

身体測定（身長・体重）　　※特別な配慮を要する児童生徒等の健康診断
〈目的と意義〉
　身体計測時には皮膚の状態、四肢体幹の変形、筋肉の異常、成長の様子などを観察することができる。また、児童生徒等の障害の実態を把握するよい機会となる。
　　身長…個々の骨の成長の目安とし、骨の発達を知る。
　　体重…体重の減少（疲労、ストレス、生活リズムの乱れ、体調不良、疾病の進行、代謝亢進等）体重の増加（浮腫、肥満等）

〈事前準備等〉
児童生徒等へ
・保健だよりや保健室前の掲示板等で日程、内容を知らせる。
・測定を始める前に、担任から上手に測定できる児童生徒等を一人選んでもらい、他の児童生徒等の前で、測定しているところを見せる。
・事前に直接、保健室にきて、スムーズに測定が行えるように練習させる。
・測定場所に身長・体重の測り方の絵カードをはる。

〈方法と留意事項〉
・怖がったり、じっとしていることができない児童生徒等に配慮する。
・介助者、測定者によって誤差が生じやすいので、共通理解を深め、測定誤差を少なくする必要がある。
・測定前に排泄の有無を確認する。
・測定値の誤差を少なくするために、毎回同じ測定方法で行う。
・測定方法の順番を写真や器具で確認できるよう留意する。
・身長の場合は左右どちら側での測定か明記しておく。
・緊張や変形の強い児童生徒等は、日によって変動することが多いので、できる限り毎回同じ条件で行う。

身　長

立位保持が可能な場合
　・正しい姿勢の保持が困難な場合は数人で固定する。（膝、軀幹、頭部等）
　・背部、臀部、踵が尺柱に接するように気を付ける。

立位保持が不可能もしくは困難な場合
　ⅰ）姿勢の異常や変形拘縮は認めないが立位の保持が不可能な場合
　　・仰臥位を取らせ、身体をできるだけまっすぐに固定して、仰臥位身長計で踵から頭頂部まで測定する。…図1参照

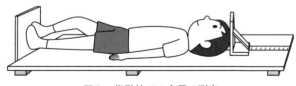

図1　仰臥位での身長の測定

　ⅱ）姿勢の異常や四肢体幹に変形拘縮を有する場合
　　・石原式測定法が簡便で良い。本測定法は対象児に仰臥位をとらせ、各計測点①頭頂、②乳様突起、③大転子、④膝関節外測定中央点、⑤外果、⑥足底点（踵部）を結ぶ長さを身長とするもので、使用器具は巻尺である。…図2参照

－（148）－

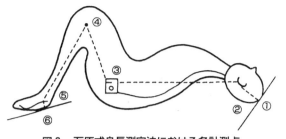

図2　石原式身長測定法における各計測点

①頭頂
②乳様突起
③大転子
④膝関節外足底中央点
⑤外果
⑥足底点（踵部）

側わん・股関節脱臼・内反尖足を有する場合

ⅰ）側わんを呈する場合、図3のように矢印部分を実測値とする。側わんした脊柱に沿って測定した数値と下図の矢印部分の実測値は大差ない。従って脊柱に沿って測定する必要はない。

ⅱ）股関節脱臼が認められる場合、左右両面で測定し、長い方を実測値として用いる。股関節脱臼の有無は、身長に最も大きく差をもたらすことになるので、必ず確認しなければならない。

ⅲ）内反尖足は無理に矯正せず、下図のように外側から足底点の距離を測定することとする。…図4参照

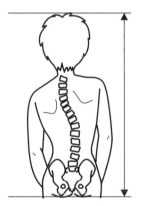
図3　側彎を呈する場合

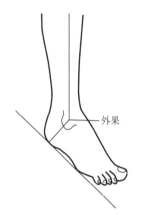
図4　内反尖足を呈する場合

その他の留意点

・情緒不安や触覚防衛の強い場合、身長計や体重計に乗ることに恐怖心が強かったり、抵抗があったりする。その場合、無理に測定せず遊びやゲームを通して少しずつ慣れさせるなど工夫し、根気よく測定する。

体重

・特別な配慮が必要な児童生徒等の場合、特に体重の増減に注意が必要である。
・測定時刻、食事量、排泄等を考慮する。
・使用する体重計…バネ自動台秤、デジタル体重計、車椅子体重計
　ⅰ）立位保持が可能な児童生徒等の場合
　　・バネ自動台秤、デジタル体重計を使用。
　　・台上で静止できない場合や、台上への昇降が不安定な場合は、教員が補助する。
　ⅱ）立位保持が不可能もしくは困難な児童生徒等の場合
　　・デジタル体重計、車椅子体重計を使用。
　　・小さい児童生徒等の場合、台上に寝かせて測定したり、教員が抱いて測定する。
・多動がある、恐怖心が強く台上で止まっていられない、台上に乗れない等の児童生徒等の場合、教員が一緒に乗り、支えたり抱いたりして測定する。その場合、教員の体重を引く。
・車椅子体重計で測る場合は、車椅子や衣服の重さを記録しておく。

第6章　健康診断

視力検査　　　　※特別な配慮を要する児童生徒等の健康診断

〈目的と意義〉
　視力の程度の測定や視覚的な社会適応能力を把握する。また、視力障害等の早期発見や見え方等を知ることで、教育的配慮を行うことができる。

〈方法と留意事項〉
・個々の児童生徒等の表現力等の意思表示の仕方を、十分把握しておく。
・児童生徒等と検査の練習を行っておく。（検査に対する理解や、恐怖心を取り除くため等）
・検査結果は以下のようなことに留意して記録しておく。
　視標を見る時の様子・表情等、使用した指標…絵カード、ランドルト環、3択マッチング、動物の名前を言えるなど。
　方法…指標との距離や片目もしくは両眼か、遮眼器は使えたかどうかなど。
　回答の仕方…指さしの回答のみ、ちょう・カラスは言うが他の動物は言わないなど。
・検査できなかった場合は「検査困難」と記述し、個々の特性を配慮し、次回の視力検査の際に参考になることを記す。
　※ランドルト環以外にも以下のようなものを用いることもある
　　・絵指標（犬・鳥・魚・ちょう）
　　・絵合わせ法（マッチング法）
　　・ひらがな・数字・図形
　　・おもちゃや光の追視をする
　　・指数弁
　　・手動弁

障害の重い児童生徒等の場合
・日常生活の様子を参考に、懐中電灯やペンライトを用いて眼前で光への反応（注視や追視する様子）を観察する。この時、懐中電灯には赤・緑・黄色等のフィルムを貼り、どの色での反応がよいかも確認する。

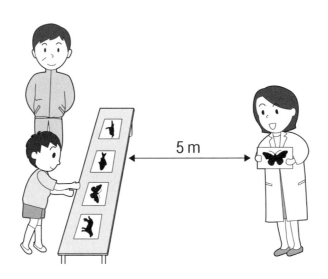

聴力検査　　　※特別な配慮を要する児童生徒等の健康診断

〈目的と意義〉

　聞こえの程度を把握し、適切な教育的配慮を行い教育効果を上げる。また、聴力低下をきたす疾病や薬の副作用の把握のための参考にする。

〈方法と留意事項〉

・個々の児童生徒等の表現力等の意思表示の仕方を、十分把握しておく。

・児童生徒等と検査の練習を行っておく。(検査に対する理解をさせるため、恐怖心を取り除くため等)

・検査結果は文章表現として詳しく記録しておく。(検査時の様子・表情等)

・人の動きや掲示物など物に気を取られ、検査に集中できない場合もあるので、不要な物は置かないようにする。

・オージオメータで、「音が聞こえた時にボタンを押す」という動作が難しい児童生徒等の場合は、音に対するからだ全体の反応等で判断する。

障害の重い児童生徒等の場合

・新生児用オージオメータ・幼児用オージオメータ・手動式オージオメータ・ヒアリングチェッカーなどの機器を用いて聴力検査を行う。方法は、検査音に対する児童生徒等の反応を観察する。

　(四肢の動き、表情や目の動き、今までの動作を止める、目覚めるというような反応)

・後ろから声をかけたり、手をたたいたりして反応をみる。

・日常生活の様子を参考にする。

尿検査　　　※特別な配慮を要する児童生徒等の健康診断

〈目的と意義〉

　腎臓病・糖尿病等の早期発見をする。自分で身体の異常を訴えられない児童生徒等の健康状態を客観的に把握する。

〈方法と留意事項〉

　個々の児童生徒等の障害の状態に合わせた方法で行う。

・採尿パックによる採尿

　おむつを使用している児童生徒等では、採尿パックを利用して採尿する。

　袋に粘着テープがついており、寝る前に外陰部に貼ってその上におむつをして寝ると、睡眠中に排尿した尿が袋に溜まる。

・脱脂綿による採尿

　おむつの上にラップを敷き、その上に脱脂綿をおく。排尿によって濡れた脱脂綿をしぼって採る。

第6章　健康診断

２）臨時健康診断

　学校保健安全法第13条第２項*、施行規則第10条***の規定により、必要があるときは臨時に健康診断を行うものとする。

・感染症又は食中毒の発生したとき。

・風水害などにより感染症の発生のおそれがあるとき。

・夏季における休業日の直前または直後。

・結核、寄生虫病その他の疾病の有無について検査を行う必要があるとき。

・卒業のとき。

　これらは主な例示であり、これ以外の時でも行う場合がある。

（例）修学旅行、水泳大会、運動会、マラソン大会、スキー実習等の行事前

３）事後措置

　学校においては、学校保健安全法第13条の健康診断の結果に基づき、疾病の予防措置を行い、又は治療を指示し、並びに運動及び作業を軽減する等適切な措置をとらなければならない****。

（１）健康診断結果の通知

　健康診断終了後21日以内に、本人及び保護者に通知する。通知は１項目ごと又は終了した項目をまとめて通知する場合もあるが、最後の項目である内科検診においての総合判定後、全項目の結果を学校医の所見を含めて、通知することもある。また、通知するだけでなく、必要な場合には、家庭と協力して保健指導にあたることが大切である**。

　１項目ごとの通知は、治療勧告や経過観察指導として通知し、総合判定を含めた全項目の結果は、健康手帳や個人カードなどで通知することが望ましい。

（２）健康診断結果のまとめ

　健康診断終了後、結果を速やかにまとめる。発育状況については、全国・都道府県・市町村などの罹患率等と比較し、集団の健康実態を把握する。そのことから学校の健康上の問題をおさえ、保健管理や保健教育（保健指導）に生かし、児童生徒等に健康診断の必要性を理解させることができる。また、健康上の推移を見るためにも大事なデータとなるため、そこで健康診断結果は一覧にするだけでなく、資料として活用できるようなまとめ方をしておくことが大切である。

（３）健康診断結果の記録

　健康診断終了後、個々の健康診断票に記録する。特に総合判定である学校医の所見については、所見欄に詳しく記入する。学校としての記録は健康診断結果のまとめをした後に、年次統計書類として整理しておくことが望ましい。記録の形式などは市町村単位で統一しておくと、地域保健の課題や取組に活用することができる。

　また記録の方法を工夫し、データとして活用することで、学校保健の課題や問題の発見、課題解決のための方策をみつけることができる。健康診断から１年ごとのデータや経年のデータが得られ、その記録の取り方や整理の方法で養護教諭の力量が発揮できる。

　データの取り方はパソコン使用や学級保健簿の活用、成長曲線の記入など用途によって、多種多様なもの

＊学校保健安全法　第13条

　学校においては、必要があるときは、臨時に、児童生徒等の健康診断を行うものとする。

＊＊学校保健安全法施行規則第９条

　学校においては、法13条第１項の健康診断を行ったときは、21日以内にその結果を幼児、児童又は生徒にあつては当該幼児、児童又は生徒及びその保護者（学校教育法（昭和22年法律第26号）第16条に規定する保護者をいう。）に、学生にあつては当該学生に通知するとともに、次の各号に定める基準により、法第14条の措置をとらなければならない。

＊＊＊第10条

　法第13条第２項の健康診断は、次に掲げるような場合で必要があるときに、必要な検査の項目について行うものとする。

１　感染症又は食中毒の発生したとき。

２　風水害等により感染症の発生のおそれのあるとき。

３　夏季における休業日の直前又は直後

４　結核、寄生虫病その他の疾病の有無について検査を行う必要のあるとき。

５　卒業のとき。

＊＊＊＊学校保健安全法　第14条

　学校においては、前条の健康診断の結果に基づき、疾病の予防処置を行い、又は治療を指示し、並びに運動及び作業を軽減する等適切な措置をとらなければならない。

がある。学校保健計画の目標にせまるためにはどのように記録を残して活用していくかを選択していくことで職務は大きく展開していくことになる。

（4）健康診断票及び歯の検査票の管理

① 作成と記入*

② 保存

　　卒業後5年間保存する（規則第8条4項）。進学者は進学先学校長あてに、原本を送付する（規則第8条2項）。送付を受けた原本の保存は、進学前の学校を卒業した日から5年間である。

　　小学校……進学先の中学校へ送付する。

　　中学校……進学先の高等学校へ送付する。卒業者は5年間保存する。

　　高等学校…卒業後5年間保存する。進学者は進学先へ送付する。

③ 転校の場合は、原本を転学先校長あてに送付する。

（5）健康手帳

　健康手帳は、昭36・2・8付文体保第45号をもって体育局長から、各都道府県教育委員会、各都道府県知事あてに使用の目標、内容、使用の要領などを示した通知がなされ使用されるようになった。これを使用することで、児童生徒等の保健管理、保健指導がより適切に行われるようになる。

　各学校では実情に即して創意工夫をする必要がある。

① 健康手帳の使用目的

　・児童生徒等が自分の健康について理解し、健康の保持増進のために必要な事項を実践する。

　・児童生徒等の健康について学校と家庭との相互連絡を密にし、保健指導・保健管理を徹底する。

　・児童生徒等の健康診断及び健康相談に活用する。

　・保健体育の授業に活用する。

② 健康手帳の記載及び管理

　・保管には、プライバシーに留意すること。

　・保健主事、養護教諭が協力し、児童生徒等が自主的に活用できるよう指導する。

　・学級担任の指導により学級、学校、地域の実情に合わせて活用する。

　・児童生徒等の保健指導や保健管理の実践記録は、教師または本人が記録する。

　・必要に応じて、学校・家庭相互の連絡事項を記入し活用する。

　・定期的または必要に応じて学級担任が点検し、その結果に基づいた指導を行う。

　・養護教諭は、児童生徒等の保健指導・保健管理のうち専門的分野の記録・指導を担当する。

　・家庭訪問、保護者懇談会などの際に活用する。

③ 健康手帳の内容

　・既往歴、体質と罹患傾向　　　　　　　　　・月別身体発育状況（身長・体重）

　・定期健康診断の記録　　　　　　　　　　　・体重過不足判定表

　・保健調査　　　　　　　　　　　　　　　　・健康相談

　・定期健康診断の結果による治療の指示、保健指導　・連絡欄（家庭⇔学校）

---

*参照：p.164　資料6-7　児童生徒健康診断票（記入例）
　　　　p.165　資料6-8　児童生徒健康診断票（歯・口腔）（記入例）

第6章　健康診断

（6）学級保健簿

　学級保健簿は公帳簿ではないが、学級別に健康診断の結果ならびに予防接種、その他健康の記録をまとめて記入するものであり、保健指導や保健管理に活用できる。

① 記載内容

- ・健康診断結果（定期、臨時）
- ・月別体重測定一覧
- ・予防接種記録
- ・清潔検査一覧
- ・その他健康に関するもの

② 主な活用

　個々の児童生徒等及び学級の健康状態や、体位の推移・比較に利用する。

（7）統計の作成と活用

　健康診断結果の統計を作成する目的は、結果のデータを活用することで、その学校の集団としての健康課題や児童生徒等個々の健康課題を発見でき、課題解決のために必要な方策を見つけることである。地域や県、全国のデータと比較して、その学校の児童生徒等の健康状態を把握する。また、学校全体と児童生徒等個々を比較することで個人の健康課題の発見や発育状況を把握することができる。

4）評価

　健康診断後には、健康診断実施計画から事後措置、記録の仕方を評価していくことで本年度の問題点や次年度への活かしたい点が明らかとなる。そこで評価の視点を、明確に持つことが重要になってくる。

　養護教諭としての評価の視点は以下のものである。

- ・計画は適切であったか
- ・準備（器具、帳簿、資料、場所等）は適切であったか
- ・実施方法は適切であったか
- ・協力体制（教職員、学校医、検査機関、保護者等）はスムーズであったか
- ・児童生徒等が健康診断内容を理解し、正しく、積極的に参加したか
- ・検査は正確に行われたか
- ・事後措置は適切であったか

　学校全体として健康診断の評価を行う場合は、健康診断後のそれぞれの役割と評価基準を参考に、各自の工夫が必要になる。

表6-2　健康診断後の役割と評価の例

担当者	評価
学校長	・事後措置がスムーズに行われているか。 ・保健指導が遅滞なく行われているか。
担任	・健康状態に応じた適切な配慮がなされているか。 ・児童生徒等の机・いすは適合しているか。 ・教室の座席配置に配慮しているか。 ・結果の通知は速やかに適切に行われているか。 ・健康診断票、保健手帳の記入は正確に行われたか。 ・保健手帳は活用されているか。
養護教諭	・疾病異常者の管理と指導は行われているか。 ・保健教育に必要な資料は整備され，十分に活用されたか。 ・健康診断を生かした健康相談を実施できたか。 ・担任やその他の職員との連絡はうまくされたか。 ・統計処理、報告は速やかに実施されたか。 ・結果の分析を的確に行って健康課題が把握できたか。 ・計画通り実施されたか。 ・未受検者に対する検診が速やかに行われたか。
保健主事	・実施計画は円滑に進められたか。 ・事後措置は円滑に行われているか。 ・学校保健委員会に結果を活用できたか。

第6章　健康診断

第6章　健康診断

4　その他の健康診断

1）就学時健康診断

目的・意義

　就学時の健康診断は、学校生活や日常生活に支障となるような疾病等の疑いのあるもの及び視覚障害者、聴覚障害者、知的障害者、肢体不自由者、病弱者、その他心身の疾病及び異常の疑いのあるものをスクリーニングし、適切な治療勧告、保健上の助言及び就学指導等に結びつけるものであり、医学的な立場から確定診断を行うものではない。

主体　市町村教育委員会

時期　10月1日～11月30日

検査項目

① 栄養状態

② 脊柱及び胸郭の疾病及び異常の有無

③ 視力及び聴力

④ 眼の疾病及び異常の有無

⑤ 耳鼻咽喉疾患及び皮膚疾患の有無

⑥ 歯及び口腔の疾患及び異常の有無

⑦ その他疾患及び異常の有無

学校保健安全法第11条
　市（特別区を含む。以下同じ。）町村の教育委員会は、学校教育法第十七条第一項の規定により翌学年の初めから同項に規定する学校に就学させるべき者で、当該市町村の区域内に住所を有するものの就学に当たつて、その健康診断を行わなければならない。

第12条
　市町村の教育委員会は、前条の健康診断の結果に基づき、治療を勧告し、保健上必要な助言を行い、及び学校教育法第十七条第一項に規定する義務の猶予若しくは免除又は特別支援学校への就学に関し指導を行う等適切な措置をとらなければならない

学校保健安全法施行令第1条～第4条
学校保健安全法施行規則第3条、第4条

２）職員の健康診断

主体　学校の設置者

時期　児童生徒等の定期健康診断に準じ、設置者が定める適切な時期と読みかえるものとする。

検査項目と年齢

項目 ＼ 年齢	35歳未満	35歳	36〜40歳未満	40歳	41〜45歳未満	45歳以上	妊娠中
身　長	△	△	△	△	△	△	△
体　重	◎	◎	◎	◎	◎	◎	◎
腹　囲	△	○	○	○	○	○	△
視　力	◎	◎	◎	◎	◎	◎	◎
聴　力	◎	◎	◎	◎	◎	◎	◎
結核の有無	△	◎	△	◎	△	◎	△
血　圧	◎	◎	◎	◎	◎	◎	◎
尿	◎	◎	◎	◎	◎	◎	◎
胃の疾病及び異常の有無	△	△	△	◎	◎	◎	×
貧血検査 肝機能検査 血中脂質検査 血糖検査 心電図検査	△	◎	△	◎	◎	◎	○
その他の疾病及び異常の有無	◎	◎	◎	◎	◎	◎	◎

（注）◎ほぼ全員実施
　　　○場合により実施
　　　△除くことができる
　　　×除く
〈腹囲を省略できる対象〉
　＊40歳未満
　＊妊娠中の女性
　＊BMIが20未満
　＊自ら腹囲を測定し、その値を申告した者（BMI　22未満）

〈労働安全衛生法に基づくストレスチェック〉
平成26年6月の改正労働安全衛生法により、医師・保健師等による心理的な負担の程度を把握するための検査（「ストレスチェック」という。）を実施することなどを事業者の義務とする新たな制度が導入された。労働者のメンタルヘルス不調の未然防止（一次予防）を主な目的としている。

学校保健安全法第15条
　学校の設置者は、毎学年定期に、学校の職員の健康診断を行わなければならない。
　2　学校の設置者は、必要があるときは、臨時に、学校の職員の健康診断を行うものとする。
第16条
　学校の設置者は、前条の健康診断の結果に基づき、治療を指示し、及び勤務を軽減する等適切な措置をとらなければならない。

学校保健安全法施行規則第12〜16条

労働安全衛生法
　（心理的な負担の程度を把握するための検査等）
　第六十六条の十　事業者は、労働者に対し、厚生労働省令で定めるところにより、医師、保健師その他の厚生労働省令で定める者（以下この条において「医師等」という。）による心理的な負担の程度を把握するための検査を行わなければならない。

第6章　健康診断

第6章 健康診断

資料6-1 耳鼻咽喉科健康診断実施計画案（例）

令和○年5月○日

耳鼻咽喉科健康診断実施計画（案）

1. 日　時　5月19日（火）13：15～（終了予定　15：10）
2. 場　所　保健室
3. 対　象　1年生
4. 学校医　○○先生
5. 検査順番　1組→2組→3組→4組→5組→6組→7組→8組
　　　　　　（数）（理）（　体　）（美）（国）（英）（社）
6. 検診の流れ

    ・1組は13時20分になったら教室前で整列し、5限の教科担当者が引率のうえ静かに保健室に移動する。
    ・次のクラスは呼び出されたら、すぐに保健室に来てください。
    （移動教室の場合は行き先を黒板に書いてください）
    ・入口は玄関側、出口は放送室側です（一方通行）。
    ・出席順に並び、受診時に自分の名前を言います。
    ・耳→鼻→のど　の順に検査します。
    ・検診が済んだ人から教室に戻る。

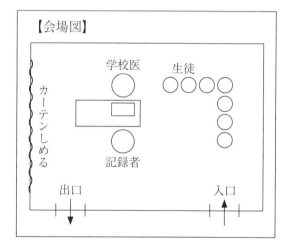

7. 事前指導の内容

    ○検診中、しゃべらないで行動する（うるさいと記録の邪魔になる）。
    ○前日、耳の掃除をしておく。
    ○女子で髪の毛が耳にかかる人は髪を耳の後ろにかけ、耳をしっかり出すこと！
    ○検査の直前に鼻をこすったり、強くかんだりしない。
    ○上記の検診の流れ：耳→鼻→のど　の順に検査をする。
    ○終わったら、友だちを待たずに教室へ戻る。

8. その他

    ・教科担任　あるいは　監督できる先生の引率をお願いします。
    ・授業の関係で順番の変更がある場合は、変更の報告を保健室までお願いします。
    ・移動教室の場合、教室の黒板に移動場所を書いておいてください。また、移動先を保健室までお知らせください（呼びに行く際必要なため）。

資料6-2　歯科検診実施計画案（例）

令和○年5月○日

令和○年度　1年生歯科検診実施計画（案）

目　　的　口腔の状態を検査し、う歯の有無、歯列・咬合・顎関節の状態、歯肉の状態、歯垢の状態を調べる。

日　　時　6月17日（水）8：45～

実施場所　保健室

実 施 順　1クラス20分程度の予定です

　　　　　1の6　→　1の5　→　1の4　→　1の3　→　1の2　→　1の1　→　かがやき
　　　　　（総合）　（総合）　（総合）　（国語）　（英語）　（数学）　（英語）
　　　　　＊1の6は朝礼後すぐに担任の引率のもと保健室に来る

係 分 担
　　医師　○○先生
　　記録　歯科衛生士
　　引率　教科担任（1の6のみは学級担任が引率）

事前指導
　（前日）歯科検診のためにいつもより丁寧に歯磨きをしてくる
　（当日）出席番号順に検診を受ける
　　　　　自分の順番が来たら名前を言う（歯科衛生士さんが健康診断票と本人の名前を確認する必要があるため）
　　　　　欠席者がいる場合、後ろの人が「○○さん欠席です」と記録の歯科衛生士さんに伝える

そ の 他
　　○前日終礼後から会場設営並びに準備のため保健室の使用はできません。
　　○午前中は保健室が使用できません。職員室で対応をお願いします。
　　○かがやきの生徒は検診に時間を要する場合があるため、交流学級ではしない。

第6章　健康診断

第6章　健康診断

資料6-3　児童生徒向け指導用参考資料（例）

 # 歯科検診

年　　組　　番
名前

歯科検診では、次の5つのことについて①～⑤の順番で調べます。
歯医者さんの言葉をよく聞いて、自分の口の中の状態を理解しましょう。

《歯科検診結果を予想してみよう》

自分の歯科検診の結果を予想して○を書き入れましょう。

①　歯の状態

C：むし歯あり ｝治療が必要
×：抜く必要のある乳歯
CO：むし歯になりかけの歯
○：治療が済んでいる歯
△：喪失歯（失った歯）

②歯並び・かみ合わせの状態

0：特に問題なし
1：様子をみる
2：異常があり、歯医者さんで治療が必要かみてもらいましょう

③顎関節（がくかんせつ）の状態

0：特に問題なし
1：様子をみる
2：異常があり、歯医者さんで治療が必要かみてもらいましょう

④歯こうの状態

0：きれいです
1：少し歯こうがついています
　歯みがきをがんばりましょう
2：かなり歯こうがついています。歯医者さんで除去してもらう必要があります。

⑤歯肉（歯ぐき）の状態

0：健康な歯肉です
1：少し炎症を起こしています。歯みがきをして、気をつけて様子をみましょう。
2：ひどい炎症が起こっています。歯医者さんで治療が必要です。

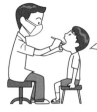

「C」「×」「2」と言われた人は歯医者さんに行く必要のある人です。できるだけ早く歯医者さんで治療を受けましょう。

※歯には1～8番、A～Eの番号がついています。①の「C」や②～⑤の「0」「1」「2」の数字と混同しないよう、しっかり聞き分けてください。

《歯科検診を終えて》

検診で歯科医さんに言われた記号に○をつけましょう。

「C」　「×」　「CO」　「○」　「△」　「0」　「1」　「2」
どの記号も言われていない　　わからなかった　　指導されたことがあれば書きましょう

歯科検診を終えて、『歯・口の健康』のために自分には今後どんなことが必要ですか？

資料6-4　結果の通知と受診勧告書（例）（歯科）

令和　　年　　月　　日

保　護　者　様

学校（園）名＿＿＿＿＿＿＿＿＿＿＿
校（園）長名＿＿＿＿＿＿＿＿＿＿＿

歯・口腔の健康診断結果のお知らせ

＿＿年＿＿組＿＿氏名＿＿＿＿＿＿＿＿＿＿

先日行われた健康診断の結果は、以下の〇印のとおりでしたので、お知らせいたします。

	健康診断の時には特に問題は見つかりませんでした。これからも家庭での食生活や口腔清掃に気を付け、健康な状態を保つように努力しましょう。また定期的にかかりつけ歯科医の検診を受けましょう。

経過観察のみに〇印のある人は、各家庭で歯みがき・食生活に十分な注意が必要です。また、かかりつけ歯科医による継続的な指導・管理を受けることをお勧めします。

経過観察		CO（シーオー）	むし歯になりそうな歯があります。学校でも観察・指導していますが、家庭でもおやつの食べ方やCOの歯の清掃に注意しましょう。
		GO（ジーオー）	軽度の歯肉炎があります。歯肉（歯ぐき）に軽度の腫れや出血がみられます。このまま放置すると歯肉炎が進行する可能性が高くなります。
		歯垢（しこう）	歯みがきが不十分です。むし歯や歯肉炎の原因になる歯垢が残っています。学校でも指導しますが、家庭でも丁寧にみがくように心がけましょう。
		顎関節 歯列・咬合	（顎・かみ合わせ・歯並び）のことで経過観察や適切な指導が必要な状態です。気になるようでしたら、かかりつけ歯科医や専門医療機関で相談を受けてください。 ＊矯正治療中の方もこの項目に含まれます。

下の欄に〇印のある人は、早めに精密な検査、適切な治療や相談を受けることをお勧めします。治療および相談が終わりましたら、受診結果を記入していただき、この通知書を学校（園）に提出してください。

受診のお勧め		むし歯（C）があります。	（乳歯・永久歯）に治療を必要とするむし歯があります。早めに治療するとともに、食生活や口腔清掃を見直して、新しいむし歯をつくらないように気をつけましょう。
		歯肉の病気があります。 （歯肉炎・歯周炎）	治療を必要とする歯肉の病気があります。早めに治療を受けてください。
		検査が必要な歯があります。 （CO要相談、要注意乳歯）	かかりつけ歯科医に相談してください。
		相談が必要です。 （顎・かみ合わせ・歯並び）	（顎・かみ合わせ・歯並び）のことで相談し、必要ならば検査・治療を受けてください。
		歯石の沈着（ZS）があります。	歯の表面に歯石の沈着があります。早めに適切な処置や指導を受けてください。
		その他	（　　　　　　　　　）のため、検査または治療を受けてください。

受　診　結　果

部　位：　　　　　　　　　　　　　　　　　　　転帰：（治療済・継続中・経過観察）
所　見：

令和　　年　　月　　日

歯科医師名＿＿＿＿＿＿＿＿＿＿＿印

※一般社団法人日本学校歯科医師会：学校歯科医の活動方針　平成27年改訂版（平成27年3月）より一部改変

第6章 健康診断

第6章　健康診断

資料6-5　結核問診票（例）

保護者の方々にお願い ｜ 小学校2年生以上及び中学生用

　学校における児童・生徒の定期健康診断において、小学校及び中学校の全学年を対象に同診票及び校医師による結核に関する健康診断を実施しています。その後、保健所と連携し、結核対策委員会が必要と認めると児童・生徒を対象にエックス線撮影検査等の精密検査を行います。

　結核についての健康管理は大切であり、この問診調査は結核に関する健康診断が正しく行われるために是非必要ですので、保護者の方々の正確なご記入をお願いします。なお、この問診調査は定期健康診断の結核に関する健康診断以外には使用されません。また、プライバシー保護のため、配布した封筒に入れて提出してください。

学校長 ＿＿＿＿＿＿

記入日 ＿＿年 ＿＿月 ＿＿日
学校 ＿＿年 ＿＿組 ＿＿番　児童・生徒氏名 ＿＿＿＿＿＿

※記入上の注意：質問1～5の該当する欄に必ず○を記入してください。

	調査内容	どちらかに○をつけてください
質問1	このお子様が、平成26年4月から今までに結核性の病気（例 肺結核、結核性胸膜炎、頸部リンパ腺結核等）にかかったことがありますか？	はい　年　月頃　／　いいえ
質問2	このお子様が、平成26年4月から今までに結核に感染を受けたとして予防のお薬を飲んだことがありますか？	はい　年　月頃　／　いいえ
質問3	平成26年4月から今までにこのお子様の家族や同居人で結核にかかった人がいますか？	はい　年　月頃　／　いいえ
質問4	このお子様が、平成26年4月から今までに通算して半年以上、外国に住んでいたことがありますか？ある場合は、国名をすべて記入してください。	はい　国名（　　）　／　いいえ
質問5	このお子様は、この2週間以上「せき」や「たん」が続いていますか？	はい　／　いいえ

A Request to Guardians: ｜ 2ⁿᵈ-6ᵗʰ Year Elementary School and Jr. High School Students

School physicians will be performing a routine health check aimed at testing for tuberculosis in students. Students requiring further examination as determined by the Tuberculosis Countermeasure Committee will undergo a more detailed check-up including X-ray at the public health center.

As health maintenance dealing with tuberculosis is of the utmost importance, in order to ensure that this tuberculosis exam is administered properly, we ask that guardians complete this form clearly and accurately. Information provided on this form will not be used for any purpose besides this routine tuberculosis examination. In order to ensure privacy, please return this form in the envelope provided.

Principal ＿＿＿＿＿＿

Date: ＿＿ / ＿＿ / ＿＿
(year) (month) (day)

※Please circle your responses to Questions 1~5 in the corresponding column.

	Questions	Please circle your answer
1	Since April 2014, has your child ever contracted tuberculosis? (ex: tuberculosis of the lungs, tuberculosis of the neck lymph glands, pleural tuberculosis)	Yes　Year:　Month:　／　No
2	Since April 2014, has your child ever received treatment for tuberculosis infection?	Yes　Year:　Month:　／　No
3	Since April 2014, has a family member or someone whom your child has resided with contracted tuberculosis?	Yes　Year:　Month:　／　No
4	Since April 2014, has your child lived in a country other than Japan for a total of more than 6 months? If "yes", please list all countries.	Yes　Countries:　／　No
5	Has your child been coughing or producing phlegm for longer than the last two weeks?	Yes　／　No

Student name: ＿＿＿＿　School Year: ＿＿＿＿　Class number: ＿＿＿＿

資料6-6　児童生徒用尿検査資料（例）

尿検査（にょうけんさ）

とった尿は　　月　　日（　）に持ってきてください

《こんなことを調べます》

尿（おしっこ）を検査して、腎臓のはたらきや病気にかかってないかを調べます。

●尿（おしっこ）のとり方のポイント

※前の日の夜、ねる前におしっこに行っておきましょう。

①朝おきて一番のおしっこをとります。
②はじめに少しおしっこを出します。
・おしっこが出てくる道（尿道）にたまっているおしっこを捨てるため。
③その後、残りのおしっこを紙コップなどにとります。
④ポリ容器でおしっこをすいあげます。
⑤ポリ容器のフタをしっかりしめて、紙ぶくろに入れます。
・紙ぶくろに名前が書いてあるかチェックしよう。

●腎臓ってどんなはたらきをしているの？

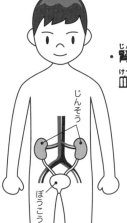

・腎臓は左右に1つずつある、血液のクリーニング屋さん

・古くなっていらなくなったもの、とりすぎた塩分や糖分などを尿（おしっこ）にする

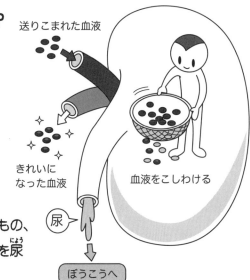

第6章　健康診断

-（163）-

第6章　健康診断

資料6-7　児童生徒健康診断票（記入例）

児童生徒健康診断票

氏　　名				性　別　男　女	生年月日　　　年　　　　月　　　　日
学校の名称		異常のない例	異常のある例	記入にあたっての注意	
年　　　齢					
年　　　度					
身　長（cm）		152.6	153.6	\}　測定範囲は、小数第1位までを記入する。	
体　重（kg）		44.6	45.3		
視力	右	A（　）	C（B）	裸眼視力は、（　）の左側に、矯正視力は（　）内に記入する。この場合、視力の検査結果が1.0以上であるときは「A」、1.0未満0.7以上であるときは「B」、0.7未満0.3以上である時は「C」、0.3未満である時は「D」と記入して差し支えない。裸眼視力を測定しない場合は、矯正視力だけを（　）内に記入する。	
	左	A（　）	C（B）		
眼の疾患及び異常			結膜炎	病名又は異常名を記入する。	
聴力	右		○40（50）	1000HZ、30dB又は4000HZ、25dBを聴取できないものは、○印を記入する。さらに聴力レベルを検査したときは、併せて、その聴力レベルデシベルを記入する。聴力レベルデシベル$=\dfrac{a+2b+c}{4}$（aは500HZ、bは1000HZ、cは2000Hzの聴力レベルデシベルを示す。）なお、4000HZの聴力レベルデシベルは、（　）をして記入する。	
	左		○40（50）		
耳鼻咽頭疾患			鼻汁過多	病名又は異常名を記入する。	
結核	病疾及び異常		結核の疑い	結核の有無の検査に基づく病名又は異常名を記入する。	
	指導区分	D3	A1	学校保健安全法施行規則第7条の規定に基づく指導区分を記入する	
心臓	臨床医学的検査（心電図等）		異常Q波	心電図等の臨床医学的検査の所見を記入する	
	疾病及び異常		心室中隔欠損症	病名又は異常名を記入する。	
尿	一次	蛋白	⊖・±・+	⊖・±・+	検査結果を○で囲む。
		糖	⊖・±・+	−・⊕・+	
		潜血	⊖・±・+	⊖・±・+	
	二次	蛋白	−・±・+	⊖・±・+	
		糖	−・±・+	⊖・±・+	
		潜血	−・±・+	⊖・±・+	
栄養状態			+40%肥満要注意	校医により栄養不良又は肥満傾向で特に注意を要すると認めたものに記入する。貧血があれば記入する。	
脊柱・胸郭・四肢			側わん	病名又は異常名を記入する。	
皮膚疾患			アトピー性皮膚炎	病名又は異常名を記入する。	
その他の疾病及び異常			右そけいヘルニア	その他の疾病または以上の病名又は異常名を記入する。	
学校医所見		印	（所見）印	校医が必要と認める所見を記入し押印する。	
事後措置			耳鼻科治療指示アレルギー性鼻炎治療済	治療指示・指導事項などを具体的に記入する。（診断結果や経過など記入しておくと経過が分かってよい。）	
備考			「骨折」による欠席のため、眼科検診は未検		

＊　健康診断を実施しなかった項目については空欄とする。

資料6-8　児童生徒健康診断票（歯・口腔）（記入例）

児童生徒健康診断票（歯・口腔）（例）

氏名					性別	男	女									

歯式
・現在歯　　　　　（例）A C
・う歯　　　　　　［未処置歯　C／処置歯　CO△
・喪失歯（永久歯）　　　　△
・要注意乳歯　　　　　　×
・観察歯　　　　　　CO

歯列等歯垢歯肉
・異常なし0
・要観察1
・要受診2

6歳

8 7 6 5 4 3 2 1	1 2 3 4 5 6 7 8	
E D C B A	A B C D E	
上 右	左 上	
下	下	
E D C B A	A B C D E	
8 7 6 5 4 3 2 1	1 2 3 4 5 6 7 8	

歯列・咬合 0 1 2 ／ 顎関節 0 1 2 ／ 歯垢の状態 0 1 2 ／ 歯肉の状態 0 1 2
学校歯科医 所見：う歯なし・処置済・要観察（CO・GO）・要受診・要相談　年度

7歳（同様）

13歳（同様）

14歳

8 7 6 ○ 4 3 2 1	1 2 3 4 5 6 7 8 CO	
E D C B A	A B C D E	
上 右	左 上	
下	下	
E D C B A	A B C D E	
8 7 6 ○ 4 3 2 1	1 2 3 4 5 6 7 8 C	

歯の状態
乳歯：現在歯数 4 ／ 未処置歯数 0 ／ 処置歯数 3
永久歯：現在歯数 19 ／ 未処置歯数 1 ／ 処置歯数 2 ／ 喪失歯数 0

歯列・咬合 ⓪ 1 2 ／ 顎関節 ⓪ 1 2 ／ 歯垢の状態 0 1 ② ／ 歯肉の状態 0 ① 2
その他の疾病及び異常：要注意乳歯有
学校歯科医 所見：う歯なし・処置済・要観察（CO・GO）・要受診　印
事後措置：う歯治療済・歯みがき指導　年度

現在歯（永久歯・乳歯）は斜線または連続横線を引く

歯式に歯肉炎や歯垢、歯石の場所を記入しておくと、事後指導に活用できる。

喪失歯は永久歯のみ

歯列：異常なし　顎関節：異常なし　歯垢の状態：相当の付着あり　歯肉の状態：定期的要観察

事後措置は具体的に記入

・学校歯科医が必要と認める所見を記入押印をする
・要観察歯がある場合には、この欄にも（CO）、歯周疾患要観察者の場合は（GO）を記入する
・（GO）とは歯石沈着は認められず、注意深いブラッシングにより炎症が消退するような歯肉のもの

○学校保健法施行規則の一部を改正する省令の施行及び今後の学校における健康診断の取扱いについて

（平6.12.8　文体学第168号　文部省体育局長から　各国公私立大学長、各国公私立高等専門学校長、国立久里浜養護学校長、各都道府県知事、各都道府県教育委員会教育長あて　通知）

第1　学校保健法施行規則の一部改正について
2　学校保健法施行規則改正の要点
(4)　児童の健康診断票等
　　これまで、学校保健法施行規則第2号様式、第2号様式の2及び第3号様式で定められていた児童（生徒、学生）健康診断票、幼児健康診断票及び児童（生徒、学生）歯の検査票の各様式を削除したこと（本通知第3参照）。
第3　児童生徒等の健康診断票の様式例について
1　様式例作成の趣旨
　　学校においては、学校保健法第6条第1項の規定に基づく児童生徒等の健康診断を行ったときは、健康診断票を作成する必要があること（改正後の学校保健法施行規則第6条第1項関係）。その様式については、各設置者において適切に定めることとなるが、健康診断票については、全国的にある程度の共通性が保たれ、児童生徒等が転学等した場合においても保健指導の一貫性を確保することができるよう、参考までに様式例を示すこととしたこと。
2　健康診断票様式例の内容等
エ　未処置歯の記述は、従来のC_1～C_4からCのみとし、新たに要観察歯（CO）を記入することとしたこと。

第7章　特別な配慮を要する児童生徒の保健管理

1　保健管理の必要性

2　学校生活管理指導表
　1）教職員への周知
　2）定期的な見直し
　3）保管
　4）管理・指導

3　疾病別保健管理と保健指導
　1）心臓疾患
　2）腎臓疾患
　3）糖尿病
　4）食物アレルギー
　5）アトピー性皮膚炎
　6）気管支ぜん息
　7）てんかん
　8）摂食障害

4　特別支援を要する子供への対応
　1）特別支援教育と養護教諭の関わり
　2）養護教諭が行う具体的支援

5　与薬
　1）学校での与薬について

6　医療的ケア
　1）医療的ケアの意義
　2）養護教諭の役割

第7章　特別な配慮を要する児童生徒の保健管理

1　保健管理の必要性

　学校には、アレルギー体質の子供や既往症がある児童生徒がいる。様々なニーズをもった児童生徒が学校生活を快適に過ごすためには、適切な管理・指導が重要である。運動は、児童生徒の心身の発育・発達には重要であり、可能な範囲での参加は、個々のQOLを高めることにつながる。

　管理と指導を円滑に進めていくうえで、保護者や主治医、教職員の理解と協力は重要である。日頃の子供の様子や症状が出ている時の特徴等を把握し、関係職員と共通理解を図っておくことが大切である。

2　学校生活管理指導表

　心臓疾患、腎臓疾患、アレルギー疾患等では、「学校生活管理指導表」*に基づいて管理・指導を行う。

　平成23年度の小学校・中学校、平成25年度の高等学校の学習指導要領の改訂に伴い、学校生活管理指導表が平成23年度に改訂された。適正の範囲で体育の授業に参加できるよう配慮され、運動種目は運動領域等として変更された。また、「その他注意すること」の欄が新設され、主治医・学校医の意見が明記されるようになった。小学校は、1・2年生、3・4年生、5・6年生で区分された。

　各指導区分の基本的な考え方

> 「A」：入院または在宅医療が必要なもので、登校はできない
> 「B」：登校はできるが運動は不可
> 「C」：同年齢の平均的児童生徒にとっての軽い運動のみに参加可
> 「D」：同年齢の平均的児童生徒にとっての中等度の運動にまで参加可
> 「E」：同年齢の平均的児童生徒にとっての強い運動にも参加可
> 「管理不要」：運動制限は不要であり、かつ経過観察も不要

　アレルギー疾患用のものは、平成20年に作成され、病型・治療、学校生活上の留意点、緊急時連絡先等が記載できるようになっている。また、記載内容を教職員全員で共有することについては、保護者の同意欄がある。

　このアレルギー疾患用については財団法人日本学校保健会が「学校生活管理指導表（アレルギー疾患用）」*を作成している。これを活用するにあたっては主治医用、保護者用、教職員用の「活用のしおり」が作成されている。文部科学省スポーツ・青少年局学校健康教育課監修『学校アレルギー疾患に対する取り組みガイドライン』（（財）日本学校保健会、2008）とも合わせて確認しながら活用するとよい。

1）教職員への周知

　疾病をもつ児童生徒については、全ての教職員が指導区分とその内容について理解し、対応と指導について把握しておく必要がある。年度当初に学校生活管理指導表の内容と活用について教職員に説明する。また、管理指導表の内容に変更があった場合は関係職員に知らせ、周知徹底を図ることが大切である。

2）定期的な見直し

　病態の変化は疾病によって異なり、数か月単位で変化するものもあれば、数年間隔のものもある。また、区分の変更等がないか、定期的に保護者に受診状況を確認し、見直す必要がある。

---

　*参照：財団法人日本学校保健会ホームページ（http://www.hokenkai.or.jp/kanri/kanri_kanri.html）からダウンロードすることができる。

－（168）－

3）保管

関係職員が必要な時に直ちに情報を得ることができるようにするとともに、プライバシーに配慮しながら整理・保管しておく。主な項目を整理し一覧表にしておくと、全体を把握しやすい。

4）管理・指導

学校は、どのような疾患・特性をもった児童生徒がいるのか、救急搬送や突然死の可能性があるか等について詳細に把握し、学校生活管理指導表に基づき、個々に応じた運動管理・生活管理を行う。その際、事前に保護者と面談を行い、管理内容を確認しておく。管理不十分により不慮の事故や病状の悪化が起こらないようにしなければならない。緊急事態に備え、校内研修を企画し、いつでもどこでも全教職員が心肺蘇生法（AEDを含む）等を実施できるようにしておくことも必要である。

また、生活管理を必要とする児童生徒が、その管理指導の内容を理解しているかどうかを把握する必要がある。精神的なサポートも念頭に置き、発達段階に応じた指導方法で疾病に対する理解を促し、安全に過ごせるよう指導し、日常生活や社会活動においても指導区分を基に生活を指導する。さらに周囲の子供達にも制限のある児童生徒を理解し支援できるよう働きかけることも大切である。

3　疾病別保健管理と保健指導

1）心臓疾患

健康観察
・チアノーゼ（唇の色、爪の色） ・全身状態（動悸、息切れ、呼吸困難、目まい、疲れやすい等） ・足のむくみ、だるさ ・脈拍（強さ、大きさ、数、不整の有無） ・胸痛や肩、背中の痛みの有無 ・その他、その児童生徒に特有の症状（主治医に確認しておく）
保健管理・指導
・どのような心疾患を有する児童生徒がいるのか、さらに、その中に突然死を起こしやすい心臓病があるかどうか詳細に把握する。 ・学校生活管理指導表に基づき、運動管理・生活管理を行う。管理指導が不十分であったために不慮に事故が起こることのないよう、また病状が悪化することのないように関係職員には指導区分と内容を周知させる。 ・教室移動や階段の昇降が大きな負担になるケースもある。そのような際は授業を受ける教室の位置を配慮する。主治医から階段の昇降を禁止されたりしている場合にはエレベーター、昇降機等で移動する等配慮する。 ・緊急事態に備え、校内研修を企画し、いつでも、どこででも全職員が心肺蘇生法（AEDを含む）を実施できるようにしておく（第11章　救急処置活動　p.265参照）。 ・児童生徒が学校生活管理指導に区分されたことを理解し守ることができるように、指導・支援する。なぜこのような生活が必要なのかを理解させ、それを実行しようとする意識を育成していくことが大切である。 ・感染症に罹患し発熱すると心臓に負担がかかるため、感染を予防することの必要性と日常生活の工夫を行うことができるように支援する。

第7章　特別な配慮を要する児童生徒の保健管理

２）腎臓疾患

健康観察
・顔色 ・全身状態（だるさ、元気がない、食欲不振、嘔吐、吐き気、疲労感等） ・体のむくみ ・尿の回数、量、色のにごり等 ・その他、その児童生徒に特有の症状の有無を主治医に確認

保健管理・指導
・短期間で学校生活管理区分が変わることがあるので、児童生徒の受診状況に気を配り、変更箇所を把握する。 ・学校生活での安静や保温を守る。疲れたときに安心して休養できる場所の確保に努める。 ・運動制限によっては心臓疾患と同様、教室の位置や移動への配慮をする。 ・食事制限が必要な場合は主治医や栄養士と連携して適切に行う。 ・場合によっては、長い観察期間〈定期的検尿〉を経て確定診断がなされることもあるので、児童生徒に状況を理解させ、医師の指示に従うよう支援する。 ・かぜをひいたり扁桃炎にかかったりすると病状が悪化することがあるので予防に留意する。 ・からだを冷やさないように、自ら心がけることができるように指導する。 ・運動制限がある場合、児童生徒を精神的に支え、制限が守られるように指導支援する。 ・自覚症状がなくても、主治医の指示を守るように指導する。

３）糖尿病

健康観察
・食事の摂取 ・服薬やインスリン注射の確認 ・全身状態（のどの渇き、疲れ、だるさ、ふらつき、機嫌、あくび） ・吐き気、嘔吐 ・尿の量と回数 ・腹痛 ・低血糖の症状（低血糖の症状と血糖値の関係は個人差がある。）

保健管理・指導
・糖尿病の症状や血糖値の管理について全職員で共通理解し、誰もが対応できるようにしておく。 ・特に低血糖の症状について、関係者は熟知し、児童生徒の低血糖にいち早く気づき対応できるようにする（不機嫌になる、急に静かになる、あくび等）。 ・低血糖におちいることも想定し、学校に補食用のブドウ糖を用意し、誰もが与えられるようにしておく。 ・血糖値測定やインスリン注射、補食が周囲の目を気にすることなく実施できるような場所を提供し、支援する。 ・食事制限が必要な場合は、主治医や栄養士や保護者と連携して適切に行う。 ・１型糖尿病は生涯、血糖値測定とインスリン注射の自己管理や食事管理が必要である。子供自身も病気を受け入れることができるように精神的な支援が必要である。周囲の子供の理解も必要である。 ・２型糖尿病の場合は、運動と食事の指導が重要である。体重の自己管理ができるように支援する。

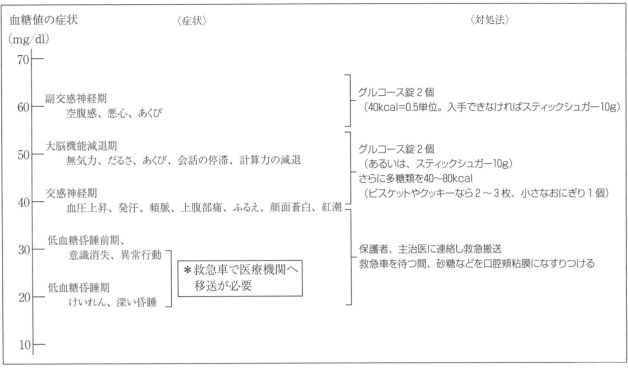

図7-1 血糖値の症状とその対処法の目安

4）食物アレルギー

健康観察
・アレルギーの原因となる食物の接種の有無 ・運動誘発性の場合、運動の有無や睡眠時間等の把握 ・アレルギー反応の確認
保健管理・指導
・保健調査より、食物アレルギーの原因食品と除去食の有無を確認する。 ・校長を委員長とし、関係者で組織する食物アレルギー対策委員会を設置する。 ・保護者と管理職、教諭、養護教諭、栄養教諭・学校栄養職員、学級担任らと面談・協議し、各校でできる最善の対応を決める。 ・個別の取組プランを作成し、教職員が連携し対応できるように備えておく。 ・指導においては、弁当持参、代替給食等で他の児童生徒と異なる食事をすることで差別されることのないよう、周囲の子どもにも指導しておくことが大切である。 ・児童生徒の判断で食べ物を選んだり摂取する機会がある場合（遠足・合宿・修学旅行他）、十分な管理指導をする。 ・エピペン®を携帯している児童生徒には、その管理の方法、使用についてよく話し合い、安全に使用できるよう指導する。

　学校では、「学校取り組みガイドライン」に基づく対応の徹底、教職員研修の充実、緊急時におけるエピペン®の活用等の対応が必要となってきた。それをふまえ、校内委員会を設けて組織的に対応することや緊急時対応に備えた校内研修の実施が求められている。

　平成26年3月、文部科学省より「今後の学校給食における食物アレルギーについて（通知）」が出された。

＊医師法第17条　医師でなければ、医業をなしてはならない

第7章　特別な配慮を要する児童生徒の保健管理

（1）アナフィラキシーについて

　下記の症状が複数同時かつ急激に出現した状態をアナフィラキシーという。その中でも、血圧が低下し、意識の低下や脱力をきたすような場合をアナフィラキシーショックという（p.268参照）。

全身状態	だるい、ぐったりしている、冷汗、不安感等
循環器症状	チアノーゼ、動悸、胸のしめつけ、頻脈、不整脈、血圧低下等
神経系症状	唇のしびれ、手足のしびれ、めまい、目の前が暗くなる、意識低下、けいれん等
皮膚粘膜症状	皮膚のかゆみ、じんましん、発赤、血管性浮腫、瞼の腫れ等
呼吸器症状	咳、鼻水、くしゃみ、鼻づまり、喉のつまり、息苦しさ、ぜい鳴、嗄声等
消化器症状	吐き気、腹痛、嘔吐、下痢等

（2）エピペン®（アドレナリン自己注射薬）について

　日本小児アレルギー学会によると、エピペン®が処方されている患者でアナフィラキシーショックを疑う場合、下記の症状が一つでもあれば使用すべきである、とされている。

消化器の症状	・繰り返し吐き続ける	・持続する（我慢できない）おなかの痛み	
呼吸器の症状	・のどや胸が締め付けられる ・持続する強い咳込み	・声がかすれる ・ぜーぜーする呼吸	・犬が吠えるような咳 ・息がしにくい
全身の症状	・唇や爪が青白い ・意識がもうろうとしている	・脈が触れにくい、不規則 ・ぐったりしている	・尿や便を漏らす

　児童生徒がエピペン®の処方を受けており持参を希望する場合、教職員全員で情報を共有しておく。エピペン®は、本人もしくは保護者が自ら注射する目的で作られたもので、十分な指導を受けて処方されている。しかし、症状の進行が急速で自己注射できない状況も考えられる。アナフィラキシーの救命の現場に居合わせた教職員が児童生徒に代わって注射することは、反復継続する意図がないと認められるため、医師法第17条*には違反しないと考えられる。保管場所についても学校の実態を考慮し、緊急時に迅速な対応ができるよう管理する。

（3）食物アレルギー対応委員会について

　食物アレルギーがある子どもの在籍の有無にかかわらず、校長を委員長として設置する。

方針の決定	・給食対応も基本方針を決定し、様々なルール、緊急時の対応マニュアル等を協議し、決定する。 【委員構成例】 　校長、教頭、主幹教諭、教務主任、保健主事、学年主任、学級担任、養護教諭、栄養教諭・学校栄養職員、給食担当教諭等
個別の取組プラン	・面談の日程や実務者、参加者、項目等を決定する。 ・個別面談で得られた情報をまとめ、「学校生活管理指導表」等を参考に個別の取組プランを作成する。 ・決定した個別プランを全教職員間で共有できるように周知する。また、保護者に決定内容を伝え、了承を得る。
事故等の情報共有と改善策の検討	・事故の把握のため、校内危機管理体制を構築し、関係機関と連携を進める。 ・全職員を対象に、対応訓練や校内外の研修を企画、実施する。
委員会の年間計画作成	・各学校の実態を踏まえ、年間計画を作成し、食物アレルギー対応を計画的に進める。 ・また、取組を評価、検討し、個別の取組プランの改善を行う。

＊：医師法第17条　医師でなければ、医業をしてはならない。

5）アトピー性皮膚炎

健康観察
・皮膚の状態（かさつき・かゆみ・赤み） ・悪化因子の有無（食物、気候、発汗、ストレス、体調、疲労、日光等） ・スキンケア状況（皮膚の清潔と保湿）
保健管理・指導
・保健調査や内科検診等で、アトピー性皮膚炎の程度を把握する。 ・学校生活管理指導表での管理を要する場合は、指導内容を全職員に周知徹底する。 ・清掃や換気等で原因や悪化因子の除去に努める。 ・学校生活でも必要なスキンケアが行えるように体制を整備する。(場所の確保、運動後のシャワー等) ・紫外線を避ける必要がある場合は、配慮する。(帽子の着用、日焼け止め剤の塗布、日陰での活動等) ・プール水の塩素が悪化因子となる場合は、配慮する。（入水の制限、念入りなシャワーの利用等) ・発汗は、そのままにしておくと悪化するので、すぐに拭く習慣を身に付けるよう指導する。 ・かゆみのため寝不足になったり、薬の副作用から眠気や集中力・作業効率が低下することがあるため、日中の眠気が目立つ場合には保護者に連絡し、主治医との相談を促す。 ・動物との接触を避ける必要がある場合は、飼育当番の免除をする。その際、他の児童生徒の理解が得られるように担任等に連絡する。かぜをひいたり扁桃炎にかかったりすると病状が悪化することがあるので予防に留意する。

6）気管支ぜん息

健康観察
・呼吸のしかた（喘鳴、陥没呼吸、肩呼吸、チアノーゼ）　}→発作の程度 ・日常生活の様子（遊び、給食、会話、授業）　}　（小発作・中発作・大発作・呼吸不全）
保健管理・指導
・学校生活管理指導表等で、発作の重症度、程度、治療状況、アレルゲンを把握する。 ・管理を要する場合は、指導内容を全職員に周知徹底する。また、基本的な発作時の対応については、共通理解を図っておく。 ・発作予防のため、室内環境を整備し、発作の誘因物質を減らすように努める。 ・発作時は、安静（座らせた方が呼吸は楽になる）にし、ゆっくりと腹式呼吸をさせる。また、水を飲んで痰を吐き出しやすいようにさせる。 ・急性発作治療薬の使用については、児童生徒本人の判断によるが、事前に保護者・本人と話し合っておく。 ・発作によっては、死亡の危険性もあることを念頭におき、適切なタイミングで救急搬送ができるようにしておく。 ・運動中、苦しくなったらすぐに申し出るように指導しておく。 ・運動誘発ぜん息は、運動前の予防薬吸入や準備体操で発作が起きにくくなる場合があり、個々に応じて適切な管理を行う。 ・動物との接触を避ける必要がある場合は、飼育当番の免除を要する場合があるため、他の児童生徒の理解が得られるようにする。 ・ホコリは、発作の誘因となりやすいため、清掃時には配慮する。（マスクの着用、ホコリの少ない環境の掃除担当、重症の場合は掃除免除等) ・宿泊を伴う行事は、環境の変化等で日常より発作が起きやすくなる。そのため、行事の参加にあたっては、保護者・主治医に相談をし、確認をしておく。 ・不満や悩みが発作の誘因になることがあるため、受容・共感・支持の姿勢で安心できる場を作り、自信を高めていけるよう指導する。

第 7 章　特別な配慮を要する児童生徒の保健管理

7）てんかん

健康観察

・服薬の確認

・睡眠時間

・全身状態（疲労の有無、体温）

・頭痛の有無

・発作の前駆症状の有無・その他、その児童生徒に特有の症状の有無を主治医に確認

保健管理・指導

・保護者より、前駆症状、発作時の様子や頻度、対応等について細かく聞きとる。

・誘発因子を避けるように配慮する。

　＊特定の誘発因子のある児童生徒は、それを避けることで発作が起こらないようにすることができ
　　る。例えば体温の上昇が発作の誘因になる場合は、夏の暑い日等、体温の上昇に注意するととも
　　に、適宜クーラーをつけて体温上昇を防ぐこと　等。

・体調を整える（規則正しい生活で睡眠不足、疲労を避ける）ように指導する。

・環境と体制を整える（まぶしさの軽減、転倒時の外傷を予防する工夫、プールや入浴での溺水防止等）

・発作時に適切な対応をし、記録を詳細にとる。（p.269参照）

　　①観察と詳細な記録

　　②危険物への注意と楽な姿勢の確保

　　③嘔吐や分泌物による窒息の回避

　　④安静な休息

　＊発作中にしてはいけないこと。

　　×体をゆする

　　×押さえつける

　　×叩く

　　×大声をかける

　　×口を無理にこじあけて指や箸、スプーン等をいれる　等

　　　発作直後も、意識がはっきりしない間は水や薬をのませてはいけない。窒息や嘔吐の原因になる。

　＊発作の記録は、てんかんの診断や治療に欠かせない重要な意味を持つ。観察すべき要点を押さえ
　　て正確に記録する。

　　　てんかん発作を起こす可能性のある児童生徒の教室に、記録用紙を作って準備しておくことは迅
　　速に記録できるひとつの方法である。

〈てんかん発作の記録様式の例〉

発作の種類　　　　　　　　　　　　　年　　　組　　　氏名

◎：眼球上転発作　＊：両手拳上強直発作
●：全身強直発作　△：脱力発作

時間	経過時間	発作	その他の様子	備考
10'55"	20"	◎＊	保健室のベットで休養中 T37.2　P80	朝から眠気が強かった

－（174）－

最も管理が難しいのは、てんかんの初回の発作である。発作後は必ず医療機関に受診を促し、保護者から
その結果を確認することが重要である。発作はすべててんかんというわけではない。以下の表は、てんかん
ではないのに、てんかんと似た発作を起こす病気である。

非てんかん性の発作症状がある主な疾患

```
 1．機会性発作（熱性けいれん、息止め発作、軽度下痢に伴う発作）
 2．失神発作（不整脈、起立性低血圧、器質性心疾患）
 3．ヒステリー等の心因発作
 4．急性代謝障害（低血糖、電解質異常）
 5．脳血管障害（もやもや病等）
 6．ナルコレプシーの脱力発作
 7．薬物・銀杏中毒
 8．睡眠の異常（夜驚症、夢遊病等）
 9．テオフィリン、第1世代の抗ヒスタミン剤による誘発
10．睡眠発作、睡眠マヒ、情動脱力発作
```

(社団法人　日本てんかん協会「はじめてのてんかんテキスト」2009)

8）摂食障害

健康観察

・食事の様子（拒食、過食）
・体重の増減（標準体重の85％以下、神経性大食症で過食のみの場合は体重減少がない）
・体型の変化

　　　　　　　　　　　　　　　　　　── こんなことにも注意 ──
・顔色、皮膚、頭髪の状態
　　　　　　　　　　　　　　　　　・月経の有無
・表情
　　　　　　　　　　　　　　　　　・"吐きダコ"がある（自己誘発嘔吐が習慣化している可能性）
・バイタルサイン（脈拍、血圧）
　　　　　　　　　　　　　　　　　・下剤の使用

保健管理・指導

・身体測定や内科検診等で状態の把握に努める。
・神経性無食欲症は外見上発見しやすいが、神経性大食症は発見しにくいので、友人や家族の情報に
　留意する。
・食事の状況を知られたくないと思うことが多いため、疑わしい児童生徒に個人面接を行う際には、
　養護教諭が担当する等、担当者を固定することが望ましい。
・学校生活管理指導表での管理を要する場合は、指導内容を全職員で周知徹底する。運動制限がある
　場合は、体育や遠足等の参加について確認をしておく。
・保護者との連絡は密にし、本人の状況を常に把握しておく。
・保護者（特に母親）が専門医と相談したり、スクールカウンセラーと面談したりできる支援体制を
　整える。
・放置すると症状が悪化することが多いため、専門医を受診するよう勧める。
・著しい体重減少は生命の危険があるため、内科医（小児科医）による身体機能のチェックを受ける
　よう指導する。
・多くの場合、予後は悪くないが、自殺の危険性があることも念頭におく。

4 特別支援を要する子供への対応

1）特別支援教育と養護教諭の関わり

「特別支援教育」とは、障害のある児童生徒の自立や社会参加に向けた主体的な取組を支援するという視点に立ち、児童生徒一人一人の教育的ニーズを把握し、その持てる力を高め、生活や学習上の困難を改善または、克服するため、適切な指導及び必要な支援を行うものである。平成19年4月から「特別支援教育」が学校教育法に位置づけられ、すべての学校において、障害のある児童生徒の支援をさらに充実していくこととなった（文部科学省ホームページ「特別支援教育について」より）。

特別支援学校や特別支援学級には、心身のさまざまな健康問題や障害のある児童生徒がいる。また、通常学級においても発達障害等で個別の支援を必要とする児童生徒がいる。養護教諭は、その子供の個々の疾患や障害の状態を把握し、健康問題を早期に発見し対応できるようにしておかなければならない。障害を持っている子供達も日々成長しており、病態や症状は常に同じではない。

保健室では児童生徒が学校生活をスムーズに行うための支援をする。さらに、社会生活に必要な自らの健康を保持増進させる知識と態度を育成することが重要となる。

2）養護教諭が行う具体的支援

（1）健康観察項目

特別支援学校には、障害のある児童生徒や、医療的ケアを必要とする児童生徒がいる。また、障害の程度の重い児童生徒は自ら体調の変化や痛みを訴えることができないので、教職員による朝の健康観察は重要である。健康観察は一般的なものに加え、それぞれの疾病・障害もふまえた観察項目が必要となる。

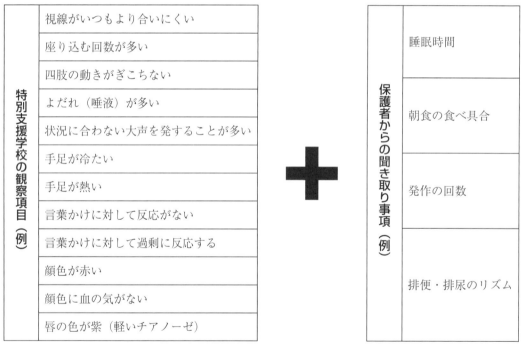

図7-2　特別支援学校における健康観察
（「教職員のための子どもの健康観察の方法と問題への対応」文部科学省H21.3より一部改変）

（2）管理と支援

① 学校生活管理

児童生徒の保健管理は、学校生活のあらゆる場面で必要である。特に注意を要するものについて例を示

す。特別支援学校における保健管理の実践例として、プール入水にかかわる判定会議を挙げる（特別支援学校　プール入水判定会議）。

　関係者が児童生徒の実態を共通理解し、プール入水にかかわり改めて危機管理意識を持つことができる。
・判定会議までに主治医の指示書（プール入水に関するもの）を必ずとっておく。
・会議には、管理職をはじめ保健主事、養護教諭、各学年代表者が出席。
・入水判定にかかわり問題のある児童生徒等について学校医の指示を仰ぐ形式で行う。

表7-1　判定会議資料例

氏名	疾病・障害名	てんかんの程度	学校生活管理指導表の指導区分	心電図検査	尿検査	専門医検診	ローレル指数160以上	その他	主治医の入水指示	判定

②　健康相談

　特別支援学校には、通常の学校とは異なる健康問題がある。そこで学校ではより適切な管理・支援を行うために整形外科医、精神科医、栄養士等の専門家と担任・保護者を交えての健康相談を行う。以下に、その相談の内容例を示す。

・整形相談（整形外科医）

　身体障害者手帳を持っている児童生徒は、学校生活で注意することやこれ以上障害を悪化させないためにはどうしたらよいか等について相談をする。また、手帳を持っていない場合でも、歩き方や走り方においてバランスが悪い等教職員や保護者が気づいたことを相談する。

・心理相談（精神科医）

　パニック発作が頻発し、落ち着いて授業が受けられない等学校生活に問題がおきた場合や精神疾患を抱えている生徒の対応等、心理面にかかわる相談を行う。その際に精神科医に家庭での様子、学校での様子を相談し、今後の対応について提示してもらう。

・栄養相談（栄養士）

　食物アレルギーについて学校生活管理指導表をもとに、学校給食への対応を相談する。主治医から指示された内容を、より具体的に（生卵は食べてはいけないが加熱してあればよい等）聞き取り、給食時に必要な配慮について間違いのないよう確認する。

　肥満傾向のある児童生徒については保護者と面談し、家庭における食生活の改善点や注意点について指導する。成長期なので減量だけを大きな目標とせず、タンパク質やカルシウム等必要な栄養素はしっかりとるよう指導する。

・医事相談（小児科医）

　日常生活での様々な問題について相談することができる。例えば、かぜをひきやすい筋ジストロフィーの児童生徒が、腹式呼吸のアドバイスをもらったり、生活リズムがくずれて睡眠不足になりその結果学校に登校できなくなる日がある児童生徒にも、家での過ごし方・睡眠の大切さ等の指導を受けることなどである。

第 7 章　特別な配慮を要する児童生徒の保健管理

5　与薬*

1）学校での与薬について

　学校で医薬品を使用する場合は、事前に保護者から依頼があった場合に限り保護者に代わって与薬を行うが、安全かつ適切な与薬を行うため、保護者から「与薬依頼書」あるいは医師からの「指示書」の提出を求める等、文書での確認が必要である。（p. 184　資料 7 - 2 、p. 185　資料 7 - 3 ）

　また、「薬剤情報提供書」は医薬品の副作用や薬局名が書かれており、使用後にトラブルが起こった場合等、役に立つ情報が多いため、保護者の了解が得られれば提出してもらえるとよい。

（1）内用薬について

　内服に際しては薬の種類、内容、量、回数、服用による効果や副作用等の留意点の他、服用の方法についても把握しておく。また、誤薬防止の確認体制を整えるとよい。

（2）外用薬について

　点眼や点耳、塗布薬などの外用薬についても内服薬と同様の手続きにより行う。

（3）注射薬について

　アドレナリン自己注射（エピペン®）を学校で預かる場合は、保護者より「保管依頼書」等の提出をお願いし、有効期限や保管場所の確認を行うとともに、教職員への周知等、学校全体で緊急時の体制を整える。（エピペン®の使用についてはp. 172、p. 268を参照）

（4）てんかん発作時の坐薬挿入について

　てんかん発作がある程度長く持続する、あるいは発作が終わってから意識が回復しないうちに発作が再発する場合をてんかんの重積状態という。この場合は、速やかに救急車を要請し医療機関を受診する必要がある。重積状態になる可能性のあるてんかんの児童生徒は、主治医から発作時に使用する坐薬が処方されている場合が多い。

　「医師法第17条の解釈について（回答）」（平成28年 2 月24日）で示されているように、学校現場では次の 4 つの条件を満たす場合には、居合わせた教職員が坐薬を挿入しても医師法違反とはならない。

①当該児童生徒及びその保護者が、事前に医師から、次の点に関して書面で指示を受けていること。

・学校においてやむを得ず坐薬を使用する必要性が認められる児童生徒であること

・坐薬の使用の際の留意事項

②当該児童生徒及びその保護者が、学校に対して、やむを得ない場合には当該児童生徒に坐薬を使用することについて、具体的に依頼（医師から受けた坐薬の挿入の際の留意事項に関する書面を渡して説明しておくこと等を含む。）していること。

③当該児童生徒を担当する教職員が、次の点に留意して坐薬を使用すること。

・当該児童生徒がやむを得ず坐薬を使用することが認められる児童生徒本人であることを改めて確認すること。

・坐薬の挿入の際の留意事項に関する書面の記載事項を遵守すること。

・衛生上の観点から、手袋を装着した上で坐薬を挿入すること。

④当該児童生徒の保護者又は教職員は、坐薬を使用した後、当該児童生徒を必ず医療機関の受診をさせること。

＊参照：p. 184　資料 7 - 2 　与薬依頼書（内用薬）（特別支援学校）（例）
　　　　p. 185　資料 7 - 3 　与薬依頼書（外用薬）（特別支援学校）（例）

てんかん発作時坐薬を挿入するときは、関係する教職員が該当する児童生徒の個々の緊急対応マニュアル等を作成するなどし、発作が起こった場合に速やかに対応できるようシミュレーションしておくことも大切である。

6　医療的ケア*

1）医療的ケアの意義

「介護サービスの基盤強化のための介護保険法等の一部を改正する法律」による「社会福祉士及び介護福祉士法の一部改正」に伴い、平成24年4月より一定の研修を受けた介護職員等は一定の条件の下にたんの吸引等の医療的ケアができるようになったことを受け、特別支援学校の教員にも制度上実施することが可能となった。そこで、「特別支援学校等における医療的ケアの実施に関する検討会議」において、「特別支援学校等における医療的ケアへの今後の対応について」（平成23年12月9日）が示された（資料7-1）。安全かつ適切な医療的ケアを提供することを目的に特別支援学校が医療的ケアを行うにあたっての基本的な考え方や体制整備を図る上で留意すべき点等について整理されている。また、今回の制度が幼稚園、小学校、中学校、高等学校、中等教育学校においても適用されることを考慮し、小中学校等において医療的ケアを実施する際に留意すべき点についても示された。「特別支援学校等における医療的ケアの実施に関する検討会議」では医療的ケアを必要とする児童生徒等の健康と安全を確保しつつ、障害のある児童生徒等の自立と社会参加に向けた教育が一層充実することを期待している。

また、医療技術の進歩や在宅医療の普及を背景に、医療的ケアを必要とする児童生徒等が増加している実態を踏まえ、医療的ケアの新たな対応において看護師が常駐し、その指示で教員が一部行為を行うことで、医療安全の確保、授業の継続性の確保、登校日数の増加、児童生徒の信頼関係の向上、保護者の負担の軽減等の効果が確認されている。養護教諭を含め学校現場においては、教育上のメリットを最大限に活かしつつも児童生徒の健康と安全を最優先に考えて携わらなければならない。

以下に制度改正の概要についてまとめる。

制度の改正により、一定の研修を受けた者が一定の条件の下にたんの吸引等を実施できる制度となる。
① 特定行為（実施できる行為）
・口腔内の喀痰吸引
・鼻腔内の喀痰吸引
・気管カニューレ内部の喀痰吸引
・胃ろう又は腸ろうによる経管栄養
・経鼻経管栄養
② 登録研修機関
・特定行為に関する研修を行う機関を都道府県知事に登録
・研修を修了した者に研修証明書を交付
・登録研修機関は、基本研修（講義・演習）、実地研修（対象者に対して実施する研修）を実施
③ 登録特定行為事業者
・自らの事業の一環として、特定行為の吸引等を行おうとする者は、事業所ごとに都道府県知事に登録
・登録特定行為事業者は、医師・看護職員等の医療関係者との連携の確保が必要
④ 認定特定行為業務従事者
・登録研修機関での研修を修了したことを都道府県知事に認定された者（教員に限らない）は、登録特定行為事業者において特定行為の実施が可能

---

*参照：p.183　資料7-1　医療的ケア校内組織体制（例）
　　　 p.186　資料7-4　医療的ケア実施通知書（特別支援学校）（例）
　　　 p.187　資料7-5　医療的ケア実施の報告（特別支援学校）（例）
　　　 p.188　資料7-6　医療的ケア指示書（指示報告書）（特別支援学校）（例）
　　　 p.189　資料7-7　学校医からの意見書（特別支援学校）（例）
　　　 p.190　資料7-8　医療的ケア実施承諾書（特別支援学校）（例）

第7章　特別な配慮を要する児童生徒の保健管理

学校において実施される医療的ケアはそれ自体が目的となってはならない。教育活動上、学校において医療的ケアの必要性（児童生徒が安心して安全に教育活動を展開するための支援の一つである）を明らかにする必要がある。医療的ケアの実施により、どのような教育活動が展開でき、学習活動に広がりや継続性をもたせることができるか等医療的ケアの教育課程上の位置づけを明らかにしておくことが大切である。また、医療的ケアが学校の教育活動の中で行われる限り、養護教諭あるいは教員としての役割は何か常に意識して臨む必要がある。

以下に文部科学省が示す特別支援学校における医療的ケアと特別支援学校以外の学校の医療的ケアの基本的な考え方について記載する。

なお、「特別支援学校における医療的ケア」と「特別支援学校以外の学校の医療的ケア」とは「特定行為」及び「特定行為」以外の学校で行われる医行為（医師の医学的判断及び技術をもってするのでなければ人体に危害を及ぼし、または危害を及ぼすおそれのある行為）を指す。

【文部科学省通知文一部抜粋】

3．特別支援学校における医療的ケア

1．特別支援学校における医療的ケアの基本的な考え方

（1）特別支援学校で医療的ケアを行う場合は、医療的ケアを必要とする児童生徒等の状態に応じ看護師及び准看護師の適切な配置を行うとともに、看護師等を中心に教員やそれ以外の者が連携協力して特定行為に当たること。なお、児童生徒等の状態に応じ、必ずしも看護師等が直接特定行為を行う必要がない場合であっても、看護師等による定期的な巡回や医師等といつでも相談できる体制を整備する等医療安全を確保するための十分な措置を講じること。

（2）特別支援学校において認定特定行為業務従事者となる者は、医療安全を確保するために、対象となる児童生徒等の障害の状態や行動の特性を把握し、信頼関係が築かれている必要があることから、特定の児童生徒等と関係性が十分ある職員が望ましいこと。介護職員についても、上記のような特定の児童生徒等との関係性が十分認められる場合には、これらの者が担当することも考えられること。

（3）教育委員会の総括的な管理体制の下に、特別支援学校において学校長を中心に組織的な体制を整備すること。また、医師等、保護者等との連携協力の下に体制整備を図ること。

2．実施体制の整備

（2）認定特定行為業務従事者の養成

1．特別支援学校において認定特定行為業務従事者となる者は、学校においては児童生徒等の教育活動をその本務とすること、教員等が実施するのは特定の児童生徒等の特定の行為に限られるものであること等を踏まえ、社会福祉士及び介護福祉士法施行規則附則第13条における第3号研修の修了を前提とすること。

2．認定特定行為業務従事者の認定証の交付を受けた教員等が、他の特定行為を行う場合または他の児童生徒等を担当する場合には、その都度登録研修機関において実地研修を行うこと。

3．認定特定行為業務従事者の認定証の交付を受けた教員等が、特定行為を休職等で一定期間行わなかった場合には、認定を受けた特定の児童生徒に引き続き特定行為を行う場合であっても、当該教員等が再度安全に特定行為を実施できるよう、必要に応じて学校現場では実技指導等の実践的な研修を行うこと。

（4）登録特定行為事業者（各特別支援学校）における体制整備

　1．安全確保

　1）看護師等との連携、特定行為の実施内容等を記載した計画書や報告書、危機管理への対応を含んだ個別マニュアルの作成等、法令等で定められた安全確保措置について十分な対策を講じること。

　2）特定行為を実施する場合には、対象者と特定行為を明示した主治医等からの指示書が必要であるが、学校保健の立場から学校医、医療安全を確保する立場から主治医の了承の下に指導を行う医師（「指導医」という）に指導を求めること。（p.189　資料7-7）

　3）特別支援学校において学校長を中心とした組織的な体制を整備するに当たっては、安全委員会がその役割を果たすこととなるが、当該委員会の設置、運営等に当たっては、学校医又は指導医に指導を求めること。（p.186　資料7-4、p.187　資料7-5）

　2．保護者との関係

　1）看護師等及び教員等による対応に当たっては、保護者から、特定行為の実施についての学校への依頼と当該学校で実施することの同意について、書面で提出させること。なお、保護者が書面による提出を行うに当たっては、看護師等及び教員等の対応能力には限りがあることや、児童生徒等の健康状態が優れない場合の無理な登校は適当でないこと等について、学校が保護者に対して十分説明の上、保護者がこの点について認識し、相互に連携協力することが必要であること。（p.190　資料7-8）

　2）健康状態について十分把握できるよう、事前に保護者から対象となる児童生徒等に関する病状についての説明を受けておくこと。

　3）対象となる児童生徒等の病状について、当該児童生徒等が登校する日には、連絡帳等により保護者との間で十分に連絡を取り合うこと。

　4）登校後の健康状態に異常が認められた場合、保護者に速やかに連絡を取り、対応について相談すること。

（5）特別行為を実施する場所

　1．特別支援学校で特定行為を教員等が行うのは、児童生徒等の教育活動を行うためであることを踏まえ、始業から終業までの教育課程内における実施を基本とすること。また、遠足や社会見学等の校外学習における実施に当たっては、校内における実施と比較してリスクが大きいことから、看護師等の対応を基本とすること。なお、個々の児童生徒等の状態に応じて看護師等以外の者による対応が可能と判断される場合には、医療機関等との連携協力体制、緊急時の対応を十分確認の上、教員等による対応も考えられること。

　2．スクールバスの送迎において、乗車中に喀痰吸引が必要になる場合には、日常とは異なる場所での対応となり、移動中の対応は危険性が高いこと等から、看護師等による対応が必要であるとともに、看護師等が対応する場合であっても慎重に対応すること。

（6）特定行為を実施する上での留意点

　2．実施に係る手順・記録等の整備にかかわる留意点

　1）教員等が特定行為を行う場合には、認定特定行為業務従事者としての認定を受けている必要があることや、その認定の範囲内の特定行為を行うこと、医師の指示を受けていること等、法令等で定められた手続きを経ておくこと。（p.188　資料7-6）

第7章　特別な配慮を要する児童生徒の保健管理

2）保護者は、児童生徒等が登校する日には、その日の当該児童生徒等の健康状態及び特定行為の実施に必要な情報を連絡帳に記載し、当該児童生徒等に持たせること。

3）教員等は連絡帳等を児童生徒等の登校時に確認すること。連絡帳等に保護者から健康状態に異常があると記載されている場合は、特定行為を行う前に看護師等に相談すること。

4）教員等は、個別マニュアルに則して特定行為を実施するとともに、実施の際特に気付いた点を連絡帳等に記録すること。

5）主治医又は指導医に定期的な報告をするため、特定行為の記録を整備すること。

6）特定行為の実施中に万一異常があれば直ちに中止し、看護師等の支援を求めるとともに、個別マニュアルに則して保護者及び主治医等への連絡と必要な応急措置をとること。

4．特別支援学校以外の学校における医療的ケア

（1）小中学校等においては、「3-2-（4）-2　保護者との関係」にあるような学校と保護者との連携協力を前提に、原則として看護師等を配置又は活用しながら、主として看護師等が医療的ケアに当たり、教員等がバックアップする体制が望ましいこと。

（2）児童生徒等が必要とする特定行為が軽微なものでかつ実施の頻度も少ない場合には、介助員等の介護職員について、主治医等の意見を踏まえつつ、特定の児童生徒等との関係性が十分認められた上で、その者が特定行為を実施し看護師等が巡回する体制が考えられること。

（3）教育委員会の総括的な管理体制の下に、各学校において学校長を中心に組織的な体制を整備すること。また、医師等が、保護者等との連携協力の下に体制整備を図ること。

5．特定行為以外の医行為

特定行為以外の医行為については、教育委員会の指示の下に、基本的に個々の学校において、個々の児童生徒等の状態に照らしてその安全性を考慮しながら、対応の可能性を検討すること。その際には主治医又は指導医、学校医や学校配置の看護師等を含む学校関係者において慎重に判断すること。

2）養護教諭の役割

　近年、医療的ケアの必要な児童生徒の学校生活に伴って、養護教諭は学校と医療機関とをつなぐ"医療的ケアのコーディネーター"として重要な役割を担っている。その役割は学校の実態によって異なるが、以下のことが考えられる。

① 医療的ケア実施状況全般を把握・調整すること

② 看護師や担当教員のまとめ役と連絡・調整をすること

③ 主治医等の医療機関との連絡調整や情報収集を図ること

④ 医療的ケアに至るまでの手続き等の対応を家庭や医療と連携を図りながら円滑に進めること

⑤ 校内委員会等に出席すること

⑥ 医療的ケアに関する研修の企画・運営に携わること

⑦ 医療的ケア関係書類・資料の作成と管理保管

⑧ 緊急時の対応等のシミュレーションなどについて保健の立場から関わること

⑨ 医療的ケアに関する機器の管理・整備と消耗品等の充当　　　　　　　　等

（飯野順子・岡田加奈子編「養護教諭のための特別支援教育ハンドブック」p.123　大修館書店　2008）

資料 7 - 1　医療的ケア校内組織体制（例）

危機管理委員会
　構成委員（校長、教頭、部主事、保健主事、学級担任、養護教諭、看護師、主治医、学校医）

〈企画・運営〉
・学校全体に関わる連絡・調整
・文書管理
・関係機関との連携
・主治医、学校医との連携
・保護者に関わる連絡・調整
・医療的ケア実施要項の作成、見直し
・医療的ケア実施計画書、実施報告書の作成
・特別支援教育拠点化事業の計画・報告
・緊急時対応マニュアルの作成

環境整備
・衛生管理
・実施場所の確保と管理
・必要備品の購入
・緊急時対応備品の管理
・薬剤（坐薬等）の管理（養教）

保健管理課

医療的ケアグループ

〈医療的ケアに関すること〉
・医療的ケア対象児童生徒の実態把握及び審議

研修会
・校内研修会
・文部科学省等主催の研修会
・医療的ケア対応看護師連絡会

緊急時対応グループ

〈緊急時に関すること〉
・全児童生徒の実態把握及び審議
・ヒヤリハットの掌握と周知、対応
・個人マニュアルの作成と運用

研修会
・緊急時対応の訓練会
・外部AED講習会への参加

緊急連絡体制

緊急時対応マニュアルによる

・管理職、養護教諭、看護師、学級担任
・保護者、主治医
・消防署、医療機関、隣接施設、県教育委員会

主治医の指導・助言

定期受診時の同行

医療的ケア実施
実施者：看護師

県教育委員会の指導・助言

第7章 特別な配慮を要する児童生徒の保健管理

第7章　特別な配慮を要する児童生徒の保健管理

資料7-2　与薬依頼書（内用薬）（特別支援学校）（例）

与薬依頼書（内用薬）

　　○○○学校長　様

私に代わり、下記について与薬することを依頼します。

　　令和　　　年　　　月　　　日

　　　　　　　　　　　　　　保護者氏名　＿＿＿＿＿＿＿＿＿＿＿＿＿＿＿＿　印

　　　　　　　　　　　　　　児童生徒氏名　　　部　　年　＿＿＿＿＿＿＿＿

項　目	太枠内を、依頼する分のみ記入してください。
1 薬の種類・名前 （〔　　〕の中に、薬の名前を記入してください。）	1 抗てんかん薬　　　　　　　　2 喘息薬 〔　　　　　　　〕　〔　　　　　　　　　〕 3 かぜ薬　〔　　　　　　　　　　　　　　　　〕 4 アレルギー薬　　　　　　　　5 その他 〔　　　　　　　〕　〔　　　　　　　　　〕
2 処方された医療機関名	ＴＥＬ
3 与薬時間	昼食前　　・　　昼食後 　（　　）時　・その他（　　　　　　　　　　　）
4 1回量	水　　薬：（　　）種類で（　　）色が（　　）ｍｌ 　　　　　　　　　　　（　　）色が（　　）ｍｌ - 粉　　薬：（　　）包で　（　　）色が（　　）包 　　　　　　　　　　　（　　）色が（　　）包 - 錠　　剤：（　　）種類で（　　）色が（　　）錠 　　　　　　　　　　　（　　）色が（　　）錠 - カプセル：（　　）種類で（　　）色が（　　）個 　　　　　　　　　　　（　　）色が（　　）個
5 与薬方法 （○で囲む。複数に○可）	ア　水分（　　　　）・食べ物（　　　）と混ぜて飲ませる イ　スプーン　・　スポイド　で飲ませる ウ　練って頬の内側に塗る エ　そのまま口に入れて水分（　　　　）と一緒に飲ませる オ　その他（　　　　　　　　　　　　　　　　　）
6 保存方法	常温　・　冷所　・　暗所　・その他（　　　　　）
7 依頼期間	ア　（　　）月（　　）日のみ イ　（　　）月（　　）日〜（　　）月（　　）日まで ウ　（　　）月（　　）日〜（　　）学期末まで エ　（　　）月（　　）日〜年度末まで
8 備考	

　　＊与薬を担当する職員は、これを見て与薬しますので、確実に記入してください。

資料 7 - 3　与薬依頼書（外用薬）（特別支援学校）（例）

与薬依頼書（外用薬）

○○○学校長　様

私に代わり、下記について与薬することを依頼します。

令和　　　年　　　月　　　日

保護者氏名　　　　　　　　　　　　　　　　　　印

児童生徒氏名　　　　部　年

	項　　　　目	太枠内を、依頼する分のみ記入してください。
1	薬の名前	
2	処方された医療機関名	ＴＥＬ
3	与薬時間	（　　　　　）時 プールの後　・　痛い時　・　かゆい時 その他（　　　　　　　　　　　　　　　　　　　）
4	1回量	点眼薬：（右眼・左眼・両眼）に（　　）滴、点眼。 　　　　　種類は（　　）種類 貼り薬：箇所は（　　　　　　　　　　　　　　）に 　　　　（半分サイズ・1枚・2枚・　　　）貼る。 塗り薬：箇所は（　　　　　　　　　　　　　　）に 　　　　量は（　　　　　　　　　　　　　）塗る。 その他：（　　　　　　　　　　　　　　　　　）
5	与薬方法 （記入しにくい場合は図に描いてください）	
6	保存方法	常温　・　冷所　・　暗所　・その他
7	依頼期間	ア　（　　）月（　　）日のみ イ　（　　）月（　　）日〜（　　）月（　　）日まで ウ　（　　）月（　　）日〜（　　）学期末まで エ　（　　）月（　　）日〜年度末まで
8	備考	

＊与薬を担当する職員は、これを見て与薬しますので、確実に記入してください。

第7章　特別な配慮を要する児童生徒の保健管理

第7章　特別な配慮を要する児童生徒の保健管理

資料7-4　医療的ケア実施通知書（特別支援学校）（例）

令和　　年　　月　　日

　　　　　　　様

　　　　　　　　　　　　　　　　　○○○学校

　　　　　　　　　　校長　　　　　　印

医　療　的　ケ　ア　実　施　通　知　書

　令和　　年　　月　　日付で申請のありました下記児童生徒の平成　　年度医療的ケアの実施について、主治医からの指示書に基づいて下記のとおりに実施することになりましたので通知します。

記

1 対象児童生徒

　　　　　　部　　年

　　児童生徒氏名＿＿＿＿＿＿＿＿＿＿＿＿＿＿

2 実施する医療的ケア

（1）＿＿＿＿＿＿＿＿＿＿＿＿＿＿＿＿＿＿＿＿

（2）＿＿＿＿＿＿＿＿＿＿＿＿＿＿＿＿＿＿＿＿

（3）＿＿＿＿＿＿＿＿＿＿＿＿＿＿＿＿＿＿＿＿

資料7-5　医療的ケア実施の報告（特別支援学校）（例）

令和　　年　　月　　日

学校医　　　　　　様

〇〇〇学校

校長　　　　　印

医療的ケア実施の報告

　日頃、本校の児童生徒の治療や健康指導にご尽力いただき、厚くお礼申しあげます。

　さて、本校の医療的ケア実施要項に基づき、下記の児童生徒に対して主治医の指示にしたがって医療的ケアを実施いたしますので、ご報告申し上げます。

記

1 実施する児童生徒名
部　　　年
2 医療的ケア 　（1） 　（2）

　なお、上記の件について、ご意見がございましたら別紙の意見書にご回答くださいますようお願い申し上げます。

提出先　　　　〇〇〇学校
　　　　　　　〒〇〇〇－〇〇〇〇　　〇〇市〇〇町〇丁〇番〇
　　　　　　　TEL　〇〇〇－〇〇〇－〇〇〇〇
　　　　　　　FAX　〇〇〇－〇〇〇－〇〇〇〇

第 7 章　特別な配慮を要する児童生徒の保健管理

資料 7-6　医療的ケア指示書（指示報告書）（特別支援学校）（例）

医 療 的 ケ ア 指 示 書（指示報告書）

児童生徒氏名		の医療的ケアについて

---

1 病名

---

2 学校で実施する医療的ケア

---

3 学校での留意事項

※指示内容に変更がある場合は、保護者を通じてお知らせください。
　なお、変更箇所に年月日をご記入ください。削除箇所は━━━で消し、年月日を
　ご記入ください。

○○○学校長　様

令和　　年度	令和　　　年　　　月　　　日 　　　　　　　主治医　　　　　　　　㊞ （有効期限　令和　　　年　3 月 31 日）
令和　　年度	□上記の指示内容に変更ありません。 □上記の指示内容を一部変更しました。令和　　年　　月　　日 　　　　　　　　　　　　　　　　主治医　　　　　　　㊞ （有効期限　令和　　　年　3 月 31 日）
令和　　年度	□上記の指示内容に変更ありません。 □上記の指示内容を一部変更しました。令和　　年　　月　　日 　　　　　　　　　　　　　　　　主治医　　　　　　　㊞ （有効期限　令和　　　年　3 月 31 日）

※児童生徒氏名並びに指示内容変更欄の年度については、必ずご記入をお願い
　します。

資料 7-7　学校医からの意見書（特別支援学校）（例）

学校医からの意見書

医療的ケア対象児童生徒名	部　　　　年

1 医療的ケア実施について

2 学校での対応について

3 その他

○○○学校長　様

令和　　　年　　　月　　　日

学校医名　　　　　　　　　　　　　　　　印

第7章　特別な配慮を要する児童生徒の保健管理

第7章　特別な配慮を要する児童生徒の保健管理

資料7-8　医療的ケア実施承諾書（特別支援学校）（例）

令和　　年　　月　　日

○○○学校長　　様

部・学年　　　　　部　　年

児童生徒氏名　　　　　　　　　　　

保護者氏名　　　　　　　　　　印

医 療 的 ケ ア 実 施 承 諾 書

令和　　年度、○○○学校で実施する　　　　　　　　　　　　

（児童生徒氏名：　　　　　　　　　　）

の医療的ケアについて、承諾します。

資料7-8　医療的ケア実施承諾書（特別支援学校）（例）

第8章　健康相談

1　健康相談の意義

2　健康相談の進め方
　1）健康相談の対象者
　2）健康相談の基本的技術と留意点
　3）健康相談の基本的プロセスと支援体制

3　養護教諭が行う健康相談
　1）養護教諭が行う健康相談のプロセス
　2）養護教諭が行う健康相談の実際

4　心の健康に関する予防的支援

5　健康相談と事例検討会

第8章　健康相談

1　健康相談の意義

今日の社会環境や生活環境の急激な変化は、子供の心身の健康に大きな影響を与えている。いじめや自殺、虐待、不登校、ストレスによる心身の異常等のメンタルヘルスに関する問題やアレルギー疾患の増加、薬物乱用、性に関する問題等、子供たちの健康問題は複雑・多様化してきている。これらの問題は、背景に心的要因が関係していることがうかがえ、単なる健康問題としてではなく、学校教育のあり方や社会的な課題として捉えていく必要がある。

＊学校保健安全法
第8条　学校においては、児童生徒等の心身の健康に関し、健康相談を行うものとする。

保健室を訪れる児童生徒は様々な身体症状や問題行動等を伴っており、児童生徒の体を通して心に触れることができる専門職としての養護教諭の役割は大きい。平成9年保健体育審議会答申において、養護教諭の新たな役割として「健康相談活動」が設けられ、平成20年中央教育審議会答申では、養護教諭の役割の明確化が図られた。さらに平成21年の学校保健安全法の改正にともない、従来健康相談は学校医や学校歯科医が行うものとして扱われてきたが、養護教諭やその他の職員が行う健康相談として法に位置づけられた（表8-1）。

表8-1　養護教諭と健康相談の変遷

平成9年	保健体育審議会答申	養護教諭の特質や保健室の機能を活かし、心や体の両面への対応を行う「健康相談活動」が、養護教諭の新たな役割
平成20年	中央教育審議会答申	養護教諭は子供の健康課題の多様化、深刻化に対し、より専門的な視点での取組を行い、学校・地域の連携の下に、組織的に支援をするためのコーディネーターの役割
平成21年	学校保健安全法 第8条「健康相談」＊新設 第9条「保健指導」	養護教諭その他の職員が、「健康相談」を行う 養護教諭を中心とした関係教職員との組織的な健康相談、健康観察、保健指導の実施

健康相談が、有効に展開されるためには、教職員の共通理解の下、家庭・関係機関との連携を図り、組織的に対応していくことが求められる。

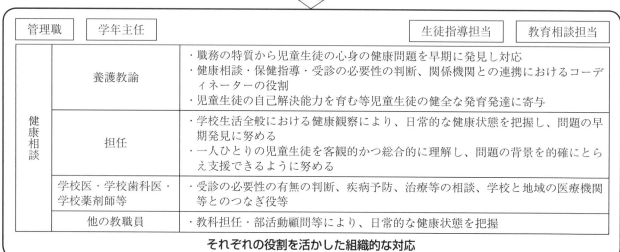

図8-1　健康相談における役割

2 健康相談の進め方

1）健康相談の対象者

児童生徒等の心身の状況を把握し、健康上の問題があると認められる場合として、次のような対象者が挙げられる。

（1）健康診断の結果、継続的な観察、指導を必要とする者
（2）保健室等での対応を通して、健康相談の必要性があると判断された者
（3）日常の健康観察の結果、継続的な観察、指導を必要とする者（欠席・遅刻・早退の多い者、体調不良が続く者、心身の健康観察から健康相談が必要と判断された者等）
（4）健康相談を希望する者
（5）保護者等の依頼による者
（6）修学旅行、遠足、運動会、対外運動競技会等の学校行事に参加させる場合に必要と認めた者
（7）その他

2）健康相談の基本的技術と留意点

支援者（養護教諭、担任等）は、以下の事に留意して、健康相談を行う。

基本的技術と留意点

①話しやすいように受容的で温かい雰囲気をつくる
　緊張感が和らぐように、座り方は斜めあるいは90度に座る
　横並びは、児童生徒と一緒に作業しながらの会話に適している
②時間は50分を上限
　児童生徒の状況に合わせて柔軟に対応する
③守秘義務について伝える
④相談者の気持ちを受け止め、相手の気持ちをよく聞こうとする姿勢、相手の立場に立って話を聞く姿勢が大切である
⑤相談者の説明や気持ちを確認しながら話を進める（例「そのとき・・・という気持ちだったんだね」）
　状況に応じて、情報収集のための質問や意見・助言を伝える

児童生徒との相談におけるポイント

①児童生徒との良好な信頼関係を築くことが大切である
②児童生徒の気持ちに寄り添うことで主体性を尊重し、指導的にならないように留意する

保護者との相談におけるポイント

①日頃から保護者と連絡を取り合い、信頼関係を築いておく
②学校と家庭がお互いの立場を尊重し協力することで、支援の輪が広がることを理解する
③児童生徒は、学校と家庭での様子が異なる場合があることを認識する
④保護者が児童生徒の問題をどう理解し、どうしたいと願っているかを考え、気持ちに寄り添い、共に歩もうとする姿勢を示す
⑤お互いに無理のない時間帯や相談時間を考慮する

図8-2　相談における基本的技術とポイント

第8章 健康相談

3）健康相談の基本的プロセスと支援体制

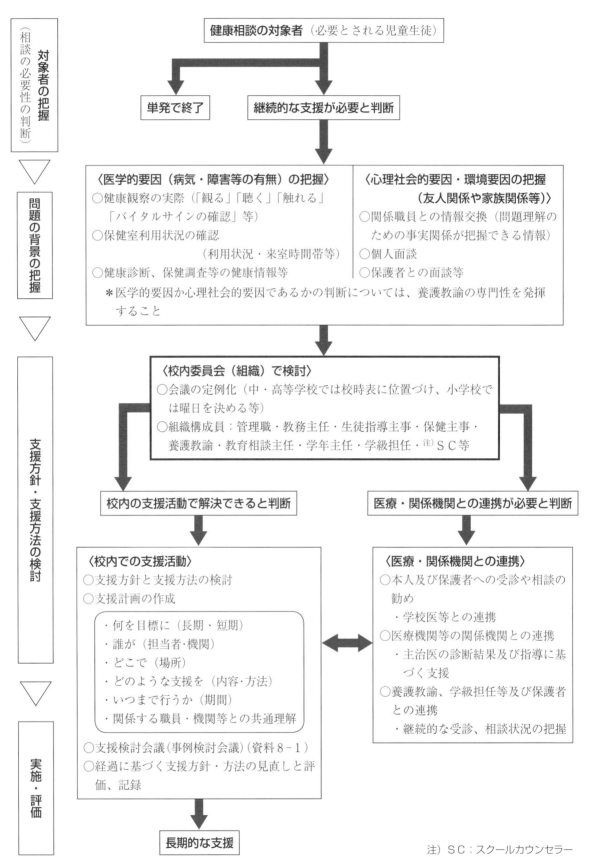

図8-3 健康相談の基本的プロセスと支援体制

（采女智津江「新養護概説」少年写真新聞社 2009 一部改変）

3　養護教諭が行う健康相談

1）養護教諭が行う健康相談のプロセス

　養護教諭が行う健康相談のプロセスは表8-2のように示すことができる。日ごろから児童生徒を観察し、わずかなサインを見逃さず、コミュニケーションを図るとともに、保健室経営において受け入れ体制を整え、有効に機能できるように配慮することが必要である。具体的には①保健室の経営方針の中に健康相談を明示して教職員の理解と協力を得る、②児童生徒が安心できる相談しやすい保健室経営に努める、③児童生徒の態度や表情に対して、「あれ、なにかあるのではないか」といった養護教諭の気づきをどう発信していくか等がある。特に②は児童生徒との信頼関係が無くては健康相談が円滑に進まない。養護教諭の職務と保健室の機能を活かすことで保健室に来室した児童生徒を受容し、共感するように努めたい。

　問題をもつ児童生徒に対し、養護教諭が主たる援助者となることも多い。その場合、他の支援者との関係にも配慮し、十分連携をとりながら、養護教諭の特性を活かした関わりを行うことが必要である。

表8-2　養護教諭が行う健康相談のプロセスとポイント

プロセス	養護教諭の活動	ポイント
気づき	日常からの関わり	日常的な児童生徒との関係作り（受容・共感的な関わり）に努める 職員間の情報ネットワークを密にする
気づき	出会い	観て、聴いて、触れ、様々な角度からアプローチする バイタルサイン・表情・姿勢・行動等をチェック
気づき	問題の発見	養護教諭としての日々の関わりの中からの「気づき」を大切にする 平常との違いや異常のサインを見抜く観察力を持つ
見立て	受容	信頼関係の形成につとめ、受容的に訴えを聴きとる 発達段階に応じ、言語化できない訴えにも配慮する
見立て	分析・判断	情報収集、支援レベルの検討（医療や迅速的介入の必要性） 児童生徒のニーズを成長の過程や周囲との関係からも検討する
見立て	支援計画の作成	具体的支援目標（短期・長期）と方法を具体的に策定する コーディネーターとして、養護教諭としての立場を考慮する
支援 連携	支援	カウンセリングの視点を持って、状況にあわせた柔軟な姿勢で支援する 組織内で共通理解した計画に基づいた支援を心がける
支援 連携	連携	支援チームでの協働を円滑に行えるよう配慮する（情報の共有化等）
見直し	評価 フォローアップ	計画に基づいた支援の評価を適時行い、軌道修正していく 終結した事例において、振り返りを行い、今後につなげる

　保健室の特徴の一つに児童生徒がいつでも利用できることが挙げられる。しかし、状況によっては児童生徒の対応に十分な時間をとれないこともある。そのような場合でも、主訴を聴き取り、緊急性が認められない場合は、あとで時間を設けて話を聞く約束をする等配慮が必要である。時には深刻ないじめ、自殺念慮、虐待を受けている等対応に急を要する場合もあることを常に念頭において、適切な判断と慎重な対応を心がける必要がある。

2）養護教諭が行う健康相談の実際

身体的健康課題を有する子供への対応

　アレルギー体質や慢性疾患等を有する児童生徒においては、学校での疾病管理、生活管理が必要な場合がある。そうした場合には、本人と保護者、担任等も交えて健康相談を行うことが望ましい。学校生活管理指導表に基づき、具体的な対応を話し合う。そのような相談をコーディネートし、対応することも重要である。児童生徒が健康課題を持ちながらも、有意義に学校生活を送り、自立へ向けた成長をするために、心身両面からの支援を提供できるように心がける必要がある。

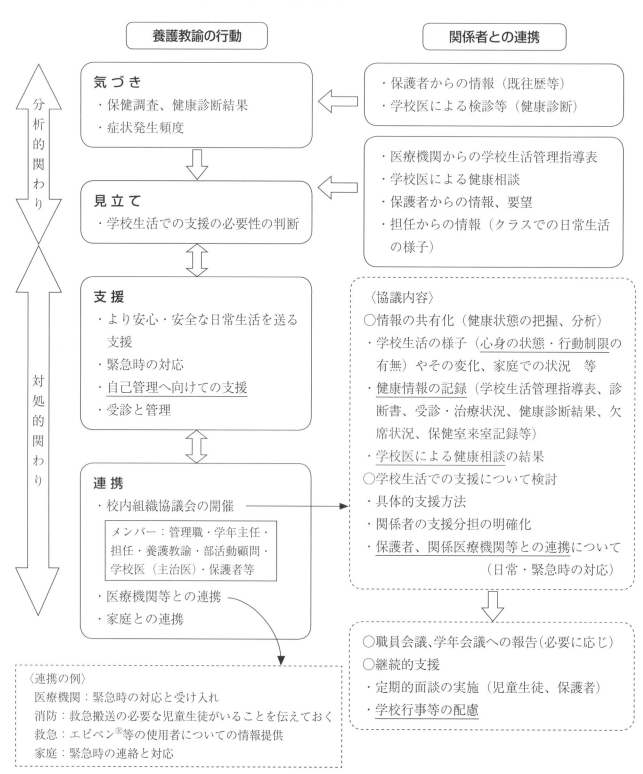

図8-4　身体的健康課題を有する子供への対応

第8章 健康相談

頻回来室の子供への対応

　保健室へ体調不良を訴えて頻繁に来室する児童生徒には、まず身体からのアプローチを行う。本人の訴えに耳を傾けつつ、生活習慣や精神的ストレス等の原因を探っていく。生活習慣の乱れが体調不良につながるケースは少なくない。その場合は、生活習慣の改善について児童生徒、保護者に相談・指導を行い、経過をみていくこととなる。しかし、生活習慣の乱れはストレスからくることもあるため、こうした場合身体についての視点のみならず、心についての視点も大切である。何らかの精神的ストレスが把握された場合には、関係職員や保護者と連携し、問題への迅速な対応を行っていくことが大切である。保健室においては、心を休める場所としての機能と、気持ちを表現したり、整理したりすることを支援する養護教諭の存在を十分に活用しながら、児童生徒がなるべく安心して集団生活を営めるように対応していく。

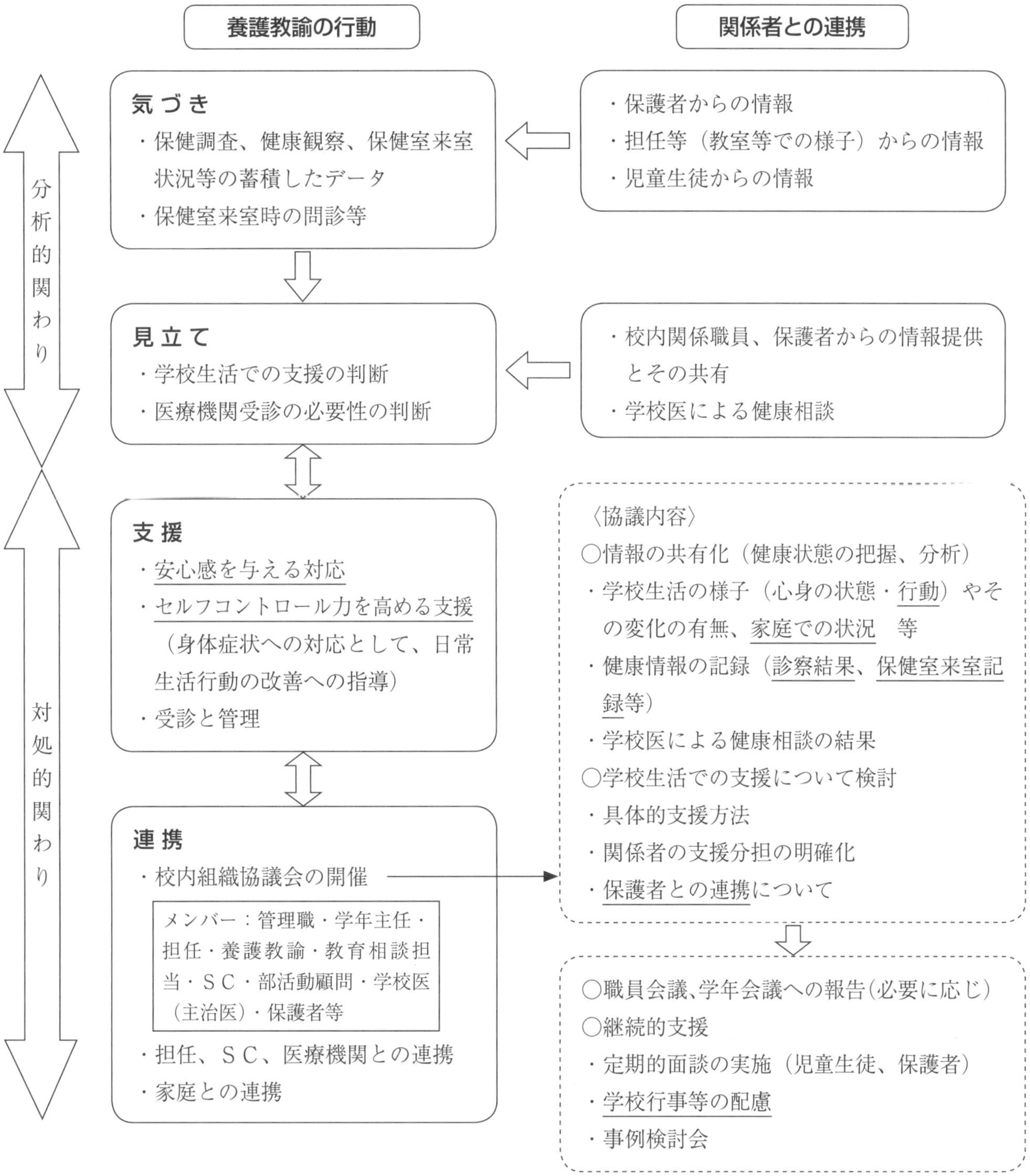

```
養護教諭の行動                          関係者との連携

分析的関わり

気づき                                 ・保護者からの情報
・保健調査、健康観察、保健室来室         ・担任等（教室等での様子）からの情報
  状況等の蓄積したデータ               ・児童生徒からの情報
・保健室来室時の問診等

見立て                                 ・校内関係職員、保護者からの情報提供
・学校生活での支援の判断                  とその共有
・医療機関受診の必要性の判断            ・学校医による健康相談

支援                                   〈協議内容〉
・安心感を与える対応                    ○情報の共有化（健康状態の把握、分析）
・セルフコントロール力を高める支援       ・学校生活の様子（心身の状態・行動）やそ
  （身体症状への対応として、日常          の変化の有無、家庭での状況　等
  生活行動の改善への指導）             ・健康情報の記録（診察結果、保健室来室記
・受診と管理                             録等）
                                       ・学校医による健康相談の結果
対処的関わり                            ○学校生活での支援について検討
                                       ・具体的支援方法
連携                                   ・関係者の支援分担の明確化
・校内組織協議会の開催                  ・保護者との連携について

  メンバー：管理職・学年主任・
  担任・養護教諭・教育相談担
  当・ＳＣ・部活動顧問・学校医
  （主治医）・保護者等                 ○職員会議、学年会議への報告（必要に応じ）
                                       ○継続的支援
・担任、ＳＣ、医療機関との連携          ・定期的面談の実施（児童生徒、保護者）
・家庭との連携                          ・学校行事等の配慮
                                       ・事例検討会
```

図8-5　頻回来室の子供への対応

－（197）－

第8章　健康相談

保健室登校の子供への対応

　保健室登校に至る児童生徒は、学習面、人間関係面等の問題を抱えている場合や、家庭内の問題が原因となる場合がある。集団生活を送ることが困難な児童生徒の一時的な居場所として、保健室が有効と判断される場合、保健室登校を選択することとなる。

　保健室登校の対応にあたっては、養護教諭が一人で判断・実施するのではなく、関係職員と共通認識を持ったうえで、学校全体で対応することが大切である。その中で、養護教諭は、担任等と連携しつつ、児童生徒本人の回復や成長を促す関わりを心がけていく。

　また、保健室登校が有効ではないと判断された場合には、速やかに対応の修正をはかることも大切である。

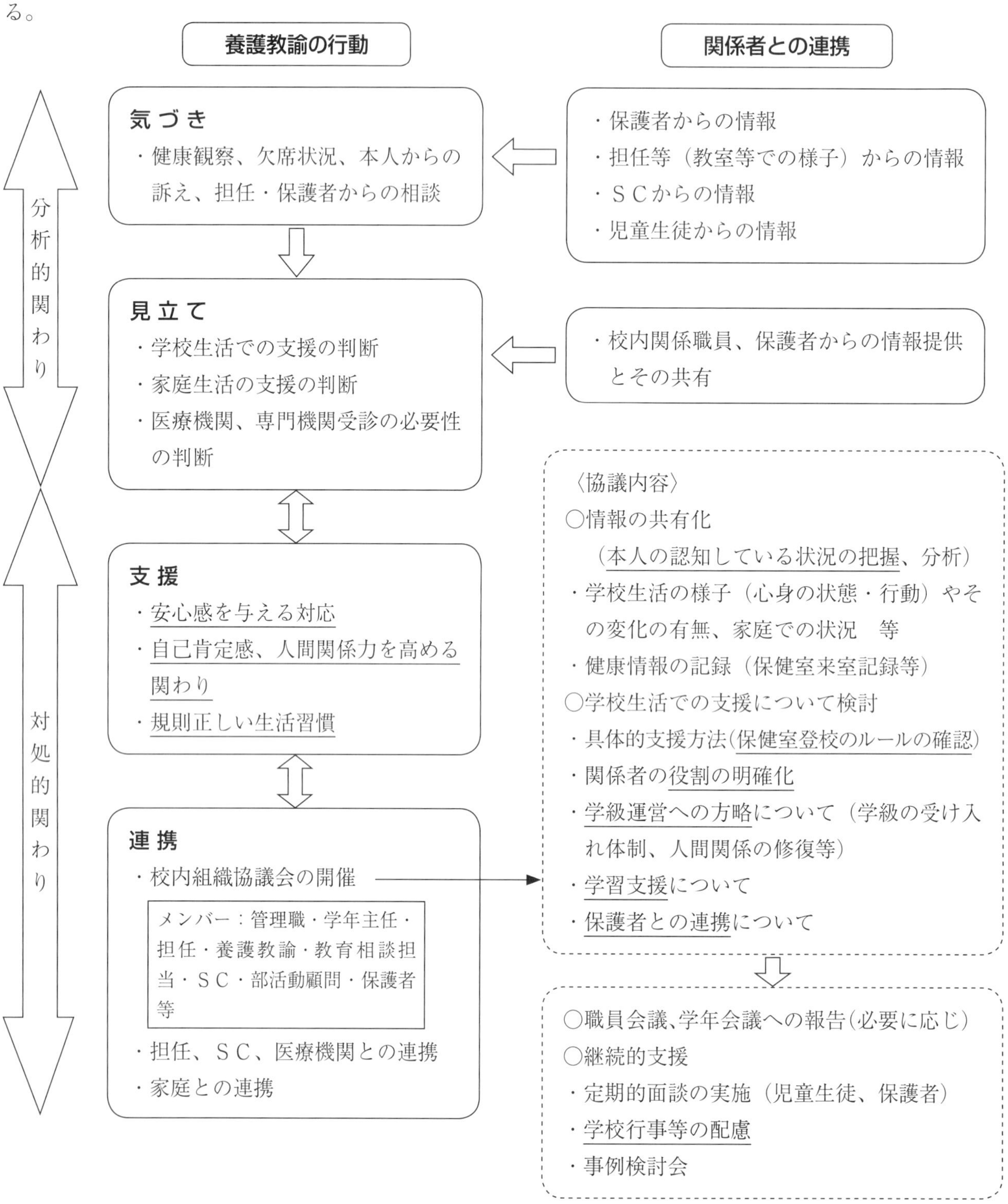

養護教諭の行動	関係者との連携

気づき
・健康観察、欠席状況、本人からの訴え、担任・保護者からの相談

・保護者からの情報
・担任等（教室等での様子）からの情報
・ＳＣからの情報
・児童生徒からの情報

見立て
・学校生活での支援の判断
・家庭生活の支援の判断
・医療機関、専門機関受診の必要性の判断

・校内関係職員、保護者からの情報提供とその共有

分析的関わり

支援
・安心感を与える対応
・自己肯定感、人間関係力を高める関わり
・規則正しい生活習慣

〈協議内容〉
○情報の共有化
　（本人の認知している状況の把握、分析）
・学校生活の様子（心身の状態・行動）やその変化の有無、家庭での状況　等
・健康情報の記録（保健室来室記録等）
○学校生活での支援について検討
・具体的支援方法（保健室登校のルールの確認）
・関係者の役割の明確化
・学級運営への方略について（学級の受け入れ体制、人間関係の修復等）
・学習支援について
・保護者との連携について

対処的関わり

連携
・校内組織協議会の開催

メンバー：管理職・学年主任・担任・養護教諭・教育相談担当・ＳＣ・部活動顧問・保護者等

・担任、ＳＣ、医療機関との連携
・家庭との連携

○職員会議、学年会議への報告（必要に応じ）
○継続的支援
・定期的面談の実施（児童生徒、保護者）
・学校行事等の配慮
・事例検討会

図8-6　保健室登校の子供への対応

－（198）－

虐待を受けた子供への対応

養護教諭は日頃行っている救急処置や健康相談、身体測定等職務の特質から虐待を発見しやすい立場にある。保健室での対応を通して子供の心身の健康状態を観察し、ネグレクトを疑わせるような状態や不自然な外傷の有無等、子供の発するサインを見逃さないようにし、虐待の疑いの早期発見、早期対応に努めることが大切である。

虐待は、気づいたらすぐに管理職に報告し、児童虐待の防止等に関する法律第6条により、児童相談所等に通告しなければならない*。子供の安全を確保することが最優先である。

*児童虐待の防止等に関する法律
第6条 児童虐待を受けたと思われる児童を発見した者は、速やかに、これを市町村、都道府県の設置する福祉事務所若しくは児童相談所又は児童委員を介して市町村、都道府県の設置する福祉事務所若しくは児童相談所に通告しなければならない。

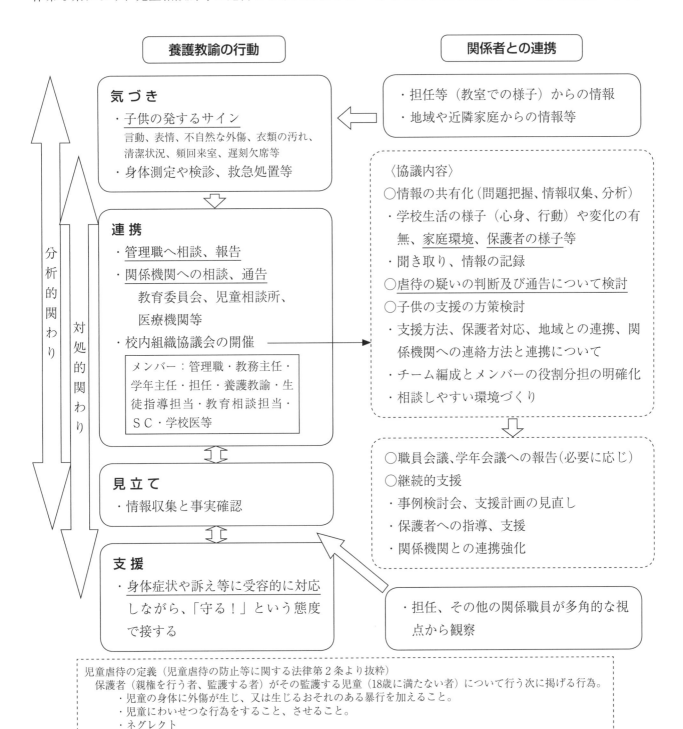

図8-7 虐待を受けた子供への対応

第8章　健康相談

いじめを受けた子供への対応*

　いじめは、子供がなかなか事実を話したがらないことがある。また最近は、インターネット等を介したものもあり、状況が把握しにくい。必要な情報を得るために、友人や家族の協力を求める場合には、子供に不利益が生じないように、十分注意する必要がある。また、児童生徒がいじめられていることを訴えた場合は、そのことをしっかり受け止めることが重要である。時には、保健室が、一時避難の場所となることもある。

＊いじめ防止対策推進法
第8条　学校及び学校の教職員は、基本理念にのっとり、当該学校に在籍する児童等の保護者、地域住民、児童相談所その他の関係者との連携を図りつつ、学校全体でいじめの防止及び早期発見に取り組むとともに、当該学校に在籍する児童等がいじめを受けていると思われるときは、適切かつ迅速にこれに対処する責務を有する。

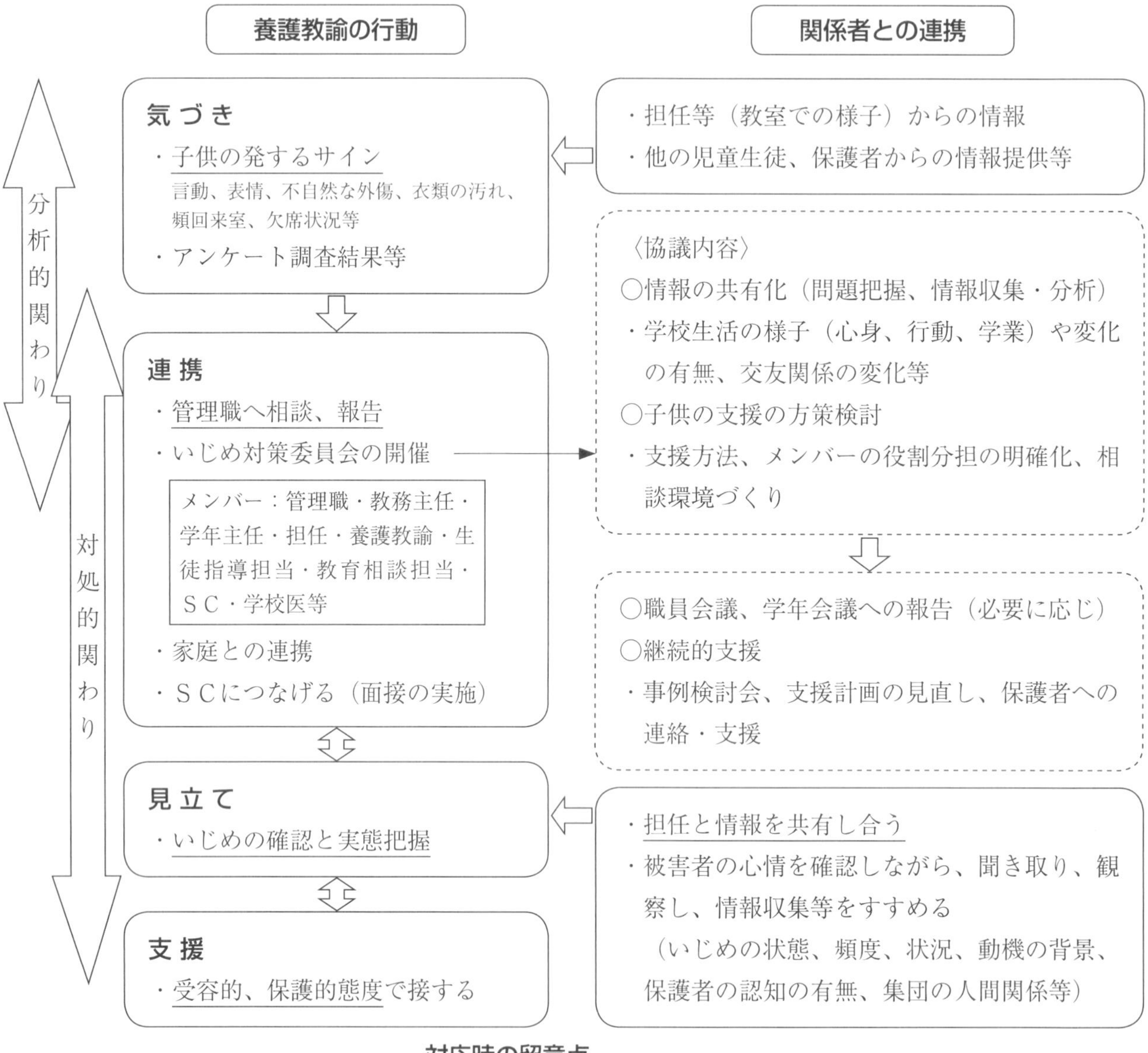

養護教諭の行動

気づき
・子供の発するサイン
　言動、表情、不自然な外傷、衣類の汚れ、頻回来室、欠席状況等
・アンケート調査結果等

連携
・管理職へ相談、報告
・いじめ対策委員会の開催
　メンバー：管理職・教務主任・学年主任・担任・養護教諭・生徒指導担当・教育相談担当・ＳＣ・学校医等
・家庭との連携
・ＳＣにつなげる（面接の実施）

見立て
・いじめの確認と実態把握

支援
・受容的、保護的態度で接する

分析的関わり
対処的関わり

関係者との連携

・担任等（教室での様子）からの情報
・他の児童生徒、保護者からの情報提供等

〈協議内容〉
○情報の共有化（問題把握、情報収集・分析）
・学校生活の様子（心身、行動、学業）や変化の有無、交友関係の変化等
○子供の支援の方策検討
・支援方法、メンバーの役割分担の明確化、相談環境づくり

○職員会議、学年会議への報告（必要に応じ）
○継続的支援
・事例検討会、支援計画の見直し、保護者への連絡・支援

・担任と情報を共有し合う
・被害者の心情を確認しながら、聞き取り、観察し、情報収集等をすすめる
　（いじめの状態、頻度、状況、動機の背景、保護者の認知の有無、集団の人間関係等）

=== 対応時の留意点 ===

・被害児童生徒の保護を最優先する
・指導体制を整え、全体を見すえ全職員で対応する
・被害児童生徒の気持ちをしっかり受け止めるよう努める。いじめは絶対にいけないという姿勢を示す
・被害児童生徒の訴えに十分に耳を傾け、相づちを打ちながら心の内面に焦点を当て言葉を返す
・傷ついた心を癒すのは、真剣に関わろうとする教師の姿勢にあることを念頭に置き、教師の思いをしっかり伝える
・具体的対応を行う場合は、本人の意思を確認し、承諾を得ながら行う

図8-8　いじめを受けた子供への対応

リストカットをした子供への対応

思春期の問題行動で、内に向けられた自己主張の一つに、自傷行為（リストカット）がある。

リストカットは、直接的な意味での自殺を目的とするものではなく、自己主張の行き場がないという閉塞的な状態により生じ、「自分はどうなっても構わない」という投げやりな気持ちや、「自分は大事にされる価値がない」という自尊心の低さが根底にあるケースが多い。児童生徒がリストカットをしていることを訴えた場合は、その背景に留意しつつ、受容的に対応することが重要である。

養護教諭の行動

【気づき】
・子供の発するサイン
　言動、表情、リストバンドをしている、夏でも長袖を着ている、頻回来室等

【見立て】
・傷の確認と実情の把握

【支援】
・受容的、保護的態度で接する
・傷の対応
・医療と管理

【連携】
・校内組織協議会の開催
　メンバー：管理職・教務主任・学年主任・担任・養護教諭・生徒指導担当・教育相談担当・SC・学校医　等
・担任、SC、医療機関との連携
・家庭との連携

（左側矢印：分析的関わり／対処的関わり）

関係者との連携

・担任等（教室での様子）からの情報
・他の児童生徒、保護者からの情報提供　等

・担任と情報を共有し合う
・児童生徒の心情を確認しながら、聞き取り・観察・情報収集等すすめる
　（いつから、頻度、状況、動機の背景、保護者の認知の有無、集団の人間関係等）

〈支援のポイント〉
・指導体制を整え、全職員で対応する（情報交換や対応への共通理解）
・頭ごなしに、自傷を「やめなさい」とは言わない
・援助を求めたこと、「自傷した」と言えたことを評価する
・安心して自分の気持ちを言える場所があること、相談に応じる体制があることを伝える
・本人の表現したことを受容的態度で受け入れ、解決へむけて支援する

〈協議内容〉
○情報の共有化（問題把握、情報収集・分析）
・学校生活の様子（心身・行動・学業）や変化の有無、交友関係の変化、家庭環境・保護者の様子等
○子供の支援の方策検討―支援方法、メンバーの役割の明確化、相談環境づくり

○職員会議、学年会議への報告（必要に応じ）
○継続的支援―事例検討会、支援計画の見直し、保護者への連絡・支援

図8-9　リストカットをした子供への対応

第8章　健康相談

発達障害の子供への対応

　発達障害がある児童生徒については、子供の示すサインに気づくことが大切である。複数の教職員がそれぞれの視点で子供の生活面や学習面でのつまずきや困難さに気づき、外部の専門機関と連携しながら、支援を考えることが重要である。

　支援においては、発達障害の特性ばかりでなく、自らの障害に悩んだり、周囲の不適切な対応により心の健康問題を生じたりしやすいことにも配慮が必要である。

養護教諭の行動	関係者との連携

気づき
・子供の行動
対人関係・トラブル・集団の場にそぐわない行動・不注意・衝動性・多動性・こだわり・感覚の過敏や鈍麻等

・担任や他の児童生徒等（教室での様子）からの情報
・保護者からの情報（保護者の意識等）等

見立て
・発達障害の定義を視野に入れて

・担任や関係教師と情報を共有し合う
・行動の特性を把握し、支援に対する変容を捉える
　（社会性・コミュニケーション・認知・こだわり・過敏性・衝動性等）

支　援
・特性を考慮した支援

〈支援のポイント〉
・指導体制を整え、全職員で対応する（情報交換や対応への共通理解）
・安心できる場所があることを伝える。パニック等が起きた場合の居場所や話を聞くための静かな場として保健室を利用する場合もある
・よい行動を褒めて、本人の自己肯定感を高めさせ、二次的な障害を防ぐよう支援する
・周囲の児童生徒への指導を行い、共に成長できる環境を整える

連　携
・校内組織協議会の開催
　メンバー：管理職・教務主任・学年主任・担任・養護教諭・特別支援教育コーディネーター・生徒指導担当・教育相談担当・ＳＣ・学校医　等
・外部専門機関との連携
・家庭との連携

分析的関わり　　対処的関わり

〈協議内容〉
○情報の共有化（問題把握、情報収集・分析）
・学校生活の様子（心身・行動・学業）や変化の有無、交友関係の変化、家庭環境・保護者の様子等
○子供の支援の方策検討—支援方法、メンバーの役割の明確化、保健室の役割の明確化、外部専門機関との連携と継続的な記録の整備、保護者への専門機関受診の勧奨

○職員会議、学年会議への報告（必要に応じ）
○継続的支援—事例検討会、個別の支援計画の見直し、保護者への連絡・支援、特別支援教育に関わって通級や進学の相談

図8-10　発達障害の子供への対応

4 心の健康に関する予防的支援

近年、心の健康問題が複雑・多様化し、問題を抱えている児童生徒が増加している中、個別対応だけでは事態の改善が難しくなってきている。問題を抱えている児童生徒だけではなく、全校の児童生徒を対象に、学校の実情に応じた心の健康増進のための予防的教育を行う必要性がある。

たとえば、ストレスを解消したり軽減したりするための対処方法を修得するストレスマネジメント教育や、人間関係に関する知識と具体的な技術やコツを修得するソーシャルスキル教育等の健康教育は、問題の発生を予防するとともに、児童生徒自身が問題に対処する能力や心身の健康を増進するための能力を育て、人間としての成長を促すことにつながる。また、学校全体で健康教育を積極的に行うことにより、児童生徒や教職員の心の健康に関する意識向上が期待される。

小学校・中学校・高等学校の各学習指導要領においても、心の教育についての内容が示されている。養護教諭は、保健学習での内容をふまえ、具体的に予防行動がとれるよう保健指導を積極的に実施していく必要がある。

表8-3　小学校・中学校新学習指導要領（平成29年3月）・高等学校（平成30年3月）における「心の教育」についての内容

小学校 （H29）	体育科保健領域	第五学年 ○心の健康について、課題を見付け、その解決を目指した活動を通して、次の事項を身に付けることができるよう指導する。 ア　心の発達及び不安や悩みへの対処について理解するとともに、簡単な対処をすること。 　（ア）　心は、いろいろな生活経験を通して、年齢に伴って発達すること。 　（イ）　心と体には、密接な関係があること。 　（ウ）　不安や悩みへの対処には、大人や友達に相談する、仲間と遊ぶ、運動をするなどいろいろな方法があること。 イ　心の健康について、課題を見付け、その解決に向けて思考し判断するとともに、それらを表現すること。
	特別活動	学級活動 ○日常の生活や学習への適応と自己の成長及び健康安全 　「基本的な生活習慣の形成」「よりよい人間関係の形成」「心身ともに健康で安全な生活態度の形成」「食育の観点を踏まえた学校給食と望ましい食習慣の形成」
中学校 （H29）	保健体育科保健分野	第一学年「心身の機能の発達と心の健康」 ○心身の機能の発達と心の健康について、課題を発見し、その解決を目指した活動を通して、次の事項を身に付けることができるよう指導する。 ア　心身の機能の発達と心の健康について理解を深めるとともに、ストレスへの対処をすること。 　（ア）　身体には、多くの器官が発育し、それに伴い、様々な機能が発達する時期があること。また、発育・発達の時期やその程度には、個人差があること。 　（イ）　思春期には、内分泌の働きによって生殖に関わる機能が成熟すること。また、成熟に伴う変化に対応した適切な行動が必要となること。 　（ウ）　知的機能、情意機能、社会性などの精神機能は、生活経験などの影響を受けて発達すること。また、思春期においては、自己の認識が深まり、自己形成がなされること。 　（エ）　精神と身体は、相互に影響を与え、関わっていること。欲求やストレスは、心身に影響を与えることがあること。また、心の健康を保つには、欲求やストレスを適切に対処する必要があること。 イ　心身の機能の発達と心の健康について、課題を発見し、その解決に向けて思考し判断するとともに、それらを表現すること。
	特別活動	学級活動 ○日常の生活や学習への適応と自己の成長及び健康安全 　「自他の個性の理解と尊重、よりよい人間関係の形成」「男女相互の理解と協力」「思春期の不安や悩みの解決、性的な発達への対応」「心身ともに健康で安全な生活態度や習慣の形成」「食育の観点を踏まえた学校給食と望ましい食習慣の形成」
高等学校 （H30）	保健体育科保健分野	（1）　現代社会と健康について、自他や社会の課題を発見し、その解決を目指した活動を通して、次の事項を身に付けることができるよう指導する。 　（オ）　精神疾患の予防と回復 　精神疾患の予防と回復には、運動、食事、休養及び睡眠の調和のとれた生活を実践するとともに、心身の不調に気付くことが重要であること。また、疾患の早期発見及び社会的な対策が必要であること。
	特別活動	（ホームルーム活動） （2）　日常の生活や学習への適応と自己の成長及び健康安全 ア　自他の個性の理解と尊重、よりよい人間関係の形成 　自他の個性を理解して尊重し、互いのよさや可能性を発揮し、コミュニケーションを図りながらよりよい集団生活をつくること。 イ　男女相互の理解と協力 　男女相互について理解するとともに、共に協力し尊重し合い、充実した生活づくりに参画すること。

	ウ　国際理解と国際交流の推進 　　我が国と他国の文化や生活習慣などについて理解し、よりよい交流の在り方を考えるなど、共に尊重し合い、主体的に国際社会に生きる日本人としての在り方生き方を探求しようとすること。 エ　青年期の悩みや課題とその解決 　　心や体に関する正しい理解を基に、適切な行動をとり、悩みや不安に向き合い乗り越えようとすること。 オ　生命の尊重と心身ともに健康で安全な生活態度や規律ある習慣の確立 　　節度ある健全な生活を送るなど現在及び障害にわたって心身の健康を保持増進することや、事件や事故、災害等から身を守り安全に行動すること。

5　健康相談と事例検討会*

　事例検討会の目的は、「児童生徒の問題の所在を明らかにし、それに対する適切な支援の手だてを考え、支援者自身のものの考え方や、児童生徒と支援者の関係を検討すること」である。その事例の背景を見つめ、具体的支援方法を明確にする事例検討会は、校内職員の共通理解と連携を深めることにもつながる。

　そして、養護教諭の健康相談に関わる力量形成には、日々の実践記録を研究的に分析・評価することや事例検討会等で客観的に評価を得ながら振り返ることが求められる。事例の記録を丁寧にとり、まとめたものを積極的に事例検討会に提供していくことが大切である。健康相談の事例検討会はおおむね表8-4のような3つの段階で行われる。

表8-4　事例検討会の3段階

A　問題の分析・理解
どんな子供でどういう状況に置かれているのか、どんな気持ちでいるのか、担任の思い、保護者の思い、養護教諭の思いを出し合い共有し、問題を分析し、子供理解を深める。
B　活動の方向性の決定
当面の目標、長期的目標の両方を決定し、児童生徒の持っているリソースを様々な方向から見つけ出し、積極的に活用する。誰がどのような役割を担い支援していくか共通理解することが必要であり、専門機関を積極的に活用し連携する。
C　活動の評価
活動の方向性が適切であったかどうかを検討し、うまくいったところとうまくいかなかったところを整理し、次のステップに進む。終結した場合はどのような状態で終結したかを多様な視点から検討する。

　また、事例検討会の進め方として、Bの段階のモデルを下に示した。

事例検討会の進め方のモデル例（Bの段階）

1．事例の提案 ………………………… 5分
2．質問（知りたい情報）…………… 5分
3．リソースの洗い出し ……………… 10分
4．目標の設定（具体的肯定的目標）… 10分
5．対応策の検討（リソースの活用）… 10分

事例検討会はこんなことに気をつけよう。
☆プライバシーの保護には十分な注意を払おう。提出する資料にはすべて番号を記し、検討会の後に確実に回収する。
☆スーパーバイザーに加わってもらおう。専門家の意見を参考に対応を考える。そのことで後の連携がとりやすくなることもある。
☆一般論、抽象論、空論は避ける。また、以前出会ったことのある事例を持ち出すことがないように気をつける。
☆開始時間、終了時間を守る。長引くと、検討会への抵抗感が生まれる。

＊参照：p.205　資料8-1　事例検討会の進め方（例）
　　　　p.206　資料8-2　事例検討時の活用シート（例）

資料 8−1　事例検討会の進め方（例）

インシデント・プロセス法による事例検討会

　インシデント・プロセス法とは、マサチューセッツ工科大学のピコーズ教授夫妻によって考案された事例検討法の一つであり、事例として実際に起こった出来事（インシデント）をもとに、参加者が出来事の背景にある事実を収集しながら、問題解決の方策を考えていくものである。この方法では、参加者それぞれが事例について考え、自分が実行すべきことに気づき、実行できるようになることを目指しており、参加者に問題解決過程の共有化と理解が促されやすいとされている。

手順	司会者	提供者	参加者
第1ステップ 出来事を提示し、調べる	○参加者全員が出来事の場面を具体的にイメージできるように質問する	○事例についての事実を話す ○主観的な内容は話さない ○参加者に検討して欲しいことを明確に伝える	
第2ステップ 出来事の背景となっている事実を集め、まとめる	○質問のルールを説明する ・簡潔で具体的な質問 ・一度に一つだけ ・重複した質問はしない ・提供者に推測や感想を求めない ・自分の意見は言わない ・批判的な質問はしない ○質問者や質問内容の分散や偏りを是正する	○事実を簡潔に回答する ・質問以外は回答しない ・推測や意見は原則として言わない ・推測を言う場合は、根拠となる事実や理由を簡潔に説明する ・今後の対応は言わない	○問題解決に関係があると思われる質問をする ○今後の対応は質問しない
第3ステップ 問題点を探り、しぼる	○問題点の話し合い後、具体的支援策を考えてもらう ・いつ、どこで、誰が、どのように	○参加者が出した問題点と自分が考えている問題点を比較検討する	○出来事と集めた事実を総合して事例の全体像を明確にし、問題点を一つに絞って意見を言う ○具体的支援策を考える ・いつ、どこで、誰が、どのように
第4ステップ （グループに分かれて）対応策と理由を話し合う	○（グループ毎にリーダーを決め）具体的支援策を話し合ってもらう ・理由と根拠を明確に	○参加者が考えた対応策と自分の実際の対応を比較検討する ○自分の実際の対応は（グループ）討議中は話さない ○実際の対応とその後の経過を話す	○（グループ毎に）具体的支援策の内容と理由を明確にする ○（グループ毎に）具体的支援策を発表する
第5ステップ 学んだことの検討をする	○参加者に何を学んだかを問う ・何を学んだかの話し合いに時間をかける ○提供者に補足や感想を問う	○言い残したことや事例検討の経過について感想を言う	○今回の事例と参加者相互から何を教訓として学んだかを話す
利点	○詳しい資料を用意する必要がないため、提供者の負担が少ない。 ○参加者一人一人が当事者の立場で考えるため、主体的・積極的な参加になる。 ○実際の出来事をもとに、参加者が共通の体験を深めながら検討できる。 ○必要な情報を収集する力をつけることができる。 ○事例の事実についての質疑応答であるため、提供者の対応について批判的になりにくい。		

（国立特別支援教育総合研究所「知的障害のある子どもの担任教師と関係者との協力関係推進に関する研究」2004　一部改変）

第8章　健康相談

資料8-2　事例検討時の活用シート（例）

対象児童生徒名（　○　○　○　○　）　5年×組

日時　○月○日

事例検討会参加者　校長、教頭、主幹教諭、教育相談担当、学年主任、担任、養護教諭

現在の困っているポイント：

1、腹痛の訴えで、欠席日数が増えてきた

2、登校を渋る様子が見られる

		健康面	学習面	友人関係	家庭での様子	連携
情報のまとめ	いいところ（子供の自助資源）	給食を食べる様子は、好き嫌いもなく、完食する日が多い	まじめ宿題を忘れたり、持ち物忘れはない	穏やかなので、好かれている	両親共に熱心。家で姉や母とは学校であったことを話す	教育プラザの△△先生のスーパーバイズを受ける「長くかかるでしょう」
	気になるところ（援助が必要なところ）	朝、登校前に腹痛。家を出ても途中で家に戻ることがある	自分の意見が言えない	自分から遊びにさそったりしない	身の回りの世話を母が行っている	
	これまで行った援助	総合病院で精密検査を勧めた。結果異常はなかった	イエス・ノーで答えられる質問を中心にした会話	仲の良い児童と座席を隣にした	母と面談し、信頼を得るように努めた	
援助の方針	この時点での目標と援助方針	1　登校日数を増やす 2　保健室で過ごしてもOK、相談室で過ごしてもOK 3　「つらい」「できない」を言えるようになる				
援助案	何を行うか	腹痛が起こったときにマッサージをする	課題をせかさない	穏やかで口数の少ない子に欠席した日にプリント等を届けてもらう	1か月毎定期的な面談で、学校との関係が切れないようにする	定期的にスーパーバイズを受ける
	誰が行うか	養護教諭	担任	担任	養護教諭相談担当	担任相談担当
	いつからいつまで行うか	明日から1か月間	明日から3月まで	明日から3週間	1か月毎、状況が改善するまで	状態の改善が見られるまで

（石隈利紀・田村節子著　「チーム援助入門」図書文化　2003　一部改変）

第9章　学校環境衛生

1　学校環境衛生の意義

2　学校環境衛生の法的根拠

3　学校環境衛生活動の実際
　1）学校環境衛生活動の進め方
　2）学校環境衛生活動の内容

第9章　学校環境衛生

1　学校環境衛生の意義

学校は、児童生徒が一日の大半を過ごす場であり、安全で健康的に学習や生活ができる環境を保持することが必要である。

そのためには日頃の観察と点検がきわめて大切であり、養護教諭のみならず全職員がその必要性について共通理解し、取り組んでいく必要がある。

さらに、学校環境衛生活動を教育の一環として位置づけ、児童生徒がその活動に参加することによって学校環境衛生活動の大切さを認識し、環境問題に関心を持ち、自ら積極的に改善に取り組む能力と態度を養う環境教育にも役立てることができる。

2　学校環境衛生の法的根拠*

平成20年度の中央教育審議会答申において、「学校において『学校環境衛生の基準』に基づいた定期検査は、必ずしも完全に実施されていない状況があり、子どもの適切な学習環境の確保を図るためには、定期検査の実施と検査結果に基づいた維持管理や改善が求められている。」とされている。これを受けて、学校保健安全法では、「学校環境衛生基準」を定めることが明記され、「学校の設置者」及び「校長」の責務が明確となった。

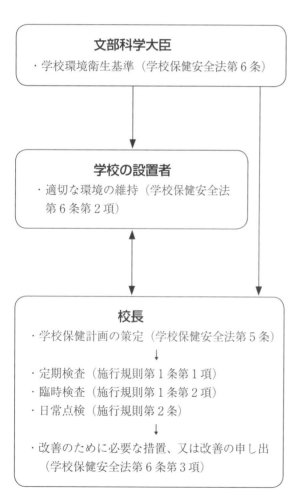

図9-1　学校環境衛生の法的根拠

＊参照：p.211　資料9-1　養護教諭が活用するための学校環境衛生基準
　　　　p.218　資料9-2　学校給食衛生管理基準より抜粋

3 学校環境衛生活動の実際

1）学校環境衛生活動の進め方

　学校環境衛生活動は学校保健計画に基づいて行われるものであるが、計画の立案にあたっては、養護教諭はこれに参画し、すべての教職員が組織的に活動できるよう立案する。また、定期・臨時検査及び日常点検の結果に基づいて事後措置を講ずることはもちろんであるが、これらの進め方について評価を行い、その要点を記録に残し次年度の計画に活かすことが重要である。

　学校環境衛生活動を円滑に推進するには、すべての教職員がその活動の目的と意義を共通理解し、学校保健計画や校務分掌等でそれぞれの職務の特性を活かした役割について明確にする必要がある。

　学校環境衛生活動の進め方は、以下のようにまとめることができる。

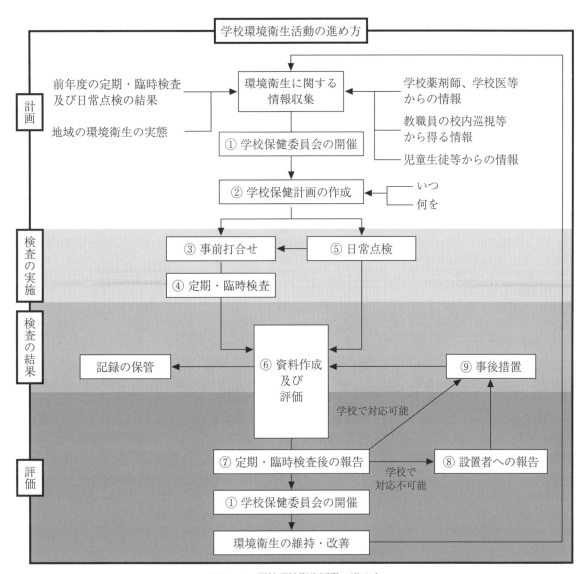

図9-2　学校環境衛生活動の進め方
（文部科学省「[改訂版] 学校環境衛生管理マニュアル」2010　参考）

第9章　学校環境衛生

2）学校環境衛生活動の内容

（1）日常点検

　日常点検は、点検すべき事項について、毎授業日の授業開始時、授業中、又は授業終了時等において、主として感覚的にその環境を点検し、必要に応じて事後措置を講ずるためのものである。その際、校務分掌等に基づいて実施する等、教職員の役割を明確にする必要がある。また、それらの結果については、定期検査及び臨時検査を実施する時の参考となるようにすべきである。

（2）定期検査

　定期検査は、それぞれの検査項目についてその実態を客観的、科学的な方法で定期的に把握し、その結果に基づいて事後措置を講ずるためのものである。検査の実施にあたっては、その内容により、学校薬剤師が自ら行う、学校薬剤師の指導助言の下に教職員が行う、又は学校薬剤師と相談の上外部の検査機関に依頼すること等が考えられるが、いずれにしても各学校における検査の実施について責任の所在の明確化を図り、確実及び適切に実施することに留意しなければならない。

（3）臨時検査

　臨時検査は、必要があるときに必要な検査を行うものである。なお、臨時検査を行う場合、定期検査に準じた方法で行うものとされている。

　「学校環境衛生基準」に示される定期検査、日常点検、臨時検査の項目は以下のとおりである。

表9-1　「学校環境衛生基準」に示される検査項目

日常点検 （記録は点検日から3年間保存）	定期検査 （記録は検査の日から5年間保存）	臨時検査 （記録は検査の日から5年間保存）
1　**教室等の環境** 　　換気 　　温度 　　明るさとまぶしさ 　　騒音 2　**飲料水等の水質及び施設・設備** 　　飲料水の水質 　　雑用水の水質 　　飲料水等の施設・設備 3　**学校の清潔及びネズミ、衛生害虫等** 　　学校の清潔 　　ネズミ、衛生害虫等 4　**水泳プールの管理** 　　プール水等 　　附属施設・設備等	1　**教室等の環境** 　　換気及び保温等 　　採光及び照明 　　騒音 2　**飲料水等の水質及び施設・設備** 　　水質 　　施設・設備 3　**学校の清潔、ネズミ、衛生害虫等及び教室等の備品の管理** 　　学校の清潔 　　ネズミ、衛生害虫等 　　教室等の備品の管理 4　**水泳プール** 　　水質 　　施設・設備の衛生状態	1　感染症又は食中毒の発生のおそれがあり、また、発生したとき 2　風水害等により環境が不潔になり又は汚染され、感染症の発生のおそれがあるとき 3　新築、改築、改修等及び机、いす、コンピュータ等新たな学校用備品の搬入等により揮発性有機化合物の発生のおそれがあるとき 4　その他必要なとき

資料9-1　養護教諭が活用するための学校環境衛生基準

第9章　学校環境衛生

　この資料は、平成30年３月30日文部科学省告示第60号の学校環境衛生基準に基づき、養護教諭が行う学校環境衛生活動に活かしやすいよう、一部省略等して、定期検査、日常点検、臨時検査について、その内容を検査項目別に表記したものである。

第１　教室等の環境に係る学校環境衛生基準

１．換気および保温など（資料9-5、9-6）

【定期検査】

検査項目	回数	基準	方法	備考
(1)　換　気	毎学年2回定期	二酸化炭素は、1500ppm以下が望ましい	二酸化炭素は検知管法	※(1)～(7)…学校の授業中等に各階１以上の教室等を選び、適当な場所１カ所以上の机上の高さにおいて検査を行う
(2)　温　度		17℃以上、28℃以下が望ましい	0.5度目盛の温度計を用いて測定する	※(4)(5)…空気の温度、湿度又は流量を調節する設備を使用している教室等以外の教室等においては、必要と認める場合に検査を行う
(3)　相対湿度		30%以上、80%以下が望ましい	0.5度目盛の乾湿球温度計を用いて測定する	
(4)　浮遊粉じん		0.10mg/m³以下が望ましい	相対沈降径10μm以下の浮遊粉じんをろ紙に捕集し、その質量による方法（Low-Volume Air Sampler法）又は質量濃度変換係数（K）を求めて質量濃度を算出する相対濃度計を用いる	※(4)…検査の結果が著しく基準値を下回る場合には、以後教室等の環境に変化が認められない限り、次回からの検査を省略することができる
(5)　気　流		0.5m/秒以下が望ましい	0.2m/秒以上の気流を測定することができる風速計を用いて測定する	
(6)　一酸化炭素		10ppm以下であること	検知管法	※(6)(7)…教室等において燃焼器具を使用していない場合に限り検査を省略することができる
(7)　二酸化窒素		0.06ppm以下が望ましい	ザルツマン法	
(8)　揮発性有機化合物	毎学年1回定期		採取は教室等内の温度が高い時期に行い、吸引方法では30分間で２回以上、拡散方法では８時間以上行う	※(8)…普通教室、音楽室、図工室、コンピューター教室、体育館等必要と認める教室において検査を行う
ア　ホルムアルデヒド		100μg/m³以下	ジニトロフェニルヒドラジン誘導体固相吸着／溶媒抽出法により採取、高速液体クロマトグラフ法により測定	※(8)ウ～カ…必要と認める場合に検査を行う
イ　トルエン		260μg/m³以下	固相吸着／溶媒抽出法、固相吸着／加熱脱着法、容器採取法のいずれかにより採取、ガスクロマトグラフー質量分析法により測定	※(8)…児童生徒等がいない教室等において30分以上の換気の後、５時間以上密閉してから採取し、アにあっては高速液体クロマトグラフ法により、イ～カにあっては、ガスクロマトグラフー質量分析法により測定した場合に限り、その結果が著しく基準値を下回る場合には、以後教室等の環境に変化が認められない限り、次回からの検査を省略することができる
ウ　キシレン		200μg/m³以下		
エ　パラジクロロベンゼン		240μg/m³以下		
オ　エチルベンゼン		3800μg/m³以下		
カ　スチレン		220μg/m³以下		
(9)　ダニ又はダニアレルゲン		100匹/m²以下又はこれと同等のアレルゲン量以下	温度湿度が高い時期に、ダニの発生しやすい場所では１m²を電気掃除機で１分間吸引し、ダニを捕集する。捕集したダニは、顕微鏡で計数するか、アレルゲンを抽出し、酵素免疫測定法によりアレルゲン量を測定する	※(9)…保健室の寝具、カーペット敷きの教室等において検査を行う

【日常点検】

検査項目	回数	基準
(1)　換　気	毎授業日	(ア)　外部から教室に入ったとき、不快な刺激や臭気がないこと (イ)　換気が適切に行われていること
(2)　温　度		17℃以上、28℃以下であることが望ましい

第9章　学校環境衛生

２．採光及び照明
【定期検査】

検査項目	回数	基準	方法	備考
(10)　照　度	毎学年2回定期	(ア)　教室及びそれに準ずる場所は、下限値は300lx（ルクス）、教室及び黒板は500lx以上が望ましい (イ)　教室及び黒板のそれぞれの最大照度と最小照度の比は、20：1を超えないこと。また、10：1を超えないことが望ましい (ウ)　コンピュータを使用する教室等の机上の照度は、500～1000lx程度が望ましい (エ)　テレビやコンピュータ等の画面の垂直面照度は100～500lx程度が望ましい (オ)　その他の場所における照度は、工業標準化法（昭和24年法律第185号）に基づく日本工業規格Z9110に規定する学校施設の人工照明の照度基準に適合すること	日本工業規格C1609に規定する照度計の規格に適合する照度計を用いる 教室の照度は図に示す9カ所に最も近い児童生徒等の机上で測定し、それらの最大照度、最小照度で示す 黒板の照度は図に示す9カ所の垂直面照度を測定し、それらの最大照度、最小照度で示す 教室以外の照度は、床上75cmの水平面照度を測定する。なお、体育施設及び幼稚園等の照度は、それぞれの実態に即して測定する	黒板 30cm 10cm 中央 教室 中央 1m 1m 中央
(11)　まぶしさ		児童生徒等から見て、黒板の外側15°以内の範囲に輝きの強い光源（昼光の場合は窓）がないこと 見え方を妨害するような光沢が黒板面及び机上面にないこと 見え方を妨害するような電灯や明るい窓等が、テレビ及びコンピューター等の画面に映じていないこと	見え方を妨害する光源、光沢の有無	

【日常点検】

項　目	回数	基準
(3)　明るさとまぶしさ	毎授業日	(ア)　黒板面や机上等の文字、図形等がよく見える明るさがあること (イ)　黒板面、机上面及びその周辺に見え方を邪魔するまぶしさがないこと (ウ)　黒板面に光るような箇所がないこと

３．騒音
【定期検査】

検査項目	回数	基準	方法	備考
(12)　騒音レベル	毎学年2回定期	教室内の等価騒音レベルが、窓を閉じているときはLAeq50dB（デシベル）以下、窓を開けているときはLAeq55dB以下であることが望ましい	普通教室に対する工作室、音楽室、廊下、給食施設及び運動場等の校内騒音の影響並びに道路その他の外部騒音の影響があるかどうか調べ、騒音の影響の大きな教室を選び、児童生徒等がいない状態で教室の窓側と廊下側で窓を閉じたときと開けたときの等価騒音レベルを測定する 等価騒音レベルの測定は、日本工業規格C1509に規定する積分・平均機能を備える普通騒音計を用い、A特性で5分間等価騒音レベルを測定する。なお、従来の騒音計を用いる場合は、普通騒音から等価騒音を換算するための計算式により等価騒音レベルを算出する 特殊な騒音源がある場合は日本工業規格Z8731に規定する騒音レベル測定法に準じて行う	(12)…検査結果が著しく基準値を下回る場合には、以後教室等の内外の環境に変化が認められない限り、次回から検査は省略することができる

－（212）－

【日常検査】

検査項目	回数	基　　　準
(4)　騒　音	毎授業日	学習指導のための教師の声等が聞き取りにくいことがないこと

第2　飲料水の水質及び施設・設備*

【定期検査】

検査項目	回数	基　準	方　法	備　考
(1)　水道水を水源とする飲料水（専用水道を除く）の水質				※検査項目(1)については、貯水槽がある場合は、その系統ごとに検査を行う
ア．一般細菌		1 mL の検水で形成される集落数が100以下	標準寒天培地法	
イ．大腸菌		検出されない	特定酵素基質培地法 乳糖ブイヨン－ブリリアントグリーン乳糖胆汁ブイヨン培地法	
ウ．塩化物イオン		200mg/L 以下	イオンクロマトグラフ法 滴定法	
エ．有機物（全有機炭素（TOC）の量）	毎学年1回定期	3 mg/L 以下であること	全有機炭素計測定法	
オ．pH 値		5.8以上8.6以下	ガラス電極法　比色法	
カ．味		異常でない	官能法	
キ．臭気		異常でない	官能法	
ク．色度		5 度以下	比色法　透過光測定法	
ケ．濁度		2 度以下	比濁法 透過光測定法 積分球式光電光度法 散乱光測定法 透過散乱法	
コ．遊離残留塩素		給水栓における水の遊離残留塩素を0.1mg/L 以上に保持 ただし供給する水が病原生物に著しく汚染されるおそれがある場合又は病原生物に汚染されたことを疑わせるような生物若しくは物質を多量に含むおそれがある場合の給水栓における水の遊離残留塩素は0.2mg/L	DPD 法 電流法 吸光光度法 ポーラログラフ法	
(2)　専用水道に該当しない井戸水等を水源とする飲料水の水質				
ア．専用水道が実施すべき水質検査の項目	※1	水質基準に関する省令の表の下欄に掲げる基準	水質基準に関する省令の規定に基づき厚生労働大臣が定める方法により測定	
イ．遊離残留塩素		上記(1)コの基準と同じ	上記(1)コの方法と同じ	

※1　水道法施行規則第54条において準用する水道法施行規則第15条に規定する専用水道が実施すべき水質検査の回数

＊参照：p.223　資料9-3　飲料水検査記録（例）
　　　　p.223　資料9-4　プール管理日誌（例）

第9章　学校環境衛生

(3) 専用水道（水道水を水源とする場合を除く。）及び専用水道に該当しない井戸水等を水源とする飲料水の原水の水質				
	ア．一般細菌	毎学年1回	1mLの検水で形成される集落数が100以下	標準寒天培地法
	イ．大腸菌		検出されない	特定酵素基質培地法
	ウ．塩化物イオン		200mg/L以下	イオンクロマトグラフ法　滴定法
	エ．有機物（全有機炭素（TOC）の量）		3mg/L以下	全有機炭素計測定法
	オ．pH値		5.8以上8.6以下	ガラス電極法又は連続自動測定器によるガラス電極法
	カ．味		異常でない	官能法
	キ．臭気		異常でない	官能法
	ク．色度		5度以下	比色法　透過光測定法
	ケ．濁度		2度以下	比濁法　透過光測定法　積分球式光電光度法　散乱光測定法　透過散乱法
(4) 雑用水の水質		毎学年2回		
	ア．pH値		5.8以上8.6以下	ガラス電極法
	イ．臭気		異常でない	官能法
	ウ．外観		ほとんど無色透明である	目視によって、色、濁り、泡立ち等の程度を調べる
	エ．大腸菌		検出されない	特定酵素基質培地法
	オ．遊離残留塩素		0.1mg/L（結合残留塩素の場合は0.4mg/L）以上	ジエチル・P・フェニレンジアミン法　電流法　連続自動測定器による吸光光度法又はポーラログラフ法
(5) 飲料水に関する施設・設備 ・水道水が水源の場合 ・井戸水等が水源の場合		毎学年 1回 2回		
	ア．給水源の種類		上水道、簡易水道、専用水道、簡易専用水道及び井戸その他の別を調べる	給水施設の外観や貯水槽内部を点検するほか、設備の図面、貯水槽清掃作業報告書等の書類について調べる
	イ．維持管理状況等		(ア) 配管、給水栓、給水ポンプ、貯水槽及び浄化設備等の給水施設・設備は外部からの汚染を受けないように管理されている　また機能は適切に維持されている	

－（214）－

		(イ) 給水栓は吐水口空間が確保されている	
		(ウ) 井戸その他を給水源とする場合は、汚水等が浸透、流入せず、雨水又は異物などが入らないように適切に管理されている	
		(エ) 故障、破損、老朽又は漏水等の箇所がない	
		(オ) 塩素消毒設備又は浄化設備を設置している場合は、その機能が適切に維持されている	
ウ. 貯水槽の清潔状態		貯水槽の清掃は定期的に行われている	
(6) 雑用水に関する施設・設備	毎学年2回	(ア) 水管には、雨水等雑用水であることを表示している	施設の外観や貯水槽などの内部を点検するほか、設備の図面等の書類について調べる
		(イ) 水栓を設ける場合は、誤飲防止の構造が維持され、飲用不可である旨表示している	
		(ウ) 飲料水による補給を行う場合は、逆流防止の構造が維持されている	
		(エ) 貯水槽は、破損等により外部からの汚染を受けず、その内部は清潔である	
		(オ) 水管は、漏水等の異常が認められない	

【日常点検】

検査項目	回数	基準
(5) 飲料水の水質	毎授業日	(ア) 給水栓水については、遊離残留塩素が0.1mg/L以上保持されている。ただし、水源が病原生物によって著しく汚染されるおそれのある場合には、遊離残留塩素が0.2mg/L以上保持されている (イ) 給水栓水については、外観、臭気、味等に異常がない (ウ) 冷水器等飲料水を貯留する給水器具から供給されている水についても、給水栓水と同様に管理されている
(6) 雑用水の水質		(ア) 給水栓水については、遊離残留塩素が0.1mg/L以上保持されている。ただし、水源が病原生物によって著しく汚染されるおそれのある場合には、遊離残留塩素が0.2mg/L以上保持されている (イ) 給水栓水については、外観、臭気に異常がない
(7) 飲料水等の施設・設備		(ア) 水飲み、洗口、手洗い場及び足洗い場並びにその周辺は、排水状況がよく、清潔であり、その設備は破損や故障がない (イ) 配管、給水栓、給水ポンプ、貯水槽及び浄化設備等の給水施設・設備並びにその周辺は、清潔である

第9章　学校環境衛生

第3　学校の清潔、ネズミ、衛生害虫等及び教室等の備品

【定期検査】

検査項目	回数	基準	方法
(1) 大掃除の実施	毎学年3回	大掃除は、定期的に行われている	清掃方法及び結果を記録等により調べる
(2) 雨の排水溝等		屋上等の雨水排水溝に、泥や砂等が堆積していない。また、雨水配水管の末端は、砂や泥等により管径が縮小していない	雨水の排水溝等からの排水状況を調べる
(3) 排水の施設・設備	毎学年1回	汚水槽、雑排水層等の施設・設備は、故障等がなく適切に機能している	汚水槽、雑排水層等の施設・設備からの排水状況を調べる
(4) ネズミ、衛生害虫等		校舎、校地内にネズミ、衛生害虫等の生息が認められない	ネズミ、衛生害虫等の生態に応じて、その生息、活動の有無及びその程度等を調べる
(5) 黒板面の色彩		(ア)　無彩色の黒板面の色彩は、明度が3を越えない (イ)　有彩色の黒板面の色彩は、明度及び彩度が4を越えない	明度、彩度の検査は、黒板検査用色票を用いる

【日常点検】

検査項目	回数	基準
(8) 学校の清潔	毎授業日	(ア)　教室、廊下等の施設及び机、いす、黒板等の備品等は、清潔であり、破損がない (イ)　運動場、砂場等は、清潔であり、ごみや動物の排泄物等がない (ウ)　便所の施設・設備は、清潔であり、破損や故障がない (エ)　排水溝及びその周辺は、泥や砂が堆積しておらず、悪臭がない (オ)　飼育動物の施設・設備は、清潔であり、破損がない (カ)　ごみ集積場及びごみ容器等並びにその周辺は、清潔である
(9) ネズミ・衛生害虫等		校舎、校地内にネズミ、衛生害虫等の生息が見られない

第4　水泳プール

1．水質および施設・設備の状況

【定期検査】

検査項目	回数	基準	方法	備考
(1) 遊離残留塩素	使用日の積算が30日以内ごと1回	0.4mg/L以上。また、1.0mg/L以下であることが望ましい	水道法施行規則第17条第2項の規定に基づき厚生労働大臣が定める遊離残留塩素及び結合残留塩素の検査方法により測定	※検査項目(7)については、プール水を1週間に1回以上全換水する場合には、検査を省略することができる ※検査項目(9)については、浄化設備がない場合には、汚染を防止するため、1週間に1回以上換水し、換水時に清掃が行われていること。この場合は、腰洗い槽を設置することが望ましい。またプール水等を排水する際には、事前に残留塩素を低濃度にし、その確認を行う等、適切な処理が行われていること
(2) pH値		5.8以上8.6以下	水道基準に関する省令の規定に基づき厚生労働大臣が定める方法により測定	
(3) 大腸菌		検出されない		
(4) 一般細菌		1mL中200コロニー以下		
(5) 有機物等（過マンガン酸カリウム消費量）		12mg/L以下	過マンガン酸カリウム消費量として、滴定法による	
(6) 濁度		2度以下	水道基準に関する省令の規定に基づき厚生労働大臣が定める方法により測定	
(7) 総トリハロメタン	使用期間中の適切な時期に1回以上	0.2mg/L以下であることが望ましい		
(8) 循環ろ過装置の処理水	毎学年1回定期的	循環ろ過装置の出口における濁度は、0.5度以下。また、0.1度以下であることが望ましい		
(9) プール本体の衛生状況等		(ア)　プール水は、定期的に全換水するとともに、清掃が行われている -------- (イ)　水位調整槽又は還水槽を設ける場合は、点検及び清掃を定期的に行う	プール本体の構造を点検するほか、水位調整槽又は還水槽の管理状況を調べる	

－（216）－

⑽ 浄化設備及びその管理状況	毎学年1回定期的	(ア) 循環浄化式の場合は、ろ材の種類、ろ過装置の容量及びその運転時間が、プール容積及び利用者数に比して十分であり、その管理が確実に行われている	プールの循環ろ過等の浄化設備及びその管理状況を調べる	
		(イ) オゾン処理設備又は紫外線処理設備を設ける場合は、その管理が確実に行われている		
⑾ 消毒設備及びその管理状況		(ア) 塩素剤の種類は、次亜塩素酸ナトリウム液、次亜塩素酸カルシウム又は塩素イソシアヌル酸のいずれかである	消毒設備及びその管理状況について調べる	
		(イ) 塩素剤の注入が連続注入式である場合は、その管理が確実に行われている		
⑿ 屋内プール				
ア．空気中の二酸化炭素		1500ppm以下が望ましい	検知管法により測定	
イ．空気中の塩素ガス		0.5ppm以下が望ましい	検知管法により測定	
ウ．水平面照度		200lx以上が望ましい	日本工業規格 C 1609に規定する照度計の規格に適合する照度計を用いて測定	

【日常検査】

検査項目	回数	基準
⑽ プール水等	毎授業日	(ア) 水中に危険物や異常なものがない (イ) 遊離残留塩素は、プールの使用前及び使用中1時間ごとに1回以上測定し、その濃度は、どの部分でも0.4mg/L以上保持されている。また、遊離残留塩素は1.0mg/L以下が望ましい (ウ) pH値は、プールの使用前に1回測定し、pH値が基準値程度に保たれていることを確認 (エ) 透明度に常に留意し、プール水は、水中で3m離れた位置からプールの壁面が明確に見える程度に保たれている
⑾ 附属施設・設備等		プールの附属施設・設備、浄化設備及び消毒設備等は、清潔であり、破損や故障がない

2　点検は、官能法によるもののほか、第1から第4に掲げる検査方法に準じた方法で行うものとする。

第5　臨時検査及び記録・保管

1　臨時検査について

（1）　臨時検査が必要な場合

1）感染症又は食中毒の発生のおそれがあり、また、発生したとき。

2）風水害などにより環境が不潔になり又は汚染され、感染症の発生のおそれがあるとき。

3）新築、改築、改修等及び机、いす、コンピュータ等新たな学校用備品の搬入等により揮発性有機化合物の発生のおそれがあるとき。

4）その他必要なとき。

（2）方法は、定期的に行う検査に準じて行うものとする。

2　記録・保存について

　検査の日から5年間保存するものとする。また、毎授業日に行う点検の結果は記録するよう努めるとともに、その記録を点検日から3年間保存するよう努めるものとする。

　また、検査に必要な施設・設備等の図面等の書類は、必要に応じて閲覧できるように保存するものとする。

－（217）－

第9章　学校環境衛生

資料9-2　学校給食衛生管理基準より抜粋

第1　総則

1　学校給食を実施する都道府県教育委員会及び市区町村教育委員会（以下「教育委員会」という。）、附属学校を設置する国立大学法人及び私立学校の設置者（以下「教育委員会等」という。）は、自らの責任において、必要に応じて、保健所の協力、助言及び援助（食品衛生法（昭和22年法律第233号）に定める食品衛生監視員による監視指導を含む。）を受けつつ、HACCP（コーデックス委員会（国連食糧農業機関／世界保健機関合同食品規格委員会）総会において採択された「危害分析・重要管理点方式とその適用に関するガイドライン」に規定されたHACCP（Hazard Analysis and Critical Control Point：危害分析・重要管理点）をいう。）の考え方に基づき単独調理場、共同調理場（調理等の委託を行う場合を含む。以下「学校給食調理場」という。）並びに共同調理場の受配校の施設及び設備、食品の取扱い、調理作業、衛生管理体制等について実態把握に努め、衛生管理上の問題がある場合には、学校医又は学校薬剤師の協力を得て速やかに改善措置を図ること。

第2　学校給食施設及び設備の整備及び管理に係る衛生管理基準

1　学校給食施設及び設備の整備及び管理に係る衛生管理基準は、次の各号に掲げる項目ごとに、次のとおりとする。

　(1)　学校給食施設

　　①共通事項

　　　一　学校給食施設は、衛生的な場所に設置し、食数に適した広さとすること。また、随時施設の点検を行い、その実態の把握に努めるとともに、施設の新増築、改築、修理その他の必要な措置を講じること。

　　　二　学校給食施設は、別添の「学校給食施設の区分」に従い区分することとし、調理場（学校給食調理員が調理又は休憩等を行う場所であって、別添中区分の欄に示す「調理場」をいう。以下同じ。）は、二次汚染防止の観点から、汚染作業区域、非汚染作業区域及びその他の区域（それぞれ別添中区分の欄に示す「汚染作業区域」、「非汚染作業区域」及び「その他の区域（事務室等を除く。）」をいう。以下同じ。）に部屋単位で区分すること。ただし、洗浄室は、使用状況に応じて汚染作業区域又は非汚染作業区域に区分することが適当であることから、別途区分すること。また、検収、保管、下処理、調理及び配膳の各作業区域並びに更衣休憩にあてる区域及び前室に区分するよう努めること。

　　　三　ドライシステムを導入するよう努めること。また、ドライシステムを導入していない調理場においてもドライ運用を図ること。

　　　四　作業区域（別添中区分の欄に示す「作業区域」をいう。以下同じ。）の外部に開放される箇所にはエアカーテンを備えるよう努めること。

　　　五　学校給食施設は、設計段階において保健所及び学校薬剤師等の助言を受けるとともに、栄養教諭又は学校栄養職員（以下「栄養教諭等」という。）その他の関係者の意見を取り入れ整備すること。

　　②作業区域内の施設

　　　一　食品を取り扱う場所（作業区域のうち洗浄室を除く部分をいう。以下同じ。）は、内部の温度及び湿度管理が適切に行える空調等を備えた構造とするよう努めること。

　　　二　食品の保管室は、専用であること。また、衛生面に配慮した構造とし、食品の搬入及び搬出に当たって、調理室を経由しない構造及び配置とすること。

　　　三　外部からの汚染を受けないような構造の検収室を設けること。

　　　四　排水溝は、詰まり又は逆流がおきにくく、かつ排水が飛散しない構造及び配置とすること。

－（218）－

五　釜周りの排水が床面に流れない構造とすること。

　六　配膳室は、外部からの異物の混入を防ぐため、廊下等と明確に区分すること。また、その出入口には、原則として施錠設備を設けること。

③その他の区域の施設

　一　廃棄物（調理場内で生じた廃棄物及び返却された残菜をいう。以下同じ。）の保管場所は、調理場外の適切な場所に設けること。

　二　学校給食従事者専用の便所は、食品を取り扱う場所及び洗浄室から直接出入りできない構造とすること。また、食品を取り扱う場所及び洗浄室から３ｍ以上離れた場所に設けるよう努めること。さらに、便所の個室の前に調理衣を着脱できる場所を設けるよう努めること。

(2)　学校給食設備

①共通事項

　一　機械及び機器については、可動式にするなど、調理過程に合った作業動線となるよう配慮した配置であること。

　二　全ての移動性の器具及び容器は、衛生的に保管するため、外部から汚染されない構造の保管設備を設けること。

　三　給水給湯設備は、必要な数を使用に便利な位置に設置し、給水栓は、直接手指を触れることのないよう、肘等で操作できるレバー式等であること。

　四　共同調理場においては、調理した食品を調理後２時間以内に給食できるようにするための配送車を必要台数確保すること。

②調理用の機械、機器、器具及び容器

　一　食肉類、魚介類、野菜類、果実類等食品の種類ごとに、それぞれ専用に調理用の器具及び容器を備えること。また、それぞれの調理用の器具及び容器は、下処理用、調理用、加熱調理済食品用等調理の過程ごとに区別すること。

　二　調理用の機械、機器、器具及び容器は、洗浄及び消毒ができる材質、構造であり、衛生的に保管できるものであること。また、食数に適した大きさと数量を備えること。

　三　献立及び調理内容に応じて、調理作業の合理化により衛生管理を充実するため、焼き物機、揚げ物機、真空冷却機、中心温度管理機能付き調理機等の調理用の機械及び機器を備えるよう努めること。

③シンク

　一　シンクは、食数に応じてゆとりのある大きさ、深さであること。また、下処理室における加熱調理用食品、非加熱調理用食品及び器具の洗浄に用いるシンクは別々に設置するとともに、三槽式構造とすること。さらに、調理室においては、食品用及び器具等の洗浄用のシンクを共用しないこと。あわせて、その他の用途用のシンクについても相互汚染しないよう努めること。

④冷蔵及び冷凍設備

　一　冷蔵及び冷凍設備は、食数に応じた広さがあるものを原材料用及び調理用等に整備し、共用を避けること。

⑤温度計及び湿度計

　一　調理場内の適切な温度及び湿度の管理のために、適切な場所に正確な温度計及び湿度計を備えること。また、冷蔵庫・冷凍庫の内部及び食器消毒庫その他のために、適切な場所に正確な温度計を備えること。

⑥廃棄物容器等

　一　ふた付きの廃棄物専用の容器を廃棄物の保管場所に備えること。

第9章　学校環境衛生

　　　　二　調理場には、ふた付きの残菜入れを備えること。
　　⑦学校給食従事者専用手洗い設備等
　　　　一　学校給食従事者の専用手洗い設備は、前室、便所の個室に設置するとともに、作業区分ごとに使
　　　　　用しやすい位置に設置すること。
　　　　二　肘まで洗える大きさの洗面台を設置するとともに、給水栓は、直接手指を触れることのないよ
　　　　　う、肘等で操作できるレバー式足踏み式又は自動式等の温水に対応した方式であること。
　　　　三　学校食堂等に、児童生徒等の手洗い設備を設けること
　(3)　学校給食施設及び設備の衛生管理
　　　　一　学校給食施設及び設備は、清潔で衛生的であること。
　　　　二　冷蔵庫、冷凍庫及び食品の保管室は、整理整頓すること。また、調理室には、調理作業に不必要
　　　　　な物品等を置かないこと。
　　　　三　調理場は、換気を行い、温度は25℃以下、湿度は80％以下に保つよう努めること。また、調理室
　　　　　及び食品の保管室の温度及び湿度並びに冷蔵庫及び冷凍庫内部の温度を適切に保ち、これらの温度
　　　　　及び湿度は毎日記録すること。
　　　　四　調理場内の温度計及び湿度計は、定期的に検査を行うこと。
　　　　五　調理場の給水、排水、採光、換気等の状態を適正に保つこと。また、夏期の直射日光を避ける設
　　　　　備を整備すること。
　　　　六　学校給食施設及び設備は、ねずみ及びはえ、ごきぶり等衛生害虫の侵入及び発生を防止するた
　　　　　め、侵入防止措置を講じること。また、ねずみ及び衛生害虫の発生状況を１ヶ月に１回以上点検
　　　　　し、発生を確認したときには、その都度駆除することとし、必要な場合には、補修、整理整頓、清
　　　　　掃、清拭、消毒等を行い、その結果を記録すること。なお、殺鼠剤又は殺虫剤を使用する場合は、
　　　　　食品を汚染しないようその取扱いに十分注意すること。さらに、学校給食従事者専用の便所につい
　　　　　ては、特に衛生害虫に注意すること。
　　　　七　学校給食従事者専用の便所には、専用の履物を備えること。また、定期的に清掃及び消毒を行う
　　　　　こと。
　　　　八　学校給食従事者専用の手洗い設備は、衛生的に管理するとともに、石けん液、消毒用アルコール
　　　　　及びペーパータオル等衛生器具を常備すること。また、布タオルの使用は避けること。さらに、前
　　　　　室の手洗い設備には個人用爪ブラシを常備すること。
　　　　九　食器具、容器及び調理用の器具は、使用後、でん粉及び脂肪等が残留しないよう、確実に洗浄す
　　　　　るとともに、損傷がないように確認し、熱風保管庫等により適切に保管すること。また、フードカ
　　　　　ッター、野菜切り機等調理用の機械及び機器は、使用後に分解して洗浄及び消毒した後、乾燥させ
　　　　　ること。さらに、下処理室及び調理室内における機械、容器等の使用後の洗浄及び消毒は、全ての
　　　　　食品が下処理室及び調理室から搬出された後に行うよう努めること。
　　　　十　天井の水滴を防ぐとともに、かびの発生の防止に努めること。
　　　　十一　床は破損箇所がないよう管理すること。
　　　　十二　清掃用具は、整理整頓し、所定の場所に保管すること。また、汚染区域と非汚染区域の共用を
　　　　　避けること。
　2　学校薬剤師等の協力を得て(1)の各号に掲げる事項について、毎学年１回定期に、(2)及び(3)の各号に掲げ
　　る事項については、毎学年３回定期に、検査を行い、その実施記録を１年間保管すること。ただし、ねず
　　み及び衛生害虫の発生状況については、１ヶ月に１回以上点検すること。
　　（略）
第3　調理の過程等における衛生管理にかかわる衛生管理基準

1—(3) 食品の検収・保管等

　　一　検収は、あらかじめ定めた検収責任者が、食品の納入に立会し、品名、数量、納品時間、納入業者名、製造業者名及び所在地、生産地、品質、鮮度、箱、袋の汚れ、破れその他の包装容器等の状況、異物混入及び異臭の有無、賞味期限又は消費期限、製造年月日、品温（納入業者が運搬の際、適切な温度管理を行っていたかどうかを含む。）、年月日表示、ロット（一の製造期間内に一連の製造工程により均質性を有するように製造された製品の一群をいう。以下同じ。）番号その他のロットに関する情報について、毎日、点検を行い、記録すること。また、納入業者から直接納入する食品の検収は、共同調理場及び受配校において適切に分担し実施するとともに、その結果を記録すること。

　　二　検収のために必要な場合には、検収責任者の勤務時間を納入時間に合わせて割り振ること。

　　三　食肉類、魚介類等生鮮食品は、原則として、当日搬入するとともに、一回で使い切る量を購入すること。また、当日搬入できない場合には、冷蔵庫等で適切に温度管理するなど衛生管理に留意すること。

　　四　納入業者から食品を納入させるに当たっては、検収室において食品の受け渡しを行い、下処理室及び調理室に立ち入らせないこと。

1—(4) 調理過程

②使用水の安全確保

　　一　使用水は、学校環境衛生基準（平成21年文部科学省告示第60号）に定める基準を満たす飲料水を使用すること。また、毎日、調理開始前に十分流水した後及び調理終了後に遊離残留塩素が0.1mg／ℓ以上であること並びに外観、臭気、味等について水質検査を実施し、その結果を記録すること。

　　二　使用水について使用に不適な場合は、給食を中止し速やかに改善措置を講じること。また、再検査の結果使用した場合は、使用した水1ℓを保存食用の冷凍庫に−20℃以下で2週間以上保存すること。

　　三　貯水槽を設けている場合は、専門の業者に委託する等により、年1回以上清掃すること。また、清掃した証明書等の記録は1年間保管すること。

1—(6) 検食及び保存食等

①検食

　　一　検食は、学校給食調理場及び共同調理場の受配校において、あらかじめ責任者を定めて児童生徒の摂食開始時間の30分前までに行うこと。また、異常があった場合には、給食を中止するとともに、共同調理場の受配校においては、速やかに共同調理場に連絡すること。

　　二　検食に当たっては、食品の中に人体に有害と思われる異物の混入がないか、調理過程において加熱及び冷却処理が適切に行われているか、食品の異味、異臭その他の異常がないか、一食分としてそれぞれの食品の量が適当か、味付け、香り、色彩並びに形態等が適切か、及び、児童生徒の嗜好との関連はどのように配慮されているか確認すること。

　　三　検食を行った時間、検食者の意見等検食の結果を記録すること。

②保存食

　　一　保存食は、毎日、原材料、加工食品及び調理済食品を食品ごとに50g程度ずつビニール袋等清潔な容器に密封して入れ、専用冷凍庫に−20℃以下で2週間以上保存すること。また、納入された食品の製造年月日若しくはロットが違う場合又は複数の釜で調理した場合は、それぞれ保存すること。

　　二　原材料は、洗浄、消毒等を行わず、購入した状態で保存すること。ただし、卵については、全て割卵し、混合したものから50g程度採取し保存すること。

　　三　保存食については、原材料、加工食品及び調理済食品が全て保管されているか並びに廃棄した日時を記録すること。

第9章　学校環境衛生

　　四　共同調理場の受配校に直接搬入される食品についても共同調理場で保存すること。また、複数の業
　　　者から搬入される食品については、各業者ごとに保存すること。
　　五　児童生徒の栄養指導及び盛りつけの目安とする展示食を保存食と兼用しないこと。
　（略）
2　学校薬剤師等の協力を得て1の各号に掲げる事項について、毎学年1回（(3)、(4)②及び(6)①、②にあっ
　ては毎学年3回）、定期に検査を行い、その実施記録を保管すること。
第4　衛生管理体制に係る衛生管理基準
1　衛生管理体制に係る衛生管理基準は、次の各号に掲げる項目ごとに、次のとおりとする。
　(1)　衛生管理体制
　　一　学校給食調理場においては、栄養教諭等を衛生管理責任者として定めること。ただし、栄養教諭等
　　　が現にいない場合は、調理師資格を有する学校給食調理員等を衛生管理責任者として定めること。
　　二　衛生管理責任者は、施設及び設備の衛生、食品の衛生及び学校給食調理員の衛生の日常管理等に当
　　　たること。また、調理過程における下処理、調理、配送等の作業工程を分析し、各工程において清潔
　　　かつ迅速に加熱及び冷却調理が適切に行われているかを確認し、その結果を記録すること。
　　三　校長又は共同調理場の長（以下「校長等」という。）は、学校給食の衛生管理について注意を払
　　　い、学校給食関係者に対し、衛生管理の徹底を図るよう注意を促し、学校給食の安全な実施に配慮す
　　　ること。
　　四　校長等は、学校保健委員会等を活用するなどにより、栄養教諭等、保健主事、養護教諭等の教職
　　　員、学校医、学校歯科医、学校薬剤師、保健所長等の専門家及び保護者が連携した学校給食の衛生管
　　　理を徹底するための体制を整備し、その適切な運用を図ること。
　　五　校長等は、食品の検収等の日常点検の結果、異常の発生が認められる場合、食品の返品、献立の一
　　　部又は全部の削除、調理済食品の回収等必要な措置を講じること。
　　六　校長等は、施設及び設備等の日常点検の結果、改善が必要と認められる場合、必要な応急措置を講
　　　じること。また、改善に時間を要する場合、計画的な改善を行うこと。
　　（略）
　(4)　食中毒の集団発生の際の措置
　　一　教育委員会等、学校医、保健所等に連絡するとともに、患者の措置に万全を期すこと。また、二次
　　　感染の防止に努めること。
　　二　学校医及び保健所等と相談の上、医療機関を受診させるとともに、給食の停止、当該児童生徒の出
　　　席停止及び必要に応じて臨時休業、消毒その他の事後措置の計画を立て、これに基づいて食中毒の拡
　　　大防止の措置を講じること。
　　三　校長の指導のもと養護教諭等が児童生徒の症状の把握に努める等関係職員の役割を明確にし、校内
　　　組織等に基づいて学校内外の取組体制を整備すること。
　　四　保護者に対しては、できるだけ速やかに患者の集団発生の状況を周知させ、協力を求めること。そ
　　　の際、プライバシー等人権の侵害がないよう配慮すること。
　　五　食中毒の発生原因については、保健所等に協力し、速やかに明らかとなるように努め、その原因の
　　　除去、予防に努めること。
2　1の(1)に掲げる事項については、毎学年1回、(2)及び(3)に掲げる事項については、毎学年3回定期に検
　査を行い、その実施記録を保管すること。

－（222）－

資料9-3　飲料水検査記録（例）

月日(曜日)・天気	測定者	遊離残留塩素	外観	臭気	味	備考
／（　）・		ppm				
／（　）・		ppm				
／（　）・		ppm				
／（　）・		ppm				
／（　）・		ppm				

資料9-4　プール管理日誌（例）

令和　　年　　月　　日（　　曜日）天候＿＿＿＿＿＿＿＿校長印

	始業前 (プール当番)	1限目	2限目	3限目	4限目	5限目	6限目	終業後 （　：　）
水温　　　℃								
気温　　　℃								
利用クラス								
指導者								
入泳人員								合計
残留塩素濃度 (0.4〜1.0)	ppm	ppm	ppm	ppm	ppm	ppm	ppm	ppm
塩素剤投入	袋	袋	袋	袋	袋	袋	袋	袋
pH (5.8〜8.6)								
透明度　良　○ 　　　　不良△								
排水口　異常無○ 　　　　異常有△								
その他の特記事項								

※残留塩素濃度は、対角線上のほぼ等間隔位置、水面下約20cm付近の3か所を測定する。

第9章　学校環境衛生

資料9-5　環境衛生活動の実践例

小学校での空気検査における養護教諭の実践

事前の準備
・検査場所や条件について学校薬剤師と打ち合わせ
・対象の担当者に検査をすることを連絡（3年生「保健」6年生「家庭科」に関連することも知らせた）
・検査方法・判定基準等の把握と物品の準備

検査の実施
・学校薬剤師とともに、検査（温度・湿度・CO_2濃度）を実施　☆検査の条件を複数設定比較した。
①高窓を開けた教室（6年1組）と開けない教室（6年2組）各38人・容積192m^3
②高窓を開けた高学年の教室（6年1組）と低学年の教室（3年1組）各38人・容積192m^3

事後の指導
・後日以下の結果を学校薬剤師より受け、分析・検討し資料を作成した。
結果

クラス	乾球温度（℃）	相対湿度（%）	二酸化炭素濃度（%）	換気の状況
6年1組	19.0	50	0.15	高窓開放
6年2組	19.5	54	0.3	高窓閉鎖
3年1組	19.0	48	0.12	高窓開放

※6年2組については、休み時間に高窓と校庭側の窓を全開放し、15分後再度検査を行ったところ、CO_2濃度は0.17%まで低下した。

・職員会議で全職員に資料を提示し、換気の必要性について説明した。（下資料）
・6年生家庭科学習の「工夫しよう冬の暮らし」の中でこの結果を提示し、快適な環境について、換気にも目を向けさせた。また、3年保健学習の「健康によい環境」についても、かぜの予防と関連し授業に取り入れた。
・校内巡視にて各教室の換気状況を確認し、指導・助言を行い、休み時間や清掃時間に窓を開けるよう放送を行った。
・家庭へのほけんだよりに検査結果と資料を掲載した。

評価
・検査の準備や実施は適切で、スムーズに検査を実施することができた。
・換気が必要な時期の意識の高揚につながった。全職員が共通理解したことで、換気を忘れている教室への互いの声かけにつながった。
・学習と関連されることにより、自分達で環境を整えられることが理解でき、進んで換気する児童の姿が見られるようになった。

空気検査の結果　　職員向け資料
12月11日に行いました！
3の1高窓を開放（38人）
6の1高窓を開放（38人）
6の2高窓は閉鎖（38人）

結果　授業開始後15分で、6の2はCO_2濃度が基準の2倍になっていました。休み時間に全開にして換気すると、0.17%まで低下しましたが、高学年教室ではすぐに基準を超えてしまいます。高窓とドア・窓を開けて空気の流れを作ってください。

　空気が汚れると、学習効率も低下します。休み時間ごとの換気が必要です。

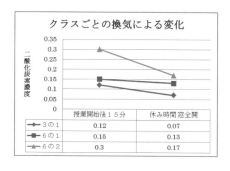

資料9-6　空気検査の結果実践例

空気検査の結果

ほけんだより
○○中学校

12／10　天候 ｛ 曇のち晴
10：15　　　外気温　11.9℃
　　　　　　外湿度　64％

望ましい学習環境
室温　17〜28℃
湿度　30％〜80％の維持　50％〜60％ベスト
二酸化炭素濃度　0.15％以下

1)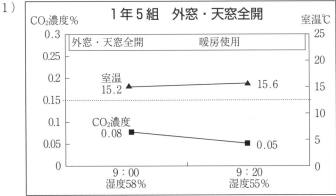

天窓・グランド側外窓　全開で
換気バッチリ！　**good**

検査日は小春日和。
教室のグランド側外窓、天窓全開、廊下外窓も開けていたため、空気の汚れを示すCO_2濃度は、基準値0.15％以下でした。

2)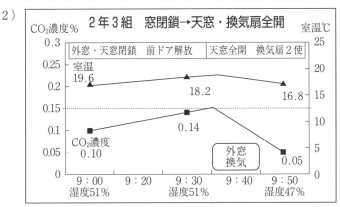

天窓・外窓閉鎖では
換気不十分！

授業後半、CO_2濃度は、基準値0.15％に近づき空気が汚れていたことがわかります。休み時間、外窓換気と換気扇使用により、空気は一気にきれいになりました。
換気で多少室温は下がりましたが、足元が冷える場合には出入り口の通気口を紙でふさぐと良い。

授業中は天窓全開・換気扇使用
休み時間は外窓換気で快適！　**good**

3)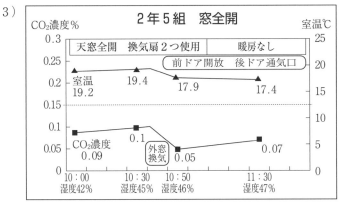

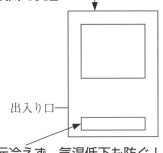

通気口封鎖で足元冷えず、気温低下も防ぐ！

4) 3年1組　3時間目　12：00測定　天窓全開　換気扇1つ使用：CO_2濃度　0.1％、室温18.2℃　湿度41％　**good**

換気のコツ　空気の流れをつくる

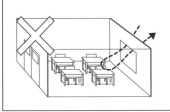 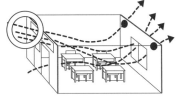

①授業中　天窓全開＋換気扇or外窓換気
②休憩時　両側の窓を開ける

足元が寒い時は、ドア通気口を紙でふさぐ

第9章　学校環境衛生

第10章　学校安全と危機管理

1　学校安全の意義

2　学校安全の領域と内容
　1）学校安全の領域
　2）学校安全の構造

3　危機管理

4　学校安全計画

5　安全管理
　1）安全管理の方法
　2）安全管理と養護教諭の関わり

6　安全教育
　1）安全教育の目標
　2）安全教育の領域と構造
　3）安全教育と養護教諭の関わり

7　災害発生と養護教諭
　1）災害発生時における養護教諭の関わり
　2）事件・事故災害時における心のケア

8　評価

第10章　学校安全と危機管理

1　学校安全の意義

　安全とは心身や物品に危害をもたらす様々な危険や災害が防止され、万が一、事件・事故災害が発生した場合には、被害を最小限にするために適切に対処された状態である。

　しかし、現代社会においては日常生活の様々な場面で事件や事故が起きており、子供達は通学路を含めた学校・家庭・社会生活における事故や犯罪、自然災害等の危険な事故や災害に巻き込まれる危険性がある。また今日、生命や安全を軽視する風潮がうかがえ、それに起因する事件・事故災害の発生も少なくない。そのためか、個人や社会では、安全に加えて、安心も強く求めるようになってきており、学校安全の果たす役割はますます高まってきている。

2　学校安全の領域と内容

　学校安全は児童生徒が自他の生命尊重を基盤として、自ら安全に行動し、他の人や社会の安全に貢献できる資質や能力を育成するとともに、児童生徒・教職員等の安全を確保するための環境を整えることをねらいとしている。

1）学校安全の領域

　学校安全の領域としては、「生活安全」、「交通安全」、「災害安全（防災と同義。以下同じ。）」の三つの領域が挙げられる。

　「生活安全」では、日常生活で起こる事件・事故災害を取り扱い、誘拐や傷害等の犯罪被害防止も重要な内容の一つとしている。「交通安全」には、様々な交通場面における危険と安全が含まれ、「災害安全」には、地震、津波、火山活動、風水（雪）害のような自然災害はもちろん、火災や原子力災害も含まれる。

①生活安全	②交通安全	③災害安全
○学習時の安全 ○児童（生徒）会活動時の安全 ○学校行事における安全 ○休憩時間、清掃時間等の安全 ○登下校や家庭生活の安全 ○野外活動の安全 ○事件・事故災害発生時の安全・応急手当 ○地域や社会生活での安全	○道路の歩行と横断及び交通機関の利用 ○自転車の安全な利用と点検・整備 ○二輪車・自動車の特性と心得 ○交通事故防止と安全な生活	○火災時の安全 ○地震災害時の安全 ○火山災害時の安全 ○気象災害時の安全 ○原子力災害時の安全 ○避難所の役割と安全 ○災害の備えと安全な生活

（文部科学省「『生きる力』をはぐくむ学校での安全教育」2012）

2）学校安全の構造

　学校安全は、図10-1に示すように安全教育、安全管理の両面から取組を行うことが必要である。そして両者の活動を円滑に進めるための組織活動という三つの主要な活動から構成されている。

　①安全教育・・・児童生徒が自らの行動や外部環境に存在する様々な危険を制御して安全に行動できるようにすることをめざす。

　②安全管理・・・児童生徒を取り巻く外部環境を安全に整えることをめざす。

　③組織活動・・・安全教育と安全管理の活動を円滑に進める。

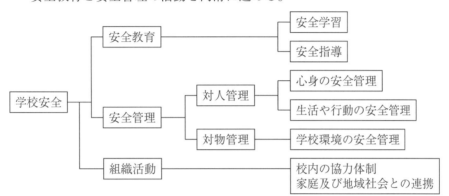

（文部科学省「『生きる力』をはぐくむ学校での安全教育」2012）

図10-1　学校安全の構造図

3　危機管理

学校危機管理の定義	児童生徒・教職員等の生命や心身等に危害をもたらす様々な危機を未然に防止するとともに、万一、事件・事故災害が発生した場合に、被害を最小限にするために、適切かつ迅速に対処すること

（1）リスク・マネジメントとクライシス・マネジメント

　危機管理には、事件・事故の発生を未然に防ぐことを中心とした「事前の危機管理（リスク・マネジメント）」と、事件・事故が発生した場合に、適切かつ迅速に対処し、被害を最小限に抑えること、その再発防止と通常生活の再開に向けた対策を講じることを中心とした「事後の危機管理（クライシス・マネジメント）」がある。

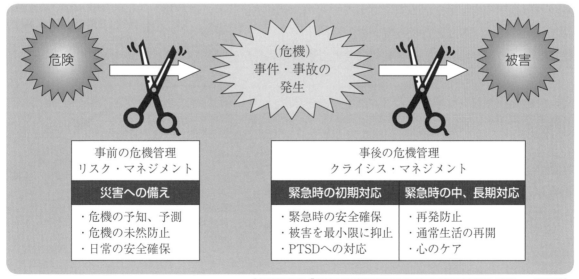

（文部科学省「学校の安全管理に関する取り組み事例集」2003　一部加筆）

第10章　学校安全と危機管理

（２）危機の対象

分　　類		内　　容　（例）
学習活動等	学習活動	運動時、実習・実験、校外活動中の事故
	特別活動	修学旅行、現場学習等での事故
	部活動	熱中症、運動にともなう事故
	その他の活動	学校施設利用中の事故
登下校	交通事故	死傷事故等
	不審者	不審者による声かけ、わいせつ行為等
健　　康	感染症	新型インフルエンザ、感染性胃腸炎等の集団感染
	アレルギー	食物アレルギーによるアナフィラキシー等
	食中毒	給食等による集団食中毒、給食への異物混入等
問題行動等	非行少年等	万引き、暴力、器物破損、性犯罪、喫煙、飲酒、薬物乱用、深夜徘徊等
	いじめ	いじめに起因する傷害・自殺、ネット上の誹謗中傷
災　　害	火災・自然災害	火事、地震、風水（雪）害、原子力災害等
施設設備	施設設備	施設の保守管理、修繕の不備、誤使用等に起因する人身事故
教職員	不祥事	教職員の不祥事（飲酒運転、暴力行為、セクハラ等）
	健康管理	心身の不調による業務への影響
	事故	交通事故、労務災害
教育計画	教育課程	未履修
財　　務	資金管理	公金の遺失、横領
	会計処理	不適正な公金支出、部費の不適切な執行
情　　報	個人情報	個人情報の漏洩
	情報システム	システムダウンによる影響、ウイルスによる影響
業務執行	保護者	保護者に対する不適切な対応による信用失墜
	威力業務妨害	不当要求、クレーム
	広報・報道	報道機関に対する不適切な対応による信用失墜

（長野県教育委員会「学校危機管理マニュアル作成の手引き」）

4　学校安全計画

児童生徒の事件・事故災害はあらゆる場面において発生しうることから、すべての教職員が学校安全の重要性を認識し、安全に関する様々な取組を総合的に進めることが求められている。

学校保健安全法では、学校安全計画を策定し、教職員の共通理解の下で計画に基づく取り組みをすることが規定されている＊。学校安全計画は学校保健計画とは別に作成することとなっている。

学校安全計画の内容には、①安全教育に関する事項　②安全管理に関する事項　③安全に関する組織活動の項目について各学校の行事や運営方針に合わせて、月毎の重点事項とともに指導内容や管理事項等を示す必要がある。学校安全計画は図10-２のように、PDCAサイクルで進めていく。

＊**学校保健安全法　第27条**
（学校安全計画の策定等）
　学校においては、児童生徒等の安全の確保を図るため、当該学校の施設及び設備の安全点検、児童生徒等に対する通学を含めた学校生活その他の日常生活における安全に関する指導、職員の研修その他学校における安全に関する事項について計画を策定し、これを実施しなければならない。

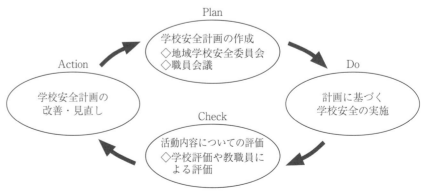

（文部科学省「『生きる力』をはぐくむ学校での安全教育」2010）

図10-２　PDCAサイクル

5　安全管理

1）安全管理の方法

　学校における安全管理は、教職員が中心となって児童生徒の安全の確保を図ることを目的に行われる。安全管理は児童生徒の安全を確保するだけでなく、児童生徒がより安全な行動を意思決定したり、行動選択することを促すことにもつながる。安全管理をする主体は教職員であるが、安全に配慮しつつ児童生徒と一緒に行うことで、児童生徒の安全管理の能力の向上や安全教育に結びつけることができる。

```
早期発見と早期対応
○事故の要因となる学校環境
○児童生徒の学校生活等における危険行動等

体制確立と安全の確保
○適切な応急手当や安全措置
○事故発生後の心身の安全措置等
```

（1）安全点検

　安全点検を確実に行うためには、対象や種類別の安全点検表、項目別の観点や分担を明示した実施要領を作成し、全職員の共通理解を図って実施していく必要がある。また、実施にあたっては、安全点検表に実施結果を記録し、継続的な記録を残すことが必要である。

　安全点検は学校管理の一環として原則は教職員が行うものであるが、老朽化した遊具、固定施設の破損、校舎の老朽化等により、重大な事故が発生していることから、専門知識や判断を要する場合は、定期的あるいは臨時的に専門家による点検を要請する必要がある。

　安全点検表には、その対象となる場所ごとに、点検の観点、点検の方法、測定結果、不良箇所とその程度、事後措置等を記録できるようにする。また、安全点検や記録の方法を評価し、必要に応じて改善、変更していく。

　定期的な点検が形式に流れることなく、児童生徒の目の高さや行動の特徴等に配慮しながら、触ったり、動かしてみたり、負荷をかけたりして、その都度新鮮な気持ちで確実に点検することが必要である。また、点検の質を確保するためにも、全教職員で組織的、計画的に行う必要がある。

＊学校保健安全法施行規則
（安全点検）
第28条　法27条の安全点検は、他の法令に基づくもののほか、毎学期1回以上児童生徒等が通常使用する設備及び設備の異常の有無について系統的におこなわれなければならない。
2　学校においては、必要があるときは、臨時に、安全点検を行うものとする。

（日常における環境の安全）
第29条　学校においては、前条の安全点検のほか、設備等について日常的な点検を行い、環境の安全の確保を図らなければならない。

表10-1　安全点検の内容と実施時の留意事項＊

	回　数	内　容	留意事項
日常点検	毎授業日	児童生徒が最も多く活動を行うと思われる場所	①養護教諭は校内巡視により点検する。避難階段や消火器等の施設設備にも留意する ②一般教諭は、毎授業時に教室内の安全を確認して授業を行う ③児童生徒に点検内容を知らせて、点検活動に参加させるのも良い ④児童生徒が危険を発見した場合は、直ちに教職員に連絡するよう指導する
定期点検	毎学期1回以上 ・各学期はじめ	施設設備の全般 防災に関する設備 避難施設、暖房器具等	①教育的、組織的に点検を実施 ②養護教諭は必要に応じて事後措置への進言や助言指導を行う ③点検実施者は原則として教職員であるが、特別な場所については、専門家による点検を考慮する
臨時点検	学校行事の前後や災害時等必要と認められた場合	点検場所、項目、観点は点検のねらいに応じて適宜設定	①そのつど必要に応じて関係職員で行う ②災害の規模を考え必要に応じて専門家を交えて実施する

第10章　学校安全と危機管理

（2）改善措置

　安全点検で確認された危険箇所、あるいは、予想される危険については、早急に対処し、事故発生の要因とならないよう留意することが重要である。事後措置の記録は、安全管理や指導の資料として活用するとよい。事後措置が学校内でできない場合には、学校の設置者に速やかに報告し、適切な措置をとる必要がある。その場合は、措置がとられるまでに時間がかかるため、その間に事故が発生しないように対応しなければならない。さらに、改善措置が行われたことまで確認する必要がある＊。

＊学校保健安全法
（学校環境の安全の確保）
第28条　校長は、当該学校の施設又は設備について、児童生徒等の安全の確保を図る上で支障となる事項があると認めた場合には、遅滞なく、その改善を図るために必要な措置を講じ、又は当該措置を講ずることができないときは、当該学校の設置者に対し、その旨を申し出るものとする。

表10-2　安全管理の着眼点（例）

場　　所	着眼点の例
窓	開閉はスムーズか、鍵はかかるか 転落の危険はないか ①足掛かりになるものが置いていないか ②転落の危険性のある窓の場合 　　転落防止用手すりや、開く範囲を制限する等の措置をしてあるか ③暗幕使用時は窓の開閉に注意しているか
棚	転倒防止の措置をとっているか
天井、照明器具	天井ボードのはずれ、天井のシミやひび割れ、照明器具、天井吊りのテレビのぐらつき等落下の危険はないか
壁	モルタルの亀裂、タイルの割れやはがれ、釘が出ていないか
床	床シートのはがれや摩耗、タイルの割れ、すべりやすい状態はないか
階段	手すりのぐらつき、すべり止めのはがれはないか
非常口	物が置かれていないか
遊具等	腐食、ぐらつきはないか、ボルトのゆるみ等がないか、しっかり固定されているか
プール	排水口は安全か、塀やよう壁にひび割れやふくらみはないか

（文部科学省「学校における転落防止のために」2008、文部科学省「安全で快適な学校施設を維持するために」2001を参考に作成）

表10-3　安全点検表（例）

令和　年度　安全点検表								
点検場所（　　　　　　　　）　　　　　　　　　　　　　　　　　　　　　　　　　　　　　　　　　　　点検者（　　　　　　　　）								

場所		点　検　項　目	点検結果　○・×　備考記入						処理済月日
			○／×	備　考	○／×	備　考	○／×	備　考	
教室・特別教室・準備室等	1	机・椅子は破損していないか							
	2	床は、すべりやすくないか、また破損はないか							
	3	窓や戸の開閉に支障はないか、また破損はないか							
	4	電気器具の故障はないか（コンセント等も含む）							
	5	照明器具が破損したり、落下のおそれはないか							
	6	床・壁・柱・戸等にくぎ・画びょう等が出ていないか							
	7	壁にかけた物や吊り下げた物が落下する危険性はないか							
	8	掲示物等に危険はないか							
	9	カーテン・レールの破損はないか							
	10	戸棚の引き戸・引き出しがスムーズに開閉できるか							
	11	棚の上の物は安全に保管されているか							
	12	戸棚類が倒れる危険性はないか							
	13	室内の整理整頓はよいか							
	14	刃物（はさみ・包丁・くぎ）は定位置に保管されているか							
	15	必要な箇所の施錠が確実にできるか（出入り口及び戸棚類）							
	16	薬品・薬品戸棚の整理・保管はきちんとできているか							
	17	ガス栓・ガスの配管等に故障はないか							
	18	換気装置に異常はないか							
流し等	1	器具に破損はないか							
	2	排水口はつまっていないか							
	3	流し槽は清潔に保たれているか							
	4	滑りやすい状態ではないか							
廊下等	1	通行の妨げになるものが放置されていないか							
	2	滑りやすく危険なところはないか							
	3	くつ箱が倒れる危険はないか							
	4	非常口は非常の場合すぐに開放できるか							
	5	扉・引き戸はスムーズに開放できるか							
トイレ等	1	ドア・戸口の鍵は破損していないか							
	2	床・足場は滑りやすくなっていないか							
	3	便器・シャワー等の器具の破損、水漏れ、排水不良はないか							
	4	窓枠・窓ガラスの破損はないか							
	5	洗濯機・乾燥機等の異常・故障はないか							
	6	シャワー・ガス・湯沸器等の異常・故障はないか							
	7	換気装置に異常はないか							
グラウンド等	1	遊具等に危険な箇所はないか（ネジ・手すりの破損）							
	2	周囲に危険な物が落ちていないか（ビン・缶の割れ物等）							
	3	自転車置場がきちんと整頓されているか							

点検者　㊞	校長　　㊞	点検者　㊞	校長　　㊞	点検者　㊞	校長　　㊞

2）安全管理と養護教諭の関わり

　安全管理は全職員で行うものであるが、養護教諭が関わる安全管理としては次のような項目が挙げられる。安全管理では連絡と確認が重要であるので、把握・点検等を行うだけでなく、確実な連絡と確認を行い実践に結びつけていく必要がある。

安全管理の項目	具体例
1．施設、設備（器械、器具、用具等）の安全点検の実施の確認	・けがの原因が施設、設備に関連するものであったり、環境が要因である場合、すぐに管理職等に報告し必要な修理等を行う
2．危険薬品や危険物の管理	・毒物劇物、引火性の強い薬品や刃物の管理、収納方法や適正な廃棄
3．学校行事実施の環境条件、計画の安全性、危険箇所の把握等の確認	・マラソン大会、運動会等の時期と起こりうる事故への備え ・熱中症の防止、時間ごとに危険レベルの周知、熱中症計の活用、保健指導と水分補給の徹底
4．水質、給食材料及び調理上の安全確認と児童生徒の健康状態の把握	・食物（運動誘発）アレルギーの確認と救急体制
5．通学路の安全確認及び事故発生時の指導、管理	・通学路マップを利用した確認体制、地域と連携した管理体制
6．（大規模）災害時の避難経路及び避難場所の確認と救急医薬品の管理	・救急薬品は非常時に持ち出せるように明示しておく
7．事件・事故発生時に機能する救急体制の確認と速やかな救急処置	・心の健康に関わる視点も大切にした対応を行う ・事件事故が発生した時のみならず平常の心の健康づくりを図っておく

6　安全教育

1）安全教育の目標

　学校における安全教育の目標は、日常生活全般における安全確保のために必要な事項を実践的に理解し、自他の生命尊重を基盤として、生涯を通じて安全な生活を送る基礎を培うとともに、進んで安全で安心な社会づくりに参加し貢献できるような資質や能力を養うことにある。具体的には次の三つの目標が挙げられる。

ア　日常生活における事件・事故災害や犯罪被害等の現状、原因及び防止方法について理解を深め、現在及び将来に直面する安全の課題に対して、的確な思考・判断に基づく適切な意思決定や行動選択ができるようにする。

イ　日常生活の中に潜む様々な危険を予測し、自他の安全に配慮して安全な行動をとるとともに、自ら危険な環境を改善することができるようにする。

ウ　自他の生命を尊重し、安全で安心な社会づくりの重要性を認識して、学校、家庭及び地域社会の安全活動に進んで参加・協力し、貢献できるようにする。

2）安全教育の領域と構造

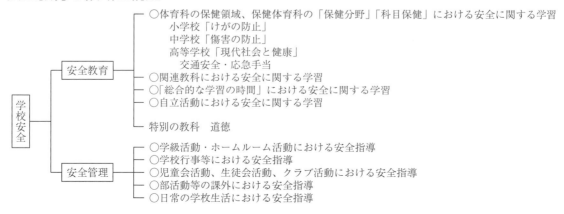

3）安全教育と養護教諭の関わり

　養護教諭はけがの原因の情報を知る立場にあり、災害発生の記録を整理し、その情報を提供することにより実態にあった指導を行うことができる。このように養護教諭は、日常の活動を安全教育に活用することができる。

けがの発生状況を安全教育に活かしたショート保健指導　対象：小学校全学年　指導者：担任

　廊下を走ってぶつかる等危険なけがの発生が続いたため、安全指導の必要性が高まった。養護教諭は実態状況をまとめ、指導案と教材を作成し、校内生徒指導委員会にはかり検討。児童生活指導委員会の廊下を歩こうの取組と合わせて取り組むことになった。

学級活動指導案

指導者　学級担任

1．テーマ　「あんぜんな生活をしよう」
2．設定の理由とねらい
　　最近、毎日ろうかを走りけがをする子、危険な遊びや、ふざけでけがをする子が後を絶たない。危険を予測したり、互いに注意し合うことで安全な生活へ意識を高め、けがを防止したい。生活委員会の取組と合わせて行う

3．使用教材　資料1 ろうかを走る絵、資料2 教室でふざける絵、資料3 校内で最近起きた危険なけがの事例

学習活動	時	児童の思考の流れ	指導上の留意点
危険について考える	5	〈安全な生活について考えよう〉 ○どんなことがおこるかな？ 　ぶつかってけがをするよ 　ぼくもこの前、けがをしたよ。たんこぶができたよ ○どんなことがおこるかな？ 　ふざけて机にぶつかってけがをするよ 　いすが倒れるかもしれない ○学校の中では、廊下を走ったり、危険なあそびをしてけがが起こっている。まだ他に危険なことをしていないかな？ ・危険な遊び方をしている。あぶないな ・自分じゃなくて他の人をけがさせているんだ ・この前階段を飛び降りる人を見たよ ・廊下がぬれていて走った人がころんでいたよ ・いすを引くいたずらをしていたよ ○どうすれば安全な学校にすることができるかな？ ・ろうかや教室を走らない。あるこう ・ふざけすぎない ・まわりが注意する	身近に起こりうる危険性を考えることで安全に対する意識を高める。 資料1 廊下を走る絵を提示する 資料2 教室でふざける絵を提示する 資料3 発達段階や実態に合わせて紹介する 他に知っている例を挙げさせ、危険性を話し合う 学校のきまりを確認 　（廊下を走らない等）
身近なけがの防止を考える	10	●学年やクラスの実態に応じて具体的に話し合う 例　○○ごっこは廊下や教室でしない。 　生活委員会の「廊下を走らない」取組を知らせる	※よく児童は「けがをしなかったからよい」「先生に見つからなかったらよい」と考えるが、危険を少なくすることが大切であることをおさえる 評価
安全な学校生活を考える	5	**ろうかを走ったり、危険なあそびをしない。 安全に気をつけよう**	危険な行動と安全について考え、これから気をつけようと思うことができたか

第10章　学校安全と危機管理

第10章　学校安全と危機管理

資料1

資料2

資料3　　　　　　　　　　　　**校内で最近起きた危険なけがの事例**

月	日	曜日	発生時間	場所	年	部位	けが	けがの様子	危険なポイント
10	22	月	昼休み	運動場	2年	腰	打撲	Aは滑り台の下の方を滑っていた。おにごっこをしていた3年生が**滑り台を走りながら降りてきて**、3年生の足がAの腰にあたった。3年生は謝らず立ち去る。A痛くてうまく歩けず	遊具の間違ったあそび
10	24	水	昼休み	廊下	2年	顔	打撲	低学年入口でAがBを押し、Bが押されてCにあたり、Cが頬を下駄箱にぶつけた	危険な行動
10	25	木	2限後休み	教室	1年	鼻	鼻出血	Aが教室を出ようとしたところ、**廊下を走っていたB**と出会い頭にぶつかった	危険な行動
10	26	金	給食	教室	4年	頭	打撲	**ふざけていて棚にあたまぶつける**	ふざけ
10	30	火	3限後休み	廊下	1年	頭	打撲	**Aが廊下を走っていて**Bにぶつかった	危険な行動
10	30	火	昼休み	運動場	3年	頭	打撲	Aが遊具にぶら下がっていたところBとCが足をつかみ揺らしたため、手が離れ後頭部と背中を地面にぶつけた	危険なふざけ
10	31	水	1限後休み	廊下	1年	顔	打撲	**Aが廊下を走っていて**教室から出たBのおでこにぶつかった	危険な行動
11	1	木	3限後休み	廊下	1年	顔	打撲	**AとBが廊下を走っていて**ぶつかった	危険な行動
11	1	木	3限後休み	廊下	6年	歯	歯のけが	Aが教室を出ようとしたところ、Bに追いかけられていたCが**廊下を走って**教室に入ろうとして、Aの歯にCの頭がぶつかり歯医者へ	危険な行動
11	1	木	昼休み	廊下	1年	鼻	鼻血	Aがゾンビごっこで教室から**廊下に走って**出たところ、同じくゾンビごっこをしていたBが**廊下を走ってきて**ぶつかり、Bが鼻血	危険な行動

先生方の指導後の感想

○資料1、2の絵を活用することにより、危険察知や予見をすることができてよかった。
○資料3の表を活用することにより、実際に起こったけがの事例が現実的で子供達の身に迫ったようだ。
○児童と職員で意識できたので効果的だった。
○委員会の取組と同時に行ったので、すぐ改善し学級でも走らないよう気を付けられるようになった。
▲効果が一時的になってしまうので継続した指導が必要である。

効果　危険なけが（廊下走る、ふざけ等）の件数は1／3に減少した。

7　災害発生と養護教諭

1）災害発生時における養護教諭の関わり

　災害が発生すると、突然日常が失われる。児童生徒の生命を守るために教職員の一員として、また専門職として養護教諭の果たす役割は大きい。災害への備え、また発生後の養護教諭の関わりは以下のようなものがある。

（1）災害への備え（資料10-1、10-2）
①救急処置への体制づくり

　事故や災害に対して養護教諭にその備えや対応への情報を求められることがある。事前に次の事項について留意し、把握しておく必要がある。

　ア．自校の危機管理マニュアルに基づき、救急班を編成し救急処置について日ごろから情報を提供し協力を得ておく。
　イ．救急用品は常に一定箇所に整備しいつでもだれでも持ち出せるよう明示しておく*。
　ウ．特別な配慮を必要とする児童生徒を把握し、避難方法や運搬担当者をあらかじめ決めておく。
　エ．校内の緊急体制を整備し、全職員の共通理解を図るよう努める。
　オ．緊急時における医療機関への連絡体制を明示し、保護者への連絡方法も把握しておく**。
　カ．災害時における情報収集方法を把握しておく。

> ・災害拠点病院***：都道府県で耐震性やヘリポートの確保等条件を備えた災害拠点病院を指定することになっているのであらかじめチェックしておく。
> ・食料等の備蓄****：地方公共団体は、備蓄施設を確保し、食料、飲料水、常備薬、炊き出し用具、毛布等避難生活に必要な物資等の備蓄をする。

②心のケアの体制づくり*****

　保健室に来室する児童生徒に対して養護教諭の専門性を活かした健康観察により心身の健康状態を的確に把握する。また、来室記録には気づいた言動等も記録するとよい。養護教諭の役割は以下のようになる。

　ア．子供の健康観察の項目や結果について専門的検討を加える。
　イ．保健室来室状況の把握を常に行う。
　ウ．心身の健康調査等に協力する。
　エ．臨時の健康診断を常に実施できるように準備をしておく。
　オ．健康相談を展開する。
　カ．専門家等との連携を図る。
　キ．災害時においても常に保健室が運営できる条件づくりをする。

③教職員に対し救急処置活動の訓練

　緊急時に備え、教職員に対し心肺蘇生法を含むAED講習会、緊急時シミュレーション訓練を実施する。

　　＊参照：p.247　資料10-1　災害時にあると便利なもの
　　＊＊参照：p.247　資料10-2　引渡し者を記載した緊急カードの工夫（例）
　　＊＊＊「災害時における初期救急医療体制の充実強化について」（平成8年5月10日健政発第451号健康政策局長通知）
　　＊＊＊＊防災基本計画平成24年9月中央防災会議
　　＊＊＊＊＊参照：p.248　資料10-3　平常時の心のケアの体制づくり

④保健教育

保健学習との関連を考慮し、児童生徒に対し心肺蘇生法を含む基本的な応急手当を身につけさせるとともに、ストレスに対応できるようにする。

保健学習における関連単元

小学校	心の健康、けがの防止
中学校	心身の機能の発達と心の健康、傷害の防止
高等学校	現代社会と健康

⑤避難訓練や防災訓練等への参加

学校で行われる訓練に対し、各学校の防災マニュアルや計画に従い、積極的に参加する。
トラウマのある子や障害のある子供に対して配慮する。

（2）災害発生時の対応

①災害発生時における養護教諭のかかわり

ア．救急班の編成
イ．救急班への救急処置の指導と協力
ウ．救急用品の常時配備
エ．非常持ち出し用救急用品の配備
オ．配慮を要する児童生徒の把握
カ．配慮を要する児童生徒の避難方法の周知徹底
キ．校内の連絡体制の整備
ク．全教職員との共通理解
ケ．医療機関への連絡体制の明示
コ．保護者への連絡方法の把握
サ．災害情報の収集方法の把握
シ．衛生状態の確認
ス．感染症の対策
セ．健康観察
ソ．健康相談

・災害派遣医療チーム（DMAT）と災害時の心のケアの専門職チームの派遣
　被災地方公共団体が必要に応じて派遣要請、編成協力を求める。
・医師等の巡回
　災害発生時地方公共団体は医師、保健師、看護師等が避難所を巡回し地域住民の健康状態の把握、健康相談を行うことになっている。

DMAT：Disaster Medical Asistance Team

(中央防災会議「防災基本計画」2012)

②災害発生時の養護教諭の関わりの実際

養護教諭が関わる活動を以下にまとめた。校長の指示の下、全職員と協力して対応にあたる。

発生直後の 危機管理	・安否の確認（他の職員と協力し家庭訪問等、児童生徒の所在の集約）、災害状況の確認 ・救急処置（医療チームとの連携、医療機関の問い合わせや案内等） ・心身の健康状態の確認（全体の把握と対応が必要な児童生徒のピックアップ） ・障害や病気をもつ児童生徒の対応 ・学校医、学校歯科医、学校薬剤師、ＳＣとの連携 ・保健室の状況確認と整備（避難所の救護所として開放するかの協議） ・救急薬品・衛生材料の確保 ・校内の状況確認 ・環境整備（トイレ、飲料水、清掃、ごみ等） ・感染症対策の検討 ・保健師や心のケアチームの巡回に関する情報収集
学校再開前後の 危機管理	・児童生徒の心身の健康状態の把握（家庭訪問の継続） ・教職員研修（心のケア等） ・担任、管理職との連携（情報の共有） ・学校医、学校歯科医、学校薬剤師、ＳＣとの連携の継続 ・健康観察（観察結果に基づく健康相談→必要に応じ、医療チームへの紹介等） ・保健指導（児童生徒・保護者向け資料の作成） ・通学路の安全確認 ・保健室の整備、救急薬品、衛生材料の確保 ・環境整備（トイレ、飲料水、清掃、ごみ等）の継続 ・感染症対策 ・保健師や心のケアチームの巡回に関する情報収集の継続 ・給食再開に向けての協力

校舎の外に設置された仮設トイレ

手洗い用のタンク

第10章　学校安全と危機管理

能登半島地震で被災した中学校の事例

1．校舎災害の状況

　　地震直後職員が学校へ駆けつけた時、まず目についたのは校庭の立派な校歌碑が根本から折れ、前面に倒れている光景だった。駐車場のコンクリートは隆起しひび割れ、体育館の屋根の部品が落下、また水道管が破損し廊下が水浸し、職員室や保健室の戸棚は倒れ物が散乱、校舎の壁もはがれ落ち、歪みでサッシが開かないなど危険な状態だった。この日が休日でここに生徒がいなかったことにせめてもの安堵をした。

2．災害後の経過（学校の対応と養護教諭としての取組）

	学校・職員の動き	養護教諭としての活動		
		生徒・家庭に対し	学校・教職員に対し	連携や配慮
3／25 当日	・当日管理職からの安否の確認あり可能な人は登校			
3／26 ～翌日 ～入学式前日まで	職員集合 ・**家庭訪問開始** （担当区域を決めて） ・**校舎内点検と危険箇所の応急処置** ・**情報交換、対策（毎日）** 　生徒の健康状態 　地域の様子中心 ・**通学路点検** ・**入学式準備**（集会） （在校生登校日） ・**入学式会場作り** （町ホールで。体育館使用不可）	・**生徒の健康の確認**（家庭訪問による観察と励まし） 家屋に被害のあった生徒はかなりいたがけがや健康上心配のある生徒はなかった ・**生徒の登校指導と健康観察実施** ・**全校集会で集団指導** 学校長の話の後、養護教諭として生徒へ安心させる言葉がけと健康面の相談を受付けることについて話す	・**家庭訪問後に気になる生徒の様子を確認** ・**飲料水の準備について管理職と相談** タンクの準備と運搬など町に要望 ・**校内研修（心のケアについて）資料の配付** 生徒への言葉がけや接し方PTSDの説明 ・**自宅に住めず親戚などにいる生徒に生活の様子を確認**	・SCに連絡し資料の提供を求めた ・「心の健康調査」内容検討 （SCと）
4／5 ～ 入学式から	（入学式） ・**「生徒の建物被災状況」と「心の健康調査」実施** ・**仮設住宅に住む生徒などの家庭訪問** ・**通学安全指導** ・**体育館使用までの対応（体育や部活）** ・**地区PTAで被災地区生徒の様子を聞く** ・**給食費免除決定** ・**体育館6／9使用再開**	・**登校時健康観察** 毎日玄関で養護教諭の目で生徒の健康観察と言葉がけを続けた ・**飲料水管理と感染症予防の指導** ・**心の健康調査をまとめ、職員会で報告** ・**個別指導カウンセリングの継続実施** ・**けが予防の指導**	・**管理職に心の健康調査内容を提案** ・**健康観察を強化** 学級での健康観察ポイント指導 ・**生徒の健康状況など情報交換を密に** （毎週水曜時間をかけて）	・飲料水水質管理と生徒への指導（水道管工事後） ・担任、SCと常に連絡 気になる生徒について

SC：スクールカウンセラー

3．対応を振り返って（養護教諭としての心がけ）

・生徒に対して「震災後しばらくは、余震が来る度に心が動揺し色々な不安が起きる。このような精神状態は誰にでもあり、健康なこと」と話し安心するよう言葉がけをした。

・本校には、スクールカウンセラーがいるので「心のケア」について常に専門的な立場からアドバイスや資料を頂き啓発活動が出来た。また気になる生徒は少数だが対応について相談でき、心強く感じた。災害などの経験のある人は殆どいないので各立場で意見を出しチームでの対応が大切だと感じた。

・震災後は、養護教諭としてけがや感染予防のために安全や衛生面の指導とともに健康観察の強化による病気の早期発見も重要であった。

・被災し仮設住宅に住む生徒、健康調査で何項目も記入があり気になる生徒には、個別に状況を聞き相談にのり、励ましていくことも必要であった。

・職員で被害にあった方は新学期にむけての多忙な毎日に疲労が増していた。職員の健康にも気を配り、みんなで支え合う姿勢が必要だと感じた。

（石川県養護教育研究会「2007・3・25能登半島地震の経験を生かして～養護教諭としての活動マニュアル～」2008）

2）事件・事故災害時における心のケア*

（1）事件・事故災害時における心のケアの意義**

　事件・事故発生により子供達の心身の健康に大きな影響を与えることがある。大きな事件・事故により「家や家族・友人を失う」「事故を目撃する」等強い恐怖や衝撃を受けた場合、不安や不眠等のストレス症状が現れることが多い。こうした反応は誰にでも起こりうることであり、時間の経過とともに薄らいでいくものであるが、長引くと生活に支障をきたしその後の成長や発達に大きな障害となることもある。そのため、日ごろから子供の健康観察を徹底し適切な対応を行うことが必要である。

> ****学校保健安全法　第29条**
> 　学校においては、事故等により児童生徒に危害が生じた場合において、当該児童生徒及び当該事故等により心理的外傷その他の心身の健康に対する影響を受けた児童生徒等その他関係者の心身の健康を回復させるため、これらの者に対して必要な支援を行うものとする。この場合においては10条の規定を準用する。

（2）事件・事故災害発生における対応

　事件・事故災害が発生した時の対応の流れは図10-3のようになる。校長が外部の支援チームの支援を受けるか判断して校内支援チームを結成、緊急支援プログラムを作成、実施、評価の後、フォローアップ体制を検討し実施する。

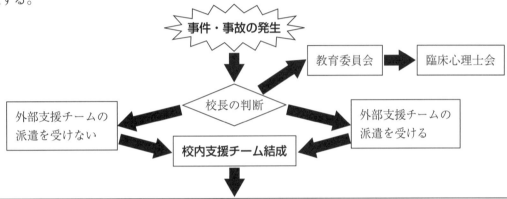

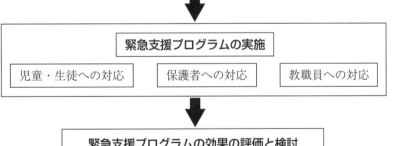

（H24養護教員校種別研修会（石川県養護教育研究会）資料　金城大学　平口真理氏　2012）

図10-3　事件・事故災害が発生した時の対応の流れ

---

*参照：p.248　資料10-3　平常時の心のケアの体制づくり
　　　p.249　資料10-4　こころとからだのチェックリスト（例）

第10章　学校安全と危機管理

危機対応チーム（Crisis Response Team；CRT）とは

　危機事態に対する心のケアへの対応は教職員全員であたるべきであるが、その計画の策定や実施状況の統括を行うために、危機対応チームを編成する場合もある。

　校長の指揮・監督下に置かれ、校長を補佐する役割をとる。決定権を有さず、基本的には校長の判断に委ねられる。

　全国的には静岡県、山口県、長崎県、和歌山県等にある。

学校CRTの概要

名　　称　　○○県クライシス・レスポンス・チーム（略称：CRT）

目　　的　　学校危機への心のレスキュー活動（初期対応）

対　　象　　○○県内の小中高等学校に所属する子供たちの多くが心に傷を受ける可能性のある事
　　　　　　故・事件等

　（typeⅠ、かつ、おおむね　衝撃度　Ⅲ弱以上）

依頼方法　　校長または所轄の教育委員会からCRT情報センターへ電話で依頼

派遣隊員　　CRTに隊員登録されている専門職

　　　　　　（精神科医、臨床心理士、精神保健福祉士、保健師、看護師等）

派遣期間　　最大３日間（アフターケアなし）、かつ、発生日から数えて数日以内

支援内容　　二次被害の拡大防止とこころの応急処置

　　　　　　（１）学校、教育委員会への助言

　　　　　　（２）教職員へのサポート

　　　　　　（３）保護者への対応サポート

　　　　　　（４）子供と保護者への個別ケア

　　　　　　（５）報道対応サポート等

typeⅠ学校危機（心の緊急支援）
殺人、自殺、事故死 殺人未遂相当、無差別傷害、重度傷害、強姦、強制わいせつ、重症事故 地域の災害・事件・事故、感染症

事件規模	衝撃度	事　案　例　◎学校管理下　○学校管理外
大規模	Ⅵ	◎北オセチア共和国学校テロ
	Ⅴ	◎大阪池田小事件
中規模	Ⅳ	◎佐世保市の小６殺害事件 ◎山口県立高校爆発物事件、数十人救急搬送
	Ⅲ強	◎校内で子供が自殺。数十人以上の子供が間近で目撃 ◎校内プールで水死。多数の子供が間近で目撃 ◎通学路で子供がはねられ死亡。多数の子供が間近で目撃
	Ⅲ弱	◎校内で子供が自殺。数十人の子供が間近で目撃 ◎校内プールで水死。数人の子供が間近で目撃 ◎通学路で子供がはねられ死亡。数人の子供が間近で目撃 ○親子心中事件

（CRT（クライシス　レスポンスチーム）ホームページ　http://www.h7.dion.ne.jp/~crt/crt/aboutCRT.html　2014.2.23）

（3）災害時における心のケアの基本的理解

① 養護教諭としての基本姿勢

　　日ごろからよい人間関係の構築を心がけ、子供達がいつでも話したいと思える養護教諭であること。

② 心のケアを行う人の留意点

　　・校内組織の中で動くときは管理職の理解と協力を得ること

　　・教職員相互の心のケアシステムを作ってから支援に臨むこと

　　・自然災害で受けた心の傷は時間の経過とともに治っていく傷であり、乗り越えていけることを信じること

③ 時間の経過からみた特徴と対応

時　系	特　徴	対　応
Ⅰ　急性期：一過性の症状 （災害から2〜3日） ほとんどの人が不安と恐怖を訴える	・抑うつ ・不安 ・絶望感 ・過活動 ・ひきこもり	・安全確保 ・避難場所の移動 ・外傷の手当 ・水や食料の確保
Ⅱ　身体症状期：身体症状の表面化 （災害から1週間程度） 強いストレスが原因	・頭痛 ・腹痛 ・食欲不振 ・吐き気、嘔吐 ・高血圧	・身体的諸検査 ・既往歴チェック ・受容 ・支持
Ⅲ　精神症状期 （災害から1か月程度） 実体験のショック、罪悪感	・集中困難 ・イライラ ・怒りっぽい ・多弁、多動 ・攻撃的 ・そう、うつ状態 ・自殺念慮	・訴えをよく聞く ・言葉かけ ・元に戻ることを伝える ・安心させる
Ⅳ　PTSD：外傷後ストレス障害 （災害から1か月以降） 重症になれば精神科医や専門家との連携が必要	・災害の再体験 ・刺激の回避 ・覚醒レベルの亢進 　寝付きにくい、かんしゃく、警戒心等	・話を聞く時間の準備 　子供自身が気にしていないことを積極的に取り上げない ・遊びと運動 ・人間関係の良好化
Ⅴ　遅発性PTSD （災害から数か月以降） 　祭日、行事、学期の終了	・睡眠障がい ・集中困難 ・焦燥感	・災害状況の類似、同一条件時に不安が高まる。日常観察にとくに注意し安心せる
Ⅵ　アニバーサリー反応 （1〜2年後の災害発生日のころ） 報道機会の増加	・不安定 ・種々の反応	・可能性を子供、保護者に伝え理解と協力をしてもらう

（石川県養護教育研究会「2007・3・25能登半島地震の経験を生かして〜養護教諭としての活動マニュアル〜」2008）

第10章　学校安全と危機管理

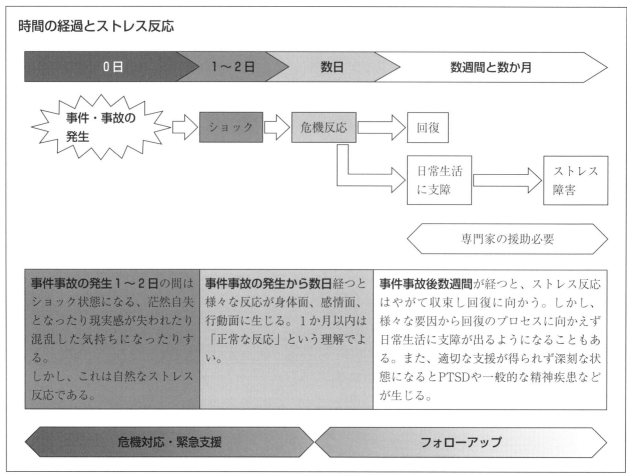

(H24養護教員校種別研修会（石川県養護教育研究会）資料　金城大学　平口真理氏　2012)

（4）災害時における心身の健康観察

　災害時の子供の心身の状態を観察する時には、下表のような症状に注意する。

　また、支援者は子供が安心感をもてるようにして、しっかり子供と向き合いスキンシップをとり、子供自身が自分の気持ちを表現できるように配慮する。

① ポイント

時　　期	体の健康状態	心の健康状態
災害直後から授業再開まで	食欲はあるか 睡眠はとれているか おう吐や下痢をしていないか 皮膚や目にかゆみはないか 頭痛が続いていないか	退行現象が現れていないか 落着きない様子はないか 多弁、多動でないか イライラしていないか 攻撃的でないか うつ状態になっていないか ふさぎ込んでいないか
授業再開後	食欲不振が続いていないか 不眠が続いていないか 吐き気や下痢が続いていないか 皮膚や目にかゆみはないか 頭痛が続いていないか 尿の回数が異常に増えていないか 過食になっていないか	孤立、孤独な時がないか 無表情な様子がないか 涙を浮かべたり、落ち込んでいる様子はないか 急にふさぎこむことはないか 閉じこもりはないか 怒りっぽい、乱暴になっていないか

(石川県養護教育研究会「2007・3・25能登半島地震の経験を生かして〜養護教諭としての活動マニュアル〜」2008)

② 健康観察表

番号	調査項目	月日	月日	月日	月日	月日	月日
1	食欲がない						
2	眠れないことがある						
3	おなかが痛いことがある						
4	吐き気がすることがある						
5	下痢をしている						
6	皮膚がかゆい						
7	目がかゆい						
8	頭が痛いことがある						
9	尿の回数が増えた						
10	食べ過ぎることがよくある						
11	なんとなく落ち着かない						
12	悩んでいることや困っていることがある						
13	何となくからだがだるい						
14	イライラして攻撃的になる						
15	急にふさぎ込んでしまう						
16	ボーッとしている						
17	いつもと様子が違う（元気がない、元気が良すぎる等）						
18	保健室の利用が増えた						
19							
20							

危機発生時の健康観察表〈例〉　（　　年　　組　氏名　　　　　）

メモ

実施方法
（1）該当する項目や内容があれば「○」を記入する。
（2）結果については、養護教諭に提示する。養護教諭は全校的な傾向や個別の情報について管理職に報告の上、対応について検討する。
（3）ほかに必要な項目があれば随時追加する。
＊平常時に使用している健康観察表と併せて活用する。

（文部科学省「子どもの心のケアのために」2010）

（5）心身の健康状態に関するアンケートと活用

心の傷は見えにくいため、必要に応じて心身の健康調査＊＊などを活用して、心身の健康状態の把握を行う必要がある。

実施の時期については、人的災害では早期の対応が重要であるが、自然災害ではライフラインの復旧など生活の回復を優先して行う。実施に当たっては、校長を中心に教職員で十分検討し、専門家の意見を参考にしながら活用する。実施する場合は、保護者に事前に説明をしておき、児童生徒に対してはテストではないことを伝え、書きたくないときは途中でやめてもよいことを説明する。

結果は、個人面談や健康観察などと合わせて総合的な判断に活用する。相談機関・医療機関などの支援が必要と思われる場合は、関係者と相談し、保護者・子供と話し合った上で、専門家と連携して支援に当たる。

＊＊参照：p.249　資料10-4　こころとからだのチェックリスト（例）

第10章　学校安全と危機管理

個人面談の内容と流れ（実践例）

① オープンクエスチョン（今、気になること、悩みなど）

    ↓

② 身体症状、ストレス（ＳＣ・専門機関へつなぐ必要性の有無）

    ↓

③ 相談できる人がいるか（家族、先生、友達など）

    ↓

④ 生活環境（家族の様子、居住の様子など）

    ↓

⑤ 趣味、好きなこと（楽しいことで面談を終わらせる）

◎面談後は、担当者の所感を記入し、関係者と今後のケアについて共通理解を図る。

《面談者の抽出方法》
児童生徒には"健康観察表の感想を聞かせてほしい"等、無作為に呼び出していることを伝え、心配をかけないように配慮する。

《面談時間》
子供の負担にならないよう、10分程度の短時間で行う。

8　評価

　児童生徒の生命の安全を確保する面から、できるだけ具体的な観点で評価をしていくことが重要である。

　評価には、学校安全全体の評価や安全管理、安全教育、組織活動の学校安全の内容ごとの評価、避難訓練や交通安全教室等の行事ごとの評価等が考えられる。安全教育では、一人一人の児童生徒が安全教育の目標をどの程度達成したか、内容や方法に課題はなかったか等について評価を行い、改善していく必要がある。

区　分			項　　　目
学校安全の基本			学校安全に対する考え方、捉え方が適切か
安全管理	対人管理	心身の安全管理	1．事故災害発生の主体的要因の診断が適切になされ、それが安全管理と教育に活かされているか 2．日常の行動観察が適切になされ、それが日常の安全の管理や指導に活かされているか 3．日常の救急手当及び緊急事故災害発生時の救急体制が確立され、それが円滑に行われているか
		生活の安全管理	1．学校生活の安全管理が適切に行われているか 2．校外生活における安全管理が適切に行われているか
	対物管理	学校環境の安全管理	1．校舎内外の施設・設備の安全管理が適切になされているか 2．学校環境の美化等情緒面への配慮がなされているか
組織活動			1．教職員の協力体制が確立され、活動が円滑になされているか 2．家庭やPTAとの協力体制が確立され、活動が円滑になされているか 3．地域の関係機関等との協力体制が確立されているか

資料10-1　災害時にあると便利なもの

☐　水・精製水・氷（冷蔵庫）	☐　包帯・滅菌ガーゼ・三角巾
☐　使い捨て手袋	☐　体温計・冷却シート
☐　ゴミ袋・ナイロン袋	☐　血圧計
☐　トイレットペーパー	☐　アルコール綿
☐　タオル・毛布・布団・枕	☐　ラジオ・電池・懐中電灯
☐　ウエットティッシュ・清拭綿	☐　文房具
☐　手指消毒薬	☐　バケツ・ぞうきん
☐　消毒用次亜塩素酸	☐　厚手ゴム手袋
☐　紙コップ・ペットボトル	☐　笛
☐　使い捨てマスク	☐　アイスボックス（クーラー）
☐　生理用ナプキン（止血ガーゼ代用可）	

（石川県養護教育研究会「2007・3・25能登半島地震の経験を生かして～養護教諭としての活動マニュアル～」2008　一部改変）

資料10-2　引渡し者を記載した緊急カードの工夫（例）

緊急連絡先と災害時引き渡し人を兼ねて記入する様式

緊急時連絡先　および　災害時等引き渡し人
●災害時等引き渡し人は、災害時等に学校に迎えに来る人です。記入がない場合、確認ができないのでお子さんを引き渡しできない場合があります。
●確実に連絡が取れるところを書いてください。
●電話順は、電話してほしい順に数字を書いてください。

第10章　学校安全と危機管理

資料10-3　平常時の心のケアの体制づくり

学校の基本的役割	災害時の子供の心のケアを適切に行うためには、学校において平常時から、子供の心の健康への支援体制を確立しておく必要がある。特に、相談活動体制の充実は重要である。これら日常の支援体制を基盤に、学校保健計画やその活動との連携を図りながら、危機管理の一環として、災害時における心の健康問題への対応方針を作成するとともに、教職員一人一人の役割分担を明確にし、これを周知しておく必要がある
校長の役割 （学校のリーダーとしての適切な指示と全体の把握）	・全体的、総括的な学校保健の方針を策定する ・機能的で実践的な校務分掌を組織し、各主任の役割と責任を明確にする ・教職員の研修計画を作成、実施する ・子供及び教職員の健康状態を把握する ・専門機関等との協力体制をとる ・子供の安全を絶対条件として、地域に開かれた学校づくりを推進する ・日常の教育活動の中で、心のケアに関する理解の促進を図る ・教育委員会、近隣学校との連携を図る ・情報を適切に収集・把握するとともに、教職員間の情報の共有化を図る
学級担任の役割 （主として、学級にかかわる実態の把握と対応）	・子供の心身の健康観察を行う ・子供の実態把握を行う ・保護者との連携を図る ・教育相談を様々な場面を利用して行う
保健主事の役割 （学校保健活動の円滑な推進）	・学校保健計画を策定する ・学校保健委員会の活動の充実を図る ・心身の健康調査について、内容及び方法を検討するとともに、平常時の様子を把握する ・保健所等からの情報の入手方法の確認や、入手した情報の活用を図る ・校務分掌、学年間の調整を行い、校長に報告する
生徒指導主事の役割 （生徒指導の円滑な推進）	・生徒指導の方針等を企画・立案する ・生徒指導計画を策定する ・生徒指導計画の運営と推進を行う ・生徒指導に関する情報提供等を行う
養護教諭の役割 （専門的立場からの対応）	・子供の健康観察の項目や結果について専門的検討を加える ・保健室来室状況の把握を常に行う ・心身の健康調査の調査設計等に助言・協力する ・臨時の健康診断を常に実施できる準備をしておく ・健康相談を展開する ・専門家等との連携を図り、連携図等を作成する ・災害時においても常に保健室が運営できる条件づくりをする
教育相談担当教諭 （教育相談等相談活動の円滑な推進体制の確立）	・問題事象の把握と相談体制の確立、カウンセリング能力の向上を図る ・災害時の心の健康について、理解を図る
安全担当者の役割 （学校防犯防災に関する計画に基づく管理と対応）	・災害時の組織や校内の緊急連絡体制の整備及びその周知を図る ・防災計画に防災教育と心のケアを位置付ける
学校栄養職員の役割 （適切な食事指導）	・ストレス等による摂食障害の子供に、適切に食事指導を行う ・肥満、便秘等に対する食事指導の効果を上げる
スクールカウンセラーの役割	・心のケアを必要とする子供にカウンセリングを実施する ・問題等の理解やその対応方策について教職員や保護者に助言する ・連携すべき関係機関等についての情報を学校に提供する ・教職員の言動から教職員自身の不安を感じとり、校長に連絡する
教育委員会の役割	教育委員会は平常時から地域内の学校の情報に関して、広範に客観的な情報を把握することが必要である。また、教育委員会の担当者は、平常時から現場の実情を詳細に把握し、指導助言を的確に行うことが大切である 　また、教育委員会は日ごろから、教職員のカウンセリング能力の向上に関する研修の実施等により学校を支援するとともに、災害が発生した場合には学校へ職員・専門家を派遣する等の支援体制の確立を図っておく必要がある

（文部科学省「非常災害時における子どもの心のケアのために〈改訂版〉」2003　一部改変）

－（248）－

資料10-4 こころとからだのチェックリスト（例）

① 小学校の例

実施日　年　月　日

年　組　番　なまえ　　　男・女

「こころとからだのチェックリスト」

わたしたちのこころとからだは、とてもかなしいできごとのあとで、いろいろな変化をします。

それは、だれにでもおこることです。でも、これをこのままにしておくのはよくありません。自分のこころやからだのようすを、知ることが大切です。

そこで、「こころとからだのチェックリスト」を使って、この1週間の間に変わったことがあったかみてみましょう。

こたえかた：自分があてはまると思う番号に○をつけてください。

		1	2	3	4
1	ないない				
2	ない	ないない	ない	ある	あるある
3	ある				
4	あるある				

		1	2	3	4
1	しんぱいでいらいらしておちつかない	1	2	3	4
2	むしゃくしゃしてらんぼうになる	1	2	3	4
3	すぐかっとするようになった	1	2	3	4
4	よくねむれない	1	2	3	4
5	あたまやおなかがいたくなる	1	2	3	4
6	ちいさいおとにびっくりする	1	2	3	4
7	かなしいかんじがする	1	2	3	4
8	かなしかったことのゆめをみる	1	2	3	4
9	こわいことをおもいだす	1	2	3	4
10	かなしかったことのあそびをする	1	2	3	4
11	かんたんなことができなくなった	1	2	3	4
12	すぐわすれたりおもいだせない	1	2	3	4
13	ひとりぼっちになったきがする	1	2	3	4
14	じぶんのせいだとおもってしまう	1	2	3	4
15	ひとがまえよりすきになった	1	2	3	4

＊今の気持を書いてみましょう。絵をかいてもいいですよ。

※気になることがあったら、先生に相談しよう。

② 中学校・高等学校の例

実施日　年　月　日

年　組　番　氏名　　　男・女

「心と身体のチェックリスト」

私たちの心と身体は、とても悲しい出来事の後では、いろいろな変化をすることがあります。皆さんだけでなく、保護者の方や他の大人の方々も同じことで、とても自然なことです。でもこれをそのままにしておくのは、よくありません。

そこで、「心と身体のチェックリスト」を使って、この1週間の間に変わったことがあったかみてみましょう。

○ 回答の仕方：以下の問に対して、あなたにあてはまる番号に○をつけて回答してください。

		1	2	3	4
1.	全くあてはまらない	全くあてはまらない	あまりあてはまらない	ややあてはまる	よくあてはまる
2.	あまりあてはまらない				
3.	ややあてはまる				
4.	よくあてはまる				

		1	2	3	4
1.	心配でイライラして落ち着かない	1	2	3	4
2.	気持ちがむしゃくしゃしている	1	2	3	4
3.	時々、ボーっとしてしまう	1	2	3	4
4.	すぐかっとするようになった	1	2	3	4
5.	だれかに怒りをぶつけたい気持ちが強くなった	1	2	3	4
6.	眠れなかったり、途中で目がさめてしまう	1	2	3	4
7.	身体がだるく感じる	1	2	3	4
8.	腹痛や頭痛がすることが多い	1	2	3	4
9.	ちょっとした音にびっくりする	1	2	3	4
10.	胸がドキドキしたり、苦しくなる	1	2	3	4
11.	悲しい気分になる	1	2	3	4
12.	そのことの夢やこわい夢を見る	1	2	3	4
13.	不意にこわい事を思い出す	1	2	3	4
14.	またあんなことが起こりそうで心配だ	1	2	3	4
15.	楽しいことが楽しく思えない	1	2	3	4
16.	勉強に集中できない	1	2	3	4
17.	根気がない	1	2	3	4
18.	時々、自分を傷つけたくなることがある	1	2	3	4
19.	希望がもてない	1	2	3	4
20.	自分の居場所がないように感じる	1	2	3	4
21.	本当の自分を理解されていないように感じる。	1	2	3	4
22.	私を認めてくれる人はいないように思う	1	2	3	4
23.	どんなにがんばっても意味がないと思う	1	2	3	4
24.	悩みを話せる友人がいない	1	2	3	4

＊ 今の気持ちを具体的に書いてみましょう。絵でもいいですよ。

☆ 相談したいことがあったら、先生方に相談するようにしましょう。

（文部科学省「子どもの心のケアのために」2010）

第 11 章　救急処置活動

1　救急処置活動の目的と意義

2　救急処置活動の実際
　1）救急処置活動の進め方
　2）処置・対応の実際
　3）救急体制

第11章　救急処置活動

1　救急処置活動の目的と意義

　学校は、児童生徒が生活をする場であり、安全で安心してすごせる環境を維持する必要がある。そのため学校でけがや病気、事故や災害が起こった場合は、児童生徒の傷病や被害を最小限にとどめるために的確な救急処置活動を行う必要がある。学校における救急処置活動は、子供の生命や心身の安全を守り、子供の教育を受ける権利を保障することにつながる。

　また、救急処置活動は児童生徒が生涯にわたって健康な生活を送るために必要な知識・技術を学ぶ機会にもなる。したがって、学校では単に救急処置を行うだけではなく、日頃からけがや病気を未然に防ぐための予防教育を行ったり、再発を防ぐための再発防止教育などを行ったりしていくことも含めて、救急処置活動ととらえて取り組むことが大切である。

　養護教諭は、軽微なけがや体調不良などの日常的な対応から、ただちに救命処置を施して医療機関に搬送する必要のある緊急時の対応まで、毎日あらゆるケースの救急処置活動にたずさわっている。該当児童生徒のみの問題で終わらせるのではなく、学校全体の健康教育や環境整備へとつなげ、広がりのある救急処置活動を展開していく必要があり、その中心的な役割を果たすことが期待される。

表11-1　救急処置の意義

― 守る（護る）― 子供のからだや健康を直接的にケア	― 育てる（養う）― 子供の認識や行動に働きかける
○子供の生命や心身の安全を守り、子供の教育を受ける権利を保障することにつながる ○救急処置の範囲は、医療の対象とならない軽度の疾病や傷病に対する手当、医療につなぐまでの処置と、悪化防止の処置	○けがや病気を未然に防ぐための**予防教育** ○再発を防ぐための**再発防止教育** ○手当の仕方や、からだの構造や機能についての知識を身につける**健康教育** ○個々の疾病や発達課題、成長に即した**個別指導**

2　救急処置活動の実際

1）救急処置活動の進め方*

　学校における救急処置活動は「観察 → 分析・判断 → 処置・対応 → 事後措置」という一連の流れにそって進められ、それと並行してそれぞれの段階で必要に応じた保健指導を行うことが大切である。

　日ごろから緊急時における救急体制への共通理解を図り、その体制が効果的に機能したのかを検証し、得られた情報を保健管理、安全管理に役立てることが大切である。また、救急処置活動によって得られた情報に基づく保健指導や保健学習を推進し、健康相談を実施する等、学校全体の健康教育活動につなげていくように進めていくことも重要である。さらに、養護教諭自身が常に最新の医療情報収集に努め、研鑽をつむ姿勢が大切である。

表11-2　救急処置における配慮

日常的に取り組む活動	救急処置活動からひろがるさまざまな保健活動
○救急処置活動の校内体制づくり ○救急処置活動に関する教職員の共通理解 ○保護者との連携 ○学校医、専門医との連携 ○地域の医療機関との連携	○疾病発生状況の継続観察と指導 ○記録の整理、分析、評価 ○危険箇所の環境整備 ○二次的な事故防止のための保健指導や環境整備への共通理解 ○予防教育等集団へひろがる保健指導 ○健康相談

＊参照：p.278　資料11-1　緊急連絡カード
　　　　p.279　資料11-2　保健室利用連絡カード（中学校用）（例）

－（252）－

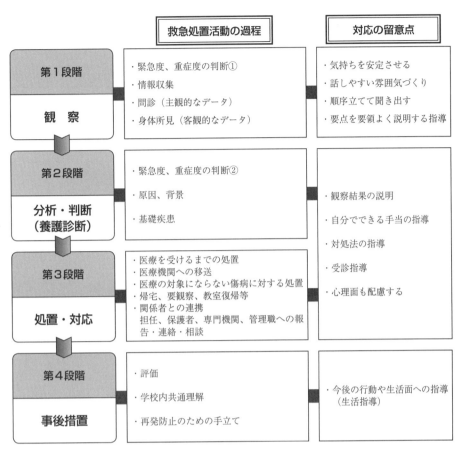

図11-1 救急処置の活動プロセス

(1) 観察

観察は、正確な分析・判断や適切な処置・対応を行うために、大変重要なものである。

児童生徒の生命の安全、症状の悪化防止、苦痛緩和のために、それぞれの発達段階や傷病の状態に応じて、迅速で的確な問診や身体所見から情報を得る必要がある。

① 問診

問診は、今までの状況経過、自覚症状等を明らかにしていくものであり、訴えや身体症状から緊急性の高いものを想定しながら聞き取る。

〔基本的問診〕

時 期	いつ・いつから	受傷や発症の時期を明確にする
部 位	どこが	痛みや受傷部位を明確にする
症 状	どのように	受傷したときの症状、痛みの症状、現在の状況の把握
原 因	どうして	原因を明確にする

〔補足的問診〕

主訴に応じて、工夫・配慮する必要がある。また、緊急性が疑われる傷病の徴候や症状がないか、生活習慣病との関係はないか、心因性のものはないか等も確認し、その本態・程度・原因を明らかにしていく。

第11章　救急処置活動

補足的問診の例

基礎疾患	・心疾患、腎疾患、アレルギー、その他の疾患等の有無と管理状況（学校生活管理指導表の確認） ・受診状況　・使用している治療薬等
生活習慣	・食事、睡眠、排便、疲労度等日常の状況と当日の状況等
精神的因子	・本人が抱えている問題（学業や友人関係、家庭環境、特別な出来事等）　・プレッシャー ・トラウマ等
環境因子	・温度、湿度、空気、騒音、におい、有害物質の有無　・施設設備の不備等

〔問診にあたっての注意事項〕

- ・事実を正確に話せるよう配慮する（嘘を言ったり、隠したり、ごまかしたりすることがある）
- ・部位の表現は言葉だけではなく、手で指し示す等させ、正確に部位を把握する（本人の自覚と実際の部位が違うことがあることも念頭においておく必要がある）
- ・外傷等はその発生の経緯をできるだけ実演を交え再現させる（重症度の判断の材料になることがある）
- ・目撃者等複数から情報を求める（受傷した本人が正確に記憶していないことがある）
- ・できるだけ現場に行き、状況を確認する（現場で得られる情報、重症度の把握、再発防止、二次災害防止につながることがある）
- ・複数の教員で聞き取りをし、情報の共有、確認をする

② 身体所見

　問診の終了後、または、問診と並行しつつ身体所見の観察を行い、状態を把握する。これにより、緊急度や疑いのある傷病の予測をすることができる。

　休憩時間は来室が集中するため、問診や観察の方法を工夫し、緊急度や重症度により優先順位を決めて実施することが大切である。

測　定	測定や観察から体の状態を知る	・体温　・脈拍　・呼吸　・血圧　・視力　・聴力　・瞳孔反射　等
視　診	視覚的に観察	・患部の状態　・意識の状態　・顔色や表情　・呼吸の状態　・姿勢 ・皮膚の状態　・チアノーゼの有無　・出血や発汗の有無　・ふるえ ・歩行や動作時の状態　・排泄物や吐物　・腫脹や変形の有無　等
触　診	手で触れ、形や痛み、その状態等を観察	・患部の皮膚の状態　・熱感や冷感の有無　・圧痛の有無 ・浮腫の有無　・脈拍の状態　・痛覚検査　・筋肉の緊張や弛緩 ・リンパの腫れの状態　等
打　診	指先で軽く打撃を与える	・介達痛の有無　・音の反響から状態を知る　・膝蓋腱反射　等
聴　診	体内で発生する音をとらえる （聴診器を用いて）	・呼吸音　・腹部蠕動運動音　等

　身体所見の中でも、バイタルサインのチェックは、緊急度の判断や健康状態の把握や異常の有無の判断に重要なものである。意識・体温・呼吸・血圧のそれぞれの基準値や特徴を理解し、適切な判断・対応につなげることが重要である。

意識の確認：意識があるかないか、意識がはっきりしているかいないかは、傷病の緊急度を判断する上で重要である。

○ジャパン・コーマ・スケール等を用い、客観的に評価する

分類		判定基準	
I 覚醒している （1桁の点数で表現）	0	意識清明	
	1（I－1）	見当識は保たれているが意識清明ではない	
	2（I－2）	見当識障害がある	
	3（I－3）	自分の名前・生年月日が言えない	
II 刺激に応じて 一時的に覚醒する （2桁の点数で表現）	10（II－1）	普通の呼びかけで開眼する	
	20（II－2）	大声で呼びかけたり、強く揺する等で開眼する	
	30（II－3）	痛み刺激を加えつつ、呼びかけを続けると、かろうじて開眼する	
III 刺激しても覚醒しない （3桁の点数で表現）	100（III－1）	痛みに対して払いのける等の動作をする	
	200（III－2）	痛み刺激で手足を動かしたり顔をしかめたりする	
	300（III－3）	痛み刺激に対してまったく反応しない	

体温：体温を測定することにより、感染症等の疾患や原因となる病態を推察することができる。

○体温には個人差があり、年齢・性別・気温・時間・食事・運動・睡眠等の条件や検温部位によっても異なってくる。

○新陳代謝の激しい子供達は、通常大人より体温が高いが、最近は平熱が低い児童生徒がいるので、考慮を要する。

腋窩温の正常値の目安

軽熱	37.5〜37.9
中熱	38.0以上
高熱	39.0以上

呼吸：数、深さやリズム等、呼吸状態をみることにより、身体的・精神的状態を知ることができる。

○回数だけではなく、深さ、リズム、胸や腹部の動きを観察する。

○呼吸を観察されていることがわかると、意識して緊張することがあるので、測定していることがわからないように注意する。

呼吸数の正常値の目安

	呼吸数（回/分）
幼児	25〜30
学童	20〜25
成人	15〜20

脈拍：速さやリズム・強弱によって、心臓の異常だけでなく、身体的・精神的変化を知る重要な情報となる。

○発熱や運動や心理的動揺にも影響を受けるため、児童生徒の状況を把握するとともに、観察をしながら総合的に判断しなければならない。

○脈拍は、基本的に橈骨動脈の手関節の橈骨部位で測定する。

○パルスオキシメーターは、指先にはめるだけで血中酸素飽和度、脈拍数がわかるので、緊急時の対応の参考に使用することもできる。※触診も並行して行う

脈拍数の正常値の目安

	脈拍数（回/分）
幼児	110〜130
学童	80〜90
成人	60〜80

血圧：身体の隅々まで血液が十分に行き渡っているかどうか、血管に過剰に圧力がかかっているかどうかを知る。

○血圧測定は、自動血圧計を用いる。

○血圧は、体位や時間、運動、食事、気温、心理的動揺等、様々な影響を受けて変動する。

高血圧・低血圧のめやす（mmHg）

		小学生	中学生	高校生
高血圧	最大血圧 （収縮期血圧）	135以上	140以上	140以上
	最小血圧 （拡張期血圧）	90以上	90以上	90以上
低血圧	最大血圧 （収縮期血圧）	80以下	85以下	90以下

第11章　救急処置活動

（2）分析・判断

　観察で得られた情報を分析し、緊急性や重症度の判断から医療機関への移送の必要性の判断を行う。

　すぐに医療機関への移送が必要かどうか、経過観察の傷病の場合も、どのような処置や対応が望ましいか判断しなければならない。

　学校での処置や対応には以下のものが挙げられる。

表11-3　学校における対応

救急車を要請		直ちに医療機関に救急搬送
医療機関への移送		直ちに医療機関に移送する。経過観察後、医療機関に移送
帰宅		家庭で休養。家庭で様子を見て医療機関を受診
経過観察	保健室	保健室で経過観察（児童生徒等を一人にしないこと）
	教室	活動を制限しながら、あるいは通常の活動をしながら教室で経過観察
教室復帰		活動を制限しながら、あるいは通常の活動をしながら学習活動を継続

① 救急搬送が必要な場合

・心停止、呼吸停止　・意識障害の持続　・けいれんの持続　・激痛、呼吸困難の持続
・ショック症状の持続　・大量の出血を伴う外傷　・広範囲の火傷　・顔色不良の全身じんましん
・頭部打撲（鼻、耳出血あり）　・溺水　・高所からの転落　・交通事故
・その他いつもと違う場合、様子がおかしい場合

（消防庁ホームページ（2012）参照）

〔救急車要請時のポイント〕

〈呼び方〉
1．救急であることを伝える：「救急です」と伝える
2．来て欲しい住所を伝える：住所がわからないときは近くの大きな建物、交差点等目印になるものを伝える。入口や誘導者の場所等を伝える
3．症状を伝える：「誰が」、「どのように」、「どうなったか」を簡潔に伝える。意識、呼吸の有無を伝える
4．年齢、性別を伝える
5．連絡している人の名前と連絡先を伝える
※その他、詳しい状況、持病、かかりつけ病院等についてたずねられることがある。

〈搬送時持参するとよいもの〉
　○個人情報がわかるもの：名前、年齢、生年月日、住所、電話番号、緊急連絡先、持病の有無（持病がある場合のかかりつけの病院）、現在使用している薬、アレルギーの有無、身長、体重
　○けが等の経緯が時系列でわかる聞き取りメモ等：発症時間、発症時の症状とその後の経緯、発症時のまわりの状況、救急車到着までに施した処置
　○携帯電話：学校、保護者との連絡に必要
　○筆記用具：メモ用紙、ペン
　○お金（病院から帰るときの交通費等）
　○病院から戻る際の本人の靴や着替え
　○その他必要なもの

－（256）－

② 医療機関への受診が必要な場合
【医療機関受診を必要とする目安】

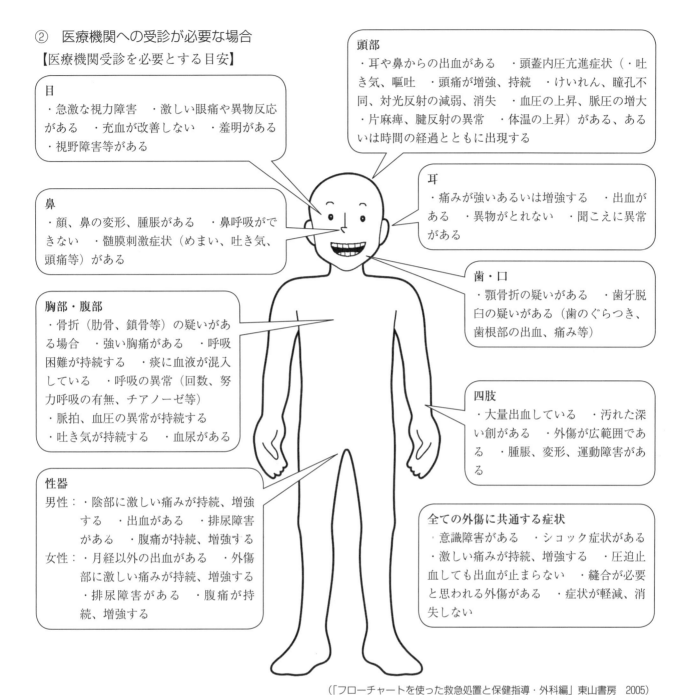

(「フローチャートを使った救急処置と保健指導・外科編」東山書房　2005)

【医療機関移送の手順と注意事項】
1．事故発生を校長に報告し、受診、移送方法について確認する
　　・救急車要請、学校から医療機関に移送、保護者に医療機関への受診を勧める等の医療機関受診の方法について確認する
2．保護者に傷病の状況を伝え、医療機関・診療科、移送方法を確認する
　　・事前に保護者からかかりつけの病院を確認してある学校であっても移送時には必ず確認を取り、保護者に同伴を依頼する。保護者が同伴しなければ診察してもらえない病院もある
　　・保護者には症状を正確に伝え、不用意な不安を与えないように配慮する
3．医療機関に受け入れの可否を確認する
　　・医療機関には年齢、性別、症状、学校での処置について簡潔に伝え受け入れを確認する
　　・移送にあたっての注意事項や必要な処置等を確認する

第11章　救急処置活動

・受け入れを拒否された場合は、再度保護者に確認する
4．移送方法、同伴者を決定する
・同伴者は、養護教諭かその他の教員（担任、部活動顧問、その他の教員）か状況により適切な同伴者を決定する
5．保護者に移送先と移送方法と同伴者を連絡し、保護者の同伴を依頼する
・保護者には移送先に保険証を持参するよう依頼する。保険証がない場合は実費を請求される医療機関もある。また、保護者の立会いのもとでなければ診察しない医療機関もある
・ケースによっては事故として扱われ、その場合、保険診療が適用されずに実費となり、診察前にその確認が求められることもある
・傷病によっては、複数の治療方法があり、その選択を求められることもある

③　保健室での経過観察の必要な場合

　保健室では安静を保ちながら、あるいは処置をしながら学習活動に復帰、自宅療養（自宅で安静・休養、経過観察後受診）、医療機関の受診の判断をする。経過観察中、様態の急変やささいな変化も見逃さないためにも、児童生徒から目を離さないことは大切である。また、感染症が疑われる場合は、感染症予防のための措置も講じなければならない。

　経過観察の結果、学習活動に復帰させる場合、通常の学習活動が可能かどうか、制限、配慮が必要かどうか（やれること、やれないこと、やってはいけないこと等）等の判断をしなければならない。どんな形で復帰させるにしても、その後経過観察を続ける必要があり、そのための連絡も忘れてはならない。

　学習活動の継続が不可能なため帰宅する必要があると判断した場合、帰宅して自宅で休養をとりながら経過観察すればよいのか、帰宅してから受診が必要かどうか（どのような状況になったら受診が必要か等）、一人で帰宅することが可能かどうか（症状、自宅までの距離、帰宅方法、自宅に様子を見ることができる人がいるかどうか、自宅に鍵がかかっていて入れないことがないか等）等の判断をしなければならない。早退して帰宅する場合、保護者に連絡を取り、症状の出たきっかけやその経緯、保健室で行った処置・対応、判断の理由等を正確に伝える必要がある。また、帰宅に際しては保護者に直接引き渡すことが望ましい。途中で急変したり、帰宅途中あるいは一人で自宅にいて事故・事件が起きる可能性等考慮しなければならない。

　経過観察の結果、医療機関への受診が必要になる場合もある。

〔保健室で経過観察後の対応〕

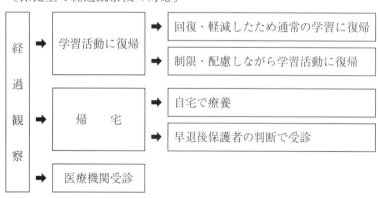

（3）処置・対応

　養護教諭は観察、分析・判断に基づいて、その専門性を活かし、関係者との連携（報告・連絡・相談）をしながら処置・対応を行っていく（表11-4）。

　学校で行う処置・対応は、応急手当の範囲を越えてはならない。つまり、医行為（医師の医学的判断及び技術を持ってするものでなければ人体に危害を及ぼし、又は危害を及ぼすおそれのある行為）は行ってはならない。同一傷病に対して継続的な処置をしたり、内服薬を投与したりすることなどは救急処置活動の範囲を越えるものである。処置・対応にあたり「安全配慮義務」を十分守らなければならない。

　また、学校で行われる処置・対応では、手当のみではなく、教育的な視点を持って対応することが大切である。

※「安全配慮義務」とは

　判例において「学校における教育活動及びこれに密接に関連する生活関係における生徒の安全の確保に配慮すべき義務があり、特に、生徒の生命、身体、精神、財産等に大きな悪影響ないし危害が及ぶおそれがあるようなときには、そのような悪影響ないし危害の現実化を未然に防止するため、その事態に応じた適切な措置を講じる一般的な義務がある」等とされている（文部科学省初等中等教育局児童生徒課長事務連絡「学校における教育活動及びこれに密接に関連する生活関係における児童生徒の安全の確保について」より）。

　児童生徒に傷病の原因やその予防方法を考えさせたり、対処方法を学ぶ等保健指導の場として活かすことができる。例えば、けがをした場合、どうしてけがをしたのか？どうしたらけがを防ぐことができたのか？今後、同じようなけがをしないためにはどうしたら良いかを考えさせたり、けがをしてしまったときの応急処置のスキルを身につけさせたり、悪化させないための対処方法を学ばせたりもする。

　また、けがの場合、その背景にけんかやトラブル、いじめがないか等を探ることも大切である。もし、けんか、トラブル、いじめが疑われた場合、速やかに管理職に報告し、生徒指導部や教育相談部等とも連携して対応にあたらなければならない。

表11-4　関係者との連携

学級担任	・保健室で処置・対応した場合は、経過観察の依頼や保護者への連絡のために、学級担任にその内容を伝えておく ・重症の場合はもちろん、軽症であっても、保健室利用状況（訴え、様子、来室時間、回数）を知らせ、児童生徒の情報を共有することが大切である
保護者	・傷病者が発生して救急処置を施した場合、その程度が緊急を要するものであれば、同時にその状況を保護者に連絡し、医療機関への受診の必要性を伝える ・緊急度が低い場合でも、家庭での継続的な手当を必要とする場合や、帰宅後の様子によって医療機関への受診が必要となる可能性がある場合等は連絡をする ・けがの背景にトラブルや加害者・被害者が存在する場合等は、慎重に連絡をとりあう
管理職	・緊急時、救急車を要請する必要が生じた場合は、管理職に発症の状況を報告し、指示をあおぐ ・発生からの対応について、時間の経過に沿って記録しておき、正確な内容を報告することが重要である ・緊急を要しないけがや病気であっても、医療機関の受診が必要と判断される場合については、速やかに管理職に報告する ・特に加害者、被害者のいる事故については、常に管理職への報告が必要である
専門機関	・緊急時、救急隊に引き継ぐ場合や帰宅後、医療機関にかかる場合等、児童生徒の状況や傷病の原因等学校で把握した情報や学校で行った処置について報告し、的確な医療が速やかに受け入れられるように関係機関と連携する必要がある

第11章　救急処置活動

けがの処置・対応では、施設・設備に不備はなかったか等の安全点検も忘れてはならない。実際にけがをした現場を確認することは重要なことである。そこからは児童生徒から聞き取れなかった事実が見えたり、二次災害の防止等の対応につなげたりすることができる。

① 救急処置活動の範囲
・医療を受けるまでの救急処置
・医療の対象とならない傷病に対する処置

② 医行為ではないもの
　医師、看護師等の医療に関する免許を有しない者が行うことが適切か否か判断する際の参考にするために、厚生労働省医政局長通知より平成17年7月26日「医師法第17条、歯科医師法17条及び保健師助産師看護師法第31条の解釈について（通知）」において、医行為ではないと考えられるものが次の通り示されている。

医師法第17条、歯科医師法第17条及び保健師助産師看護師法第31条の解釈について（通知）

　医師、歯科医師、看護師等の免許を有さない者による医業（歯科医業を含む。以下同じ。）は、医師法第17条、歯科医師法第17条及び保健師助産師看護師法第31条その他の関係法規によって禁止されている。ここにいう「医業」とは、当該行為を行うに当たり、医師の医学的判断及び技術をもってするのでなければ人体に危害を及ぼし、又は危害を及ぼすおそれのある行為（医行為）を、反復継続する意思をもって行うことであると解している。

　ある行為が医行為であるか否かについては、個々の行為の態様に応じ個別具体的に判断する必要がある。しかし、近年の疾病構造の変化、国民の間の医療に関する知識の向上、医学・医療機器の進歩、医療・介護サービスの提供の在り方の変化などを背景に、高齢者介護や障害者介護の現場等において、医師、看護師等の免許を有さない者が業として行うことを禁止されている「医行為」の範囲が不必要に拡大解釈されているとの声も聞かれるところである。
　このため、医療機関以外の高齢者介護・障害者介護の現場等において判断に疑義が生じることの多い行為であって原則として医行為ではないと考えられるものを別紙の通り列挙したので、医師、看護師等の医療に関する免許を有しない者が行うことが適切か否か判断する際の参考とされたい。
　なお、当然のこととして、これらの行為についても、高齢者介護や障害者介護の現場等において安全に行われるべきものであることを申し添える。

1．水銀体温計・電子体温計により腋下で体温を計測すること、及び耳式電子体温計により外耳道で体温を測定すること
2．自動血圧測定器により血圧を測定すること
3．新生児以外の者であって入院治療の必要がないものに対して、動脈血酸素飽和度を測定するため、パルスオキシメータを装着すること
4．軽微な切り傷、擦り傷、やけど等について、専門的な判断や技術を必要としない処置をすること（汚物で汚れたガーゼの交換を含む。）
5．患者の状態が以下の3条件を満たしていることを医師、歯科医師又は看護職員が確認し、これらの免許を有しない者による医薬品の使用の介助ができることを本人又は家族に伝えている場合

－（260）－

に、事前の本人又は家族の具体的な依頼に基づき、医師の処方を受け、あらかじめ薬袋等により患者ごとに区分し授与された医薬品について、医師又は歯科医師の処方及び薬剤師の服薬指導の上、看護職員の保健指導・助言を遵守した医薬品の使用を介助すること。具体的には、皮膚への軟膏の塗布（褥瘡の処置を除く。）、皮膚への湿布の貼付、点眼薬の点眼、一包化された内服薬の内服（舌下錠の使用も含む）、肛門からの坐薬挿入又は鼻腔粘膜への薬剤噴霧を介助すること。

① 患者が入院・入所して治療する必要がなく容態が安定していること
② 副作用の危険性や投薬量の調整等のため、医師又は看護職員による連続的な容態の経過観察が必要である場合ではないこと
③ 内用薬については誤嚥の可能性、坐薬については肛門からの出血の可能性など、当該医薬品の使用の方法そのものについて専門的な配慮が必要な場合ではないこと

注1　以下に掲げる行為も、原則として、医師法第17条、歯科医師法第17条及び保健師助産師看護師法第31条の規制の対象とする必要がないものであると考えられる。

① 爪そのものに異常がなく、爪の周囲の皮膚にも化膿や炎症がなく、かつ、糖尿病等の疾患に伴う専門的な管理が必要ではない場合に、その爪を爪切りで切ること及び爪ヤスリでやすりがけすること
② 重度の歯周病等がない場合の日常的な口腔内の刷掃・清拭において、歯ブラシや綿棒又は巻き綿子などを用いて、歯、口腔粘膜、舌に付着している汚れを取り除き、清潔にすること
③ 耳垢を除去すること（耳垢塞栓の除去を除く）
④ ストマ装具のパウチにたまった排泄物を捨てること。（肌に接着したパウチの取り替えを除く。）
⑤ 自己導尿を補助するため、カテーテルの準備、体位の保持などを行うこと
⑥ 市販のディスポーザブルグリセリン浣腸器（※）を用いて浣腸すること
　　※挿入部の長さが5から6センチメートル程度以内、グリセリン濃度50％、成人用の場合で40グラム程度以下、6歳から12歳未満の小児用の場合で20グラム程度以下、1歳から6歳未満の幼児用の場合で、10グラム程度以下の容量のもの

注2　上記1から5まで及び注1に掲げる行為は、原則として医行為又は医師法第17条、歯科医師法第17条及び保健師助産師看護師法第31条の規制の対象とする必要があるものでないと考えられるものがあるが、病状が不安定であること等により専門的な管理が必要な場合には、医行為であるとされる場合もあり得る。このため、介護サービス事業者等はサービス担当者会議の開催時等に、必要に応じて、医師、歯科医師又は看護職員に対して、そうした専門的な管理が必要な状態であるかどうか確認することが考えられる。さらに、病状の急変が生じた場合その他必要な場合は、医師、歯科医師又は看護職員に連絡を行う等の必要な措置を速やかに講じる必要がある。また、上記1から3までに掲げる行為によって測定された数値を基に投薬の要否など医学的な判断を行うことは医行為であり、事前に示された数値の範囲外の異常値が測定された場合には医師、歯科医師又は看護職員に報告するべきものである。

注3　上記1から5まで及び注1に掲げる行為は原則として医行為又は医師法第17条、歯科医師法第17条及び保健師助産師看護師法第31条の規制の対象とする必要があるものではないと考えられるものであるが、業として行う場合には実施者に対して一定の研修や訓練が行われることが望ましいことは当然であり、介護サービス等の場で就労する者の研修の必要性を否定するものではない。また、介護サービスの事業者等は、事業遂行上、安全にこれらの行為が行われるよう

第11章　救急処置活動

監督することが求められる。

注4　今回の整理はあくまでも医師法、歯科医師法、保健師助産師看護師等の解釈に関するものであり、事故が起きた場合の刑法、民法等の法律の規定による刑事上・民事上の責任は別途判断されるべきものである。

注5　省略

注6　上記4は切り傷、擦り傷、やけど等に対する応急手当を行うことを否定するものではない。

【エピペン®の使用について】

　エピペン®の注射は法的には「医行為」にあたり、医師でないものが、反復継続の意図を持って行うことは医師法第17条の違反となる。しかし、エピペン®は緊急治療薬であり、事前に医師が処方し、本人及び保護者に十分な指導がなされ、厳重に管理された自己注射薬でもある。その自己注射薬であるエピペン®をアナフィラキシーショックを起こし、自ら注射できない状況にある児童生徒等に代わり、その場に居合わせた教職員が注射することは、医行為を反復継続する意図でないものと認められ、医師法違反にはならないと考えられている。また、人命救助の観点からやむを得ず行った行為と認められれば関係法令の規定により、その責任は問われないとも考えられている。

　③　医薬品の取り扱いについて

　医薬品の取り扱いは、時として大きな事故や健康被害を招くことがあり、学校は医療機関ではないということを念頭に置き、教職員の共通理解をはかっておくことが大切である。

　医薬品は効能・効果・副作用や安全性等により表11-5のように分類されている。それらを理解し、取り扱いについては医師、歯科医師及び薬剤師等の専門家による指導助言を得ることが大切である。

　学校は原則として一般用医薬品を児童生徒に提供する場ではないため、救急処置に用いる消毒薬を除いては必ずしも医薬品を常備する必要はない。しかし、常備する場合は必要最小限の一般用医薬品にとどめ、学校医、学校歯科医、学校薬剤師の指導・助言を得るとともに、校内の管理体制を整え、教職員の共通理解をはかっておくことが大切である。また、学校での一般用医薬品の管理に関する責任者は校長であるため、一般用医薬品の購入に際しては校長が養護教諭等からの情報をもとに学校の実態を踏まえ判断しなければならない。また、保健室の一般用医薬品の仕様及び廃棄方法等の管理については、一般用医薬品管理簿等を活用し、学校医、学校歯科医、学校薬剤師の指導・助言のもとに行う。

　一般用医薬品を使用する際は、医療行為に触れないよう、救急処置の範囲にとどめる必要がある。保健室で行う切り傷、擦り傷、やけど等の専門的な判断や技術を要しない軽微なケガの救急処置は医療行為には当たらないが、保健室はその後の反復継続した手当を行う場所ではない。そのため、救急処置の範囲について児童生徒及びその保護者に理解を得ておくことが大切である。

　医療用医薬品の学校での取り扱いについては、第7章「特別な配慮を要する児童生徒の保健管理」5与薬に記載した。

表11-5

【医薬品】 　疾病の診断、治療、または予防に使用されることが目的とされている物。	【医療用医薬品】 　医師もしくは歯科医師によって使用されまたはこれらのものの処方箋もしくは指示によって使用されることを目的として供給される医薬品。 　医師または歯科医師が患者の症状や年齢などを考慮して処方される。	
	【一般用医薬品】 　一般の人が薬局等で自らの判断で購入し、自らの責任で使用する医薬品。	【第1類医薬品】 　薬剤師の書面による情報提供が義務。 　一般用医薬品としての使用経験が少ない（医療用医薬品として使われていた）等安全性上特に注意を要する成分を含むもの。販売に際しては購入者が直接手に取ることができない場所に置いてある。
		【第2類医薬品】 　書面による情報提供が努力義務。 　まれに入院相当以上の健康被害が生じる可能性がある成分を含むもの。 【指定第2類医薬品】 　第2類医薬品の中でまれに重篤な副作用を発現するもので情報提供の方法が異なる。
		【第3類医薬品】 　情報提供は不要。 　日常生活に支障をきたす程度ではないが身体の変調・不調が起こるおそれのある成分を含むもの。

（厚生労働省：政策レポート「一般用医薬品販売制度の改正について」参照）

（4）事後措置

　事後措置として、救急処置活動の評価は大切である。また、評価に基づき、校内救急体制等の見直しを行い、今後に活かしていく。実施した救急処置活動のふりかえりを行い、今後に活かすとともに、学校教育全体に反映させるために課題を整理することは大切である。

　特に校内で共通理解の必要な病気や事故については、原因・症状・対応・今後の課題等の情報を共有し、次回の予防や対応の指針につなげる。

　また、傷病の原因が学校の施設設備の不備によるものである場合は、速やかに改善し再発防止に努めなければならない。そのためにも日常の安全点検は計画的に組織的に行うことが必要である。

　救急処置をした後は、いつ、どこで、だれが、どうした、といった処置内容について記録をとる。データ入力することで、個別の利用状況、学校全体の利用状況を分析することができる。

第11章 救急処置活動

2）処置・対応の実際
（1）緊急の場合
① 意識・呼吸停止を認めた場合

学校において発生した傷病者の中で意識障害や呼吸停止等を認めた場合は、直ちにそばにいる人が一次救命処置を行う必要がある。一次救命処置（BLS：Basic Life Support）は、呼吸と循環をサポートする一連の処置である。心停止や窒息という生命の危機的状況に陥った傷病者を救命し、社会復帰に導くためには、「救命の連鎖」が必要となる。

（横浜市消防局HP）

養護教諭は一次救命処置が必要な状況が起こった場合、その対応に中心的にかかわり、できるだけ多くの教職員と連携して取り組む必要がある。

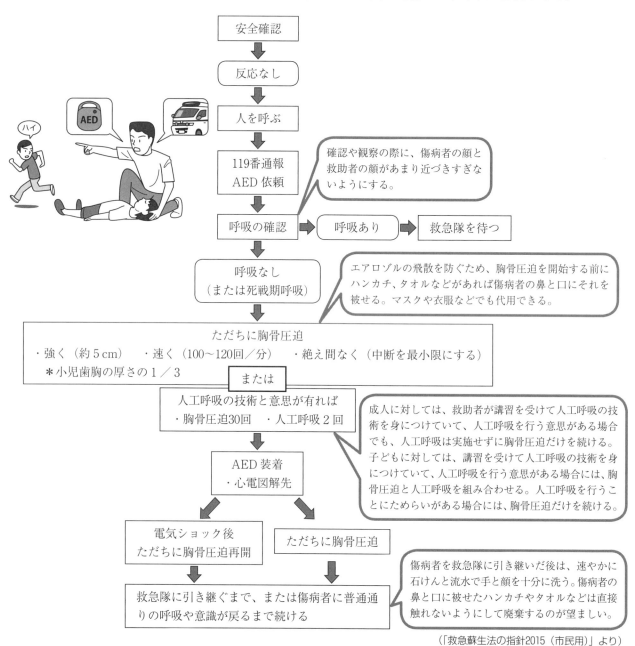

（「救急蘇生法の指針2015（市民用）」より）

図11-2　心肺蘇生の流れ

-（264）-

ア．意識の確認と救急通報

　倒れている傷病者を発見したらただちに意識の確認を行う。

　肩を軽くたたき、耳元で声をかけ、徐々に声を大きくしながら反応を確認する。

　「名前を言えますか」「手を握れますか」等の問いかけに意味のある反応をする場合は反応ありと判断できる。

　反応がなかったら、協力者を呼び、119番通報とAEDの手配を依頼する。

イ．呼吸をみる（心停止の判断）

　傷病者に反応がなく、呼吸がないか死戦期呼吸が認められる場合は心停止とみなし、心肺蘇生を開始する。熟練していない場合は、心停止の確認のために脈拍確認を行うべきではない。呼吸の有無は胸や腹の動きをみて行い、10秒以上かけないようにする。

　（死戦期呼吸：心停止を示唆する異常な呼吸で、ときおりしゃくりあげるような異常呼吸をさす）

ウ．心肺蘇生の開始と胸骨圧迫

　まず、胸骨圧迫を開始する。傷病者を仰臥位に寝かせ、傷病者の胸の横にひざまずく。その場合できるだけ固いものの上に寝かせる。胸骨圧迫部位は、胸骨の下半分、胸の真ん中を目安とする。片方の手掌基部を当て、もう片方も重ねて両肘を伸ばした状態で垂直に体重をかけて胸骨を圧迫する。

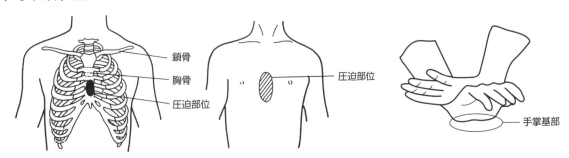

注意

　成人の場合は約5cm（6cmを超えないようにする）、未就学児の場合は胸郭前後径の1／3が沈むくらいを100～120回／分のテンポで行う。胸骨圧迫後、胸壁が完全に元に戻ってから、胸骨圧迫を行うが、胸骨圧迫の中断が最小限となるように、また浅くならないように注意が必要である。

　不慣れな場合は、脈拍を確認するために胸骨圧迫を中断すべきではない。明らかに自己心拍再開と確認ができる反応が出現するまでは続ける。

　人工呼吸が行える場合は、胸骨圧迫と人工呼吸を30：2の比で行う。人工呼吸を行う場合は気道の確保が必要である。気道確保の方法は頭部後屈あご先挙上法を用いる。

　1回の換気量の目安は、人工呼吸によって傷病者の胸の上がりを確認できる程度とする。送気（呼気吹き込み）は約1秒かけて行う。しかし、訓練を受けていない場合や人工呼吸の技術がない場合は、胸骨圧迫のみの心肺蘇生を行う。

第11章　救急処置活動

エ．AEDの装着

　心臓病や胸部の強い衝撃等で起こった心室細動（心臓のけいれん）は、早期の除細動が救命の鍵になる。AEDは、電源を入れて音声メッセージに従って操作すると、自動的に心電図をとり、必要な場合のみ電気ショックによる除細動を指示してくれる機器である。

　AEDが到着したら、速やかに右前胸部と左側胸部にパッドを装着する。

　未就学の小児に対しては小児用パッドを用いるが小児用パッドがない場合は、成人用で代用する。なお、AEDの充電器やパッドは消耗品であるため使用期限を明示し、いつでも使える状態にしておく必要がある。

オ．自発呼吸があり心停止がみられない場合

　傷病者を回復体位にし、救急隊の到着を待つ。その場合、常に心停止の兆候や呼吸の有無に注意し、心停止があった場合は速やかに心肺蘇生を実施する。すぐにAEDが使えるように傷病者の近くに準備しておく。

カ．新型コロナウイルス感染症に伴う対応（令和2年5月21日現在）

　心肺蘇生法については、新型コロナウイルス感染症の拡大を踏まえ、国際組成連絡委員会（ILCOR）による「心肺蘇生法に関わる科学的根拠と治療勧告コンセンサス」（COSTR）が改訂され、日本国内で実施する心肺蘇生法へのCOSTRの適用等について、一般社団法人日本蘇生協議会が見解を示した。それに基づき、厚生労働省は平成28年通知により周知した「救急蘇生の指針2015（市民用）」に下記の内容を追補した。

　なお、心肺蘇生法の具体的な手順については、図11-2に追補された内容を吹き出しにして掲載した。

> ○新型コロナウイルス感染症が流行している状況においては、すべての心停止傷病者に感染の疑いがあるものとして対応する。
> ○成人の心停止に対しては、人工呼吸は行わずに胸骨圧迫とAEDによる電気ショックを実施する。
> ○子どもの心停止に対しては講習を受けて人工呼吸の技術を身につけていて、人工呼吸を行う意思のある場合には人工呼吸も実施する。
> 　　　　　　　　　　　　　　「救急蘇生法の指針2015（市民用）の追補の周知について」より抜粋

② その他緊急時の処置・対応について

　学校で遭遇する緊急性の高い傷病には、心臓疾患や頭部打撲等いろいろあり、日常的に処置や対応について知識や技術を習得しておく必要がある。

　ここでは、熱中症やアナフィラキシー症状、てんかん発作を起こした場合の対応の流れについて記す。

ア．熱中症の対応

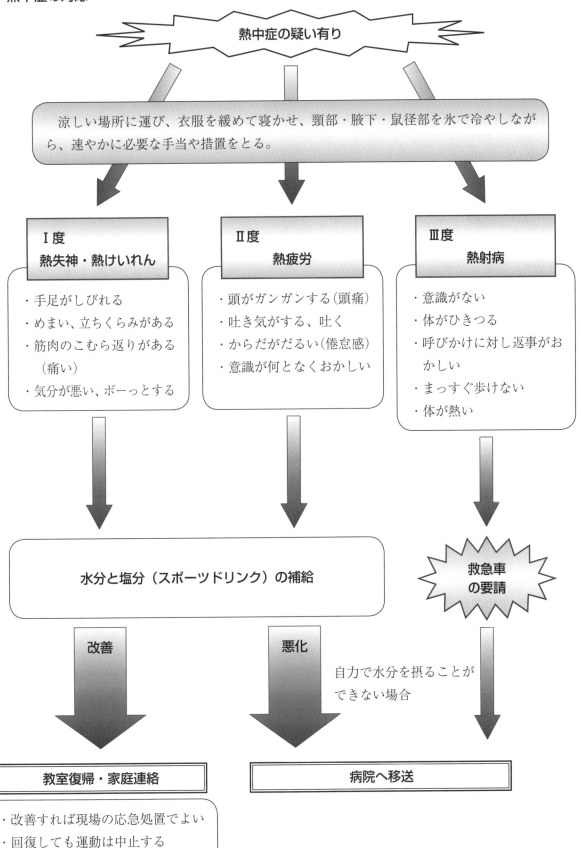

(環境省「熱中症環境保健マニュアル」、日本救急医学会・消防庁「熱中症関係リーフレット」)

第11章 救急処置活動

イ．アナフィラキシー症状をきたしたときの対応

※〈アナフィラキシーとは〉
即時型のアレルギー反応の中でも、じんましんだけや腹痛だけ等一つの臓器にとどまらず、皮膚（じんましんや発赤、かゆみ）、呼吸器（咳、くしゃみ、ゼーゼー、呼吸困難）、消化器（腹痛、嘔吐）、循環器（脈が速い、血圧低下）、神経（活動性の変化、意識の変化）等複数の臓器の症状があらわれるものをアナフィラキシーと呼ぶ。食物以外にも、薬物やハチ毒等が原因で起こる。血圧低下や意識障害等のショック症状を伴う場合は、アナフィラキシーショックと呼び、生命をおびやかす危険な状態である。

異変に気づく（発見者）

大声で応援を呼ぶ（近くの児童生徒に他の教職員を呼ぶように伝える）

応援・連絡　　　　　　　　　指示・連絡

発見者及び応援にかけつけた養護教諭

周囲の教職員
1．観察者とともに応急処置に参加
2．管理指導表の確認
3．保護者への連絡
4．症状の記録
5．周囲の児童生徒の管理
6．救急隊の誘導

校長・教頭
〈緊急時の対応の実施〉
1．対応者への指示
2．救急車要請等各種判断
3．必要に応じて主治医等への相談指示
4．保護者への連絡指示
5．教育委員会等外部への報告・連絡

周辺の安全の確認

初期対応

その場で安静にし、仰向けに寝かせる（血圧低下が疑われる時は足を高くあげる）

原因食物を口にいれたとき	→	口から出させたり、吐かせたりして、口をすすがせる
原因食物が皮膚についたとき	→	よく洗い流す。触った手で眼をこすらないように注意
原因食物が目に入ったとき	→	水で洗眼する

患児の情報の収集・状態の把握
管理指導表の確認、主治医への相談、症状の観察

緊急性が高いアレルギー症状があるか、5分以内に判断

皮膚症状	粘膜症状	呼吸器の症状	消化器の症状		〈緊急性が高いアレルギー症状〉	
□部分的なじんましん □あかみ □弱いかゆみ	□軽い唇やまぶたの腫れ	□鼻汁 □鼻閉 □単発の咳	□軽い腹痛 □単発の嘔吐 **全身症状** □やや元気がない	**全身症状** □ぐったり □意識もうろう □尿や便を漏らす □脈が触れにくい □唇や爪が青白い	**呼吸器の症状** □のどや胸が締め付けられる □声がかすれる □犬が吠えるような咳 □息がしにくい □持続する強い咳込み □ぜーぜーする呼吸（ぜんそく発作と区別できない場合を含む）	**消化器の症状** □我慢できない腹痛 □繰り返し吐き続ける

応急処置 ＊管理指導表の指示に基づいて行う

これらの症状が一つでもあれば →

症状の変化に注意を払い、厳重に安静、最低1時間以上観察

「エピペン®」の処方を受け持参している者は投与を考慮

処方を受けて持参している薬があれば内服

処方され持参している内服薬や「エピペン®」を考慮
※「エピペン®」が優先

症状の進行なし　　**症状の進行あり** →

直ちに119番通報、救急車要請、医療機関へ搬送
自発呼吸がない場合は、心肺蘇生実施（AED）

（日本学校保健会「学校のアレルギー疾患に対する取り組みガイドライン」2010「アナフィラキシー症状をきたした児童生徒を発見したときの対応（モデル図）」、「平成23年度学校におけるアレルギー疾患に対する普及啓発講習会石川県」を参考に作成）

ウ．てんかん発作を起こしたときの対応

気を落ち着かせ冷静に

周囲には騒ぎたてないように声かけ

救急車の要請は、状態把握のあとでもOK

発 症
（異変に気づく）

・家庭連絡
・職員対応指示
・管理職報告

【症状】転倒　けいれん
意識障害　手足の突っ張り
手足の硬直　うつろな目　等
タイプによって様々な症状有り

※てんかん発作時の対応で重要なことは、発作による二次的なけがの防止と観察である。

まずは、本人の安全

1．火・水・高所・機械のそば等、危険なもののそばから遠ざける（本人の安全の確保）
2．本人がけがをしないように気を配る（歩き回ったり物をひっくり返したりすることもあるので注意）
3．衣服・襟元・ベルトを緩め、ゆったりと呼吸できる状態をつくる
4．めがね・コンタクトレンズ・ヘアピン等に注意する
5．嘔吐する場合もあるので、顔を横に向ける（けいれん後は、側臥位にし安静にする）
6．大きな音や光の刺激を避ける
7．頭を打たないように頭を保護する

症状の観察と記録

1．発作の発見時間と状況や誘発要因
　　いつ、誰が、どのような異変、行動の異常等
2．意識障害の有無
3．けいれんの有無
　　・身体のどこからはじまったか
　　・眼球や頭はどちらにむいていたか
　　・四肢は突っ張り硬くなっていたか
　　・四肢ががくがくとなったか
　　・左右で差があったか
4．発作の継続時間
　　・てんかん重積状態でないか見守り、時間を測定
5．身体の変化（顔色・唇の色・だ液が出ていたか）
6．発作の様子（眠ったか・手足の麻痺・ぼんやりする時間・歩き回り）
7．けがの有無

てんかん重積状態を起こしている

てんかん重積状態とは

発作が5分以上持続する、あるいは発作が終わってから意識が回復しないうちに発作が再発する場合

てんかんと診断されていないが、てんかん様発作らしきものを起こした場合でも発作が5分以内に終息していれば救急車を要請する必要はない。しかし、救急車要請によって速やかに医療機関を受診する機会になることや保護者の心情等を考慮して判断する。

発作の状況と経過を救急隊に報告

救急車の要請

経過観察・家庭連絡

てんかん発作の場合、発作そのものが致命的になることは少ないが、発作の症状の把握は今後の治療方針に影響する場合があるため、観察や記録が重要となる。発作時の状況を保護者に連絡しておく。

（浅ノ川総合病院　脳神経センター「てんかんガイド」、日本てんかん協会サイトを参考に作成）

第11章　救急処置活動

第11章　救急処置活動

（2）日常の場合

　基本的な流れをふまえ観察によって得た情報（フィジカルアセスメントと来室者の日常生活等の情報）を心身の両面から、的確に分析・判断し、来室者に説明や処置・個別の指導を行う。ここでは、日常的にみられる症状やけがの処置・対応・ポイントについて示す。

① 外科的な来室

◇ 足首を捻って来室した場合（捻挫）		
学校管理下でも校種が上がるほど、捻挫・骨折の発生の割合が高くなる。特に下肢の関節は、損傷部位の障害を最小限にとどめるためにも、以下の点に注意して対応する。		
	対　応　の　流　れ	ポイント
第1段階　観　察	（1）基本的な問診 　・いつ　・どこが　・どのように　・どうして　・補足的問診 【受傷時に音がしなかったか　これまでに同じ部位のけがはなかったか　他者のかかわり　外力の加わり方の程度等】 （2）身体所見 　・視診【腫れ・皮下出血・変形】 　・触診【圧痛・介達痛・内出血の腫れ・熱感の有無等】 　・運動検査　【可動性・運動障害・歩行の様子】 　・骨折や靭帯の損傷の可能性	・時系列で順序よく話せるように問診
第2段階　分析・判断	（1）医療機関に受診する場合 　・機能障害・変形を認めるもの 　・腫れや内出血がひどいもの 　・痛みが強いもの （2）経過を観察する場合 　・機能障害・腫れ・内出血等が軽度のもの 　・普段通りの歩行がほぼ可能なもの	・受診が必要なわけを説明 ・家での患部の観察の継続 ・痛みの程度が増す場合は受診が必要
第3段階　処置・対応	（1）医療機関に移送する場合 　・RICESの手当 　Rest（安静）【動かさない】 　Ice（冷却）【アイスパック等で冷やす】 　Compression（圧迫）【弾性包帯で巻く】 　Elevation（挙上）【足を心臓より高く保つ】 　Support（支持）【副子等で固定する】 （2）経過を観察する場合 　・処置の継続【RICESの手当】 　・運動制限【運動の中止・体育の見学・最小限の歩行等】	・冷やし方や凍傷に注意 ・かかりつけ医の確認 ・担任,保護者連絡 ・管理職報告
第4段階　事後措置	（1）救急処置について 　・来室・分析・判断・処置・対応・事後処置の詳細な記録のまとめ （2）管理職への報告 　・保健日誌の記録	・必要により経過時間に沿った記録をとり、処置の確認や改善・対応の見直しをはかる ・学年、担任等チームでの対応 　（保護者への連絡）

－（270）－

◇ 頭部打撲の場合	

頭部のけがでは他の部位のけがと比べて重症化する場合もあり、稀に命にかかわる事象につながるため、初期対応と適切かつ慎重な対応が必要である。

	対 応 の 流 れ	ポイント
第1段階 観察	（1）基本的な問診 ・いつ ・どこが ・どのように ・どうして ・補足的問診 【意識の状態 吐き気 めまい 四肢のしびれ 見え方 打撲部位以外の痛み 衝撃の強さ 落下の場合の高さ 打撲面の材質（コンクリート等） 経過時間 他者のかかわり 危険行為の有無 目撃者の有無】 （2）身体所見 ・測定【脈拍・呼吸・血圧・体温・瞳孔・対光反射】 ・視診【頭皮の状態・出血・皮下出血・全身の状態】 ・触診【痛みの方向とひろがり】	・問診の際の応答の状況に注意 ・どのように負傷したかを明確にする ・目撃者から状況を聴取 ・問診の不徹底に注意 ・部位や腫脹の程度にとらわれすぎてはいけない
第2段階 分析・判断	（1）緊急性の有無 ・意識障害がある ・受傷時の記憶がないもの ・痛みの激しいもの ・嘔吐・吐き気・四肢のしびれや麻痺のあるもの ・頭蓋骨に変形や外鼻孔・外耳道から出血が見られるもの ・呼吸・脈拍の異常やショック状態 ・瞳孔の異常があるもの （2）経過を観察する場合 ・無症状期（インターバル）があることを考慮 ・受傷から1か月以上継続する慢性的な出血もあることを念頭におく	・悪化していないか常に確認
第3段階 処置・対応	（1）緊急時（病院移送）の場合 ・体位は水平に保つ ・心肺蘇生をする ・嘔吐がある場合は顔を横にする （2）経過を観察する場合 ・患部を冷やし安静にして観察する ・1時間程度はそばにおいて経過をみる （3）家庭連絡（状況を詳しく連絡し、自宅に帰ってからの観察の依頼）	・救急車の要請 ・人員確保 ・管理職への報告 ・他者に記録を依頼 ・教室に戻したときには担任に観察を要請 ・症状が出たら必ず再来室するか教師に伝えることを指導
第4段階 事後措置	（1）救急処置について ・経過の確認 ・来室・分析・判断・処置・対応・事後処置の詳細の記録のまとめ （2）管理職への報告 ・保健日誌の記録	・登校したときの健康観察や保健室での面接の実施 ・危険行動があった場合の指導 ・危険箇所の点検 ・必要により経過時間に沿った記録をとり、処置の確認や改善・対応の見直しをはかる ・学年、担任等チームでの対応（保護者連絡）

第11章 救急処置活動

第11章　救急処置活動

② 内科的な来室

◇　頭痛を訴えて来室した場合

保健室来室で最も多い訴えである。稀に重篤な疾患につながる前兆である場合もあるが、のどや鼻の炎症からくるものや片頭痛等がある。また、心因性の頭痛の場合もあり、継続的にケアすることが必要な場合もある。

	対　応　の　流　れ	ポイント
第1段階　観察	（1）基本的な問診 　・いつ　・どこが　・どのように　・どうして　・補足的問診 　【外傷がかかわっていないか〈頭部打撲を参照〉　熱中症の疑い 　　耳鼻咽喉の異常　見え方　心当たりのある原因（悩み　睡眠不 　　足　疲れ）関節痛　倦怠感　アレルギー症状の有無】 （2）身体所見 　・測定【体温・脈拍・血圧】 　・視診【顔色・のどの発赤や腫れ・鼻汁の状態・行動・態度】 　・触診【圧痛部位・リンパ腺の腫脹・熱感や冷感の有無】	・時系列で順序よく話せるように問診 ・来室の状況や既往歴をチェック ・頻度と痛み程度を把握しておくと医師の診断の参考になる ・片頭痛の有無 ・家での服薬の状況を把握
第2段階　分析・判断	（1）緊急性の有無 　・意識障害がある 　・傷みの激しいもの 　・嘔吐・吐き気・四肢のしびれや麻痺のあるもの 　・呼吸脈拍の異常やショック状態 （2）受診を必要とする場合（保護者へ連絡・早退） 　・高熱 　・痛みの程度　随伴症状 　・外傷に起因する場合〈頭部打撲を参照〉 （3）経過を観察する場合 　・微熱の場合で症状が軽いもの 　・休養や体育の見学で改善が見込めるもの （4）心因性が疑われる場合	・過去の熱性けいれん等の既往歴の有無の把握 ・受診の助言・指導 ・来室の状況や周囲からの情報収集
第3段階　処置・対応	（1）受診を必要とする場合 　・移送手配【タクシー移送・救急車】 　・受診先選定【かかりつけ医・学校医・救急病院】 　・保護者に連絡し早退 （2）経過を観察する場合 　・保健室休養 　・教室の教師の下で経過観察 （3）心因性を疑われる場合は継続的にケアをする	・人員確保 ・患者に付き添う ・かかりつけ医の調査 ・担任、保護者連絡 ・管理職報告 ・対応を本人と相談しながら見極める ・適切な休養時間の設定 ・観察、傾聴、確認、共感等受容的に行う
第4段階　事後措置	（1）救急処置について 　来室・分析・判断・処置・対応・事後処置の詳細の記録のまとめ （2）管理職への報告 　保健日誌の記録 （3）生活習慣面・精神的側面が原因となっている場合は、本人・保護者・担任と連絡をとり個別指導を行う	・必要により経過時間に沿った記録をとり、処置の確認や改善、対応の見直しをはかる

	◇ 腹痛を訴えて来室した場合	

頭痛と並んで、保健室来室時の訴えで多い。日常多いのは、便意腹痛であるが心因性腹痛の場合や、女子では月経痛等も考えられる。痛みの程度や持続時間によっては、重症の場合もあるので、問診・視診・触診は注意して行う。

	対　応　の　流　れ	ポイント
第1段階　観察	（1）基本的な問診 　　・いつ　・どこが　・どのように　・どうして　・補足的問診 　　【外傷の有無　吐き気　嘔吐　排泄の様子　膨満感　かぜ　飲食・間食の状況　げっぷ　睡眠時間　冷え　環境の要因　緊張　ストレス　悩み　不安　女性特有の疾患の疑い（最終月経　月経の量　月経の周期　性交渉の有無や時期等）】 （2）身体所見 　　・測定【体温・脈拍・呼吸】 　　・視診【腹部の状態・姿勢・表情・顔色　全身の状態】 　　・触診【圧痛の部位・腹部の板状硬】 　　・聴診【腸蠕動運動の状態】	・問診の際の応答の状況に注意 ・どういう経緯で発症に至ったかを明確に聴取 ・小学校低学年では症状の訴えが曖昧となることに注意 ・来室の状況チェック ・女性特有の疾患を疑う場合は、配慮をして問診
第2段階　分析・判断	（1）緊急性の有無 　　・意識障害がある 　　・苦悶状態（痛みの激しいもの） 　　・冷汗・脂汗 　　・顔面蒼白 　　・反復する嘔吐 　　・吐血・下血 　　・子宮外妊娠の可能性 （2）受診を必要とする場合 　　・緊急ではないが医師による診断処置が必要と思われるもの （3）経過を観察する場合 　　・痛みが軽度で休養で改善が見込まれるもの 　　・排便で改善が見込まれるもの （4）心因性が疑われる場合	・感染性の疾患も考慮する（流行の状況等） ・妊娠の可能性を考慮する場合もある ・悪化していないか常に確認 ・来室の状況や周囲からの情報収集
第3段階　処置・対応	（1）緊急時（病院移送） 　　・心肺蘇生 　　・嘔吐物のあるときは誤嚥をしない体位 （2）受診を必要とする場合 　　・保護者に連絡し早退 （3）経過観察をする場合 　　・軽度な場合はトイレを促し、休養しながら様子をみる 　　・教室に戻し、担任に観察を依頼する （4）心因性が疑われる場合は、継続的にケアを行う	・救急車の要請 ・人員確保 ・飲料水を与えない ・他者に記録をとってもらう ・医師の指示なしに腹部マッサージは行わない ・観察、傾聴、確認、共感等受容的に行う
第4段階　事後措置	（1）救急処置について 　　・来室・分析・判断・処置・対応・事後処置の詳細の記録のまとめ （2）管理職への報告 　　・保健日誌の記録 （3）生活習慣面・精神的側面が原因となっている場合は、本人・保護者・担任と連絡をとり個別指導を行う	・必要により経過時間に沿った記録をとり処置の確認や改善、対応の見直しをはかる

第11章　救急処置活動

（3）自損以外によるけがの場合
①　他者が関わっている場合

　問診を進めるうちに、起きたけがに関わった相手の存在が明らかになることがある。この場合、負傷者の応急処置を最優先に行うが、対応としてはきめ細かな指導が必要となる。競技中の接触によるもの、いたずらやふざけから思いもよらぬ事故に発展してしまったもの、けんかによるもの、いじめによるもの等一対一から複数が関わるものまで様々である。この場合、心情的な要因が重なり子供のみならず、保護者との関係あるいは保護者同士の関係に支障をきたす場合もあるため、慎重に対応しなければならない。一人で対応せず、管理職に報告し、担任教諭等複数で協力して対応することが大切である。対応にあたり、正確に事実関係を把握しなければならない。そのために当事者のみでなく、関わっていた人、周りで見ていた人等多方面からの情報の収集に心がけなければならない。日頃から保護者と連絡を密にし、信頼関係を築くよう努めておくことも大切である。

競技中等の接触によるけが
　けがに至った経緯を明らかにするために、本人や相手、周囲にいた人等から情報を収集する。
　スポーツをする上でけがは起こりうることである。故意であるかどうか、未然に防ぐことはできなかったか状況を正確に確認する必要がある。

いたずらやふざけによって起きたけが
　いたずらやふざけがエスカレートして起きるけがも少なくない。その場合、事実を話さなかったり、うそを言ったりごまかしたりする場合もあるので、事実確認には注意が必要である。また、いたずらやふざけの裏にはいじめが存在することもあるため、見逃さないよう慎重に対応する。

けんか等故意によるもの
　言い争いが高じて、暴力につながりけがが生じることもある。この場合、受診の必要性を慎重に見極める必要がある。軽症と思われても念のために受診しておくことで、後々のトラブルを避けることができることもある。けがの対応にとどまらず、その後の互いの関係に支障を残さないように対応することも大切である。本人達のみならず、互いの保護者にも丁寧な説明が必要である。そして、その後の学校生活においても、互いの関係を継続的に観察する必要がある。また、けんかの場合、互いにけがをしている可能性もある。一方のけがに気をとられ、もう一方のけがを見逃すこともある。両者、あるいはそれに巻き込まれた人達のけがについてもしっかり確認する。

> **ときにはこんなことも・・・**
>
> 　医療機関によっては、加害者が明白な場合は、保険診療とならない場合がある。また、被害者側の保護者が保険診療を拒否する（加害者に医療費の支払いを請求する）場合もある。保険診療で受診・治療ができない場合は、日本スポーツ振興センターの給付は受けられない（日本スポーツ振興センターの給付の対象は保険診療に限られる）。

②　環境・施設の不備が誘発した場合
　遊具の腐食・不十分な固定・落下物・障害物による事故もある。事故が起きた場合、現場を直接確認することは重要であり、その上で、できるだけ迅速に的確に状況を把握し、本人及び保護者に事実を正確に伝え、誠心誠意謝罪しなければならない場合もある。そして、事故を多方面から検証し再発の

防止にも努めなければならない。事故防止のためには、日頃から計画的に安全点検を実施しておかなければならない*。

また、施設・設備の不備のために事故が起きた場合、校長は速やかに設置者である教育委員会に報告をしなければならない。そのうえで、問題改善のための対策を講じなければならない。

3）救急体制

事故発生時に教職員が適切な動きで、各々の役割を円滑に遂行するために、救急体制の確立が必要である。養護教諭不在時の救急体制の整備や、いつ・だれでも応急処置ができるように校内研修を行う。また、いつ・どこで事故があっても対応できるように、救急処置セットを準備しておくことが必要である。

（1）救急体制

校内救急体制を整え、日頃から細部にわたり（個別のケース等）、共通理解を図っておくことが大切である。

〔校内救急体制の例〕

> *学校保健安全法第6条
> 2　学校の設置者は、学校環境衛生基準に照らしてその設置する学校の適切な環境の維持に努めなければならない。
> 3　校長は、学校環境衛生基準に照らし、学校の環境衛生に関し適正を欠く事項があると認めた場合には、遅滞なく、その改善のために必要な措置を講じ、又は当該措置を講ずることができないときは、当該学校の設置者に対し、その旨を申し出るものとする。

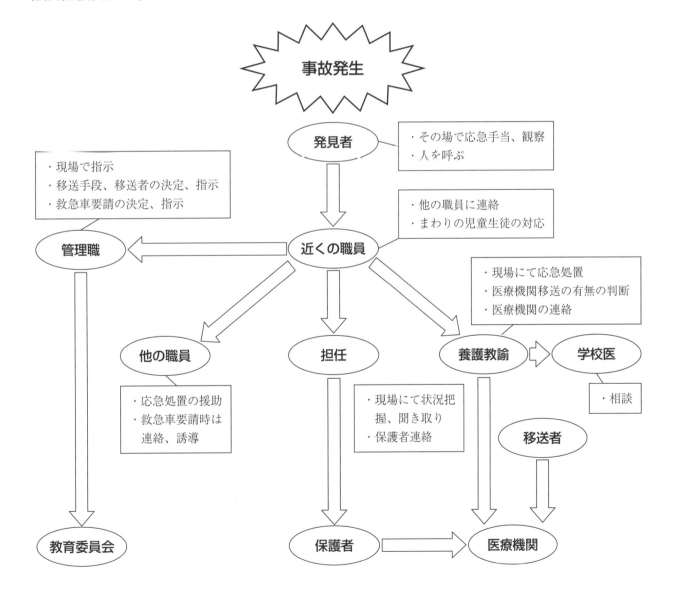

第11章　救急処置活動

（２）校内研修の企画・運営
　全ての教職員が基本的な応急手当に関する知識や技術を身に付け、確実で迅速な対応ができることが必要であるため、校内研修を実施する。

・心肺蘇生法（AEDを含む）の校内研修（写真１）
　緊急の場合、一連の連携のプロセスを校内の誰でもが行えるよう、シミュレーションを含む校内研修が大切である。
・アナフィラキシーショック時（アドレナリン自己注射薬使用方法を含む）対応の校内研修
・日常の救急処置の校内研修

　その他にも、各校の実態や課題に併せて、全教職員が応急手当ができるように、校内研修の企画・運営に参画する。学校全体として、計画的・継続的にすすめていける研修体制を作っていくことが必要である。

写真１　校内研修

（３）救急用品の整備（写真２）
　学校における救急処置は医療機関への処置が行われるまでの応急的なものである。応急処置のため、必要な救急用品を整備しておくことが必要となる。

写真２　救急用品

① 医薬品等の管理
　保健室の備品等については昭和61年４月文部省体育局長通達に具体的に示されている。同通達において、医薬品について「医薬品は学校医・学校歯科医及び学校薬剤師の指示の下購入する」と示されている。
　保健室の医薬品は、学校における児童生徒、職員の救急処置等に使用されるもので、その品目（外用薬、内服薬、その他衛生材料等）はおのずと限られてくる。保健室には医師や薬剤師が常駐しているわけではないため、取り揃える薬品は一般用医薬品に限定される。

【医薬品の取扱の注意事項】

購入時の注意	・学校医、学校歯科医、学校薬剤師の指示の下購入する ・使用頻度、使用期限等考慮し、長期間保存することによる変質、効果の変化などを避けるため、個包装のものを購入するなどの配慮が必要である ・購入した医薬品等は容器等に購入年月日を明記する ・医薬品管理簿に記録する
保管時の注意	・薬品と棚や救急箱の設置場所は高温、多湿、直射日光を避ける ・薬品の保管場所は無断持ち出しができないよう施錠する ・医薬品は内服薬、外用薬を分けて保管する ・保管方法の指示があるものは必ず指示に従う ・使用期限や変質など定期的に点検し、いつでも使用できるようにしておく ・不審な点があった場合などは学校薬剤師に相談する
使用時の注意	・有効性と安全確保のため、医薬品に添付してある添付文書は、よく読んで、ファイル等に整理保管しておく ・使用期限は必ず守る。使用期限内であっても保存状態によっては成分が変化する場合もあるため、不審なものは使用しないで学校薬剤師の指示を仰ぐ ・医薬品を他の容器に移すことは避ける

【医薬品管理簿の例】

医薬品名	効能	使用上の注意				
オスバン	殺菌・消毒	原液を使用しないこと				
年月日	購入状況		使用量	残量	在庫量	備考
	規格容量数	共用数量				
25. 4. 3	500ml	500ml				○○薬局より購入
25. 5. 2			100ml	400ml	0	健康診断の器具に使用

② 衛生材料
・衛生材料は、清潔に保存し、使いやすい状態に整理しておく。
・定期的に点検整備し、使用後は補充しておく。
・学校で使用する衛生材料には、ガーゼ、包帯、絆創膏、脱脂綿、副子、三角巾等がある。

③ その他
　タオル、バスタオル、懐中電灯（ペンライト）、氷嚢、保冷用具（保冷剤や熱とりシート）、保温・断熱シート、湯たんぽ等があるとよい。

携帯用救急鞄に必要なもの（例）

体温計　ビニール袋　ポケットティッシュ
絆創膏　包帯　ネット包帯　三角巾
ガーゼ　消毒薬　脱脂綿　湿布薬
虫刺され用軟膏　ペンライト　はさみ
毛抜き　爪切り　生理用品　メモ用紙
筆記用具　ゴミ袋
日本スポーツ振興センター書類

緊急時持出用救急セット（例）

体温計　ガーゼ　包帯　三角巾　血圧計
パルスオキシオメーター　はさみ
呼気吹き込み用具　使い捨て手袋
毛布（保温シート）　タオル　ビニール袋
トイレットペーパー　メモ用紙　筆記用具

※緊急時には、この救急セットと携帯電話を持って急行する。必要に応じて、担架・車いす、副子を持参する。

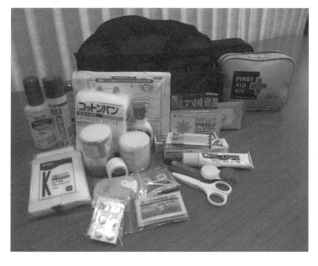

第11章　救急処置活動

資料11-1　緊急連絡カード

中学校（例）　　　　　　　　　緊　急　連　絡　カ　ー　ド　　　　　　　　　中学校

1年（　　）組（　　）番	2年（　　）組（　　）番	3年（　　）組（　　）番

フリガナ 生徒氏名	性　別 （　　　）	生年 月日	年　　　月　　　日

フリガナ 保護者氏名	続　柄	住所 TEL　　　―

保険証種類・番号	1　国民健康保険 2　社会保険 3　（　　　共済） 4　他（　　　　）	緊急時連絡先	順位	フリガナ 氏　　名	続柄	勤め先・連絡先名	電　話　番　号
	記号 （　　　　　　）		1				
	番号 （　　　　　　）		2				
			3				

緊急時に受け入れが可能か連絡をとるために医療機関の電話番号を書いてもらうとよい。

かかりつけ 医療機関名 電話番号	小児（内）科	外（整形）科	歯　科	眼　科
	TEL　　　―	TEL　　　―	TEL　　　―	TEL　　　―

アレルギー	なし・あり（食品…　　　　　　　薬品…　　　　　　　その他…　　　　　　　　　　）

既往	心臓病（　　　才　治療中・経過観察中）　腎臓病（　　　才　治療中・経過観察中） ぜん息（　　才　～　治療中・経過観察中）　その他（　　　　　　　　　　　　　）

小学校（例）　　　　　　　　　緊　急　連　絡　カ　ー　ド　　　　　　　　　小学校

学年	1	2	3	4	5	6	フリガナ 児童氏名	生年 月日	年　　月　　日	性別
組							フリガナ 保護者氏名	続柄	自宅住所 TEL　　　―	

保険証	種類 記号 番号	緊急時連絡先	勤め先・連絡先	続柄	名前	電　話　番　号	優先順位
							1
							2
							3

かかりつけ 医療機関名 電話番号	小児（内）科	外（整形外）科	眼　科	歯　科
	TEL　　　―	TEL　　　―	TEL　　　―	TEL　　　―

アレルギー	なし　・　あり（食品…　　　　　　薬品…　　　　　　その他…　　　　　　　）

既往症	麻疹（　　　才）　風疹（　　　才）　水痘（　　　才）　耳下腺炎（　　　才） 心臓病（　　才　～　治療中・経過観察中）　腎臓病（　　才　～　治療中・経過観察中） ぜん息（　　才　～　治療中・経過観察中・完治　　　才）　その他（　　　　　　　）

－（278）－

資料11-2　保健室利用連絡カード（中学校用）（例）

保健室利用状況	月　　日　（　月・火・水・木・金・　　　　　）			
	保健室来室時間	時　　分	受付教諭サイン	
	1・2・3年　　　組　氏名			
	身体状況	だるい・頭痛・腹痛・はきけ・生理痛・歯痛・かぜ症状 すり傷・きり傷・さし傷・だぼく・つき指・ねんざ 筋肉関節痛・鼻出血・その他（　　　　　　　　　　）		

保健室からのお知らせ

体温　　　．　　℃　　　　脈拍　　　回／分

1．教室に戻しますので様子をみてください。
2．保健室で休養させます。
　　（　　　：　　　～　　　：　　　）
3．早退した方が良いと思われます。
　　　　□　家庭連絡をお願いします。
　　　　□　医療機関への受診が必要です。
　　　　□　受診後の様子を確認しお知らせください。
4．体育の実技は軽減させてください。
5．その他

貸し出（氷のう・アイスノン・副子・圧迫包帯・タオル・三角巾　）

退室時間	時　　分	サイン	

	サイン	その後の授業の様子・受診結果など	
教科担任（　　　　　　　）			
学級担任（　　　　　　　）			

保健室（記入）→教科担任→学級担任→保健室

「保健室利用連絡カード」の流れ
① 保健室を利用した場合、保健室で養護教諭が「保健室利用連絡カード」を記入し生徒に渡す。
② 生徒は「保健室利用連絡カード」を教科担任に渡す。
③ 「保健室利用連絡カード」を受け取った教科担任は内容を確認後、学級担任に渡す。
④ 学級担任は「保健室利用カード」の内容を確認後、養護教諭に戻す。

第12章　保健教育

1　保健教育
　1）保健教育と教育課程
　2）保健教育への関わりと意義
　3）保健教育と保健指導の特性

2　教科における保健教育
　1）新学習指導要領
　2）体育科・保健体育科における保健教育
　3）養護教諭の関わり方
　4）授業を担当するにあたって
　5）授業のすすめ方
　6）学習活動の工夫
　7）評価

3　保健指導
　1）保健指導の機会と特質
　2）集団指導
　3）個別指導
　4）評価

4　総合的な学習の時間
　1）総合的な学習の関わりと意義
　2）総合的な学習の時間と「健康」との関連

5　がん教育

6　保健だより
　1）保健だよりの意義
　2）保健だよりの目標と内容
　3）作成の留意点

第12章　保健教育

1　保健教育

1）保健教育と教育課程

　保健教育は教育課程に基づく教科保健をはじめとする関連教科等での学習と特別活動における保健指導及び保健管理に伴う保健指導がある。保健管理に伴う保健指導は、児童生徒の心身の健康問題等に応じて個別・集団で実施される。平成28年12月21日に中央教育審議会「幼稚園小学校中学校高等学校及び特別支援学校の学習指導要領の改善及び必要な方策について」（答申）では、「健康・安全・食に関する資質・能力」において言及する中で次のことが示された。「なお、従来教科等を中心とした『安全学習』『保健学習』と特別活動等による『安全指導』『保健指導』に分類される構造については、資質・能力の育成と、教育課程全般における教科等の役割を踏まえた再調整が求められている。」との指摘があり、それを踏まえて学習指導要領等では教科等を分類する用語である「保健学習」「保健指導」の用語を用いた分類を使用せず、教職員や国民が理解できる教科等の名称で説明することとなった。

保健教育	保健学習 保健指導	➡	保健教育 としてひとくくりで示す

　学校における保健教育は、学習指導要領の総則第1の3に記載されているように児童生徒の発達の段階を考慮して、学校の教育活動全体を通じて適切に行うものとする。また、それらの指導を通して、家庭や地域社会との連携を図りながら、日常生活において適切な体育、健康に関する活動の実践を促し生涯を通じて健康・安全で活力ある生活を送るための基礎が培われるよう配慮することが重要である。

2）保健教育への関わりと意義

　保健教育は、学校の教育活動全体を通じて、健康に関する一般的で基本的な概念を習得させる教科保健を中核にして、関連教科等において健康に関連することについて適切な意思決定・行動選択ができる力を育てる。そのことによって、自己の生活習慣や環境を改善し、健康で安全な生活が実践できるようにすることを目指して行われるものである。学校においては、学習指導要領や学校保健計画に基づいて保健教育の充実に努めることが必要である。

　中央教育審議会答申（平成20年1月）によると、養護教諭は、学校保健活動の推進にあたって中核的な役割を果たしており、現代的な健康課題の解決に向けて重要な責務を担っている。また、保健教育における養護教諭の役割においても、深刻化する子供の現代的な健康課題の解決に向けて、学級担任や教科担任等と連携し、養護教諭の有する知識や技能等の専門性を保健教育に活用することが求められており、保健教育における養護教諭の役割がより大きくなっている。

＜中央教育審議会答申：平成20年1月＞

　2．学校保健に関する学校内の体制の充実
　（1）養護教諭
　①　養護教諭は、学校保健活動の推進に当たって中核的な役割を果たしており、現代的な健康課題の解決に向けて重要な責務を担っている。・・・（略）
　⑤　深刻化する子どもの現代的な健康課題の解決に向けて、学級担任や教科担任等と連携し、養護教諭の有する知識や技能などの専門性を保健教育に活用することがより求められていることから、学級活動などにおける保健指導はもとより専門性を生かし、ティーム・ティーチングや兼職発令を受け保健の領域にかかわる授業を行うなど保健学習への参画が増えており、養護教諭の保健教育に果たす役割が増している。・・・（略）

学校保健活動の推進に当たって 中核的な役割	専門性を保健教育に活用

－（282）－

（1）保健教育と養護教諭

　養護教諭がその専門性を活かし保健教育に参画することにより、実践的で効果的な授業につながる。

　養護教諭は児童生徒の健康課題を的確に把握し、子供の生活の実態を専門的な視点でとらえている。その視点を活かすことで、より実践的な授業が展開される。さらに、養護教諭の専門性を活かした知識・技能を具体的に提示することは、児童生徒自らの健康課題の解決に役立ち、実生活に活用できる知識・技能となる。

　また、ティーム・ティーチング等学級担任や教科担任と一緒に授業を展開することで、より個々に配慮したきめ細かな授業ができる。授業の内容に、実験や実技等も取り入れやすくなり、児童生徒の興味関心をかきたて、知識・技能が定着することにもつながる。学級担任や教科担任と一緒に授業を考える過程において互いの意見や考えを出し合うことで、新たな課題が見えてきたり、新たな発想が生まれたりもする。養護教諭の授業は、専門性を発揮するがゆえに内容が難しくなることもあるが、協力して考えることでカバーできるなど、互いの授業力向上にもつながっている。

（2）保健指導と養護教諭

　養護教諭の行う保健指導は、児童生徒の健康課題を正確に把握した上で、個人あるいは集団に対して行う。単なる知識の伝達ではなく、科学的な知識や正しい技術を身につけさせることで、児童生徒に行動変容を起こさせることをねらいとした指導を目指していく。その知識と技術については常に最新の情報収集を心がけるとともに、その内容については正確かつ根拠が明確であることが大切である。また、内容によっては継続的に指導が必要な場合もある。

　保健指導は、学校保健安全法第9条*に基づいて実施される。学校保健安全法に新たに保健指導が明確に位置づけられ、多様化する児童生徒の心身の健康問題の解決に向けて、養護教諭その他の教職員が連携して組織的に行うこととされ、個別の保健指導はますます重要となっている。

　学校保健安全法第10条**では、保健指導を行うにあたっては、必要に応じ、地域の医療機関その他の関係機関との連携を図るよう求められている。

> ＊学校保健安全法第9条
> （保健指導）
> 　養護教諭その他の職員は、相互に連携して、健康相談又は児童生徒等の健康状態の日常的な観察により、児童生徒等の心身の状況を把握し、健康上の問題があると認められたときは、遅滞なく、当該当児童生徒等に対して必要な指導を行うとともに、必要に応じ、その保護者に対して必要な助言を行うものとする。
>
> ＊＊学校保健安全法第10条
> （地域の医療機関等との連携）
> 　学校においては、救急処置、健康相談又は保健指導を行うに当たっては、必要に応じ、当該学校の所在する地域の医療機関その他の関係機関との連携を図るよう努めるものとする。

3）保健教育と保健指導の特性

　学校における保健教育は、一般に「教科における保健教育」と「保健指導」に分けられる。

　教科における保健教育は、体育・保健体育科を中心とするものと関連教科等（生活科・理科・技術・家庭科等）のものであり、学習指導要領に基づいて行われる。保健指導は、特別活動等における集団を対象とした保健指導と、保健室や学級で行われる個別の保健指導がある。

第12章　保健教育

2　教科における保健教育

1）新学習指導要領

　「学習指導要領」は学校教育法第1条に規定する学校のうち、小学校、中学校、高等学校、特別支援学校の各学校が各教科で教えるべき内容を学校教育法施行規則の規定を根拠に定めたものである。保健学習に参画するためには、学習指導要領及び指導案等の基礎知識の理解が不可欠である。さらに文部科学省は、学習指導要領より詳細な事項を記載した「学習指導要領解説」を発行している。なお、幼稚園や特別支援学校の幼稚部、幼保連携型認定こども園では、学習指導要領に相当するものとして「教育要領」がある。

　学習指導要領は、平成29年3月の改訂で戦後9度目の改訂となる。この改訂でのポイントとしては「主体的・対話的で深い学び（アクティブ・ラーニング）」やカリキュラム・マネジメントの確立、道徳教育や外国語教育やプログラミング教育の充実等が掲げられている。

【学習指導要領の変遷】

昭和33〜35年改訂	教育課程の基準としての性格の明確化 ・道徳の時間の新設、基礎学力の充実、科学技術教育の向上等 ・系統的な学習の重視
昭和43〜45年改訂	教育内容の一層の向上（教育内容の現代化） ・時代の進展に対応した教育内容の導入 ・算数における集合の導入等
昭和52〜53年改訂	ゆとりある充実した学校生活の実現＝学習負担の適正化 ・各教科等の目標・内容を中核的事項に絞る
平成元年改訂	社会の変化に自ら対応できる心豊かな人間育成 ・生活科の新設 ・道徳教育の充実
平成10〜11年改訂	基礎・基本を確実に身につけさせ、自ら学び自ら考える力などの「生きる力」の育成 ・教育内容の厳選 ・「総合的な学習」の時間の新設
平成15年（一部改正）	学習指導要領のねらいの一層の実現 ・学習指導要領に示していない内容を指導できることを明確化 ・個に応じた指導の例示に小学校の習熟度別指導や小・中学校の補充・発展学習を追加
平成20〜21年改訂	「生きる力」の育成、基礎的・基本的な知識・技能の習得、思考力・判断力・表現力等の育成のバランス ・授業時数の増、指導内容の充実 ・小学校外国語活動の導入
平成27年（一部改正）	道徳の「特別教科」化 ・「答えが一つではない課題に子どもたちが道徳的に向き合い、考え、議論する」道徳教育への転換

(平成29年10月16日文部科学省ホームページより)

学習指導要領は今後以下のように改訂がなされてきている。

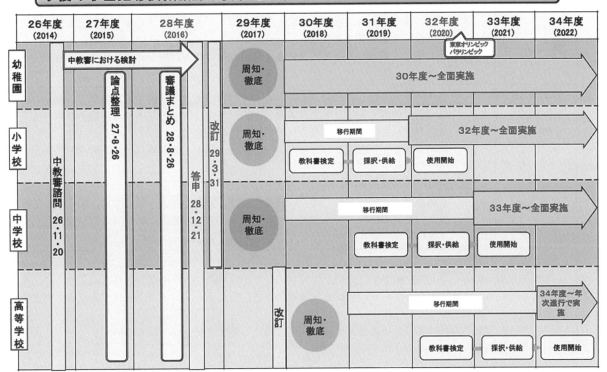

(平成29年10月16日文部科学省ホームページより)

2）体育科・保健体育科における保健教育

学習指導要領は、平成30年度の幼稚園の全面改訂に始まり小学校、中学校、高等学校と随時改訂がなされるため、最新の学習指導要領を理解しておく必要がある。

（1）目標

学習指導要領に示されている体育科・保健体育科の教科の目標は次の通りである（小学校・中学校は平成29年改訂のもの、高等学校は平成30年改訂のもの）。

【体育科・保健体育科の目標】

小学校	【体育の目標】 　体育や保健の見方・考え方を働かせ、課題を見付け、その解決に向けた学習過程を通して、心と体を一体として捉え、生涯にわたって心身の健康を保持増進し豊かなスポーツライフを実現するための資質・能力を次のとおり育成することを目指す。 （1）その特性に応じて応じた各種の運動の行い方及び身近な生活における健康・安全について理解するとともに、基本的な動きや技術を身に付けるようにする。 （2）運動や健康についての自己の課題を見付け、その解決に向けて思考し判断するとともに、他者に伝える力を養う。 （3）運動に親しむとともに健康の保持増進と体力の向上を目指し、楽しく明るい生活を営む態度を養う。

第12章　保健教育

	3・4年生 保健領域の 目標	（1）各種の運動の楽しさや喜びに触れ、その行い方及び健康で安全な生活や体の発育・発達について理解するとともに、基本的な動きや技能を身につけるようにする。 （2）自己の運動や身近な生活における健康の課題を見付け、その解決のための方法や活動を工夫するとともに、考えたことを他者に伝える力を養う。 （3）各種の運動に喜んで取組、きまりを守り誰とでも仲よく運動をしたり、友達の考えを認めたり、場や用具の安全に留意したりし、最後まで努力して運動をする態度を養う。また、健康の大切さに気付き、自己の健康の保持増進に進んで取り組む態度を養う。
	5・6年生 保健領域の 目標	（1）各種の運動の楽しさや喜びを味わい、その行い方及び健康やけがの防止、病気の予防について理解するとともに、各種の運動の特性に応じた基本的な技能や健康で安全な生活を営むための技術を身に付けるようにする。 （2）自己やグループの運動の課題や身近な健康に関する課題を見付け、のそ解決のための方法や活動を工夫するとともに、自己や仲間の考えたことを他者に伝える力を養う。 （3）各種の運動に積極的に取組、約束を守り助け合って運動をしたり、仲間の考えや取組を認めたり、場や用具の安全に留意したり、自己の最善を尽くして運動をする態度を養う。また、健康・安全の大切さに気付き、自己の健康の保持増進や回復に進んで取り組む態度を養う。
中学校	【保健体育の目標】 　体育や保健の見方・考え方を働かせ、課題を発見し、合理的な解決に向けた学習過程を通して、心と体を一体として捉え、生涯にわたって心身の健康を保持増進し豊かなスポーツライフを実現するための資質・能力を次のとおり育成することを目指す。 （1）各種の運動の特性に応じた技能等及び個人生活における健康・安全について理解するとともに、基本的な技能を身に付けるようにする。 （2）運動や健康についての自己の課題を発見し、合理的な解決に向けて思考し判断するとともに、他者に伝える力を養う。 （3）生涯にわたって運動に親しむとともに健康の保持増進と体力の向上を目指し、明るく豊かな生活を営む態度を養う。	
	保健分野の 目標	（1）個人生活における健康・安全について理解するとともに、基本的な技能を身につけるようにする （2）健康についての自他の健康を発見し、よりよい解決に向けて思考し、判断するとともに、他者に伝える力を養う。 （3）生涯を通して心身の健康の保持増進を目指し、明るく豊かな生活を営む態度を養う。
高等学校	【保健体育の目標】 　心と体を一体としてとらえ、健康・安全や運動についての理解と運動の合理的、計画的な実践を通して、生涯にわたって豊かなスポーツライフを継続する資質や能力を育てるとともに健康の保持増進のための実践力の育成と体力の向上を図り、明るくて豊かな活力のある生活を営む態度を育てる。	
	保健科目の 目標	保健の見方・考え方を働かせて、合理的、計画的な解決に向けた学習過程を通して、生涯を通じて人々が自らの健康や環境を適切に管理し、改善していくための資質・能力を次の通り育成する。 （1）個人及び社会生活における健康・安全について理解を深めるとともに技能を身につけるようにする。 （2）健康について自他や社会の課題を発見し、合理的、計画的な解決に向けて思考し判断するとともに、目的や状況に応じて他社に伝える力を養う。 （3）生涯を通じて自他の健康の保持増進やそれを支える環境づくりを目指し、明るく豊かで活力のある生活を営む態度を養う。

小学校　学習指導要領解説　体育編　平成29年7月
中学校　学習指導要領解説　保健体育編　平成29年7月
高等学校　学習指導要領解説　保健体育編　体育編　平成30年3月

（2）内容

新学習指導要領では「保健においては『健康な生活と疾病の予防、心身の発育・発達と心の健康と環境、傷害の防止、社会生活と健康等の保健の基礎的な内容について小学校、中学校、高等学校を通じて系統性のある指導ができるように示す必要がある』」と示されている。指導にあたっては学習指導要領解説の内容をよく理解し、ねらいを明確にした上で行う必要がある。

【保健学習の各学年の内容】

小学校第3学年	小学校第4学年	小学校第5学年	小学校第6学年
健康な生活 （ア）健康な生活 （イ）1日の生活の仕方 （ウ）身の回りの環境	体の発育・発達 （ア）体の発育・発達 （イ）思春期の体の変化 （ウ）体をよりよく発育・発達させるための生活	心の健康 （ア）心の発達 （イ）心と体との密室な関係 （ウ）不安や悩みなどへの対処 けがの防止 （ア）交通事故や身の回りの生活の危険が原因となって起こるけがの防止 （イ）けがの手当	病気の予防 （ア）病気の起こり方 （イ）病原体が主な要因となって起こる病気の予防 （ウ）生活行動が主となって起こる病気の予防 （エ）喫煙、飲酒、薬物乱用と健康 （オ）地域の様々な保健活動の取組

中学校第1学年	中学校第2学年	中学校第3学年
健康な生活と疾病の予防 （ア）健康の成り立ちと疾病の発生要因 （イ）生活習慣と健康	健康な生活と疾病の予防 （ウ）生活習慣病などの予防 （エ）喫煙、飲酒、薬物乱用と健康	健康な生活と疾病の予防 （オ）感染症の予防 （カ）健康を守る社会の取組
心身の機能の発達と心の健康 （ア）身体機能の発達 （イ）生殖に関わる機能の成熟 （ウ）精神機能の発達と自己形成 （エ）欲求やストレスへの対処と心の健康	傷害の防止 （ア）交通事故や自然災害などによる傷害の発生要因 （イ）交通事故などによる傷害の防止 （ウ）自然災害による傷害の防止 （エ）応急手当	健康と環境 （ア）身体の環境に対する適応能力・至適範囲 （イ）飲料水や空気の衛生的管理 （ウ）生活に伴う廃棄物の衛生的管理

高等学校（入学年次及び翌年次に履修）

現代社会と健康	安全な社会生活	生涯を通じる健康	健康を支える環境づくり
（ア）健康の考え方 （イ）現代の感染症とその予防 （ウ）生活習慣などの予防と回復 （エ）喫煙、飲酒、薬物乱用と健康 （オ）精神疾患の予防と回復	（ア）安全な社会づくり （イ）応急手当	（ア）生涯の各段階における健康 （イ）労働と健康	（ア）環境と健康 （イ）食品と健康 （ウ）保健・医療体制及び地域の保健・医療機関 （エ）様々な保健活動や社会的対策 （オ）健康に関する環境づくりと社会参加

（小学校　学習指導要領解説　体育編　平成29年7月）
（中学校　学習指導要領解説　保健体育編　平成29年7月）
（高等学校　学習指導要領解説　保健体育編　体育編　平成30年3月）

第12章　保健教育

3）養護教諭の関わり方

　平成10年の教職員免許法の一部改正*により、養護教諭が保健学習を担当することができるようになった。その改正の意義を理解した上で、子供達の現在や将来の健康づくりにつながる保健教育に取り組むことが大切である。養護教諭は子供の心身の状態を最前線で見ており、広い視野で保健教育全体を把握している。これからの養護教諭が、保健教育においてより一層大きな役割を担うことが期待されている。養護教諭が、その特性を授業づくりや授業実践で活かすことで、子供達が様々な健康課題に積極的に取組実践していこうとする力を育むことができると、保健はさらに価値のある教科となる。しかし、各学校や保健室の実態（教員の配置や生徒指導等）によって関わり方が異なるため、管理職や教職員間で共通理解をして取り組む必要がある。さらに、養護教諭が個人の力量に応じて取組、養護教諭自身の指導方法のスキルアップを目指し研鑽していく姿勢も重要である。具体的な養護教諭の保健学習への関わり方として、次の３点が挙げられる。

> ＊**教育職員免許法**
> （昭和24年法律第147号、平成20年法律第73号最終改正）附則
> 15　養護教諭の免許を有する者（3年以上養護をつかさどる主幹教諭又は養護教諭として勤務したことがある者に限る。）で養護をつかさどる主幹教諭又は養護教諭として勤務しているものは、当分の間、第３条の規定にかかわらず、その勤務する学校（幼稚園を除く。）において、保健の教科の領域にかかる事項（小学校または特別支援学校の小学部にあっては、体育の教科の領域の一部に係る事項で文部科学省令で定めるもの）の教授を担当する教諭又は講師となることができる。

（1）保健の授業を担当

　「教職員免許法の一部を改正する法律」（平成10年７月１日施行）では、養護教諭の専門性を教科指導に活用する観点から、養護教諭が「保健」の授業を担当する教諭又は講師として関わることができるようになった。また、年間の教育計画に基づいて、一定のまとまった単元を担当する場合は、兼職発令を受けることが必要となる。

　ただし、単元の一部を担う場合は兼職発令を受けずに実施することができる。

（2）ティーム・ティーチング（T・T）

　ティーム・ティーチングでは、複数の教師の専門性や指導方法を活かすことで学習効果の高まりが期待でき、児童生徒の観察もよりきめ細やかに行うことができる。また、子供の側からすれば、個に応じた指導や個の関わりといった、教師とのコミュニケーションのとりやすさ等のメリットも多い。この方法は、興味・関心・意欲の面で有効だと感じる指導者が多く、養護教諭が保健学習に関わる場合もその専門性を発揮しやすい。複数の教師で協力して、授業の計画や実施・教材の工夫を話し合って進めることもでき、評価の面でも多面的にとらえることが可能となる。また、授業を行うことの少ない養護教諭にとって、教諭から授業の技能等をサポートしてもらうことで授業力の向上にもつながる。さらに複数の指導者が互いの意見や工夫を共有することによって、授業の技能や教材研究が深まることも期待できる。

（3）授業の教材や資料の提供

　養護教諭が児童生徒に直接的に指導にあたらず教科担当者が指導する場合に、必要な資料を提供して保健学習に貢献することができる。学校の実態に応じた身近な資料や、最新の情報データ等の資料が挙げられる。教材の工夫では、「何に気づかせたいか」「何を考えさせたいか」等、その教材の役割が明確になる教材研究を心がける。そして教科担当者の意見を取り入れながら改善や工夫を重ね、よりよいものを作っていこうとする意欲をもって取り組むことが大切である。

4）授業を担当するにあたって

　養護教諭が授業を担当する場合は、学校の実態や養護教諭の職務の現状を校内で共通理解して進めていくことが重要である。実施にあたっては体制を確立し、管理職をはじめ全職員の理解と協力を得て行う。また、どの単元を何時間行うか明確にする必要がある。養護教諭は兼職発令に関わらず、保健教育全体を把握しながら、指導の内容や時期についても配慮しながら計画する必要がある。

（1）校内の協力体制

　教科としての保健教育を担当する場合、校内の協力体制は欠かせない。学年や体育・保健体育との関連を考えながら、カリキュラムの検討や年間保健教育計画、養護教諭が担当する内容と時間配分や保健室の対応に至るまで、それぞれの担当教諭や教科の教諭等と話し合い、協力体制を整えておかなければならない。

　なお、保健室の対応については以下のようにして行う。

　　・年度当初に、校内救急体制を整える。

　　・授業を実施する際の、保健室の対応について決める。

　　　養護教諭の居場所を保健室前に明示したり、他の教諭が保健室に在室する場合は来室記録をとったりする等の対応について職員に周知しておく。

（2）担当する単元の検討

　養護教諭の視点から児童生徒の実態や健康課題を洗い出し、養護教諭の専門性を活かした内容にする。

第12章　保健教育

5）授業のすすめ方
（1）指導計画の工夫
指導計画には、年間指導計画・単元計画・単位時間計画等がある。

保健の内容は、他教科や道徳・特別活動・総合的な学習の内容との関連も深く、年間計画の立案では、各学年の相互間の関連や、その他の計画（学校保健計画等）についても考慮し、学習内容等を効率的に計画することが大切である。

① 教科の「年間指導計画」

年間指導計画とは、１年間にわたって指導をどのように展開したらよいか見通しをたてて立案したものである。単元・目標・学習内容・指導方法・観点や評価規準等を整理し、効果的な指導ができるように計画をする。養護教諭も年間指導計画を確認しておくことが必要である。

年間指導計画は、学習指導要領に基づき小学校３学年及び４学年の２学年間で８単位時間程度、小学校５学年及び６学年の２学年間で16単位時間程度、中学校では３学年間を通して48単位時間程度を適切に配当する。高等学校では、原則として入学年次及びその次の年次の２か年にわたり履修し、標準単位数は２単位となっている。

H29年　○○中学校【保健体育科】《１年生　保健分野》年間指導計画の例　　　　（一部抜粋）

月	単元	題材 小単元	目標	時数	学習内容	態度	思考・判断・表現	知識・技能	評価規準	人権	平和	環境	図書館資料
4	心身の機能の発達と心の健康（10）	からだの発育・発達	心身の機能は年齢とともに発達することを理解できるようにする	1	身体各器官の発育、発達には個人差や男女差があることを調べる		◎		自他の身長の伸び方について、個人差や男女差等発育、発達の特徴を正しく判断している	◎			
		呼吸器・循環器の発育・発達		1	呼吸機能や循環器機能は、ジョギングや水泳等の運動をどのように行うことによって高められるか調べる			◎	呼吸機能や循環器機能を高めるための運動には一定の条件が必要なことを理解し、自分の生活に活かすための知識を身につけている	◎			
		生殖機能の成熟	思春期には生殖機能が成熟すること、こうした変化に対応した適切な行動が必要となることを理解できるようにする	1	卵巣、精巣の発達や月経や射精がおこる仕組みについての説明を聞き、正しく理解する			◎	性ホルモンのはたらきや月経、射精の起こり方、その発現年齢の個人差を理解し、性的な発達に適切に対処するための知識を身につけている				◎
		異性の尊重と性情報への対処		1	性情報にからんだ犯罪や被害の例に関する話等からその現状を知る			◎	性情報への適切な対処法を理解し、自分の生活改善に活かせるようにその知識を身につけている				◎
11		知的機能と情意機能の発達	精神機能は生活経験等の影響を受けて発達すること、思春期には自己の認識が深まり自己形成がなされることを理解できるようにする	1	心の様々な機能は生活経験や学習等の影響を受けながら、大脳の発達とともに発達することを知る		◎		心身の機能の発達と心の健康について学習したことを自分達の生活や事例等と比較したり関係を見つけたりする等して、筋道を立ててそれらを説明している	◎			
		社会性の発達と自己形成		1	自分らしさを築いていくために、何事も前向きに取り組むことが大切であることを理解する			◎	自分らしさを築くためにいろいろな人との付き合い、いろいろなことへの積極的な取組が必要であることを言ったり、書き出したりしている	◎			

－（290）－

② 単元計画

　単元計画を作成するにあたっては、教科担当者と協力し、児童生徒の実態に応じて、単元の内容の配列・時間配分等を計画する。

　配当時間は、学習の形態（課題解決学習等）により違うため、単元の全体と小単元の内容を吟味して計画する。また、目標に準拠した評価を着実に実施するために単元計画に評価観点・評価計画について記載することもある。

③ 単位時間計画

　1時間の内容の計画である。具体的な指導内容に合わせて、指導案、時案の中で立案していく。目標やねらいに合わせて軽重をつけていくことも必要となってくる。

（2）学習指導案の作成

指導案の作成について、項目ごとに示すと下記のようになる。

① 単元

　単元名を記述する。

② 単元の目標

　単元全体についての目標をそれぞれの観点を念頭において設定する。

　この指導を通して、目標とする子供の学びの姿を簡潔に書く。その単元で子供達にどんな力をつけさせたいのか、何を学んでほしいのかを書く。

③ 指導にあたって

　ア　教材観

　　教材に、どんな効果や意義があるのかを述べる。この教材を用いる理由や特徴、活用方法や他の指導内容とのつながり等を書く。

　イ　生徒観（児童観）

　　単元との関わりにおいて、児童生徒のこれまでの学びや実態について書く。

　　クラスの雰囲気や児童生徒の特徴等についても書くとよい。

　ウ　指導観

　　生徒観（児童観）や教材観を踏まえた上で、指導方法や配慮した点等をもとにどのように授業をすすめるのかを書く。使う資料や写真・動画等についても書くとよい。

　　また、各学校の学校研究に即して記述することも大切である。

④ 単元の指導計画

　単元の指導計画については、前述の「（1）指導計画の工夫の②単元計画」を参考に作成する。この学習における児童生徒の知識の実態や関心等を把握した上で計画する。

　単元計画に評価計画を合わせて記載する場合もあり、「指導と評価の一体化」は重要である。

　評価規準の作成については、学習指導要領の内容との整合性を重視しながら作成する。

　評価の詳細については、国立教育政策研究所教育課程研究センターから、「評価規準の作成、評価方法の工夫改善のための参考資料」が示されている。

　学習過程における「めざす児童生徒の姿」を加味しながら作成していく。

　目標・ねらいに準拠した評価を適切に行うことで、児童生徒のこれからの学習に活かすことができるとともに、指導者自身の指導を振り返ることで指導の改善に役立てることができる。

⑤ 本時のねらい

　授業で、子供に身につけさせたい資質や能力について書く。

　1時間の授業で子供が考えたり身につけたりすることが「ねらい」になる。授業の課題を明確にする

第12章　保健教育

ことによって、子供達は学習のねらいや内容について理解することができる。ねらいについても、観点項目を設定していく。

　「ねらい」の設定ができたら、評価についても並行して考えなければならない。授業が終了した後に達してほしい規準を決める。学習の目標をどの程度達成したのかの「ものさし」になる。目標ごとに観点を設定してあるので、この授業についても単元全体の目標や観点と照らしながら評価を考えていく必要がある。ねらいと並行して考える。

　評価の記述は⑦の展開の中に加える。一回の授業で観点の全てを評価する必要はなく、必要な項目について評価を行う。

⑥　使用する教材教具・準備

　授業で使用する教材や教具・ワークシート・フラッシュカード等の準備する物を記述する。

⑦　展開

　最初に授業の構造を考える。表にするのが一般的である。

　縦軸に、「導入」「展開」「まとめ」の順に入れるのが基本的な形であり、配時についても記載する。横軸に、「指導内容」「学習活動」「指導上の留意点」「支援・評価」を記入する欄を作成する。

　児童生徒の何をもとに（観察・ワークシート・発言等）評価を行うのかについても記載する。地域や学校によって欄の取り方や項目に工夫があることもあり、その点を考慮しながら作成する。

6）学習活動の工夫

　保健の授業はその過程において子供の「主体的に学習に取り組む態度」「知識・技能」「思考力・判断力・表現力」が満たされるような内容でなければならない。そのためには、子供に「何を、どのように学ばせるか」「何ができるようになるか」を明確にすることが大切である。

　知識伝達型の講義形式では知識の詰込みとなり、子供が主体的に授業に参加し、学習内容が身につくまでには至らない。児童生徒が能動的に授業に参加することで「主体的に学習に取り組む態度」が高まり、「思考力・判断力・表現力」が働き、「知識・技能」が得られ、学習内容が身につくことにつながる。児童生徒が授業に積極的に参加できたという充実感を味わうことができるよう学習内容やその形態を工夫することが大切である。例えば、表12-1の評価にあるような児童生徒の姿を生み出すような工夫が大切である。この表の「～」の部分に単元の目指す内容・項目を具体的に挿入していくと、その内容の学習に対する「主体的に学習に取り組む態度」を評価することができる。評価の観点からも創意工夫が編み出される。

表12-1　評価の観点

1	～に気づく。
2	～に疑問をもつ。
3	～に好奇心をもつ。
4	～に注意する。
5	～について観察する。
6	～について質問する。
7	～について調べる。
8	～について好意をもつ。
9	～の価値を認める。
10	～を楽しんでやる。
11	～を自分から進んでする。
12	～について目標を高くもつ。
13	～を我慢してでもやる。
14	～を最後までやる。
15	～を実践し、応用する。

（辰野千壽「改訂増補　学習評価基本ハンドブック―指導と評価の一体化を目指して―」図書文化を参考に植田が作成）

（1）教材

　教材とは、教育目標（ねらい）を達成するために選んだ素材のことである。教材を選ぶときには、設定した目標をどの程度実現できるかや、配列の順序やどのような効果をもたらすか等を検討する。

```
┌─────────── 教材の工夫 ───────────┐
│ ① 具体的にイメージできる              │
│ ② 実際に調べられる                   │
│ ③ 体験や体験を手がかりに考えることができる │
│ ④ 生活や日頃の体験と深く結びついている    │
│ ⑤ 揺さぶり・意外性がある              │
│ ⑥ 発展性・関連性がある               │
│ ⑦ 納得でき、「なるほど！」と思う        │
│ ⑧ 互いに学び合う過程を組み込む          │
└──────────────────────────┘
```

（2）学習方法

　その時間の目標に到達するために、教材との兼ね合いや時間配分等を考慮しながら、最適な学習方法を選ぶことが大切である。保健教育で主に用いられる指導方法は表12-2の通りである。

表12-2　保健教育で用いられる指導方法の例

指導方法	健康課題やその解決方法に関する具体的な活動	期待される資質・能力等の育成	活用例
ブレインストーミング	様々なアイデアや意見を出していく	・思考力、判断力、表現力等の育成 ・知識の習得	・健康な生活や病気の予防の要因 ・不安や悩みへの対処方法
事例などを用いた活動	日常生活で起こりやすい場面を設定し、そのときの心理状態や対処の仕方等を考える	・思考力、判断力、表現力等の育成 ・知識の習得	・交通事故や身の回りの危険 ・緊張したときの体の変化
実験	仮説を設定し、これを検証したり、解決したりする	・思考力、判断力、表現力等の育成 ・学びに向かう力、人間性等の育成	・ブラックライトによる手洗いチェック ・歯垢の染め出し ・血液モデルの流動実験
実習	実物等を用いて体を動かす	・思考力、判断力、表現力等の育成 ・知識及び技能の習得	・けがの手当 ・不安や悩みへの対処方法
ロールプレイング	健康課題に直面する場面を設定し、当事者の心理状態や対処の仕方等を疑似体験する	・思考力、判断力、表現力等の育成	・けがをしたときの大人への知らせ方 ・喫煙、飲酒の防止
フィールドワーク	実情を見に行ったり、人々に質問したりする	・思考力、判断力、表現力等の育成 ・学びに向かう力、人間性等の育成	・保健室の役割 ・地域の保健機関の調査
インターネット、図書、視聴覚教材	コンピュータや図書館等を利用して、情報を収集する	・知識の習得 ・健康に関する情報処理能力等の育成	・たばこの害 ・体のしくみ

（文部科学省「「生きる力」を育む小学校保健教育の手引き」2019）

（3）その他

〈授業の流れ・指導内容の系統性・意欲の喚起や持続〉

　教材の工夫や学習方法の選択の他にも、児童生徒の思考の流れや学習内容の系統性等を考慮する必要がある。また、児童生徒の学習意欲の喚起や持続につながるように、様々な工夫や配慮をすることが必要となる。それらのことを留意しながら実施することで、教育効果が一層高まっていく。

7) 評価
（1）評価の場面

評価は「児童生徒の学習と成長を支えていくものであり、児童生徒の潜在的な可能性を引き出し育てる重要な教育機能」という面から、行っていく必要がある。授業の評価活動は、3つの場面で行うことが中心となる。それぞれの場面での評価を下図にまとめた。

> 中学校学習指導要領　総則（平成29年）
> 第2の3（3）　指導計画の作成等に当たっての配慮事項
> 各学校においては、次の事項に配慮しながら、学校の創意工夫を生かし、全体として、調和のとれた具体的な指導計画を作成するものとする。
> ア　各教科等の指導内容については、（1）のアを踏まえつつ、単元や題材など内容や時間のまとまりを見通しながら、そのまとめ方や重点の置き方に適切な工夫を加え、第3の1に示す主体的・対話的で深い学びの実現に向けた授業改善を通して資質・能力を育む効果的な指導ができるようにすること。
> イ　各教科等及び各学年相互間の関連を図り、系統的、発展的な指導ができるようにすること。

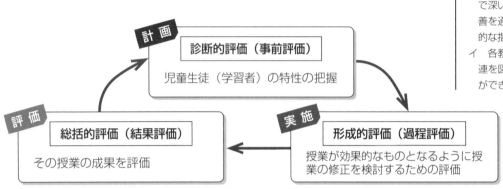

	場面	評価のポイント	評価方法
計画　診断的評価（事前評価）	授業の計画を立てる場面 ・児童生徒の様子を把握 ・指導すべき点の判断	学習者である児童生徒の特性の把握 ・既習事項 ・興味、関心、能力 ・それまでに経験している学習形態	ペーパーテスト
実施　形成的評価（過程評価）	指導のあり方を考える場面 保健授業の中で、 ・児童生徒がどのように変容しつつあるかを把握 ・次なる課題を提示	①その授業が最も効果的なものとなるよう、授業自体の修正 ・学習活動がねらいとかみあっているか ・児童生徒が主体的に学習活動を行っているか ②次の学習段階へ進むべきか否かの決定 ・次の段階に関するレディネスの把握 ・学習到達状況の把握と補充 ③次の段階の学習方法の改善	観察 ペーパーテスト ワークシート 学習ノート
評価　総括的評価（結果評価）	ねらいを達成できたか、児童生徒からみてとる場面 ・授業がどの程度成功であったか ・授業のねらいをどの程度達成できたか	通知表や指導要録に記入される成績 ・学期末試験、学年末試験 ・レポート、ワークシート、ふりかえり	観察 ペーパーテスト ワークシート 学習ノート 自己評価カード ポートフォリオ

（植田誠治「授業の評価」pp. 328-330『新版　保健の授業づくり入門』森昭三、和唐正勝編著を参考）

図12-1　授業3場面における評価のポイント

表12-3　体育・保健体育（1）評価の観点及びその趣旨〈中学校保健体育〉

知識・技能	思考・判断・表現	主体的に学習に取り組む態度
運動の合理的な実践に関する具体的な事項や生涯にわたって運動を豊かに実践するための理論について理解しているとともに、運動の特性に応じた基本的な技能を身に付けている。また、個人生活における健康・安全について科学的に理解しているとともに、基本的な技能を身に付けている。	自己や仲間の課題を発見し、合理的な解決に向けて、課題に応じた運動の取組方や目的に応じた運動の組み合わせ方を工夫しているとともに、それらを他者に伝えている。また、個人生活における健康に関する課題を発見し、その解決を目指して科学的に思考し判断しているとともに、それらを他者に伝えている。	運動の楽しさや喜びを味わうことができるよう、運動の合理的な実践に自主的に取り組もうとしている。また、健康を大切にし、自他の健康の保持増進や回復について学習に自主的に取り組もうとしている。

（「指導と評価の一体化のための学習評価に関する参考資料」中学校・保健体育　p.28）

（2）評価の仕方

　評価の観点は、学習指導要領に示す教科の目標や内容を踏まえ、子供が自ら学ぶ意欲や思考力、判断力等の資質や能力の育成に重点を置いて設定する。

　また、評価の持つ機能には、①児童生徒自身の学習の改善、②教師の学習指導改善がある。それらを踏まえ、授業に活かす評価を工夫する必要がある。評価を改善するにあたっては、評価の基本的な考え方を確認しておくことが不可欠である。まず、目標に準拠した評価を行うことであり、さらに「知識及び技能」「思考力・判断力・表現力等」「主体的に学習に取り組む態度」の3つの観点を十分に踏まえて評価することである。そして、学習過程において「何を」「いつ」「どのように」評価するのかを決定し、3つの観点についての具体的な評価基準を設定する。それによって学習状況を多様な方法で多面的に評価することを目指していくことが重要である。

評価規準作成の手順

　①単元の指導目標を設定する。
　　・学習指導要領に示された目標や内容等を踏まえて、単元全体を見通した目標を設定する。
　②単元計画を立てる。
　　・単元の特徴と指導目標を踏まえ、単元を何時間で扱うか、毎時間の主な指導内容はどうするか等を考慮して、単元計画を立てる。
　③単元の評価規準を作成する。
　　・保健領域の評価の観点は、「健康・安全への主体的に学習に取り組む態度」、「健康・安全についての思考力・判断力・表現力等」、「健康・安全についての知識及び技能」の3つである。
　④学習活動における具体的な評価規準を作成する。
　　・この評価規準は、実際に授業での評価に用いるものであり、児童生徒の学習の実現状況を「おおむね満足できる」状況と判断するものである。ここでは、児童生徒の質的な学習の姿をより客観的に評価するために、観点別に、児童生徒の学習活動をできる限り具体的にイメージし、学習の姿を表現する工夫が必要である。
　⑤指導と評価の計画を立てる。
　　・学習活動における具体的な評価規準を踏まえて、どのような方法で評価を進めていくかを具現化するために、単元の指導と評価の計画を立てる。その際、指導と評価が一体化する計画となるようにする必要がある。

（3）評価方法

　児童生徒の学習に対する取組や反応は様々であり、学習活動やそれにより得られる学習の成果にも個人差がある。さらに、同じ児童生徒でも、学習の対象や場面によってそれらが変化したり、観点によって実現が異なったりする場合がある。

　したがって、児童生徒の学習活動を多面的に評価する必要がある。各方法は、観点や学習場面等に特性を持つもので、複数の方法を組み合わせると、評価の正確さが高まる。

　どのような方法を用いるかは評価の目的に規定されるので、目的に即した評価方法及びその多様な組み合わせによって設定される。したがって、評価方法の特性をよく理解しておくことが求められる。

第12章　保健教育

評価方法の特性

「知識及び技能」「思考力・判断力・表現力等」

〈ペーパーテスト〉
　全員に、同一の問題に対して同じ時間で書かせる等、コントロールされた状態で評価を行うことができる。
　また、一度に多くの情報を得ることができ、質の高いテスト問題を作成すると、得られた情報の妥当性や信頼性が高く、分析や活用性が高い。

「主体的に学習に取り組む態度」「思考力・判断力・表現力等」

〈観察〉
　毎時の授業での評価方法の中心になるものである。また、学習に取り組む態度がよく反映される。

3観点

〈自己評価カードやポートフォリオ〉
　自己評価カードやポートフォリオは、自己評価のための有効な方法である。自己評価は、自主的・主体的な資質・能力である「生きる力」の形成に欠かせない。
　また、ポートフォリオは、教師が児童生徒の学習過程を個別に評価することにも利用できる。

3観点

〈ワークシート・学習ノート〉
　記入内容に対して教師から適宜フィードバックを行う。
　また、感想文等の自由に書かせる場合と、設問を設けて書かせる場合では、得られる情報が異なる。

3観点

〈パフォーマンス・冊子・発表〉
　表現形として明確であり、学習成果をトータルに表している。
　また、問いかけ等と組み合わせると、表現の意図や知識・技能の状況についても推測できる。

3　保健指導

1）保健指導の機会と特質

　教育活動全体の中で保健指導が効果的に行われるには、養護教諭が児童生徒の健康課題を明確にし、その解決をめざして、的確な機会に実施することが必要である。

　保健指導の機会には、集団指導では学級活動・児童生徒会活動・学校行事等がある。また、個別指導は、保健室来室時や校内巡回時等に実施することができる。

　養護教諭が保健指導の機会や特質を理解した上で、それぞれの関連性を活かし、進めていくことが望ましい。

2）集団指導

（1）集団指導に対する養護教諭の関わり

　集団指導は、全校や学年、学級又はグループ等の集団を対象に行われるもので、子供の知識理解を図り、関心意欲を育むなど、保健学習と並んで保健教育を行う上で、必要なものである。

　学級活動や児童生徒会活動、学校行事等の集団指導は、一般教師が、児童生徒の健康を保持増進するための科学的認識と自主的実践能力を育てることをめざして行われるものである。

　養護教諭は、健康診断の結果や健康観察や保健室来室状況等の日常的活動から把握した健康課題を解決するため、学級担任やその他の教職員と連携し、年間指導計画立案に関わっていくことが望ましい。保健指導では、養護教諭単独での授業や、ティーム・ティーチング・ゲストティーチャーとしての指導、教材や資料の提供等、積極的に関わる事が大切である。また、児童生徒保健委員会の指導も行うことで、児童生徒の自主的実践的活動を推進していく。

〈参考〉ポートフォリオとは：児童生徒が作る学習記録のことをさす。学習記録には、作文、観察記録、絵のような制作物、教師からの配付物（ワークシートや振り返りカードを含む）、地域の諸機関のパンフレット、新聞の切り抜き、インターネットの印刷資料、児童生徒のメモ、デジタルカメラによる撮影画像等様々なものが含まれる。

（2）保健指導の進め方

保健指導の基本的な進め方としては、まず児童生徒の健康状態を把握し、それに即した目標を設定する。更に内容を決定し、具体的に計画、実施、評価を行っていく。評価を次回の保健指導に活かすことによって、より保健指導の充実が期待できる。

表12-4　保健指導の進め方とポイント

保健指導の進め方	ポイント
① 指導対象の実態把握	〈統計や調査等による実態把握〉 ・生活習慣調査や各種アンケートの活用をする ・健康診断結果や健康観察から得られた情報の活用をする
② 目標・内容の設定	〈具体的な目標・内容設定〉 ・何を指導するのか、扱う題材のどこを指導するのかを明確にする ・児童生徒の目指す姿を明確にする
③ 計画の立案	〈系統性のある計画の立案〉 ・学年の発達の段階に即した系統的な指導となるよう計画する
④ 指導の実施	〈実践に結びつく教材や発問の工夫〉 ・投げかけ、考えさせるような内容の発問をする ・体験的な学習や視聴覚教材を活用する ・指導後、児童生徒が自らの課題を見つけ、実践につながる指導を心がける
⑤ 指導の評価	〈「知識及び技能」「思考力・判断力・表現力等」「主体的に学習に取り組む態度」の評価〉 ・児童生徒の認知的な反応や興味・関心・意欲等の情意的な反応を大切にする
⑥ 評価の応用	〈事後指導・発展的な指導〉 ・一過性の指導としないために、児童会・生徒会活動、学校行事、その他の活動及び各教科、道徳、総合的な学習の時間等の活動と関連させる ・家庭や地域の協力が得られるよう、保健指導の内容等を学級だよりや保健だよりで家庭や地域に発信する

第12章　保健教育

第12章　保健教育

小学校体育科指導案（例）

6年　体育科指導案

令和○年○月○日（○）

指導者　学級担任（T1）

養護教諭（T2）

1．単元名　病気の予防

2．目標

・喫煙、飲酒、薬物乱用などの行為は、健康を損なう原因となることを理解することができる。

【知識】

・地域では、保健に関わる様々な活動が行われていることを理解することができる。　　【知識】

・病気を予防するために、課題を見付け、その解決に向けて思考し判断するとともに、それらを表現することができる。　　　　　　　　　　　　　　　　　　　【思考力、表現力、判断力等】

・病気の予防の大切さに気付き、病気の発生要因や予防の方法についての学習に進んで取り組もうとすることができる。　　　　　　　　　　　　　　　　　　　【学びに向かう力、人間性等】

3．単元計画

一次④	喫煙の害と健康	喫煙による健康への影響について調べる。
	飲酒の害と健康	飲酒による健康への影響について調べる。
	薬物乱用の害と健康	薬物乱用による健康への影響について考える。
	地域の保健活動	病気を予防するために、地域で行われている様々な保健活動の例について 調べる。

4．本時の学習

（1）ねらい

　　喫煙は、せきがでる、心拍数が増えるなど呼吸や心臓の働きに対する影響がすぐに現れること、受動喫煙により周囲の人々の健康にも影響がすぐに現れることを理解できる。　　【知識】

（2） 重点 『書くこと』を生かして、ねらいにせまる指導と評価の工夫

・調べた内容を書き込めるワークシートを用意することで、学びを可視化する。

・ワークシートについて、他の人に説明することで、考えを深められるようにする。

（3）本時で到達した児童の姿

評価	到達した児童の姿
A	喫煙はせきがでる、心拍数が増えるなど呼吸や心臓の働きに対する影響がすぐに現れ、吸う人だけでなく受動喫煙により周囲の人々の健康にも悪影響が現れることを説明できる。
B	喫煙は、せきが出るなど健康に害を及ぼすことを説明できる。

（4）学習過程

時間	学習活動と児童の意識の流れ〈課題〉 まとめ ○主発問 ・児童の意識	◇重点・支援 □評価（評価方法）
3	**○この写真を見て思いつくことは何ですか。** ・たばこを吸う場所かな。 ・分煙スペースだ。	・養護教諭とともに学ぶことを確認する（T1）。

－（298）－

	・近づくと臭いよ。
	〇なぜ、たばこを吸うところが仕切られているのかな。
	・たばこはからだに悪いから。
	・人に迷惑だから。
	〇どんなところが禁煙かな。
2	・学校、病院、ショッピングセンター、レストラン、建物の中…
	1．課題を確認する
	〈喫煙は、健康にどんな害があるのだろう〉
5	**〇たばこを吸うと、体のどこにどんな影響があるのかな**
	2．予想してみよう
	・けむりを吸うから肺に悪そうだよ。
	・たばこを吸うと顔色が悪くなると聞いたことがあるよ。
15	3．喫煙による健康の害を調べよう
	〇体に現れる影響について、すぐ現れるもの、長い時間をかけて現れるものを調べよう
	・グループで考えるよ。
	・煙のことをこのカードに書いてあるよ。
	・すぐに現れる煙を吸うと、せきが出るよ。
	・目やのど、頭が痛くなる。
	・長い間吸うと病気になるんじゃないかな。
	・たばこに関係する病気はたくさんあるね。
12	4．調べてわかったことを発表する
	〇どんな害があるか発表しよう
	・同じ意見のところと違う意見のところがあるね。
	・歯や歯茎の色が悪くなる。
4	・顔色が悪くなる。しわが増える。
4	・保健の先生の話を聞くよ。
	5．まとめ

右側（指導上の留意点・評価）:

・たばこが体に悪いから法律で禁煙が必要な場所が決められていることを確認する（T1）。
・副流煙にも害があり、周りの人の健康にもかかわることを確認する（T1）。

・個々で予想を立てた後、近くの児童とお互いの予想を見せ合い、思いつかない児童にもイメージできるようにする（T1）。

・ヒントカードを用意し、グループのそれぞれが協力し、全員が害について説明できるようにする（T2）。
・学習した内容を書き込めるワークシートを用意し、説明しやすいようにする（T2）。
・机間支援を行い、わかりにくい用語について解説するなど、支援する（T1・2）。
・それぞれのグループの意見がわかりやすいよう発表用A3の用紙と付箋を用意する。
・正解を養護教諭から発表し、たばこの危険性について解説する（T2）。

[評] 喫煙による健康への害について、発表したり、ワークシートに書き込んでいる。

まとめ欄:

> 喫煙は、自分だけでなく、周りの人にも肺や心臓にすぐ影響したり、長い間かけ、がんや心臓病になったりする。

[課題] 〈喫煙は健康にどんな害があるのかな〉

例示：分煙スペースの写真	駅 喫煙場所 受動喫煙防止のため

禁煙が必要な場所
　学校　病院　市役所

なぜ？
　たばこの煙はまわりの人にもえいきょうがある

[予想] 体のどこに？　どんな風な害がある？

肺　　　頭　　　　　　　全身
せき　　くらくらする　　がん
体に現れるえいきょう
　すぐに　　　　　　長い間
　せきがでる　　　　肺がん
　心臓がどきどき　　心臓病
　はき気

まとめ
喫煙は、せきがでる、心拍数が増えるなど呼吸や心臓の働きに対する影響がすぐに現れる。吸うだけでなく受動喫煙により周囲の人々の健康にも影響が現れる

第12章　保健教育

小学校保健指導（例）

2年3組　学級活動指導案

令和○年○月○日（○）○限

場　所　　2の3

指導者

1．題材名　かぜの予防をしよう

2．ねらい

・かぜを防ぐ方法について考え、予防することができる。

3．準備　紙芝居、ワークシート

4．展　開

学習活動	配時	予想される児童の意識の流れ	◎評価と・◇指導上の留意点
1．学習の見通しを持ち、本時の課題を確認する。	5	○12月の保健目標は、何でしたか。 ・「換気をしよう。」だったよ。 ・換気は、かぜの予防にもなるんだね。	・12月の保健目標の話を出し、集会のときの話を思い出すことで、関心を持つことができるようにする。
2．かぜをひいてしまう原因について出し合う。	15	＜どうしてかぜをひいてしまうのだろう。＞ ○かぜをひいてしまうのは、どんなときかな。 ・寒いとかぜをひくと思います。 ・かぜをひいている人が、近くでせきをするとうつってしまうのではないかな。 ・手をしっかり洗わなかったときだと思います。	・自分の体験と結びつけるようにすることで、より具体的に考えることができるように。
3．かぜをひいてしまう原因について、話し合う。	20	○かぜをひいてしまう原因を探そう。 ・手を洗わないで食べると、かぜをひいてしまうよ。 ・好き嫌いもよくないんだ。 ・厚着もよくないんだね。 ・こんなにいろいろ原因があるなんて思わなかったよ。 ・自分ができていないのはこれだな。 かぜをひいてしまう原因を考えることができたよ。自分は、特にどれを気をつけようかな。	◇紙芝居に「手洗い」「運動」「すききらいしない」等として出てきたいろいろな場合を出し合うことで、一人ひとりができることを、具体的に考えることができるようにする。 ◎かぜを予防する方法について考えている。 　（思考力・判断力・表現力）
4．本時の振り返りをする。	5	○振り返りを書きましょう。 ・かぜを予防するために、気をつけなければならないことが沢山あることが分かった。 ・特に学校では、手洗いに気をつけたいな。	・振り返りを交流することで、今後の生活に活かすことができるようにする。

－（300）－

旧学習指導要領による中学校保健指導（例）

2年1組　　学級活動指導案

平成○年○月○日（○）○限
　場　所　　2の1
　指導者

1　題材　「歯と口の健康　〜食生活を振り返って〜」

2　題材の目標

　たくさんの人の意見を聞いたり、調べたりして歯によい食生活のための知識を増やす。自分の食生活を振り返り、歯と口の健康のために必要な改善策を考え実践する。

3　題材設定の理由

（1）教材観

　　むし歯や歯周病は歯みがきの習慣だけでなく、食生活や生活リズム、ストレス、喫煙等生活習慣との関係が極めて深い。

　　そのため、歯・口の健康づくりは、食生活を含めた生活習慣を見直していくことが必要であり、学校における歯・口の保健指導を通して生徒が自らの生活を見直し、主体的に生活態度や習慣を見直していく実践力を身につけることが大切である。それが歯・口の健康にとどまらず、生涯を通じて全身の健康に寄与することになる。

（2）生徒観

　　2年生では、昨年度6月の体育の授業1回と、後期には朝読書の時間に3回の継続的な保健指導を行ってきた。さらに頻回にわたる治療勧告の結果、受診率は71％まで上がった。それにもかかわらず、今年度う歯保有率は昨年度より悪化してしまった。歯科医を受診して治った歯にまたう歯ができてしまっている生徒が多数いた。

　　つまり、歯と口の健康に関する知識は保健指導により身についているが、継続的に実践できていないか、あるいは治療と衛生管理以外の指導の必要性が考えられる。また、歯科検診時に「食」と噛むことの不十分さを学校歯科医より指摘された。

（3）指導観

　　健康課題を見つけ、データーを分析し、いろいろな人の意見を聞いたり、調べたりして新しい知識を取り入れ、対策を考えることは「歯と口の健康」のみならず全ての健康課題に通じるものである。「歯と口の健康」課題に取組、考えることでたくさんの健康課題が関与していることに気づくと同時に、今後自ら健康管理ができる力につなげていきたい。

　　昨年度は受診の必要性とブラッシング指導を中心に行ってきたことから、今年度は食生活と噛むことの習慣について分析し、正しい知識を理解したうえで、問題点とその改善策を考えることができるようにしたい。

4　指導計画と評価規準

		時数	評　価　と　方　法			
			①関心・意欲・態度	②思考・判断・表現	③実践	④知識・理解
第一次	「歯・口の健康〜食生活から考える〜」	1	歯と口の健康のために良い食生活に興味を持ち、グループでの調べ学習に積極的に参加することができる。			むし歯になりやすい食べ物・なりにくい食べ物や、噛むことの役割と唾液の働きについて理解し、その知識を身につけている。

－（301）－

第12章　保健教育

			噛む習慣を振り返り、実験結果から健康課題を見つけ、改善策を考えることができる。	きちんと噛むことができる。	
「歯・口の健康～噛む～」	1				
「歯・口の健康～歯質から考える～」	1		食生活を振り返り、自分の健康課題をみつけ、改善策を考えることができる。		カルシウムの働きについて理解し、その知識を身につけている。

5　本時の学習（第一次中　2時）

（1）題材名　「歯・口の健康～噛む～」

（2）本時の目標

　　・実験を通して「噛む習慣」を理解する。

　　・「噛む習慣」について振り返り、問題点を明らかにし、必要な改善策を考える。

　　・子供の健康管理を担っている保護者の意見を自分の改善策の中に取り入れる。

（3）本時の展開

学習活動（生徒の活動）	時間	教師の手だて・支援 （◆評価・【　】観点・（　）方法）
1　前時の学習を振り返り、本時の課題をつかむ。 2　噛むことの役割と効用について理解する。	10	前時のワークシートを配付し、歯と口の健康のために良い生活習慣を振り返る。 飲食の内容、飲食の回数と時間、噛むこと ・よく噛むことによって、酸性になった唾液が早く中性に戻ること、歯以外にも効用があることを説明する。
課題：噛む習慣を調べよう		
3　給食での噛む回数をみて、その傾向を知り、問題点を考える。 4　噛むカムチェックガムを使って噛む力を調べる。 ・30回…普段どおり噛む ・60回…意識して噛む 　　　大きく顎を動かして 　　　左右両方の奥歯を使う ・判定プリントを参考に、噛む力を判定し、ワークシートに記入する。 ・ガムをワークシートに貼り付ける。	10 15	・事前に給食での噛む回数をかみかみセンサーを使って調べておき、その回数を記録したワークシートを配付する。 ・噛む回数が多い人と少ない人の数字を、給食のメニューと合わせて提示し、自分の噛む回数がどうだったのか考えさせる。 ・噛むカムチェックガムの使い方を説明する。 ・ガムのアレルギーや、とれそうな歯がないか確認する。 ・担任は机間支援する。 ・判定プリントを配付して噛む力を判定し、ワークシートに記入させ、ガムを貼らせる。 ◆よく噛んで食べ物を食べることができる。 【実践】（観察、ワークシート）

5　噛む習慣を調べてわかったことや問題点を考え、改善策の中から自分に合うものを選び、どう実践できるか考える。	10	・噛む習慣を調べてわかったこと、改善策を考えてワークシートに記入させる。 ・改善策を複数提示して自分に合うものを選び、その理由を記入する。 　　・一口30回を数えながら意識して噛む 　　・口に入れた物を飲み込むまで次を入れない 　　・食事中に飲み物を飲まない 　　・一口に食べる量を少なめにする 　　・食べ物の形がなくなるまで噛み続ける 　　・時間をかけてゆっくり食べるよう意識する ◆自分の噛む習慣を振り返り、実験結果から健康課題を見つけ、改善策を考えることができる。【思考・判断・表現】（ワークシート）
6　発表する。		・挙手での発表を求める。挙手がない場合には、机間支援の際に見回り、発表を求める。
7　保護者に本時の学習内容を伝え、保護者からみた生徒の噛む習慣や改善策をアドバイスしてもらう。	5	・ワークシートを持ち帰らせ、噛む習慣を振り返った内容を知らせ、保護者からみた生徒の噛む習慣に対する問題点と、改善するために家庭でできることを保護者に記入してもらう。【実践】（ワークシート）
8　次時の予告を聞く。		・次時は歯の質を調べることを知らせる。ワークシートの回収について担任と確認する。

まとめ：噛む習慣を調べる実験を通して、問題が明らかになった。改善策を実践に移すためには日々の意識が大切である。

（4）評価

		A　十分に満足	B　おおむね満足	C　努力を要する
評価②	評価規準【思考・判断・表現】	実験でわかったことを活用し、食生活の問題点を適切に判断し、改善策を考えることができた。	実験で理解できたことを参考に、食生活の問題点や改善策を一部考えることができた。	問題点を見つけることも改善策を考えることもできない。
	評価に対する指導	考えた改善策が自分にとって実現可能かも考えさせるよう声をかける。さらに多くの改善策を考えられるようアドバイスする。	問題点を適切に考えられるように一緒に考える。	個別指導。問題改善のために必要な情報を絞って提供する。
評価③	評価規準【実践】	食べ物を噛む際、一口30回以上、奥歯を使ってしっかり噛むことができる。	食べ物を噛む際、一口30回以上、噛むことができる。	食べ物を噛む際、噛む回数や、奥歯を使って噛むことができない。
	評価に対する指導	しっかり噛めていることを認め、この習慣を継続するよう声をかける。	奥歯で左右差なくしっかり噛むように助言する。	個別指導。一口30回以上噛むために必要な情報を絞って提供する。

第12章　保健教育

保健だよりを活用した保健指導の例

対象　中学校全学年　指導者：学級担任　時間10分

題材名　「熱中症を予防しよう」
ねらい　熱中症の対処法や予防法を知る
指導内容

学習内容とポイント	教師の支援
1　熱中症になるとどうなるのか 　　**症状について話し合う。重度の場合はすぐに救急車を呼ぶ。** 2　暑い中、頭がいたくなり気持ちが悪くなってきた場合、どうしたらよいか 　　**体調の変化に気づいたときは、すぐに休み、経過を見ることの必要性を説明する。** 3　熱中症を予防するにはどうしたらよいか 　　**水分補給、休憩、食事・睡眠について**	・保健だよりを配る ・自分の経験したことのある症状を出し合い、身近に起こることを想起させる。 ・自分での対処だけでなく、周りの人が異変に気づくこともあり、友だちへの配慮にも意識をむけさせる。 ・自分の生活をふりかえり、できていることや改善できることを話し合う。

保健だより

保健だより

令和〇〇年7月
〇〇中学校

熱中症を予防しよう

暑くなると熱中症の症状で救急車で運ばれる人が増えてきます。
正しい知識を持ち、熱中症を予防しましょう。

1　熱中症になると　どうなるの？

Ⅰ
めまい
立ちくらみ
筋肉痛
汗が止まらない

Ⅱ
頭痛
吐き気
体がだるい
虚脱感

Ⅲ
意識なし・反応がおかしい
けいれん
体温が高い
まっすぐ歩けない

2　暑い中　頭がいたくて気持ちが悪くなってきた　どうしたらいいの？

まずは休みましょう。外なら日陰に入り、水分補給をして体を休め、冷たいタオルなどで冷やします。
首やわきの下、足のつけ根などを冷やすとより効果的です。回復しない場合は、病院に受診しましょう。

3　熱中症を予防するには　どうしたらいいの？

その1　水分補給

がぶ飲みせず、少しずつ水分補給をしましょう。体が吸収できる水分は決まっています。
スポーツドリンクは、バランスを考えて作られています。足がつったりする人には、特に有効です。

その2　休憩

中学生はスポーツ中の発生がほとんどです。30分に1回程度の休憩が必要です。
人によってあらわれ方は違うので、下の症状が出たらすぐに運動を中止し、近くの大人に知らせましょう。
頭痛　腹痛　手足のしびれ　吐き気　めまい　だるい
汗がとまらない　筋肉がつる　激しくのどが渇く

その3　食事・睡眠
汗をかくと、塩分・ミネラル成分も失われます。
バランスのよい食事の内容を心がけましょう。
疲労物質を体にためないためには、ビタミン豊富なくだものやオレンジジュース・牛乳などを朝食に取り入れましょう。
睡眠不足は体調を崩す一番の原因です。夜更かしは厳禁。

3）個別指導

（1）個別指導に対する養護教諭の関わり

　個別指導は児童生徒が個々の健康問題の解決にむけて理解と関心を深めるためのものである。この指導は、疾病異常や生活・行動に関する問題、心の健康等個人的要因の大きいものについて行う。このため、個々の児童生徒に応じた目標を立て、方法を選び、健康問題の解決を支援していくことが必要である。

　そのためには、個々の性格や特徴、家庭環境、学校生活、家庭での様子等の情報を知った上で、個に応じた目標を立て、方法を選ぶことが大切である。健康問題の種類や個人の特徴、解決の方法等により保護者の協力が必要な場合には、保護者との面談を行うこともある。

　指導を進めるにあたっては、児童生徒の表情、態度、行動の観察や確認、担任や保護者からの情報等によって目標の達成状況の評価を行い、必要に応じて目標や方法を修正しながら、継続して取り組めるようにする。児童生徒が知的な理解を深めるとともに、自分自身の問題を受けとめ自ら解決しようとすることができるように指導・支援していくことが大切である。

（2）救急処置活動から始まる保健指導

　子供が保健室に来室した時に養護教諭は、救急処置をするだけではなく、児童生徒の自己管理能力を育成できるような教育的な対応をとることが必要である。問診により児童生徒自身に発症の要因や背景をふり返らせ、危険を回避する態度や行動を養うための保健指導を行うことができる。児童生徒が、応急手当の方法を学び、今後自分で手当するための知識や技術を身につける機会とすることも大切である。

　また養護教諭は、個別の保健指導をしながら、集団への指導の必要性についても考える必要がある。

表12-5　内科的症状で来室した児童生徒への指導の流れ

指導過程	児童生徒の様子	養護教諭の対応
①　健康問題を把握する	・頻回に頭痛で来室する	・話しやすい雰囲気をつくり、丁寧に訴えを聴く ・応急手当をしながら、必要な観察（問診・身体所見）をし、観察をもとに健康問題を予測する
②　問題の解決方法を考えさせる	・どんなときに頭痛が生じやすいか、原因は何か考えてみる	・問題点に気づけるような問いかけをする
	・生活習慣を振り返る	・問題を明確にし、児童生徒と共有する
	・自分ができる解決方法を考える	・解決方法を児童生徒と一緒に探る
③　問題解決への意欲を高めさせる	・解決方法がわかり、実践する意欲が持てる	・問題を解決するために、更に必要な知識や技能を伝える
④　健康生活への取組を具体化させる	・実際の生活での実践につなげる方法を見つける	・継続して取り組めるよう、言葉かけをする

第12章　保健教育

（3）健康調査や健康観察から始まる保健指導

　健康診断や既往歴等から発見された各疾病について、適切な保健管理を行うとともに、発達段階に応じた個別指導を行い、児童生徒が疾病に対する理解を深め日常生活を円滑に送れるように支援する。

　また、健康観察により気になる症状がある児童生徒に対しては、情報収集を行い、必要に応じて個別指導を行う。腹痛やかぜ症状等、同一症状が多く感染症の流行等が疑われる場合には、集団での予防の保健指導が必要となる。児童生徒が保健室を訪れたときの様子等から心身の健康問題のサインを察知したときは、関係の職員と連携をとりながら、情報を収集して、分析し、必要に応じて個別のあるいは集団への保健指導を実施する。

表12-6　保健指導の特質と方法

			指導の特質	指導の方法	摘要
特別活動領域における保健指導		学級活動	（1）学級や学校生活における健康安全上の問題を話し合い、解決し、さらに学級内の仕事を分担処理するための保健活動を行う（2）児童生徒が健康で安全な生活を実践できるよう、学級を単位として教師が計画的、継続的に行う指導である	（1）話し合い活動・係りの活動を通して、児童生徒が自発的・自治的な実践活動を行い、学級における津健康の問題を解決できるようにする（2）児童生徒が当面している健康安全上の問題を題材とし、児童生徒が主体的に問題を判断し処理する方法を学びとることができるよう計画的かつ継続的に指導を行う。この場合、学校行事や季節等との関連を考慮して指導する	感染症や食中毒の発生時には、適時保健指導を行う
		児童会・生徒会活動	学校生活における健康に関する諸問題を話し合い、解決するための実践的な活動を行う	代表委員会、保健委員会をはじめとする各委員会の活動を通して、児童生徒が自発的・自治的に学校における健康問題を話し合い、解決できるようにする	
		クラブ活動（小学校のみ）	学年や学級の所属を離れ、同好の児童をもって組織する。共通の興味や関心を追求する活動を自発的・自治的に行う過程で、保健に関する態度と習慣を身につけることができるようにする	科学クラブや家庭クラブ等の活動を通して、水、空気、騒音と健康、食べ物と健康等に関する問題が取り上げられることが予想される。また、これらの活動の成果が、児童会の活動に活かされるようにする。それぞれのクラブの特質に応じて、随時行うことになるが、クラブの活動計画を立てる際に健康安全の上からチェックすべき事項をあらかじめ織り込むように指導する	年間、学期ごと、月ごとに学校において適切な授業数をあてる
	学校行事	保健に関する行事	学年単位以上の全校的な集団活動であり、保健行事参加の経験を通して健康の重要性や自分の健康の状態について理解を深めるための指導とする。	健康診断・病気の予防等に関する行事の実施を通して、児童生徒が自分の健康状態、環境の清潔、病気の予防等について、一層望ましい態度や習慣を体得できるようにする	学級活動の保健指導で事前・事後の指導を適切に行い、効果を高める
		保健に関する行事以外の学校行事	行事本来のねらいは他にあるものの、その行事の効果を高めるための配慮事項として行う指導	儀式的行事、文化的行事、健康安全・体育的行事、旅行・集団宿泊的行事、勤労生産・奉仕的行事等の実践に伴って行われるものであり、他の教育活動で習得した健康安全に関する知識等が活かされるように指導する	
教育課程外における保健指導		個別指導	心身の健康に問題を持つ児童生徒の健康の回復や増進に対する指導を継続的に行うとともに、健康生活の実践に問題を持つ児童生徒の指導についても継続的に行うようにする	全教師がこれにあたるが特に、学級担任・養護教諭・生徒指導関係等の教師によって、保健室、相談室、教室等において、カウンセリングの技法を用いて指導にあたる	問題別に特定の児童生徒のグループを作って指導する
		始業前、放課後等における随時的な指導	日常の保健指導ともいえるもので、月や週の健康目標に即した指導や特定の個人を観察しながら指導を行うこともある	学級担任をはじめ、全教師が共通理解を図って、共通の目的に向かって指導を行うようにする	

4）評価

（1）養護教諭が評価を行う意義

保健指導内容の習得に関して、指導が効果的であったかどうかを判断するために様々な観点で評価する必要がある。

評価を行うことで、指導の妥当性、的確性、あるいは問題の有無等が明らかになり、保健指導の質を高めていくことにつながる。また、評価をすることに連動して教師の指導力の形成もなされていく。これらを繰り返すことによって、保健指導の実践が発展していくのである。

（2）指導過程に即した評価

評価は、指導過程全般において、教師自身の自己評価、児童生徒に対する評価、保護者からの評価等を包括的に行う必要がある。

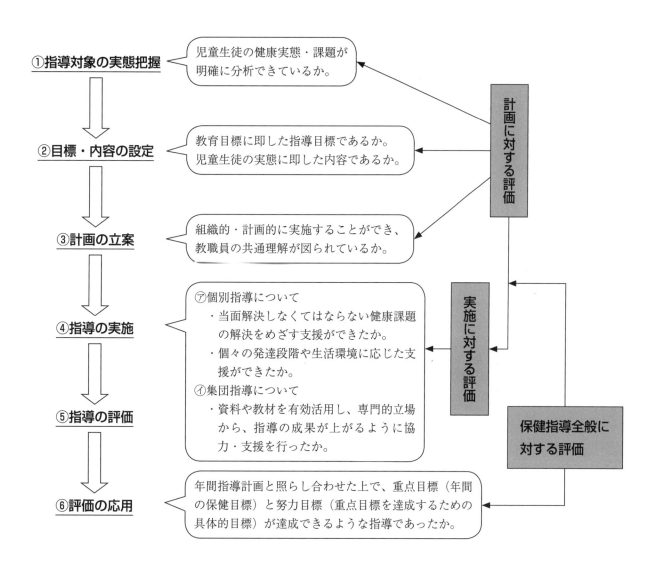

第12章　保健教育

（3）評価

　評価を行うにあたっては、評価の客観性を高めるために、様々な方法で、多面的に検討することが大切である。評価の方法には、以下のものがある。

> ・児童生徒の行動観察、発言の内容により評価する方法
> ・児童生徒のふりかえりカード（感想用紙等）やノートの記述、アンケートで評価する方法
> ・保健指導の実践記録の分析による方法
> ・研究授業として行い、他の教職員の意見や助言から評価する方法

　また、学級活動、児童生徒会活動、学校行事等の特別活動において保健指導を行った場合には、以下の3観点で評価を行うことが重要である。

表12-7　改善等通知を参考に作成した特別活動における「評価の観点」及びその趣旨の例

自己と集団の生活を充実させるための知識・技能	集団や社会の形成者としての思考・判断・表現	主体的に自己の生き方を設計しようとする態度
様々な他者と協働する様々な集団活動の意義を理解するとともに、よりよい生活を構築するための情報収集の方法や話合いの手順を身に付けている。	所属する様々な集団や自己の生活を改善するため、問題を発見し、解決に向けて合意形成したり意思決定したりするとともに、決めたことを日常で実践している。	集団生活において自主的に自己の役割や責任を果たす中で、主体的に人間としての生き方について考えを深め、現在及び将来の生活の改善をしようとしている。

（「指導と評価の一体化のための学習評価に関する参考資料」中学校・特別活動　p.32）

表12-8　学校行事「（3）健康安全・体育的行事」の評価規準（例）」

よりよい生活を築くための知識・技能	集団や生活の形成者としての思考・判断・表現	主体的に生活や人間関係をよりよくしようとする態度
心身の健全な発達や健康の保持増進、事件や事故、災害等の非常時から安全に身を守ることの意義を理解し、必要な行動の仕方などを身に付けている。 体育的な集団活動の意義を理解し、規律ある集団行動の仕方などを身に付けている。	自他の健康や安全について他者と協力して、適切に判断し実践している。 運動をすることのよさについて考え、集団で協力して取り組んでいる。	運動に親しみ、体力の向上に積極的に取り組もうとしている。 見通しをもったり振り返ったりしながら、健康安全・体育行事に積極的に取り組もうとしている。

（「指導と評価の一体化のための学習評価に関する参考資料」中学校・特別活動　p.34）

4　総合的な学習の時間

1）総合的な学習の関わりと意義

　平成10年の学習指導要領の改訂において、教育課程に総合的な学習の時間が創設され、子供達が課題を見つけ出して追及していくことにより、問題を解決する力や学び方・ものの考え方を身につけることが目的とされた。平成29年3月公示の新学習指導要領では、探究的な見方・考え方を働かせ、よりよく課題を解決し、自己の生き方を考えていくための資質・能力を育成することを目指す、と目標が明確化された。

　学習活動の具体例として、国際理解、情報、環境、福祉・健康等が挙げられる。その他、児童生徒の興味・関心に基づく課題、地域や学校の実態、特色に応じた課題について、学校の実態にあった学習活動を行うものとしている。

－（308）－

これらの中で、養護教諭の関わりとして次のようなものがある。
- 年間計画の立案にあたり、健康教育を進める立場から発言をする。
- 調べ学習において保健室の資料や情報、教材を提供する。
- 専門性を活かして実際の指導にあたる。
- 地域の関係機関や専門家との連携にあたる。

2）総合的な学習の時間と「健康」との関連

総合的な学習の時間の特徴は、下の図12-2に示すように総合性・学際性である。したがって、総合的な学習の時間に例示されている福祉・健康のみに健康教育をゆだねることはできない。総合的な学習の時間の福祉・健康と体育・保健体育と特別活動を相互補完的にすすめていくことで総合的な学習の時間の目標に到達できると考える。

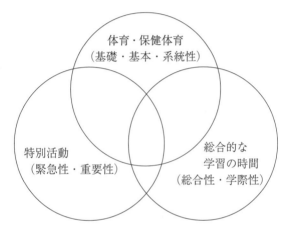

図12-2　体育・保健体育、総合的な学習、特別活動の関連
（植田誠治：北信越・東海ブロック養護教諭実技研修会報告書（石川県）1998より引用）

5　がん教育*

がん対策基本法（平成18年法律第98号）が設置され、それに基づいて、政府が「がん対策推進基本計画（平成24年6月）」を策定した（資料12-1）。その中で、「子供に対しては健康と命の大切さについて学び、自らの健康を適切に管理し、がんに対する正しい知識とがん患者に対する正しい認識をもつよう教育することを目指し、5年以内に、学校での教育の在り方を含め、健康教育全体の中で「がん教育」をどのようにするべきか検討し、検討結果に基づく教育活動の実施を目標とする」と示されている。

平成26年度から国においても、「有識者によるがん教育の在り方に関する検討会」を設置し、今後のがん教育の推進に向けて検討され、平成27年3月「学校におけるがん教育の在り方について　報告」が出されている（資料12-2）。その中で、がん教育の具体的な内容として、ア　がんとは（がんの要因等）　イ　がんの種類とその経過　ウ　我が国のがん状況　エ　がんの予防　オ　がんの早期発見、がん検診　カ　がんの治療　キ　がん治療における緩和ケア　ク　がん患者の生活の質　ケ　がん患者の理解と共生　の項目が記されている。その後、第3期がん対策推進基本計画（平成30年3月）が策定され、分野別施策の中で、これらを支える基盤の整備として「がん教育、普及啓発」が明記された。また、中学校及び高等学校の保健体育の分野では、「がんについても取り扱うものとする。」と明記された。今後、さらに学校で健康教育においてがん教育を取り上げ、実践していくことが求められる。また、新学習指導要領（2017.3告示）の中学校の保健分野では「がんについても取り扱うものとする」と明記された。学校で健康教育においてがん教育を取り上げ、実践していくことは今後の課題である。

＊参照：p.314　資料12-1　「がん対策推進基本計画（平成24年6月8日閣議決定）」抜粋
　　　　p.314　資料12-2　「学校におけるがん教育の在り方について　報告」平成27年3月抜粋

第12章　保健教育

6　保健だより

1）保健だよりの意義

　保健だよりは、学校保健目標を達成するための学校保健活動の一つである。保健だよりを通して児童生徒、保護者、教職員の学校保健に対する関心・理解を深め、保健活動の効果を高めることができる。また、保健に関する情報の提供や保健指導の教材としての活用したり、コミュニケーションツールとして子供達の様子や養護教諭の思いを発信し保護者や教職員との連携を深めたりすることができる。

2）保健だよりの目標と内容

　保健だより作成の目標としては次のことが挙げられる。

> ・児童生徒、保護者、教職員の学校保健に対する関心を高め、協力が得られるようにする。
> ・学校保健・安全計画の内容を児童生徒、保護者、教職員に示し、学校保健活動の向上をはかる。
> ・健康生活実践のための情報を児童生徒、保護者、教職員に提供し、保健指導に役立てる。

　保健だよりは、定期的・計画的に発行されるものと臨時的に発行されるものがあり、内容として次のようなものがある。

項　目	内容例
保健目標	月の保健目標、保健室経営方針
保健行事や連絡事項	健康診断、身体計測、保健指導等の日程、内容、準備
保健学習・保健指導資料	疾病予防、傷害予防、心の健康
子供の活動の様子	行事や学習、休み時間等学校生活の様子、児童生徒委員会活動
健康に関する情報	健康の意義や健康観、発育と発達、体力づくり、感染症
保護者との交流	保護者の感想、アンケート

3）作成の留意点

　保健だよりの作成にあたっては下記の内容に留意し、校内の手続きをふまえて発行する。

〈書き方の留意点〉
・対象を明確にする→児童生徒、保護者
・読みやすい紙面　→レイアウト、漢字の扱い、
　　　　　　　　　　ふりがな、イラストや絵、
　　　　　　　　　　写真
・統計資料の活用　→グラフ、表、図

〈プライバシーへの配慮〉
・児童生徒の名前や写真を掲載する際、保護者の了解は得ているか
・個人が特定される内容になってはいないか
・誰かを傷つけるおそれはないか

〈著作物への配慮〉
・保健雑誌や書籍は、転載可能か確認して利用する
・国や公共機関等の統計的な資料は、利用可能
・著作物は引用の条件を満たして利用する

〈「引用」する際の注意〉
・引用する部分は、「　」で囲む等本文と明確に区別する
・著書名、著者名、出版社名、出典したページ等の情報を明記する　等

（東山書房　健康教室2011年10月臨時増刊号より作成）

保健だより 中学校（例）

こころとからだの 健康生活通信

ホッと STATION

中学校 保健室
2013.1.9 No.12

あけましておめでとうございます
今年もよろしくお願いします

冬休み明け、疲れた顔をした人を多く見かけましたが、みなさん、生活リズムは戻りましたか？3年生はいよいよ受験シーズン本番。1・2年生は次の学年に向けての準備を始める大切な時期です。今年も健康に1年間を過ごせるよう、気を引き締めた学校生活をスタートさせましょう。

平成24年度からインフルエンザの出席停止期間が変わりました

発症後5日を経過し、かつ解熱後2日（幼児は3日）を経過するまで

欠席の扱いにはなりませんので、必ず医療機関を受診し、医師の指示に従ってお子さんを休ませてください。
（健康教室1月号より引用）

インフルエンザは、感染力が強く学校で集団発生しやすい病気です。その感染防止のため、発症してから登校を控えなければならない、出席停止期間というものがあります。従来、「解熱した後2日を経過するまで」でしたが、抗インフルエンザ薬の投与などで熱は早期に下がってもウイルスの排出は続いている可能性があり登校すると、感染をひろげてしまうおそれがあるため、平成24年4月1日から上記のように出席停止期間が変わりました。発症後5日経過するまでが基本ですが、解熱した日により登校してよい日が違います。以下の例を参考のうえ、しっかり家で休養してください。

例1：発症後2日目に熱が下がった場合

発症後5日間

土曜日	日曜日	月曜日	火曜日	水曜日	木曜日	金曜日	土曜日
発症	(1日目)	(2日目)	(3日目)	(4日目)	(5日目)	(6日目)	(7日目)
		解熱				6日目から登校・部活動可	

解熱後2日間（48時間）

例2：発症後4日目に熱が下がった場合

発症後5日間

土曜日	日曜日	月曜日	火曜日	水曜日	木曜日	金曜日	土曜日
発症	(1日目)	(2日目)	(3日目)	(4日目)	(5日目)	(6日目)	(7日目)
				解熱			7日目から登校・部活動可

解熱後2日目（48時間）

（文部科学省発行「学校において予防すべき感染症の解説」より引用）

かぜとインフルエンザの違い

いよいよインフルエンザが発生する時期になりました。
みなさんはインフルエンザとふつうのかぜを同じだと思っていませんか。インフルエンザはかぜよりも症状が重く、気管支炎や肺炎などをおこすこともあるこわい病気です。また、短い期間で大流行するので、十分な注意が必要です。

全身の痛み
や悪寒

高熱

インフルエンザの症状は…

普通のかぜの症状の他に

 咳
 発熱
 喉の痛み
 鼻水

手洗いと咳エチケットで、かぜ・インフルエンザを予防しよう！

12月に、保健委員会が作成したかぜの予防についてのビデオ放送をしました。手洗いを行い、清潔なハンカチで拭くこと。そして、咳チケットとしてマスクを着用することの大切さを紹介しました。感想を書いてくれました。ご協力ありがとうございました。感想を一部紹介します。

マスクの正しいつけ方は？

① ② ③
鼻 口 あごを覆う

・くしゃみで5メートルも菌が飛ぶことを知り、びっくりしました。咳やくしゃみをするときは手やハンカチで押さえるようにしたいです。（1年女子）
・マスクをサッカーゴールにたとえると、菌はピー玉の大きさとなり、外からの菌は防げないことを始めて知りました。自分の菌を外に出さないように必ずマスクをしたいです。（2年男子）
・ハンカチを"チェックチケット"として普段から毎日持ってくるように、他人へのエチケットとして持ってくるように、自分をまもることにも意識して健康的な生活をおくりたいと思います。（3年女子）

こたえ：①鼻 ②口 ③あごを覆う

保護者の方へ

●歯科や眼科の「医療券」をもらったうえで、使用しなかった、あるいは使用の予定がない場合は、「医療券」を学校まで返却してください。これから使用する人は、使用期限が3月31日までですので、早めの受診をお願いします。
●学校管理下でのけがで病院の10日以降にお金が振込口座に振込まれます「スポーツ振興センター」に申請しましたら2ヶ月後に病院の10日以降にお金が振込口座に振込まれます。各自で通帳で確認をお願いします。なお、提出書類に不備があるなどりませんので、各自で通帳で確認をお願いします。なお、振込みが遅れることもありますので、ご了承ください。

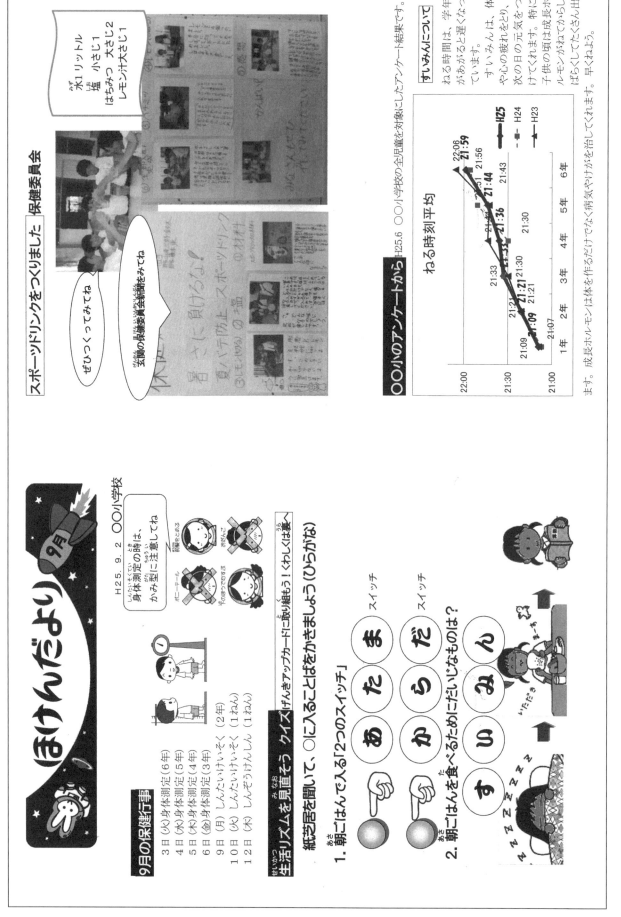

第12章 保健教育

保護者のみなさまへ

1.「げんきあっぷカード」について

夏休みから学校へ生活リズムを取り戻すために「げんきあっぷカード」に取り組みます。

本日、学校で生活リズムの保健指導をしカードを持ち帰りますので、おうちであてめを決めて、取り組んでください。いご協力をお願いします。

(1) 取り組み期間
　9月2日(月)～10月2日(水)

(2) 取り組みかた
　① めあてを決める

ねる時間の目安
低学年　9時まで
中学年　9時30分まで
高学年　10時まで

　② 毎日カードに書き込み31日間取り組む
　③ カード提出日 10月3日(木)～4日(金)

(3) 元気アップ賞がもらえるよ
　自分の目標を20日間以上できたたんには後日「げんきあっぷ賞」がもらえます

------- 切り取り線 -------

2. 夏休み中に、むし歯など受診した場合は、「わたしの健康」に結果を記入していただき、学校へ提出してください。

3. 9月身体計測の結果のお知らせについて
身体計測がおわりましたら、「わたしの健康」に結果を記入してお返しします。ご覧になりましたら押印し学校にお返しください。

------- 切り取り線 -------

夏休み健康調査　夏休み中のお子様の健康状態をお知らせください。以下のことがある場合のみ提出

9月4日(水)までにお知らせください

　年　　組　児童名

1. 夏休み中、熱中症およびその疑いで医療機関を受診した。
2. 夏休み中、感染性胃腸炎にかかり医療機関を受診した。　入院 (有 ・ 無)
3. その他、けがや病気、身体面、生活面で連絡したいこと。
　[　　　　　　　　　　　　　　　　　　　　　　　　　]

← ねる時刻がおそいと午前中眠い人が多いことがわかります。

ねる時刻 × 午前中眠いかのクロス集計 (数字は人数)

	まったく眠くない	あまり眠くない	時々眠い	いつも眠い
夜10時前にねる	233	130	59	
夜10時以降にねる	74	67	41	9

ねる時間と朝食の関係	
朝食をよく食べる子のねる時刻平均	よる 9:30
朝食をよく食べない子のねる時刻平均	よる 10:38

朝ごはんについて

毎日朝食を食べていますか？

	食べている	どちらかといえば食べている	あまり食べていない	全く食べていない
1年	92.6%	2.9%	2.2%	
2年	92.2%	4.3%	1.1%	
3年	82.6%		2.3%	
4年	84.1%		1.0%	
5年	92.0%		1.2%	0.3%
6年	89.2%			0.2%
H25全校	89.2%			0.6%
H24全校	91.0%			0.8%
H23全校	86.7%			
H24全国小6	88.7%			

朝ごはんを食べることで、体があたたかくなり体を活動モードにしてくれます。頭も元気になり勉強のやる気もでてきます。朝ごはんは、必ず食べましょう。

第12章　保健教育

資料12-1　「がん対策推進基本計画（平成24年6月8日閣議決定）」抜粋

8．がん教育・普及啓発
（現状）
　健康教育については子供の頃から教育することが重要であり、学校でも健康の保持増進と疾病の予防といった観点から、がんの予防も含めた健康教育に取り組んでいる。しかし、がんそのものやがん患者に対する理解を深める教育は不十分であると指摘されている。

（取り組むべき施策）
　地域性を踏まえて、がん患者とその家族、がんの経験者、がん医療の専門家、教育委員会をはじめとする教育関係者、国、地方公共団体等が協力して、対象者ごとに指導内容・方法を工夫した「がん」教育の試行的取組や副読本の作成を進めていくとともに、国は、民間団体等によって実施されている教育活動を支援する。

（個別目標）
　子供に対しては、健康と命の大切さについて学び、自らの健康を適切に管理し、がんに対する正しい知識とがん患者に対する正しい認識を持つよう教育することを目指し、5年以内に学校での教育のあり方を含め、健康教育全体の中で「がん」教育をどのようにすべきか検討し、検討結果に基づく教育活動の実施を目標とする。

資料12-2　「学校におけるがん教育の在り方について　報告」平成27年3月抜粋

1　学校におけるがん教育を取り巻く状況
　近年、都市化、少子高齢化、情報化、国際化などによる社会環境や生活環境の急激な変化は、国民の心身の健康にも大きな影響を与えており、ストレスによる心身の不調などのメンタルヘルスに関する課題、アレルギー疾患、感染症など、新たな課題が顕在化している。その中でも、生涯のうち国民の二人に一人がかかると推測されるがんは重要な課題であり、健康に関する国民の基礎的教養として身に付けておくべきものとなりつつある。（略）

2　学校におけるがん教育の基本的な考え方
　学校における健康教育は、生涯を通じて自らの健康を適切に管理し改善していく資質や能力を育成することを目指して実施されている。前述のようながんをめぐる状況を踏まえると、学校における健康教育においてがんを取り上げた教育を推進することは健康教育を推進する上で意義あることであると考えられる。近年、疾病構造の変化や高齢化社会など、児童生徒を取り巻く社会環境や生活環境が大きく変化してきており、健康教育もそれに対応したものであることが求められる。特に、日本人の死亡原因として最も多いがんについて、がんそのものの理解やがん患者に対する正しい認識を深める教育は不十分であると指摘されている。学校教育を通じてがんについて学ぶことにより、健康に対する関心をもち、正しく理解し、適切な態度や行動をとることができるようにすることが求められている。
　以上の状況を踏まえて、学校においてがん教育を推進する際には、「健康と命（いのち）の大切さを育む」という視点で本報告書を参考とした取組が推進されることを期待する。
　なお、「がん教育」はがんを他の疾病等と区別して特別に扱うことが目的ではなく、眼を扱うこと通じて、他の様々な疾病の予防や望ましい生活習慣の確立等も含めた健康教育そのものの充実を図るものでなければならない。
（略）

（1）がん教育の定義
　　　がん教育は、健康教育の一環として、がんについての正しい理解と、がん患者や家族などのがんと向き合う人々に対する共感的な理解を深めることを通じて、自他の健康と命の大切さについて学び、共に生きる社会づくりに寄与する資質や能力の育成を図る教育である。

（2）がん教育の目的
　　①がんについて正しく理解することができるようにする
　　　　　　　　（略）
　　②健康と命の大切さについて主体的に考えることができるようにする
　　　　　　　　（略）

－（314）－

第13章　感染症の予防とその対応

1　学校における感染症予防の意義

2　養護教諭と学校における感染症予防

3　法令に基づく学校での感染症対策
　1）学校保健安全法
　2）予防接種法

4　学校における感染症の対策
　1）感染症が発生した場合の校内対応
　2）感染症発生時の対応例

5　修学旅行等における感染症の予防と対応

第13章　感染症の予防とその対応

1　学校における感染症予防の意義

　学校は児童生徒等が集団生活を営む場であり、感染症が発生した場合は大きな影響を及ぼす。感染症の流行を予防することは、教育の場・集団生活の場として望ましい学校環境を維持するとともに、児童生徒等が健康な状態で教育を受けるためにも重要である。

2　養護教諭と学校における感染症予防

　養護教諭は感染症の予防と管理のため、毎日の健康観察や欠席及び保健室来室状況等から常に学校全体の状況把握に努めている。養護教諭は医学的知識をもとに専門的立場を活かして、これらの状況を把握・分析することで感染症発生の兆しにいち早く気づくことができる立場にある。そのため、感染症の発生を認めた場合はその拡大を防止するために関係法規を踏まえ、学校医の助言を受けて校内職員や設置者・保健所等の関係機関と連携し、適切かつ迅速に対応できるよう対策の推進、実行に努めなければならない。

　感染症対策においては、発生時の対応のみならず予防対策が重要になってくる。学校保健計画を立案する際には、感染症が発生しやすい時期を予測して保健管理及び保健指導を計画し、教育活動として位置づける必要がある。

3　法令に基づく学校での感染症対策*

1）学校保健安全法

　感染症の予防は「学校保健安全法第2章第4節（第19条～第21条）」を中心に必要事項を定めている。その主となるものは、出席停止と臨時休業であり、その目的は、感染症の拡大防止にある。

　なお、「感染症の予防及び感染症の患者に対する医療に関する法律」の一部改定（平成18年12月8日）に伴い、文部科学省は「学校保健法」で規定されていた伝染病の予防に関する事項について見直し、平成19年3月に学校保健法施行規則が一部改正され、伝染病の種類等が整理された。その後、平成20年6月に学校保健法が学校保健安全法に改正され、伝染病という用語が感染症に変更された。平成24年4月には学校保健安全法施行規則が改正され、出席停止の期間が一部見直された。さらに、平成26年7月には学校保健安全法施行規則第18条第2項により、中東呼吸器症候群が学校において予防すべき感染症の第一種に含まれた。

（1）出席停止と臨時休業

　校長は、学校において予防すべき感染症に罹患した児童生徒に対して、出席を停止することができる**。また、学校の設置者は、出席停止が行われた場合や学校の休業を行った場合は、保健所に連絡しなければならない。

　なお、学校の設置者は、学校保健安全法に基づき処理すべき事務を校長に委任することができるとされており、校長が臨時休業や保健所との連絡を行う場合もある。

> **＊＊学校保健安全法第19条**
> 　校長は、感染症にかかつており、かかつている疑いがあり、又はかかるおそれのある児童生徒等があるときは、政令で定めるところにより、出席を停止させることができる。

---

*参照：p.328　資料13-1　学校において特に予防すべき感染症の分類
　　　　p.332　資料13-2　その他の感染症
　　　　p.332　資料13-3-1　「感染症の予防及び感染症の患者に対する医療に関する法律」の分類と疾患の特徴
　　　　p.333　資料13-3-2　四類「その他既に知られている感染症の疾病（一類～三類感染症を除く）」で、政令で定めるもの
　　　　p.333　資料13-3-3　五類「その他既に知られている感染症の疾病」四類感染症を除く）」で、厚生労働省令で定めるもの
　　　　p.334　資料13-4　食中毒（細菌性・ウイルス性）の特徴と対策
　　　　p.335　資料13-5　症状（発しん）による疾病一覧表

－（316）－

①出席停止

　感染症にかかっている、あるいはその疑いのある児童生徒については、できるだけ早く診断がなされるよう早急に受診を勧める。また、診断された児童生徒については、主治医から指示された期間中は、休養するように指導する。回復後登校した際は、登校の許可が主治医から出ているか確認するとともに健康観察に留意する＊＊＊。

【留意点】

・校長の行う出席停止の措置は学校医、その他の医師の意見を参考にして判断する。

・出席停止の指示を行う場合、その理由及び期間を明確にし、出席停止の趣旨の徹底をはかる。

・第三種の感染症「その他の感染症」は、学校で通常見られないような重大な流行が起こった場合に、その感染拡大を防ぐために、必要がある時に限り、学校医の意見を聞き、校長が第三種の「その他の感染症」として緊急的に措置をとることができるものとして定められている。「その他の感染症」として出席停止の指示をするかどうかは、感染症の種類や各地域、学校における感染症の発生・流行の態様等を考慮の上で判断する必要があり、あらかじめ特定の疾患を定めてあるものではない。

【出席停止の報告】

　校長は出席の停止の指示をした時は、設置者にその旨を報告しなければならない＊＊＊＊　＊＊＊＊＊。

〈学校において予防すべき感染症の一部を掲載〉

＊＊＊学校保健安全法施行令第6条

　校長は、法第19条の規定により出席を停止させようとするときは、その理由及び期間を明らかにして、幼児、児童又は生徒〈高等学校〈中等教育学校の後期課程及び特別支援学校の高等部を含む。以下同じ。〉の生徒を除く。）にあつてはその保護者に、高等学校の生徒又は学生にあつては当該生徒又は学生にこれを指示しなければならない。

2　出席停止の期間は、感染症の種類等に応じて、文部科学省令で定める基準による。

＊＊＊＊学校保健安全法施行令第7条

　校長は、前条第1項の規定による指示をしたときは、文部科学省令で定めるところにより、その旨を学校の設置者に報告しなければならない。

＊＊＊＊＊学校保健安全法施行規則第20条

　令第7条の規定による報告は、次の事項を記載した書面をもつてするものとする。

①　学校の名称

②　出席を停止させた理由及び期間

③　出席停止を指示した年月日

④　出席を停止させた児童生徒等の学年別人員数

⑤　その他参考となる事項

〈第二種〉

病名	出席停止の期間	主な症状	潜伏期間
インフルエンザ	発症した後5日を経過しかつ解熱した後2日（幼児は3日）を経過するまで	初期症状（悪寒、高熱、関節痛、筋肉痛）、全身症状（倦怠感、頭痛、腰痛、筋肉痛等）、呼吸器症状（咽頭痛、咳、鼻汁、鼻づまり）、消化器症状（嘔吐、下痢、腹痛）　脳症を併発した場合、けいれん、意識障害（後遺症を残すことあり）	平均2日（1～4日）
百日咳	特有の咳が消失するまで又は5日間の適正な抗菌性物質製剤による治療が終了するまで	連続して止まらない咳（発熱は少ない）	主に7～10日（5～21日）
麻しん	解熱した後3日を経過するまで	眼の充血、涙、目やに、くしゃみ、鼻水、発熱、口内の頬粘膜のコプリック斑、発疹	主に8～12日（7～18日）
流行性耳下腺炎	耳下腺、顎下腺又は舌下腺の腫脹が発現した後5日を経過しかつ全身状態が良好になるまで	耳下腺の腫脹	主に16～18日（12～25日）
風しん	発しんが消失するまで	発熱、発疹、リンパ節の腫脹（頸部、耳の後ろ）	主に16～18日（14～23日）
水痘	全ての発しんが痂皮化するまで	発疹（体、首から顔面）、発疹は紅斑、水疱、膿疱、かさぶたの順に変化、発熱しないこともある	主に14～16日（10日未満や21日程度になる場合もある）
咽頭結膜熱	主要症状が消退した後2日を経過するまで	高熱（39～40℃）、咽頭痛、頭痛、食欲不振、咽頭発赤、頸部・後頭部リンパ節の腫脹と圧痛、眼の症状（結膜充血、流涙、まぶしさ、目やに）、耳前リンパ節腫脹	2～14日
結核	症状により学校医その他の医師において感染のおそれがないと認められるまで	初期はほとんど症状はない	2年以内、特に6か月以内に多い。初期結核後、数年後に症状が出現することがある。
髄膜炎菌性髄膜炎		発熱、頭痛、意識障害、嘔吐	主に4日以内（1～10日）

第13章　感染症の予防とその対応

－（317）－

第13章　感染症の予防とその対応

〈第三種の一部〉

病名		出席停止の期間	主な症状	潜伏期間
腸管出血性大腸菌感染症（O157）		病状により学校医その他の医師において感染のおそれがないと認められるまで	激しい腹痛、水様性下痢便、血便、溶血性尿毒症症候群（乏尿、出血傾向、意識障害）	10時間～6日
流行性角結膜炎			結膜充血、まぶたの腫脹、異物感、流涙、眼脂、耳前リンパ節腫脹	2～14日
その他の感染症	感染性胃腸炎	下痢・嘔吐症状が軽快し、全身状態が改善されれば登校は可能	吐き気、嘔吐、下痢、腹痛、発熱	ノロウイルス12～48時間、ロタウイルス1～3日
	溶連菌感染症	適正な抗菌治療開始後24時間を経て、全身状態がよければ登校は可能	発熱、咽頭痛、咽頭扁桃の腫脹や化膿、リンパ節炎	2～5日
	手足口病	発熱や咽頭、口腔の水疱、潰瘍を伴う急性期は出席停止、治癒期は全身状態が改善すれば登校可能	発熱、口内粘膜・手足・臀部の水疱	3～6日
	伝染性紅斑	発疹（リンゴ病）のみで、全身状態がよければ登校可能	かぜ様症状、両頬紅斑や四肢のレース状紅斑	4～14日（～21日）
	マイコプラズマ感染症	症状が改善し、全身状態がよければ登校は可能	咳、発熱、頭痛、咳は徐々に激しくなり、3～4週間続くこともある	2～3週間（1～4週間）

（文部科学省「学校において予防すべき感染症の解説」2013を参考に作成）

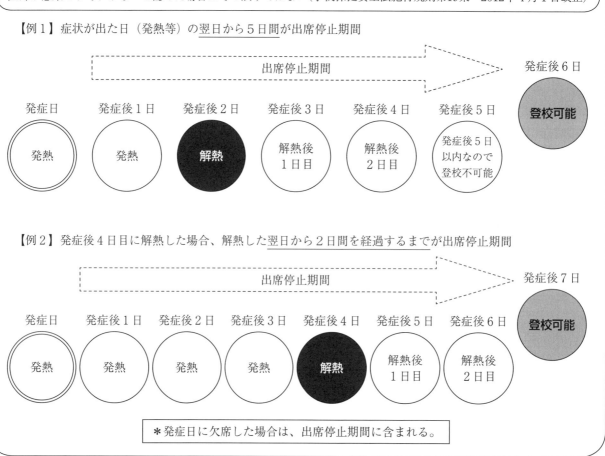

（文部科学省「学校において予防すべき感染症の解説」2013）

〈麻しん・風しん・O157（腸管出血性大腸菌感染症）が発生した場合の留意点〉

| 診察した医療機関が即日、保健所に報告する義務があり、対応については学校、学校医（医療機関）、設置者、保健所が連携して行う。 | | 学校においてこれらの疾病が一名でも発生した場合、出席停止の措置をとるとともにすみやかに設置者へ連絡をして対応にあたる。 |

・麻しんの予防接種未接種者が罹患者に接触した場合、72時間以内なら麻しんワクチンを接種することで発症の阻止または、症状の軽減が期待できる。そのため、発生時の対応に備え、事前に児童生徒及び職員の罹患歴、接種歴を確認しておく。

(国立感染症研究所感染症情報センター「学校における麻しん対策ガイドライン」2008)

②臨時休業

　校長は感染症の予防上、臨時に休業の必要性を認めたときは設置者に対し臨時休業の申請を行う。これに基づいて設置者は休業を指示する*。

　臨時休業を解除する時は復業した旨を設置者に報告する。なお、申請の休業期間経過後も引き続き休業を必要とする場合は、休業延期申請書を提出する。

＊学校保健安全法第20条
　学校の設置者は、感染症の予防上必要があるときは、臨時に、学校の全部又は一部の休業を行うことができる。

【留意点】
・学校医、その他の医師の意見を参考にし、感染症の蔓延予防に努める。
・臨時休業を行うか否かを判断するための根拠となるデータを提示する。
・臨時休業中における児童生徒に対して、学級担任の電話や家庭訪問等から児童生徒の健康状態に関する情報を得る。保健だより等を活用して保健指導を適切に行う。
・授業を再開する場合は、欠席状況、罹患状況を参考に十分検討を行う。
・発生期間中の行事は、状況を考慮し中止や延期、実施計画の見直し等の措置をとる。

欠席状況、保健室利用状況（同一症状の来室者が急増しているか、その生徒の接点の有無等）、健康観察の結果等から蔓延状況を判断する。

【臨時休業の報告】
学校長は感染症が発生した場合は、その事項について下記の要領で設置者に報告する。

	時　　期	内　　容	方　　法
発生	感染症発生時即刻	判明している状況	口頭、引き続いて書類
中間	感染症発生中	状況を適切にまとめる（経過がわかるように）	口頭及び書類
終息	感染症が終息した時	発生から終息までの詳細な状況書類	書類

　その他の感染症が発生した場合は、「学校において予防すべき感染症の解説〈文部科学省〉」に従い、対応にあたる。

2）予防接種法

　予防接種は、個人が感染症にかかることを防ぐとともに、感染症が流行することを防ぐことにもなる。社会情勢の変化により平成6年に予防接種法の改正がなされ、義務接種「受けなければならない」から勧奨接種「受けるよう努めなければならない」に緩和された。学校は、保護者や本人がよりよい選択をするための情報を提供することが必要である。

最新の予防接種スケジュールは国立感染症研究所ホームページを参照。

第13章　感染症の予防とその対応

4　学校における感染症の対応

1）感染症が発生した場合の校内対応

	養護教諭・保健主事	学級担任	管理職
アセスメント — 情報収集	・健康状態の把握 （欠席数、症状、健康観察） ・保健室来室状況 ・地域の状況	・健康観察の徹底 ・欠席状況 ・家庭との連絡	・近隣校の状況 ・学校医への連絡
情報の整理	情報のまとめ ・欠席数（学校・学年・学級）　・部活動での状況 ・症状 ・登校者の健康状態		発生状況の掌握
検討	**臨時学校保健委員会・保健部会の開催** ・対応策の検討（授業短縮、学級閉鎖、臨時休業等） ・学校医との連携		対応の決定
措置の実施	**教職員の共通理解のための打ち合わせと対応の実施** ・保健指導 ・臨時健康診断・健康相談 ・家庭への通知・連絡（情報提供と保健指導） ・関係機関と連携し発生原因・感染経路を把握 ・消毒等環境衛生管理		・保護者への通知 ・教育機関への報告 ・関係機関への連絡 ・マスコミ対応
事後処理	**臨時学校保健委員会・保健部会の開催** ・措置の解除、延長の検討 ・回復期の健康管理、保健指導 ・いじめ・差別の予防 ・記録の整理保存 ・関係機関への連絡、報告 ・日本スポーツ振興センターへの手続き		・対応の決定 ・記録の整理保存
評価	・予防対策、保健指導は適切であったか ・患者の早期発見と初期対応は適切であったか ・関係機関との連絡はスムーズかつ適切であったか ・児童生徒、保護者への説明や心理的配慮が十分できたか ・連絡体制や役割分担は適切であったか		（例） ・学校給食が原因で食中毒が発生した場合 ・教育活動計画の下実施された野外での活動においてかぜ症状等が発生した場合

評価を活かし、アセスメントにつなげる

２）感染症発生時の対応例

（１）インフルエンザ（飛沫感染・接触感染）の場合

項　目		内　　容
早期発見 情報収集	・健康観察の徹底 ・地域の感染症発生 　状況の把握	・欠席状況と欠席理由の把握 ・出席している児童生徒の健康状態や早退者等の把握 ・近隣校や地域、県内の流行状況について情報を得る
児童生徒へ の対応	・保健指導の実施 ・症状のある生徒の 　個別指導	・インフルエンザの正しい知識と感染予防について保健指導を実施 ・換気の徹底等も呼びかける ・症状のある児童生徒に対してマスクを着用させ拡大防止に努める ・発熱、頭痛、倦怠感、関節痛等のある児童生徒には早急に受診を勧める
校内の連携	・管理職 ・学校医 ・その他の教職員	・養護教諭は感染状況、近隣校の状況、学校医の助言等を管理職に報告する ・管理職はそれらを参考に対応方針を決定、教育委員会への報告や専門機関へ連 　絡・調整を行う ・管理職が中心となり、学校・家庭・地域が一体となって取り組む体制を作る
関係機関と の連携	・教育委員会 ・報道機関	・児童生徒の罹患状況を報告し、対応について指導・助言を受ける ・欠席人数、罹患人数、罹患率、主な症状、対応方針等流行状況を報告する ・関係機関、報道機関への対応は管理職があたり、窓口を一本化して混乱を避け 　る
保護者との 連携	・医療機関への早期 　受診 ・流行状況のお知ら 　せと感染防止の協 　力依頼	・症状のある児童生徒は速やかに医療機関に受診し、診断結果を学校に連絡する 　ように保護者に依頼する ・保健だより等で感染状況や二次感染防止の対応策を知らせる ・流行が拡大しないように出席停止期間を確認し、主治医の指示に従うように伝 　える ・欠席者には電話連絡等で容態を確認し対応策等の相談にものる
事後措置	・健康観察や保健指 　導の継続 ・関係書類の整理	・再流行の早期発見のために、児童生徒の健康状態を継続的に観察する ・児童生徒に流行状況を知らせ、インフルエンザの拡大を防ぐために手洗い、う 　がい、換気の徹底等健康管理に関する指導を続ける ・罹患児童生徒の出席停止に関する書類の提出状況を確認する ・感染状況（発生者数・期間等）についてまとめる

（２）感染性胃腸炎（飛沫感染・経口感染・接触感染）の場合

同一症状（腹痛、嘔吐、発熱等）はないかな？いつから？　おうちの人は？　昨日の食事は？

体調のチェックポイントも指導

項　目		内　　容
早期発見 情報収集	・発生状況の調査と 　健康観察の徹底 ・地域の感染性胃腸 　炎発生状況の把握	・発生当日の保健室来室者の訴えや飲食状況、家族の状況を 　把握する ・欠席状況と欠席理由の把握、出席している児童生徒の健康 　状態や早退者の把握 ・近隣校や地域、同一調理場か 　らの流行状況について情報を 　得る
児童生徒 への対応	・保健指導の実施 ・症状のある児童生 　徒の対応 ・欠席、入院児童生 　徒への対応	・感染性胃腸炎の正しい知識と、二次感染予防（手洗いの励行）について保健指 　導をする ・給食当番の配慮をする ・症状のある児童生徒については受診を勧め、診断結果を学校に連絡するよう指 　導する ・欠席している児童生徒については、担任等が容態を確認する

－（ 321 ）－

第13章　感染症の予防とその対応

校内の連携	・管理職 ・教職員 ・対策委員会（学校保健委員会等）	・管理職はすみやかに教育委員会に第一報を入れるとともに学校医・学校薬剤師・保健所等へ連絡し、当日及び翌日以降の学校運営（臨時休校・学校給食・プール使用・消毒等）についての指示を求める ・教職員に二次感染防止のための吐物や排泄物の後始末や消毒の仕方について周知する＊ ・管理職は、対策委員会（管理職・教務主任・学年主任・養護教諭・学校医等を含む）を設置し、学校、家庭、地域及び専門機関が一体となって取り組む体制を作る
関係機関との連携	・検査や調査への協力 ・教育委員会 ・報道機関	・管理職は、教育委員会や保健所等が行う検査や調査に全面的に協力し、特に立ち入り検査がある場合は、担当責任者を決めて的確に対応する ・欠席人数、罹患人数、罹患率、主な症状、対応方針等を報告する ・関係機関、報道機関への対応は管理職があたり、窓口を一本化する
保護者との連携	・お知らせ ・検査の協力依頼	・保健だより等で流行状況や対応策・予防策について知らせる ・必要に応じて学校保健委員会や保護者説明会を設け事実を説明し、児童生徒の健康調査・食事調査・検便等各種調査への協力を依頼する
事後措置	・健康観察や保健指導の継続 ・原因の究明 ・心のケア ・関係書類の整理	・感染性胃腸炎の正しい知識・手洗いの励行等継続指導する ・トイレ、手洗い場、教室等の消毒＊＊ ・重症であった児童生徒には、登校後も健康状態に留意する ・場合によっては発生原因の究明に協力し、その原因除去、再発防止に努める ・児童生徒に対する心の支援の充実と罹患児童生徒に対するいじめや差別が生じないように配慮する ・発生してからの対応、流行期間・患者発生数等をまとめておく

（3）アタマジラミ（接触感染）の場合

項　目		内　　容
早期発見 情報収集	・発生状況の調査と健康観察の徹底	・頭髪に注意し、頭部にかゆみや虫卵付着のある児童生徒の早期発見に努める ・学校内、家庭、地域の発生状況を把握する
児童生徒への対応	・保健指導の実施 ・症状のある児童生徒の対応	・児童生徒にタオル・くしの共用を避け、衣類や帽子等丁寧な洗濯が必要であることを指導する ・アタマジラミについて、正しい情報提供を行い、いじめや差別が生じないようにする ・自覚症状のある場合は早めに皮膚科を受診するように指示する
校内・各機関との連携	・管理職・学校医・学校薬剤師 ・教育委員会	・学校医・学校薬剤師に助言を求め、対応方針を決定する ・集団発生した場合は、罹患人数・対応策について教育委員会に報告する ・関係機関や報道機関への対応は管理職があたり、窓口を一本化する
保護者との連携	・お知らせ ・検査・検診の協力依頼	・保健だより等で、発生状況や家庭における虫卵の発見や駆除方法を知らせる ・家庭で発見した場合は、すみやかに皮膚科を受診し、その結果を学校に連絡するよう依頼する
事後措置	観察、指導の継続と心のケア	・児童生徒の頭髪の観察や予防指導を継続的に行う ・罹患した児童生徒に対するいじめや差別が生じないように配慮する

（4）新型コロナウイルス感染症の場合

　新型コロナウイルス感染症は、2020年12月現在研究段階であり、学校での感染拡大に関する科学的なエビデンスが蓄積されていない状況のもと、対応も不明確な部分が多い。

　＊参照：p.337　資料13-8　おう吐物処理（例）①・②
　＊＊参照：p.337　資料13-8　おう吐物処理（例）③

我が国のこれまでの新型コロナウイルス感染症の学校での対応としては、国内での感染拡大の可能性があった３月２日から政府の要請により全国で一斉臨時休業が行われ、その後４月７日に政府の緊急事態宣言が行われたことや４月16日に全都道府県が緊急事態措置の対象となったこと等を受け、大部分の学校が５月末までの臨時休業を行った。文部科学省は「学校における新型コロナウイルス感染症に関する衛生管理マニュアル～「学校の新しい生活様式」～（2020.5.22 Ver.1)」を作成し、その後は最新の知見に基づいた見直しが随時行われている。これまでに、（2020.6.16（Ver.2））（2020.8.6（Ver.3））（2020.9.3（Ver.4））が出されている。

　このマニュアルでは、「学校内で感染が大きく広がるリスクを下げることができると考えられます」と書かれており、完全に感染を防ぐことができるものではないことを示唆している。そして、『新しい生活様式』（「３つの密」を避け、身体的距離の確保等）を導入するとともに、「地域の感染状況を踏まえ、学習内容や活動内容を工夫しながら可能な限り、授業や部活動、各種行事等の教育活動を継続し、子供の健やかな学びを保障していくことが必要であると記され、各学校で工夫し、対応することが求められている。これにはいくつかの基準等も示されており、常に新しく更新されたものを確認し対応していく必要がある。

　今後もこのような新型ウイルスが発生することも懸念されることから、ここでは「学校における新型コロナウイルス感染症に関する衛生管理マニュアル～「学校の新しい生活様式」～（2020.12.3 Ver.5)」を元に学校における基本的な新型コロナウイルス感染症の対応例を提示することとする。

項目	「学校における新型コロナウイルス感染症に関する衛生管理マニュアル」	具体的な対応例
早期発見・情報収集	登校時の健康状態の把握 　登校時、児童生徒等の検温結果及び健康状態を把握。登校時の健康状態の把握には「健康観察表」などを活用。家庭で体温や健康状態を確認できなかった児童生徒については、登校時、教職員が検温及び健康観察等を行う。 　レベル２、３の地域では本人のみならず、同居の家族にも健康状態を確認するようお願いし、登校時の検温結果の確認及び健康状態の把握を校舎に入る前に行う。	・登校時玄関（サーモグラフィーを使用）で「健康観察表」をチェック。忘れてきた児童生徒はその場で検温、症状の確認。発熱等の風邪症状がある場合は保護者に連絡し速やかに帰宅。
児童生徒への対応	【新しい生活様式の導入】 （感染防止の３つの基本） 　①身体的距離の確保　②マスクの着用　③手洗い （基本的な生活様式） ・こまめに手洗い、手指消毒　・咳エチケットの徹底 ・こまめに換気　・身体的距離の確保　・「３密」の回避 ・毎朝の体温測定、健康チェック 【基本的な感染症対策の実施】 （１）感染源を絶つ 　発熱等の風邪症状がある場合には登校しないことの徹底（レベル２、３の地域では同居の家族に風邪症状が見られる場合も登校をさせないようにする）この場合出席停止の措置を取る。 　登校時に発熱等の風邪の症状が見られる場合には、当該児童生徒等を安全に帰宅させ、症状がなくなるまでは自宅で休養するよう指導する。必要に応じて受診を勧め、受診状況や検査状況を保護者から聞き取り、状況に応じた対応をする。保護者の来校まで学校にとどまることが必要となるケースもあるが、その場合には他の者との接触を可能な限り避けられるよう、別室で待機させるなどの配慮をする。	・保健だより、保健指導等で新しい生活様式、基本的な感染症対策が定着するよう繰り返し、全教師で色々な場面をとらえて指導。 ・集会が開けないため、校内放送の活用。

第13章　感染症の予防とその対応

　　保健室については外傷や心身の不調など様々な要因で児童生徒が集まる場所であるため、発熱等の風邪症状の児童生徒が他の児童生徒と接することのないようにする。

（２）感染経路を絶つ
　①手洗い　②咳エチケット　③清掃・消毒
　　一時的な消毒の効果を期待するよりも、清掃により清潔な空間を保ち、健康的な生活により児童生徒の免疫を高め、手洗いを徹底することの方が重要。
　　清掃活動とは別に、消毒作業を別途行うことは、感染者が発生した場合でなければ基本的には不要。実施する場合には極力教員ではなく、外部人材の活用等で教員の負担軽減を図ることが重要。

（３）抵抗力を高める
　「十分な睡眠」「適度な運動」「バランスの取れた食事」を心がけるよう指導する。

【集団感染のリスクへの対応】
・換気の悪い密閉空間・多数が集まる密集場所・間近で会話や発声をする密接場面、３つの条件が同時に重なる場面を避けることはもちろんそれぞれの密を避けることが望ましい。
　「３密」と「大声」に注意。
（１）「密閉」の回避（換気の徹底）
　換気は気候上可能な限り常時、困難な場合はこまめに（30分に１回以上、数分間程度、窓を全開にする）。２方向の窓を同時に開けて行う。授業中は必ずしも窓を広く開ける必要はなく、換気方法について学校薬剤師と相談。

（２）「密集」の回避（身体的距離の確保）
　人との間隔はできるだけ２ｍ（最低１ｍ）空けることを推奨。
（レベル１、２の地域）
　児童生徒の間隔を１ｍを目安に学級内で最大限の間隔をとるように座席配置を取る。
（レベル３の地域）
　児童生徒の間隔を可能な限り２ｍ（最低１ｍ）確保するよう座席配置を取る。

（３）「密接」の場面への対応（マスクの着用）
　児童生徒等及び教職員は身体的距離が十分にとれないときにはマスクを着用すべき。
　熱中症への対応が優先。
　体育の授業においては、マスクの着用は必要ない。ただし、十分な身体的距離が取れない状況で、十分な呼吸ができなくなるリスクや熱中症になるリスクがない場合は、マスクを着用する。

【重症化リスクの高い児童生徒の対応】
　医療的ケア児が在籍する学校においては、主治医の見解を保護者に確認の上、個別に登校の判断をする。

・早退の児童生徒の待機のための児童生徒用の別室の準備。
・保健室をゾーニングする。
・各教室の前にアルコール消毒を設置（アルコールのアレルギーのある生徒は使用せず手洗いを徹底）。
・清掃後の手洗いの徹底
・スクールサポーターが不特定多数が触れる場所・物を消毒（アルコールあるいは効果のある家庭用洗剤等）。

・換気扇がある部屋は常時稼働。あるいは窓を常時10〜20cm 同時に２方向対角に開ける
・室温が低いときは教室内でも防寒着等を着用。
・児童生徒が密集する場所で間隔が保てるように足型を設置。

・常時マスクの着用
・給食は正面を向いて静かに食べる。
・図書館利用の入場制限。

－（324）－

	【出席停止等の取扱い】 　感染が判明した場合又は感染者の濃厚接触者に特定された場合には、学校保健安全法第19条の規定に基づく出席停止。期間の基準は濃厚接触をした日の翌日から起算して２週間。 　新型コロナウイルス感染症への対応として、発熱等の風邪の症状が見られるとき、同条に基づく出席停止。 　医療的ケア児や基礎疾患について、登校すべきでないと判断された場合及び保護者から感染が不安で休ませたいと相談のあった児童生徒について、感染の可能性が高まっていると保護者が考えるに合理的な理由があると校長が判断する場合には「非常変災等児童生徒又は保護者の責任に帰すことができない事由で欠席した場合などで、校長が出席しなくてもよいと認めた日」として、欠席としないことも可能。	・職員会などで出席停止の取り扱いの確認 ・学校だより、保健だより等を発行し、家庭に出席停止に関して周知
関係機関との連携	感染リスクをゼロにすることはできないという事実を前提として、地方自治体内での教育委員会と衛生主管部局との連携や、学校医・学校薬剤師等の専門家と連携した学校における保健管理体制を築いていくことが重要。 　衛生主管部局との連携による地域の感染状況の把握 【学校において感染者等が発生した場合の対応について】 （児童生徒や教職員が感染した場合） 医療機関→本人に診断結果を伝える→本人が学校に連絡 　　　　↘保健所：感染者の行動履歴や濃厚接触者の等の調査→学校が協力	・教育委員会などと地域の感染状況の情報を共有 ・新型コロナウイルス感染症に有効な消毒薬の選定や消毒の方法について学校薬剤師と相談。
保護者との連携	学校内での感染拡大を防ぐためには、何より外からウイルスを持ち込まないことが重要であり、このためには家庭の協力が不可欠。毎日の健康観察はもちろんのこと、家族に発熱、咳等の症状がある場合には、感染経路不明な感染者数が増加している地域では、児童生徒の登校を控える。 　感染経路不明な感染者が増加している地域では、休日において不要不急の外出を控える、仲のよい友人同士の家庭間の行き来を控える、家族ぐるみの交流による接触を控える。	・登校前に朝の健康観察表の記入確認を依頼。 ・校内感染を防ぐために早退の際速やかに帰宅できるよう協力依頼。
その他	【教職員の感染症対策】 　「基本的な感染症対策の実施」を参考に、感染症対策に取り組むほか飛沫を飛ばさないよう、マスクを着用。毎朝の検温や風邪症状の確認などの健康管理に取り組むとともに風邪症状が見られる場合は、自宅で休養する。 　職員室における勤務については、可能な限り他者との間隔を確保し、会話の際はできるだけ真正面を避ける。 感染者や濃厚接触者が教職員である場合は、病気休暇等の取得、在宅勤務や職務専念の義務の免除等により出勤させない扱いとする。 【部活動】 （レベル１地域） 　可能な限り感染症対策を行った上で通常の活動を行う （レベル２地域） 　可能な限り感染症対策を行った上で、リスクの低い活動から徐々に実施することを検討する。 （レベル３地域） 　可能な限り感染及びその拡大のリスクを低減させながら、なるべく個人での活動とし、少人数で実施する場合は十分な距離を空けて活動する。	【教職員の感染症対策】 ・毎朝、出勤したらすぐに検温結果と健康状態を記載し、管理職に報告。 【健康診断】 ・実施方法について、事前に校医、学校歯科医と打ち合わせ。 ・事前の手洗いの徹底。 ・健診場所への入室時はアルコールで手指消毒（アルコールアレルギーのある児童生徒は石けんで手洗い） ・マスク着用（マスクを外す必要がある場合は直前）。 ・入室の人数を制限。 ・健診時30分に１回は窓を全

第13章　感染症の予防とその対応

	【健康診断】 ・児童生徒等及び関わる教職員全員が、事前の手洗いや咳エチケット等の徹底 ・部屋の適切な換気 ・部屋には一度に多くの人数を入れないようにし、整列させる際は1〜2mの間隔をあける ・会話や発生を控えるよう児童生徒等に徹底する ・検査に必要な器具等は適切に消毒する 【修学旅行等における感染症対策】 　一般社団法人日本旅行業協会等が作製した「旅行関連業における新型コロナウイルス対応ガイドラインに基づく国内修学旅行の手引き」等を参考に旅行業者等と連携して、それぞれの実状に応じて行う 【合唱等を行う場面での感染症対策】（小学校、中学校、高等学校及び特別支援学校において合唱等を行う場面での新型コロナウイルス感染症対策の徹底について（通知）より） ・原則マスク着用 ・マスクを着用している場合であっても、前後方向および左右方向ともにできるだけ2m（最低1m）空ける ・立っている児童生徒と座っている児童生徒が混在しないように ・練習時間はできるだけ短く。常時換気。近距離での大声を徹底的に避ける	開にしたり、常時窓をすかしておく等換気の徹底。 ・脱いだ服などを置く場所は各自で消毒して使用 ・検診をする校医さんは手袋・マスク・防護服等着用。 【修学旅行等における感染症対策】 ・アルコール消毒を持参（バス乗車時の手指消毒） ・バスの中はマスク着用。静かに過ごす ・旅行会社との情報共有 ・弁当を持参（外食回避） 【合唱等を行う場面での感染症対策】 ・歌の練習は窓、壁に向かって。 ・合唱の整列は重なり合わないよう市松模様に並ぶ。 ・練習後はマスクを取り換える。
事後措置	感染が判明した場合又は感染者の濃厚接触者に特定された場合には、学校保健安全法第19条の規定に基づく出席停止の措置を取る。 　保健所、学校薬剤師等と連携して消毒を行う。当該感染者が活動した範囲を特定して汚染が想定される物品を消毒用エタノールまたは0.05%の次亜塩素酸ナトリウム消毒液により消毒する。症状のない濃厚接触者が触った物品に対する消毒は不要。 　物の表面についたウイルスの生存期間は、付着した物の種類によって異なるが24〜72時間くらいと言われており、消毒できない箇所は生存期間を考慮して立ち入り禁止とするなどの処置も考えられる。 　トイレについては消毒用エタノールまたは0.1%次亜塩素酸ナトリウム消毒液を使用。 　児童生徒等や教職員の感染が確認された場合、設置者は保健所による濃厚接触者の範囲の特定や検査に必要な日数・範囲で臨時休業を実施（濃厚接触者の特定に時間を要しない場合や、濃厚接触者がいない等の場合においては、必ずしも臨時休業の必要はない）。現在は、感染者が発生した後、1〜3日の臨時休業を実施してから、学校を再開する例が一般的。 　感染者や濃厚接触者である児童生徒等が、差別・偏見・いじめ・誹謗中傷などの対象にならないよう、十分配慮・注意が必要。	・新型コロナウイルス感染症に関する差別や偏見に関する指導。

5　修学旅行等における感染症の予防と対応

　修学旅行、合宿、遠足等の実施や施設の利用にあたっては、関係職員が協力して感染症の発生防止並びに異常の早期発見、早期対応にあたることが大切である。海外への修学旅行の実施にあたっては、とくに細心かつ周到な準備が必要である。養護教諭は専門的な立場から以下の事項について助言や協力を行う。

	予防と対応
旅行前	①　事前の健康調査、健康診断、健康相談 　・身体状態、既往症、服薬等 　・食物アレルギー ②　日程の確認 　・行程に健康観察の時間を確保する ③　緊急時の役割分担や連絡体制の確認 　・旅行先、宿泊施設や最寄りの医療機関の確認 　・医療機関（診療科・夜間診療、保険証の扱い等） ④　学校・保護者との連絡体制 　・保護者の日中・夜間の連絡先の確認 　・学校から教育委員会への連絡体制の確認
旅行中	①　異常の早期発見・早期対応（健康観察） ②　感染症発生時の対応 　・医療機関への搬送 　・保護者への連絡体制 　・帰宅方法の検討 　・旅行日程の変更 　・部屋の変更（隔離） 　・学校への連絡 　・教育委員会への連絡 - ③　野外炊飯等調理をする場合 　・児童生徒の健康状態の把握 　・食材の衛生管理
旅行後	①　旅行後の疾病の発症に備えて 　・旅行後の健康観察 　・欠席者の調査 ②　旅行に関する健康状態のまとめ 　・反省と今後の課題の明確化

旅行先の感染症情報を把握しておく。

児童生徒自身が体調管理をし、異常時には速やかに申し出る等の指導をする。

インフルエンザの流行時または流行のおそれがある場合は、マスク等を準備させる。

必要に応じて食物アレルギー対応の打ち合わせをする。

起床時、見学中、食後宿泊施設に戻ったとき、就寝時等こまめに健康観察を実施することが大切。
（詳しくはp.114「第5章5学校行事等の健康観察」に記載）

旅行中、医療機関を受診したときのために「医療等の状況」「調剤報酬明細書」及び学校の封筒に切手を貼ったものを持参するとよい。

胃腸症状（下痢、吐き気、腹痛等）のある児童生徒は調理することを見合わせるよう指導を徹底する。

旅行後の食中毒やインフルエンザ等の発生に注意する。

伝染病、集団中毒に関して旅館等の利用についての保健所への事前連絡について
【小学校、中学校及び高等学校の修学旅行等について（通達）】

　　　　　　　　　　　　　　　　　　　　　　昭和三〇年四月四日　　　昭和53年改正

伝染病、食中毒の防止について　　（要旨抜粋）
学校長は旅行の1か月前までに、利用しようとする旅館・弁当調整所の所在する都道府県衛生部長あてに、別紙様式に準じてはがきを出し、関係保健所長に旅館・弁当調整所の衛生監督を依頼すること。

　上記による手続きについては、旅行業者が業務を代行することが多いが、内容等の確認をしておくとよい。

第13章　感染症の予防とその対応

資料13-1　学校において特に予防すべき感染症の分類（疾患の特徴と出席停止の基準）　学校保健安全法施行規則第18条・19条（平成

分類	性格	主な対応・処置	疾病名	初期症状	病原体	感染経路
第一種	感染力、罹患した場合の重篤性等に基づく総合的な観点からみた危険性が極めて高い感染症	・原則入院 ・消毒等の対物措置（例外的に、建物への措置、通行制限等の措置も適応対象とする）	エボラ出血熱	発熱、全身倦怠感、頭痛、筋肉痛、関節痛、腹痛、嘔吐、下痢、結膜炎、出血、発しん、ショック症状等	エボラウイルス	接触感染 ウイルスを保有している宿主（野生動物）はオオコウモリ 患者の血液、体液等の接触により感染
			クリミア・コンゴ出血熱	発熱、全身倦怠感、頭痛、筋肉痛、関節痛、腹痛、嘔吐、下痢、結膜炎、重度の肝障害等	クリミア・コンゴ出血熱ウイルス	接触感染 自然界での宿主は家禽類、野生哺乳類 解体等での接触、媒介動物であるマダニにかまれること、患者の血液、体液などの接触により感染
			痘そう	高熱、悪寒、疲労感、頭痛、背部痛、発疹（一時解熱傾向後）	天然痘ウイルス	主に飛沫感染
			南米出血熱（アルゼンチン出血熱、ボリビア出血熱、ベネズエラ出血熱、ブラジル出血熱の総称）	発熱、筋肉痛、頭痛、眼窩後痛、びまん性出血、錯乱、舌や手の振戦、せん妄、昏睡、けいれん、歯肉縁の出血等	それぞれアレナウイルスに属するウイルス	接触感染 流行地に生息するげっ歯類の唾液又は排出物に接触することで感染する
			ペスト	腺ペスト（リンパ節への感染）は、発熱とリンパ節の腫脹、疼痛。肺ペストは、発熱、咳、血痰、呼吸困難等	ペスト菌	宿主はネズミ、イヌ、ネコなどでノミが媒介 肺ペストは飛沫感染
			マールブルグ病	発熱、全身倦怠感、頭痛、筋肉痛、関節痛、腹痛、嘔吐、下痢、結膜炎、出血、発しん、ショック症状等	マールブルグウイルス	接触感染 オオコウモリが宿主 患者や動物の血液、体液などの接触により感染
			ラッサ熱	発熱、全身倦怠感、頭痛、筋肉痛、関節痛、腹痛、嘔吐、下痢、結膜炎、出血、発しん、ショック症状等	ラッサウイルス	接触感染 宿主はネズミで、感染動物の糞、尿等の濃厚接触により人に感染 また患者の血液、体液などの接触により感染
	感染力、罹患した場合の重篤性等に基づく総合的な観点からみた危険性が高い感染症	・必要に応じて入院 ・消毒等の対物措置	急性灰白髄炎（ポリオ）	かぜ様症状、胃腸症状、弛緩性まひ	ポリオウイルス	接触感染 便や唾液などを介した経口（糞口）感染
			ジフテリア	発熱、咽頭痛、頭痛、倦怠感、嚥下痛、鼻づまり、鼻出血、声嗄れ、呼吸困難、心不全、呼吸筋まひ等	ジフテリア菌	飛沫感染
			重症急性呼吸器症候群（病原体がベータコロナウイルス属SARSコロナウイルスであるものに限る。）	インフルエンザ様の症状、発熱、咳、息切れ、呼吸困難、下痢、肺炎、急性呼吸窮迫症候群（ARDS）等	SARSコロナウイルス	飛沫感染、接触感染が主体 排出物からの経口（糞口）感染の報告もある 重症者における空気感染の可能性については議論の余地がある
			中東呼吸器症候群（病原体がベータコロナウイルス属MERSコロナウイルスであるものに限る。）	発熱、せき、息切れ、下痢など消化器症状（病状が現れない人や、軽症の人もいる。）	MERSコロナウイルス	飛沫感染 接触感染 宿主はヒトコブラクダ
			特定鳥インフルエンザ（感染症の予防及び感染症の患者に対する医療に関する法律第6条第3項第6号に規定する特定鳥インフルエンザをいう。）	発熱、出血、多臓器不全、肺炎、咳、呼吸困難、腹痛、下痢、脳炎、結膜炎	鳥インフルエンザA（H5N1）ウイルス 鳥インフルエンザA（H7N9）ウイルス	ヒトからヒトへの感染

－（328）－

27年1月21日施行）をもとに作成

潜　伏　期　間	出席停止の期間の基準	流行時期・場所	予　防　方　法	備　　　　考
2〜21日	治癒するまで	中央アフリカ、西アフリカ		致死率は50〜80%
2〜10日		アフリカ、中近東、旧ソ連、東欧、中央アジア地域		致死率は15〜40%
7〜17日				宿主はヒト 痂皮の中には感染性ウイルスが長期間存在するので、注意が必要 死亡率50%
7〜14日		中南米	げっ歯類の駆除	致死率30%
2〜7日、ただし種によって異なる		アジア、アフリカ、南米、北米	ネズミ、ノミの駆除	日本では1930年以降ペスト患者の発生はない 治療が遅れた場合の致死率は50%以上で、特に肺ペストは死に至ることもある
2〜10日		アフリカ中東部・南アフリカ		致死率は24〜88%以上
5〜21日		中央アフリカ、西アフリカ一帯		入院患者の致死率は15〜20%
7〜21日、ただし非まひ性脊髄炎の場合は3〜6日間		南西アジア、アフリカ諸国、中国、タジキスタン、アフガニスタン、パキスタン、中国	予防接種	死に至ることもある
主に2〜7日（長期の場合もある）			予防接種	
主に2〜7日（10日程度になる場合もある）		中国	手洗い、うがい	現在のところ原因ウイルスは世界中で消失しており、疾患の発生はない
2〜14日		主として中東地域	手洗い、うがい、ラクダとの濃厚接触回避	
2〜8日		東アジア、東南アジア		

- （329）-

第13章　感染症の予防とその対応

分類	性格	主な対応・処置	疾病名	初期症状	病原体	感染経路
第二種	国が感染症発生動向調査を行い、その結果に基づいて必要な情報を一般国民や医療関係者に提供していくことによって、発生・拡大を防止すべき感染症	・感染症発生状況の収集、分析とその結果の公開、提供	インフルエンザ（特定鳥インフルエンザを除く。）	悪寒、頭痛、高熱、咳、鼻汁、鼻づまり、倦怠感、腰痛、筋肉痛、嘔吐、腹痛、脳症、けいれん、意識障害、異常行動等	インフルエンザウイルスA（H3N2）（A香港型）、B型・A（H1N1）	飛沫感染接触感染
			百日咳	連続して止まらない咳、むくみ	百日咳菌	飛沫感染接触感染
			麻しん	カタル期（目の充血、発熱、口内頬粘膜にコプリック斑）発疹期（一旦解熱し再び高熱がでてきた時に赤い発疹）回復期（赤い発疹が消えた後褐色の色素沈着）	麻しんウイルス	空気感染飛沫感染接触感染
			流行性耳下腺炎（おたふくかぜ）	耳下腺の腫脹、倦怠感、悪寒、頭痛、四肢痛、嘔吐、発熱等思春期以降では精巣炎の合併が多い	ムンプスウイルス	飛沫感染接触感染
			風しん	発熱、発疹、リンパ節腫脹	風しんウイルス	飛沫感染接触感染
			水痘（みずぼうそう）	発疹（紅斑→水疱→膿疱→かさぶた）、水疱、かゆみ、疼痛	水痘・帯状疱疹ウイルス	空気感染飛沫感染接触感染
			咽頭結膜熱	発熱、咽頭痛、頭痛、食欲不振、咽頭発赤、リンパ節腫脹、結膜充血、しゅう明等	アデノウイルス	飛沫感染接触感染
			結核	潜在性結核：無症状肺結核：倦怠感、微熱、咳等粟粒結核：発熱、咳、呼吸困難、チアノーゼ等結核性髄膜炎：高熱、頭痛、嘔吐、意識障害、けいれん等	結核菌	空気感染飛沫感染接触、経口、経胎盤感染
			髄膜炎菌性髄膜炎	発熱、頭痛、意識障害、嘔吐	髄膜炎菌	飛沫感染接触感染
第三種	感染力、罹患した場合の重篤性等に基づく総合的な観点からみた危険性は高くないが、特定の職業へ就業によって感染症の集団発生を起こしうる感染症	・特定の職種への就業制限・消毒等の対物措置	コレラ	水様性下痢、嘔吐、脱水	コレラ菌	経口（糞口）感染
			細菌性赤痢	発熱、腹痛、下痢、嘔吐等	赤痢菌	経口（糞口）感染
			腸管出血性大腸菌感染症	水様性下痢、腹痛、血便	腸管出血性大腸菌（O157、O26、O111等様々なベロ毒素産生性大腸菌）	接触感染経口（糞口）感染
			腸チフス	発熱、発疹、腸出血、腸穿孔	腸チフス−チフス菌	経口（糞口）感染
			パラチフス	発熱、発疹、腸出血、腸穿孔	パラチフス−パラチフスA菌	経口（糞口）感染
			流行性角結膜炎	結膜充血、まぶたの腫脹、異物感、めやに、流涙、リンパ節腫脹等	アデノウイルス	飛沫感染接触感染
			急性出血性結膜炎	結膜充血、まぶたの腫脹、異物感、めやに、流涙、角膜びらん等	エンテロウイルス70（EV70）、コクサッキーウイルスA24変異型（CA24v）	飛沫感染接触感染経口（糞口）感染
			その他の感染症	資料13-2に記載		

－（330）－

潜 伏 期 間	出席停止の期間の基準	流行時期・場所	予 防 方 法	備　　考
平均2日（1～4日）	発症した後5日を経過し、かつ、解熱した後2日（幼児にあっては、3日）を経過するまで	冬期	予防接種 うがい、手洗い	ウイルスの抗原性の変異が激しい
7～10日（5～21日）	特有の咳が消失するまで又は5日間の適正な抗菌性物質製剤による治療が終了するまで	春から初夏	予防接種	発熱することは少ない
8～12日（7～18日）	解熱した後3日を経過するまで	春　1年おきに流行	予防接種	肺炎、中耳炎、咽頭炎、脳炎を合併することがある
16～18日（12～25日）	耳下腺、顎下腺又は舌下腺の腫脹が発現した後5日を経過し、かつ、全身状態が良好になるまで	春から夏	予防接種	合併症として無菌性髄膜炎、難聴、急性脳炎を併発することがある 急性膵炎を合併することがある 思春期以降では精巣炎の合併
16～18日（14～23日）	発疹が消失するまで	春から初夏	予防接種	血小板減少性紫斑病、脳症を合併することがある
14～16日（10未満や21日程度になることもある）	すべての発疹が痂皮化するまで	冬から春	ワクチン 接触後72時間以内であれば発症阻止、症状軽減	肺炎、脳炎、肝炎、ライ症候群等を合併することがある
2～14日	主要症状が消退した後2日を経過するまで	夏から秋	衛生管理	プールを介して流行することが多いが、飛沫・接触感染もする。
2年以内、特に6か月以内が多い	病状により学校医その他の医師において感染の恐れがないと認めるまで	1年中	予防接種 （BCGワクチン）	初期結核後、数十年後に症状が出現することもある
4日（1～10日）		アフリカ諸国	予防接種（日本で認可されていない）	致死率10％ 回復した場合でも10～20％で後遺症が残る（難聴、まひ、てんかん等）
1～3日（数時間～5日）		南アジア、東南アジア等	衛生管理	国外感染、輸入食品
1～3日（1～7日）		アジア諸国 7、8、9月	衛生管理	国外感染
10時間～6日		1年中	衛生管理、特に食品衛生	患者の約80％が15歳以下 小児と高齢者が重症化しやすい
7～14日（3～60日）		海外での感染が主であったが平成25年国内感染例の増加	感染源対策、感染経路対策、予防接種、衛生管理	病気が治ったあとも、腸チフス菌が消えず胆嚢の中等に居続けることがある（健康保菌者）
1～10日		熱帯、亜熱帯中心に全世界、日本ではアジア渡航歴のある人 夏から秋	感染源対策、感染経路対策、予防接種、衛生管理	病気が治ったあとも、パラチフス菌が消えず胆嚢の中等に居続けることがある（健康保菌者）
2～14日		夏から初秋	プールの衛生管理、特に塩素消毒	
1～3日 EV70：平均24時間 CA24v：2～3日		1年中、ことに春	衛生管理	角膜炎後の角膜混濁により視力障害を残す可能性あり

参考資料：①国立感染症研究所　感染症情報センター　HP：http://idsc.nih.go.jp/disease/avian_influenza/56idsc-hosp.html
　　　　　②横浜市感染症研究所　感染症情報センター　HP：http://www.city.yokohama.jp/me/kenkou/eiken/idsc/infection/systemgaiyo.html
　　　　　③学校において予防すべき感染症の解説（文部科学省）

第13章　感染症の予防とその対応

資料13-2　その他の感染症

疾患名	感染性胃腸炎	溶連菌感染症	マイコプラズマ感染症	手足口病	伝染性紅斑	その他の疾患名
初期症状	嘔吐、下痢　ロタウイルスに感染した乳幼児は白い下り便	発熱、咽頭痛、咽頭扁桃炎・リンパ節炎	咳、発熱、頭痛　しつこい咳	発熱、口内・手足の水ほう性湿疹	かぜ様症状、両頬・四肢にレース状・網目状紅斑	インフルエンザ菌感染症　肺炎球菌感染症　急性細気管支炎　EBウイルス感染症　単純ヘルペス感染症　A型肝炎　B型肝炎　アタマジラミ　皮膚真菌症　ヘルパンギーナ　伝染性膿痂疹　伝染性単核症　伝染性軟属腫　疥癬　帯状疱疹　その他医師が感染すると認めたもの
病原体	ノロウイルス、ロタウイルス等	A群溶血性レンサ球菌	肺炎マイコプラズマ	コクサッキーA16（CA16）、CA10エンテロウイルス71（EV71）	ヒトパルボウイルスB19	
潜伏期間	ノロ：12〜48時間　ロタ：1〜3日	2〜5日　膿痂疹では7〜10日	2〜3週間（1〜4週間）	3〜6日	4〜14日（〜21日）	
感染期間	症状消失後2〜7日間は便や吐物に排出	治癒しなかった場合2〜7日間	発病前1週〜後6週間	咽頭からは1〜2週間、便からは3〜5週間	感染後5〜10日間、発しん期は感染しない	
感染経路	嘔吐物、糞便　⇩　経口、接触、飛沫	咽頭分泌物　⇩　飛沫、接触	上気道分泌液　⇩　飛沫、接触	咽頭分泌物、糞便　⇩　飛沫、接触、経口	咽頭分泌物　⇩　飛沫	

資料13-3-1　「感染症の予防及び感染症の患者に対する医療に関する法律」の分類と疾患の特徴

	分類	疾　病　名	初　期　症　状
感染症類形	一類	エボラ出血熱	頭痛、背腰痛、発熱、下痢、発疹等
		クリミア・コンゴ出血熱	発熱、頭痛、関節痛、筋肉痛、嘔吐、しゅう明等
		痘そう	高熱、悪寒、疲労感、頭痛、背部痛、発疹
		南米出血熱	発熱、筋肉痛、頭痛、眼窩後痛、結膜の充血、紅斑、紫斑、全身のリンパ節腫大
		ペスト	全身倦怠感、悪寒、頭痛、嘔吐、筋肉痛、発熱等
		マールブルグ熱	頭痛、背腰痛、発熱、下痢、発疹等
		ラッサ熱	悪寒、発熱、背部筋肉痛、悪心、胸痛、下痢等
	二類	急性灰白髄炎	発熱（二峰性）、倦怠感、麻痺（四肢、非対称性）
		結核	自覚症状は、ほとんどない
		ジフテリア	発熱、嚥下障害、嗄声、咳嗽、呼吸困難等
		重症急性呼吸器症候群（病原体がベータコロナウイルス属SARSコロナウイルスであるものに限る。）	発熱、悪寒戦慄、筋肉痛
		中東呼吸器症候群（病原体がベータコロナウイルス属MERSコロナウイルスであるものに限る。）	発熱、せき、息切れ、下痢など消化器症状（病状が現れない人や、軽症の人もいる。）
		鳥インフルエンザ（病原体がインフルエンザウイルスA属インフルエンザAウイルスであってその血清亜型が新型インフルエンザ等感染症の病原体に変異するおそれが高いものの血清亜型として政令で定めるものであるものに限る。第5項第7号において「特定鳥インフルエンザ」という。）	発熱、出血、多臓器不全、肺炎、咳、呼吸困難、腹痛、下痢、脳炎、結膜炎
	三類	コレラ	下痢、嘔吐
		細菌性赤痢	発熱、下痢、血便、腸痛、しぶり腹
		腸管出血性大腸菌感染症	血便、激しい腹痛、悪心、嘔吐、悪寒、発熱
		腸チフス	全身倦怠感、発熱、頭痛、咽頭痛、腹痛
		パラチフス	全身倦怠感、発熱、頭痛、咽頭痛、腹痛
	四類	E型肝炎	食欲不振、全身倦怠感、腹痛、嘔気、嘔吐、発熱、下痢、黄疸（消化器症状を伴う急性肝炎の症状を呈する）
		A型肝炎	食欲不振、全身倦怠感、腹痛、嘔気、嘔吐、発熱、下痢、黄疸I（一過性の急性肝炎が主症状）
		黄熱	悪寒、発熱、頭痛、腰痛、筋肉痛、嘔吐
		Q熱	悪寒、発熱、全身倦怠感、筋肉痛、胸痛、頭痛
		狂犬病	嚥下障害、四肢麻痺、呼吸筋麻痺、興奮

－（332）－

分類		疾　病　名	初　期　症　状
		炭疽	皮膚炭疽（経皮感染）－感染局所の発赤、発疹、浮腫、水泡、黒色痂皮、所属リンパ節腫大 腸炭疽（経口感染）－発熱、悪心、嘔吐、食欲不振、激しい腹痛、血性下痢 肺炭疽（吸入感染）－気管支肺炎様症状、低酸素血症、咳、呼吸困難 炭疽菌性髄膜炎－けいれん、意識消失をときに高熱をともなう急性発症
		鳥インフルエンザ（特定鳥インフルエンザを除く。）	結膜炎、下痢、発熱、咳
		ボツリヌス症	食中毒：運動神経の麻痺（物が二重に見える、眼瞼下垂、発音障害、嚥下障害、筋肉の緊張低下、筋肉の機能と感覚の消失、呼吸困難等）、胃腸症状（嘔吐、嘔気、腹痛、下痢等）
			創によるボツリヌス症：食中毒と同様の運動神経の麻痺、胃腸症状はない
			乳児ボツリヌス症：食中毒と同様な症状
		マラリア	発熱（熱型に特徴）、悪寒、口渇、関節痛、嘔吐
		野兎病	突然の発熱（38～40度）、悪寒、戦慄、頭痛、筋肉痛、関節痛、気分不快
		その他既に知られている感染性の疾病（一類～三類感染症を除く。）で、政令で定めるもの	
五類		インフルエンザ（鳥インフルエンザ及び新型インフルエンザ等感染症を除く。）	鼻水、咳、発熱、倦怠感、頭痛、筋肉痛、関節痛
		ウイルス性肝炎（E型肝炎及びA型肝炎を除く。）	全身倦怠感、食欲低下、悪心、嘔吐、黄疸
		クリプトスポリジウム症	水様下痢、腹痛
		後天性免疫不全症候群	発熱、体重減少、下痢等
		性器クラミジア感染症	男性：排尿時痛、尿道そう痒感、尿道分泌物　女性：帯下増加
		梅毒	リンパ節腫脹
		風しん	発熱、発疹、咳、目の充血
		麻しん	発熱、鼻水、咳、眼脂、しゅう明、発疹
		メチシリン耐性黄色ブドウ球菌感染症	咳、痰、悪寒、発熱等
		その他既に知られている感染性の疾病（四類感染症を除く。）で、厚生労働省令で定めるもの	
指定感染症		既に知られている感染性の疾病（一類感染症、二類感染症、三類感染症及び新型インフルエンザ等感染症を除く。）であって、第三章から第七章までの規定の全部又は一部を準用しなければ、当該疾病のまん延により国民の生命及び健康に重大な影響を与えるおそれがあるものとして政令で定めるものをいう。	
新感染症		人から人に伝染すると認められる疾病であって、既に知られている感染性の疾病とその病状又は治療の結果が明らかに異なるもので、当該疾病にかかった場合の病状の程度が重篤であり、かつ、当該疾病のまん延により国民の生命及び健康に重大な影響を与えるおそれがあると認められるものをいう。	

第13章　感染症の予防とその対応

資料13-3-2　四類「その他既に知られている感染性の疾病（一類～三類感染症を除く）」で、政令で定めるもの

ウエストナイル熱、エキノコックス症、オウム病、オムスク出血熱、回帰熱、キャサヌル森林病、コクシジオイデス症、サル痘、ジカウイルス感染症、重症熱性血小板減少症候群（病原体がフレボウイルス属SFTSウイルスであるものに限る。）、腎症候性出血熱、西部ウマ脳炎、ダニ媒介脳炎、チクングニア熱、つつが虫病、デング熱、東部ウマ脳炎、ニパウイルス感染症、日本紅斑熱、日本脳炎、ハンタウイルス肺症候群、Bウイルス病、鼻疽、ブルセラ症、ベネズエラウマ脳炎、ヘンドラウイルス感染症、発しんチフス、ライム病、リッサウイルス感染症、リフトバレー熱、類鼻疽、レジオネラ症、レプトスピラ症、ロッキー山紅斑熱

資料13-3-3　五類「その他既に知られている感染性の疾病（四類感染症を除く）」で、厚生労働省令で定めるもの

アメーバ赤痢、RSウイルス感染症、咽頭結膜熱、A群溶血性レンサ球菌咽頭炎、カルバペネム耐性腸内細菌科細菌感染症、感染性胃腸炎、急性出血性結膜炎、急性脳炎（ウエストナイル脳炎、西部ウマ脳炎、ダニ媒介脳炎、東部ウマ脳炎、日本脳炎、ベネズエラウマ脳炎及びリフトバレー熱を除く。）、クラミジア肺炎（オウム病を除く。）、クロイツフェルト・ヤコブ病、劇症型溶血性レンサ球菌感染症、細菌性髄膜炎（侵襲性インフルエンザ菌感染症、侵襲性髄膜炎菌感染症、侵襲性肺炎球菌感染症を除く。）、ジアルジア症、侵襲性インフルエンザ菌感染症、侵襲性髄膜炎菌感染症、侵襲性肺炎球菌感染症、水痘、性器ヘルペスウイルス感染症、尖圭コンジローマ、先天性風しん症候群、手足口病、伝染性紅斑、突発性発しん、播種性クリプトコックス症、破傷風、バンコマイシン耐性黄色ブドウ球菌感染症、バンコマイシン耐性腸球菌感染症、百日咳、風しん、ペニシリン耐性肺炎球菌感染症、ヘルパンギーナ、マイコプラズマ肺炎、無菌性髄膜炎、薬剤耐性アシネトバクター感染症、薬剤耐性緑膿菌感染症、流行性角結膜炎、流行性耳下腺炎、淋菌感染症

－（333）－

第13章　感染症の予防とその対応

資料13-4　食中毒（細菌性・ウイルス性）の特性と対策

腸炎ビブリオ

- （特性）・5月下旬〜10月下旬にかけて発生
  - 増殖力が強い——2次汚染しやすい
  - [最適条件で10分間に1回分裂
     4時間後には1677万個]
  - 生育環境は塩分3％前後
  - 熱に弱い（65℃5分間で死滅）
- （対策）・調理器具は下処理用と仕上げ用を完全に区別し各々専用とする—洗浄、消毒、乾燥の徹底
  - 魚介類の下処理は真水で入念にする
  - 加熱は充分に。迅速調理。早期摂食

ブドウ球菌

- （特性）・菌の増殖に伴い毒素を産生
  - 常温・長時間放置が毒素産生の条件
  - 毒素は100℃30分間でも壊れない
  - 外傷部位に菌が集まりやすい
- （対策）・手指の傷の点検、消毒を確実に実行
  - 帽子、マスクの着用
  - 迅速調理、早期摂食

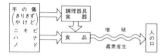

サルモネラ菌

- （特性）・動物の腸管に存在し、糞尿が汚染源となる
  - ネズミ、犬、猫、蛇、亀に注意
  - 食肉、卵の取扱いに注意
  - 発生は夏季に限らない
  - 熱に弱く65℃30分間で死滅
- （対策）・卵は新鮮なものを選別
  - 生肉用調理器具は専用とし洗浄、消毒を完全に
  - 加熱は中心部まで充分に
  - 迅速調理。長時間放置は危険
  - ネズミの駆除、侵入防止、犬猫を調理場に入れない

ウェルシュ菌

- 嫌気性菌で土壌、水、動物に広く分布
- 芽胞は、100℃4時間でも死滅せず、加熱調理後、常温で長時間嫌気状態に置くと、増菌して食中毒を起こす

ボツリヌス菌

- 土壌、河川に分布する嫌気性菌
- 芽胞は100℃30分で死滅しない（120℃20分で死滅）。缶詰等長期保存中に毒素産生して食中毒を起こす
- 毒素は80℃30分、100℃10分で無毒化
- 神経症状で重篤、致死率20〜30％

セレウス菌

- 本来食品の腐敗菌で土壌、塵埃、水等に分布
- 芽胞は100℃30分の加熱に耐える。
- 豆腐、調理パン、洋菓子、ゆでめん、惣菜、和菓子等数％汚染の実例がある

カンピロバクター

- 鶏、犬、牛、豚等に広く分布
- 潜伏期が主に2日〜5日と長い
- 発育至適温度は42℃

エルシニア

- 動物特に豚、ネズミに分布
- 5℃以下の低温度でも増殖
- 37℃では増殖不能

病原性大腸菌

- 家畜、ペット、自然環境に広く分布
- 井戸水等を介して水系の集団発生もみられる

ノロウイルス
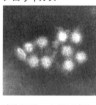
- SRSV（小型球形ウイルス）、ノーウォーク様ウイルスと呼ばれていたが、2002年国際ウイルス命名委員会により、ノロウイルスと正式名称が決定された。
- 潜伏期間は12〜48時間
- ウイルスは、症状が消失後3〜7日間、患者の便中に排出されるため二次感染（ヒト—ヒト間）につながりやすい。
- 乳児から成人まで幅広く感染する。重症化する例では死亡例も報告されている。
- 主症状：嘔気、嘔吐、下痢、腹痛、頭痛、発熱、悪寒、筋痛、咽頭痛を伴うこともある。

感染経路：
1. 経口感染：ノロウイルスに汚染された飲料水や食物により感染する。
2. 接触感染：ノロウイルスに汚染された手指、衣服、物品に触れることでおこる。
3. 飛沫感染：通常の呼吸器感染とは異なり、患者の嘔吐物や下痢便等が床等に飛び散り、周囲にいてその飛沫（ノロウイルスを含んだ小さな水滴、1〜2m程度飛散する）を吸い込むことにより感染する。また、嘔吐物や下痢便の放置、誤った処理方法により、乾燥したかけらやほこりが風にのって舞い上がりそれを吸い込むことによっても感染する場合がある。

予防方法：
- 手洗いの励行
- 嘔吐物、排泄物の処理：○使い捨てマスク、使い捨て手袋を着用する。○他の人は3m遠ざける。○雑巾、タオル、ペーパータオル等でしっかり拭き取る。拭き取った雑巾タオルはビニール袋に入れて密封して捨てる。○塩素系消毒液で広めに消毒する。
- 汚れた衣類：嘔吐物や排泄物で汚れた衣類は、マスクと手袋をしてバケツ等でまず水洗いをする。その後塩素系消毒液で消毒する。水洗いした箇所も塩素系消毒液で消毒する。
- 加熱処理：85℃以上で少なくとも1分以上加熱を行うと感染性はなくなる。

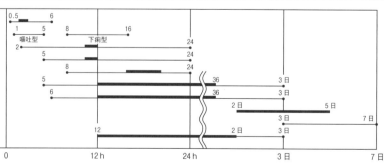

資料13-5　症状（発しん）による疾病一覧表

	疾患名	発しんの性状	発生部位・発しんの進行	発しん出現の時期	発しん以外の主な症状	年齢的関係	季節
紅斑または丘しん状発しん	猩紅熱	細かい紅斑が密生し一見して慢性発赤を示す。のちにこまかぬか様に落屑する。	顔面紅潮あり。ただし口周囲は蒼白。発しんは顔面より漸次全身に広がる。	発熱後12～24時間で現れる。	高熱、頭痛、関節痛、イチゴ舌、扁桃炎、中耳炎。	就学時位まで	11月～4月
	風しん	主として麻しん様の紅斑で3日で消失する。落屑軽微、色素沈着なし。	主として顔面、躯幹にみられ四肢に及ぶ。	発熱とともに現れ、発しんは1～3日で消失する。熱は1～2日で下る。	症状は一般に軽い。発熱、耳後リンパ節に腫脹あり。	幼児・小学生	春～秋
	伝染性紅斑	蕁麻しん様紅斑で融合する。落屑、色素沈着はなし。	顔面特に頬部に、蝶が羽を広げた形の発しんみられる。	微熱とともに現れ、10日ぐらい続く。	全身症状はほとんどない。	年長時	特になし
	リウマチ熱	25%位に紅斑出現、紅斑辺縁隆起、中心に健康部を残す。ときに紫斑。	四肢、躯幹、特に顔面。	急性型では発熱と同時に現れる。	発熱、関節症状、心内膜炎、心筋炎、皮膚症状等。	小学生	寒い季節
	多形滲出性紅斑	いろいろな形の紅斑。	四肢伸展側、対称性、手背、足背より始まる。顔面はまれ。	前駆症状につづいて起こる。	関節痛、腫脹、発熱。	特になし	春、夏に多い
	麻しん	不規則な米粒大丘しん。発しん間に健康皮膚を残す。落屑は軽度で色素沈着あり。	くび、顔より始まり、躯幹から足に広がる。	初めに2～3発熱、ついで一旦下がり、高熱とともに現れる。	発熱、鼻水、くしゃみ、気管支炎眼が赤くなり、涙や目脂(目ヤニ)が多く。	幼児、小学生	春～秋
	蕁麻しん	地図状で周囲との境界明瞭、瘢痕を残さず消失。	胸、背部、あるいは手足に限ることがある。	原因が加わってから数分～数時間で出現する。	そう痒感強し。皮膚面より隆起した発しん。	特になし	なし
	薬しん	出血斑、蕁麻しん様、猩紅熱様、麻しん様と発しんは多様で、一定の規則はない。	原因により異なる。	時間的にはさまざまである。	一般的に全身症状は軽いが、発熱、嘔吐等の症状を伴うものもある。	薬しんを起こし易いものとしては解熱剤、ペニシリン、サルファ剤が多い。	春～秋
	接触性皮膚炎	紅斑、丘しん、ときに小水疱。	顔、くび、手、足等露出部に多い。	接触後数分～数時間で現れる。	原因となるものと接触した部位にも見られ、かゆみあり。全身症状はあまりない。	特になし	春～秋
	川崎病	硬い感じの浮腫と紅斑。不定形の発しん。	手足に紅斑。全身に発しんが広がる。	5～6日で出現する。	高熱が5日以上続き、目が赤くなりただれ、首のリンパ腺、手のひら、足の裏が赤くなり皮がむける。	4歳以下の幼児	なし
水疱性発しん	水痘	初め丘しん、ついで24時間以内に小水疱に変化する。新旧の発しんが混在する。	顔部、頭部、躯幹に最も多い。	高熱とともに現れ、発しんは数日で痂皮化する。	全身症状は軽い。疼痛、かゆみ。	小学生以下	特になし
	帯状疱しん	発赤、水疱形成、2～3日乾燥し治癒におもむく。	主として顔面及び胸背部の身体の半側皮膚神経に一致し、疼痛あり。	発しんは1～2日で下がり、ついで発しんが出る。	全身症状はほとんどない。あっても軽い軽度の発熱、感冒程度。	年長児	特になし
	手足口病	手足では楕円形の水疱。かゆみなし。口腔・咽頭粘膜に痛みを伴う水疱。	口内、手、足の3ヵ所。臀部、膝、足関節にできることもある。	3～6日の潜伏期あり。	全身症状は軽い。	幼児、小学生	初夏～初冬
	膿痂しん	初め丘しん、ついで小水疱になり化膿し、かさぶたをつくる。かゆみあり。	全身どこにでもできる。擦過部に広がる。	強い直射日光や、汗をかいた後に出現しやすい。	全身症状はほとんどない。	小児	春～夏
紫斑	紫斑病	出血斑、形はいろいろ。	顔面少なく、躯幹、特に四肢に多い。左右対称に発しんする。	打撲や感染症に出現することがある。	歯肉出血、鼻出血等の出血性素因。腹痛、関節痛、嘔吐、血尿、血便を伴うことがある。	小児に多い	特になし

第13章　感染症の予防とその対応

第13章　感染症の予防とその対応

資料13-6　家庭通知（例）（学級閉鎖について）

○年○月○日

○年○組
　保護者の皆様へ

○○市立○○小学校
校長　○○

学級閉鎖のお知らせ

　本校においてかぜによる欠席者が増え、登校している子供達の中にも、かぜひき・微熱の子供が多くなっております。
　特に○年○組は欠席者が30％に達し、登校している子供達の中にも発熱のみられる子供が多くなっております。学校医と相談の結果、下記の通りに学級閉鎖をすることとなりましたので、お知らせいたします。

記

1. 学級閉鎖　　　○年○組
2. 閉鎖期間　　　○年○月○日（○）～○年○月○日（○）
3. 登校する日　　○月○日（○）
4. 家庭で注意していただくこと
   (1) 外出しないこと
   (2) 睡眠を十分にとること
   (3) うがいをすること
   (4) 栄養にかたよりのない食生活をすること
   (5) かぜ気味の子供は早めに医師にかかること
   (6) 家庭での学習は、健康状態を考えてすること

資料13-7　家庭通知（例）（アタマジラミの発生について）

○年○月○日

保護者各位

○○市立○○小学校
校長　○○　○○

アタマジラミ発生のお知らせ

　近年、幼児や児童の間にアタマジラミの発生が多く聞かれますが、本校の児童にもアタマジラミの発生が見られました。アタマジラミは伝播するものであり、集団発生を防ぐためにも、ぜひ、ご家庭でお子さまの頭髪を調べていただきたいと思います。
　もし、アタマジラミの発生が見られた場合は、すみやかに駆除されますようにお願いいたします。

アタマジラミについて
- 大きさは雄で2～3mm、雌で2～4mm。卵から10～14日で孵化。約2週間で3回脱皮して成虫に。成虫の寿命は1～1か月半。雌の成虫は1日に約5個の卵を頭髪の根元付近に固着させて産卵。成虫、幼虫ともに吸血。
- 吸血による痒みをともなうので、掻き傷からの細菌感染等のおそれがあるが、アタマジラミが固有の病原体を媒介することはない。
- 卵、幼虫、成虫ともに55℃以上の熱水5分で死滅。
- 頭髪と頭髪の接触が主な感染経路。集団の場、家庭での寝具、タオル、櫛、ブラシ、帽子、ロッカー等の共有で伝播することもある。

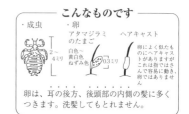

もし、見つかったら……予防と対策について
- 薬剤（製品名○○○○パウダー、○○○○シャンプー）による駆虫。くすりはかかりつけの皮膚科医院や薬局の指示に従って、適正に使用してください。
- タオル、櫛、ブラシの共用の禁止
- シーツ、枕カバーの熱湯（55℃以上）による洗濯とアイロン掛け。
- 頭髪の丁寧な検査と丹念な虫体と虫卵の除去（専用のすき櫛⇒薬局で取り寄せ可）

アタマジラミの駆除方法……ポイントは丹念に根気よく

　★　頭を一回見て、いないと思っても、安心できません。アタマジラミは年間を通して、発生していますので、お子さまの頭を年に数回は見てあげてください。

※アタマジラミは不潔な生活習慣が原因で発生するものではありません。「不潔にしているからよ！」といったひとことが子供の心を傷つけることがあります。
※正しい知識をもって対応し、根気よく駆除してください。

資料13-8　おう吐物処理（例）

① おう吐物処理セット例

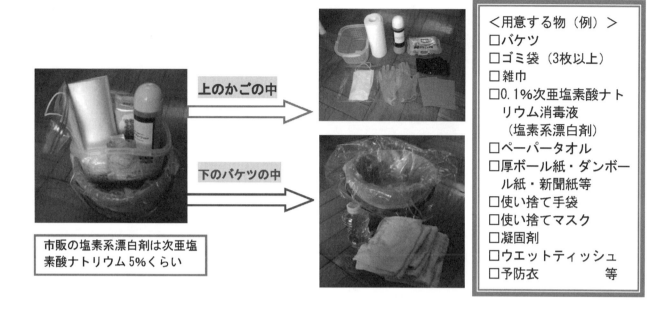

② おう吐物処理の手順プリント例

おう吐物処理セット
0.1%次亜塩素酸ナトリウム消毒液(500mlペットボトルに塩素系漂白剤をペットボトルのキャップ2杯と水)、使い捨てマスク、使い捨て手袋、ごみ袋、ペーパータオル、ぼろ布(雑巾)、バケツ、厚紙等

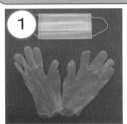

1. 使い捨てのマスクと手袋(2重)を着用する。

2. バケツにかかっている袋を1枚取り、袋に0.1%次亜塩素酸ナトリウム消毒液(以後「消毒液」)を注ぐ。

この折り返しが大事!!

3. おう吐物の上にペーパータオルをかけ消毒液で十分に浸す。(室内おがくず禁止)

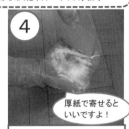

4. ペーパータオルごと、外側から内側に向けて拭き取る。

厚紙で寄せるといいですよ!

5. おう吐物が付着していた床とその周囲を消毒液で4m四方位広範囲に拭き取る。その後ペーパータオルを広げ消毒液を浸しておく。

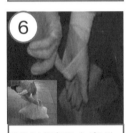

6. 手袋を1枚裏返しながら脱ぎ、おう吐物の上から消毒液をかけて袋を結ぶ。

7. 10分程後で水拭きする。(塩素は金属腐食性がある。)拭き取りに使用したタオルなども再利用はしないで捨てる。

8. マスクも取り、バケツにかけた袋を結んで捨てる。この後石けんでしっかり手洗いする。そして、換気する。

おう吐物を処理した後48時間は感染の有無に注意してください。

汚れた衣類・食器等の処理方法

① マスク手袋着用して付着したおう吐物を取り除く。

② 85℃の熱湯に1分以上つけるか、0.02%の次亜塩素酸ナトリウム消毒液(吐物処理用の物を5倍に薄めたもの)に30～60分つける。または、アイロンで熱処理をする。

③ 袋に入れて密封しておき他のものと別に洗う。

☆ 学校ではおう吐物がついた文房具や衣服等は処理せず、袋に密閉して持ち帰らせる。

☆ 何よりも優先することは、感染源から離すこと!!

☆ 吐物処理用は0.1%次亜塩素酸ナトリウム消毒液
(市販のキッチンハイターは、5%なので、ペットボトルのキャップで約2杯(10ml)を入れ500mlにする)

③ 二次感染防止の消毒の濃度

二次感染防止用 0.02%(200ppm)次亜塩素酸ナトリウム消毒液の作り方

→

・漂白剤を250倍にうすめる。
漂白剤のキャップ1杯弱の漂白剤(20ml)をバケツに入れて水を加えて5リットルにする。
・または、おう吐物処理用の消毒液を5倍に薄める。

第 14 章　養護教諭と研修

1　研修の意義

2　研修の機会
　1）行政が行う研修
　2）校内研修
　3）自主的研修
　4）認定講習と大学院

3　研修後のあり方

4　研究
　1）研究の意義
　2）研究のすすめ方
　3）研究のまとめ方
　4）研究の発表

第14章　養護教諭と研修

1　研修の意義

　急激な社会の変化に対応しながら21世紀をたくましく生きる児童生徒の育成をめざす教職員は、常に新しい知識を吸収し視野を広げるとともに豊かな人間性を涵養するために研修が必要である*。とりわけ、児童生徒をとりまく社会環境や生活様式の急激な変化は、心身の健康に大きな影響を与え、複雑・多様化した現代的な健康課題を生じている。養護教諭が、それに適切に対応していくためには、常に新たな知識や技能の習得が必要である。また、養護教諭は学校保健推進にあたって中核的な役割を果たすと共に、健康課題の解決に向けて重要な責務を担っており（中央教育審議会答申H20. 1月）、こうした力を養うためにも研修は必要である。

　研修では、養護教諭としての専門性を研鑽するとともに、教員としての資質の向上にも努めなければならない。また、経験年数に応じて職務に必要な専門的知識・技能を身につけ、ライフステージに応じて学校経営に携わる力量も高めていきたい。

　教員の研修については、教育公務員特例法**によって定められ、研究と修養が職務遂行には必要不可欠なものと位置づけられている。養護教諭の独自性や専門的力量を高めるためには、積極的に研修を受けると同時に研究の視点も忘れてはならない。

*教育職員養成審議会答申「新たな時代に向けた教員養成の改善の方策について」（H9.7.28）

**教育公務員特例法第21条
1　教育公務員は、その職務を遂行するために絶えず研究と修養に努めなければならない。
2　教育公務員の任命権者は、教育公務員の研修について、それに要する施設、研修を奨励するための方途その他研修に関する計画を樹立し、その実施に努めなければならない。
第22条
教育公務員は研修を受ける機会が与えられなければならない。
2　教員は、授業に支障の無い限り、本属長の承認を受けて、勤務場所を離れて研修を行うことができる。
3　教育公務員は、任命権者の定めるところにより、現職のままで、長期に渡る研修を受けることができる。

<中央教育審議会（答申）（H20.1）等において求められる養護教諭の役割>
（1）　学校内及び地域の医療機関等との連携を推進する上でコーディネーターの役割
（2）　養護教諭を中心として関係教職員等と連携した組織的な健康相談、保健指導、健康観察の充実
（3）　学校保健センター的役割を果たしている保健室経営の充実（保健室経営計画の作成）
（4）　いじめや児童虐待など児童生徒の心身の健康問題の早期発見、早期対応
（5）　学級（ホームルーム）活動における保健指導をはじめ、ティーム・ティーチングや兼職発令による保健学習などへの積極的な参画
（6）　健康・安全にかかわる危機管理への対応
　　　（救急処置、心のケア、アレルギー疾患、感染症等）

2　研修の機会

　研修には、大きく分けて３つある。行政が現職教育の充実を図るために実施する研修、校内における研修と自らが主体的に参加する自主的研修である。

１）行政が行う研修

　現職研修の内容については、教育職員養成審議会第三次答申＊において養護教諭研修の見直しや教員の各ライフステージに応じて求められる能力が示された。国や都道府県及び市町村の教育委員会が主催する研修には、新規採用者研修と経験者研修（10年等が対象）がある。

　新規採用養護教諭は、採用当初から大学の養成課程で取得した基礎的、論理的内容と実践的指導力の基礎等を前提として、救急処置、健康相談、保健指導及び保健室経営等を適切に実践できる資質能力が求められる。さらに生徒指導等教育一般について一通りの職務能力を養うことも必要である。

　また、10年経験者の養護教諭は、学校保健に関して校内や地域において指導的役割が期待される時期であることから、より一層専門性を高めると共に幅広い教養を身に付け、学校保健活動の中核的な役割を果たす力量の向上が求められる。

> ＊教育職員養成審議会第三次答申（平成11年12月）Ⅱ教員に求められる資質能力について
> ①初任者の段階
> 　養護教諭については、心身の健康観察、救急処置、保健指導等児童生徒の健康保持増進について、採用当初から実践できる資質能力が必要である。
> ②中堅職員の段階
> 　養護教諭については、保健室経営のあり方、学校保健の推進等に関して広い視野に立った力量向上が必要である

新規採用者研修
目的：養護教諭の職務（保健管理、保健教育、健康相談、保健室経営及び保健組織活動）の基本的事項について地域や学校の実態に応じた実践ができるようにするとともに、教員としての倫理観や使命感を養う。

10年経験者研修
目的：養護教諭個々の能力や適性に応じて、専門性や実践的指導力の向上を図ると共に教員としての倫理観や使命感の向上を図る。

　その他に、全養護教諭を対象とした専門的な研修等もある。さらに、養護教諭が保健主事に任命された場合は、保健主事としての職務を遂行する能力を高める研修がある。その内容には保健主事として必要な知識に関するもの、企画力・実行力・調整能力及び組織活動の推進力を向上させるもの等がある。

　しかし、行政機関によって行われている現職研修は、勤務年数の条件や参加人数の制限等により、その機会は限られている。そこで、全国規模の研修会、研究会、セミナー、学会等、行政機関以外の研修へも自主的に参加することで、自己の力量の形成・向上を図っていきたい。

　養護教諭のライフステージと研修の関連は図14-1のように示すことができる。

　また、平成28年11月に教育公務員特例法が改正されたことに伴い、同法第22条の３第１項に規定する「校長及び教員の資質向上に関する指標（教員育成指標）が策定され、平成29年４月から実施されている。

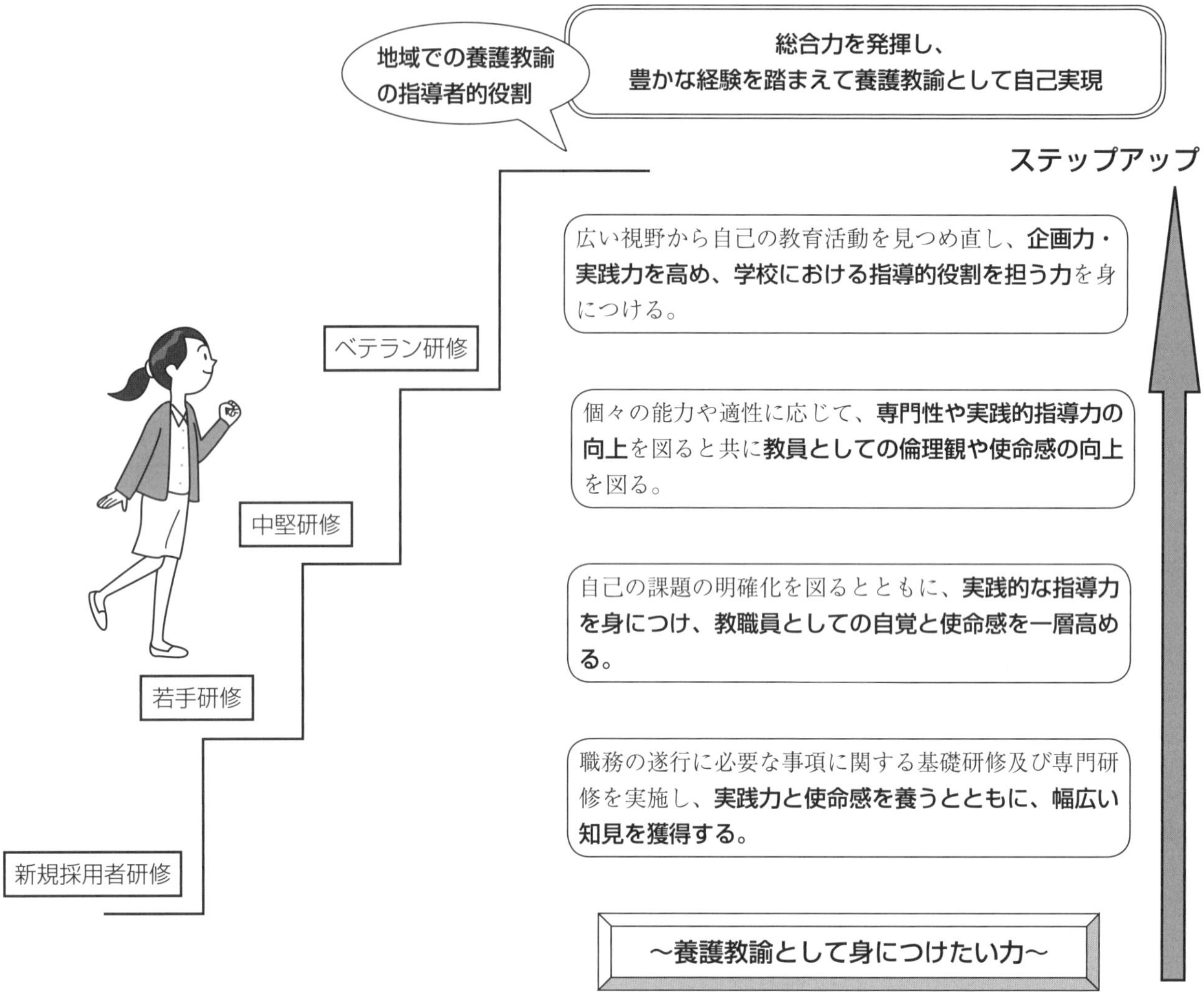

第14章　養護教諭と研修

地域での養護教諭の指導者的役割

総合力を発揮し、
豊かな経験を踏まえて養護教諭として自己実現

ステップアップ

ベテラン研修：広い視野から自己の教育活動を見つめ直し、**企画力・実践力を高め、学校における指導的役割を担う力**を身につける。

中堅研修：個々の能力や適性に応じて、**専門性や実践的指導力の向上**を図ると共に**教員としての倫理観や使命感の向上**を図る。

若手研修：自己の課題の明確化を図るとともに、**実践的な指導力を身につけ、教職員としての自覚と使命感を一層高める**。

新規採用者研修：職務の遂行に必要な事項に関する基礎研修及び専門研修を実施し、**実践力と使命感を養うとともに、幅広い知見を獲得する**。

～養護教諭として身につけたい力～

図14-1　養護教諭のライフステージと研修

２）校内研修

　自校の校内研究会に参加し、教職員や児童生徒のニーズを的確に把握した上で、生徒指導や健康教育に養護教諭の視点で関わることが大切である。他教諭から学ぶ姿勢を持ち、研究授業を参観したり、児童生徒理解の機会としても校内研究会に参加することは生きた研修の機会と捉えることができる。

　また、生徒指導上配慮が必要な児童生徒や特別支援が必要な児童生徒について校内で事例検討会を行い、支援計画の協議や役割分担をして対応することは、養護教諭の実践力を高め、組織的に関わることにもつながる。さらに、養護教諭が自校の健康課題を研究・分析し、問題解決のためにテーマを持って取り組むことも校内研修の一環である。

３）自主的研修

　養護教諭は、自分が関心を持った内容や課題を解決するために進んで研修に参加することによって、養護教諭としての力量を高めることができる。自主的研修には次のようなものがある。

（１）自主グループ研修会

　構成メンバーは相互に対等・平等である。互いに実践・研究を分析し、評価し合うことで得たものを共同

の財産として、各々の実践に活かしていくことができる。主体的に研修会に参加することは、意欲と関心を高めることにつながり、実践的力量や研究的力量を向上させ養護教諭の資質を高める機会になる。自主研修会の構成メンバーとして、養護教諭のみでなく他職種の人を交えている場合には、視野が広がり、多様な知識やネットワークを得る機会にもなる。

（2）各地で開催される研修会

様々な学会や研究会で開催される研修会の機会を捉え、参加することは、自己の資質や能力を高めることにつながる。救急処置能力、カウンセリング技法の修得、保健室経営の力、保健教育の実践的指導力、学校保健の推進力、研究的実践力等、自分が今必要としている内容を選択し、意欲的に研修に参加することの意味は大きい。自己の課題を解決するために重要な研修となる。

４）認定講習と大学院

（1）認定講習

養護教諭の免許には、専修・一種・二種の三種類の免許状があり、免許状は各都道府県の教育委員会から認定される。二種免許から一種免許に、一種免許から専修免許に更新する場合、認定講習を受ける方法があるが、開催する各都道府県の教育委員会によって取得できる科目や単位等が異なることがあるため、必要な単位取得のためには、認定講習を受ける前に詳しいことを確認しておく必要がある。

（2）大学院

大学院で学ぶことにより、日々の教育活動の中で培われてきた問題意識について専門的に分析し、その分析に基づいて理論的・体系的に整理することができ、より高度な実践力を身につけることができる。理論に基づいた実践について考える機会であるとともに研究的視点を学び、養護活動を学問として見つめ直す機会となる。

・大学院修学休業制度

教育公務員特例法の一部を改正する法律（平成12年４月28日法律第52号）により、養護教諭も専修免許状の取得を目的とする場合は、大学院の課程に在学し、研修を行うための休業をできるようになった（平成13年４月１日より開始）。この制度により、教員の身分を保有したまま大学院にフルタイムで在学し、研究を行うことができるようになった。ただし、その間は無給である。また、大学院修学休業期間は年を単位とし、３年を超えない期間とされている。この制度を活用するためには、実務経験３年を満たしていることとされている。

・社会人入学

大学によっては、専門的な実務経験を有し、入学後も引き続きその身分を有する者に大学院入学を認めている。この場合、社会人入学者に対して、大学院での学習を配慮するために「大学院設置基準第14条に基づく教育方法の特例*」もあり、その制度を活用することもできる。

> **＊大学院設置基準**
> **（昭和48年文部省令第28号抜粋）**
> **第14条** 大学院の課程において、教育上特別の必要と認められる場合には、夜間その他特定の時間において授業または研究指導を行う等の適切な方法により教育を行うことができる。

第14章　養護教諭と研修

3　研修後のあり方

　これからの養護教諭に求められるのは、専門分野の深い見識や経験をはじめ、幅広い学識により多方面から物事を考える力、個人情報を保護しながら日々の実践や研究成果をまとめ、発信していくことである。研修に参加した後は、研修会で得たことを日常的な養護教諭の活動に活かし、さらに応用し検証して、学校の内外へ保健情報を発信することが重要である。

> **＜研修後の発信例＞**
> ①　職員会議や校内研修会で、研修内容について報告する
> ②　学校保健委員会等で、新たな話題として提供する
> ③　保健だよりに掲載し、保護者に啓発する
> ④　児童生徒保健委員会で、新たな活動として活かす
> ⑤　健康相談・保健教育における養護教諭の実践として活かす

研修後は、学んだことを実践に活かす！

　また、研修会の資料を整備し、必要のあるときに他の教師等に情報として提供する等、すぐに活用できるようにしておくことが必要である。なお、情報提供の際に資料の取り扱いについては十分留意しなければならない。また、様々な研修を受け、交流した仲間も大切な財産である。職種を越えてネットワークが広がることで、情報を分かち合うことができ、より広い視野での養護活動が可能となる。

4　研究

1）研究の意義

　養護教諭の能力や資質を高めていくためには、実践を研究的な視点で捉え検証したり、課題をみつけて取り組んだ結果をまとめ検証する研究の視点が必要とされる。まとめることで実践を客観的に捉え、課題や成果を把握して、改善点を明確にすることができる。これらの過程は、養護教諭の職務の質をより高めることにつながる。この実践や研究を個人のものとして留めておくのではなく、公表することによって、養護教諭の仲間で共有し専門的な立場からの客観的な助言や評価を受け、バージョンアップを図ることができる。また、研究成果を蓄積することによって養護学の体系化をすすめることができる。さらに養護教諭の専門性（資質・能力）や専門職性（社会的評価）を高めることにつながる。研究の結果を児童生徒に還元することで、よりよい教育活動に活かしていくことができる。

　なお、養護教諭の研究領域には、保健管理、保健教育、保健室経営、健康相談、保健組織活動、養護教諭の養成や現職教育に関するもの等がある。養護教諭が行う研究の特徴として、表14−1に示すようなことが挙げられる。

− （344）−

表14-1　養護教諭が行う研究の特徴

比較研究が可能
各学校の養護教諭が協力すると、校種別、規模別の比較ができる。さらに、各地域との連携を図ることによって、地域性による比較もできる。

縦断的な研究が可能
小学校1年から6年までの経過を追って指導、観察する等縦断的研究をすることができる。また、小・中・高等学校の養護教諭が協力すると、長期にわたる調査をすることもできる。

様々なデータの収集が可能
データのもととなる記録は、目的にあった収集方法、条件を統一した正確な収集方法である必要がある。

研究結果を活かせる
研究の結果を根拠や裏づけとして、養護活動や保健教育に活かすことができる。

2）研究のすすめ方

　研究は、量的研究、質的研究に分けられる。実証性が求められる分野では統計的手法を用いた量的研究が適している。また、教育等数値化しにくい分野の意味や解釈を明らかにする研究では質的研究が用いられる。研究の分類法はいくつかあるが養護教諭の発表に多く用いられるものには、調査研究、実践研究がある。

　研究は、日常の活動や養護実践の中での「なぜ？」「これはどうなっているんだろう？」等の疑問や興味関心がきっかけとなり始まる。実践を振り返ることで、はじめは漠然としている課題を意識化できる。自分が持っている課題を焦点化するためには、研究大会誌や研究紀要、研究機関等が行うデータベースから先行研究を検索して、その分野における研究の動向や新しい知見を学ぶ。次に目的に合った結論を導き出すために、研究方法や分析方法を選択する。そのために研究協力者に助言を得るとよい。

　研究は研究者の勝手な解釈ではなく、結果に基づく実証による証拠や様々な文献の裏づけによって客観的に検討する。

（1）調査研究

　調査研究の特徴は、子供の健康課題の実態等、ありのままの事実を調査し統計処理により各要因の関係性やその構造を明らかにする研究方法である。量的研究が多い。

　質問紙調査、観察、面接、記録等データを量的に収集し統計処理し比較、分類、構造化等分析をする研究方法がある。

（2）実践研究

　実践研究は改善や解決したい課題に対して、仮説に基づいて意図的に働きかけ、その成果や変化の過程を見ようとする研究法である。質的研究が多い。養護教諭が行う実践研究は、子供の健康課題の解決を目的に学校保健活動等の問題を取り上げ、自らの実践や学校の組織的な取組についてどのように改善すべきか探究し実践をさらに高めるものである。養護教諭が行う研究の流れを図14-2に示す。

第14章　養護教諭と研修

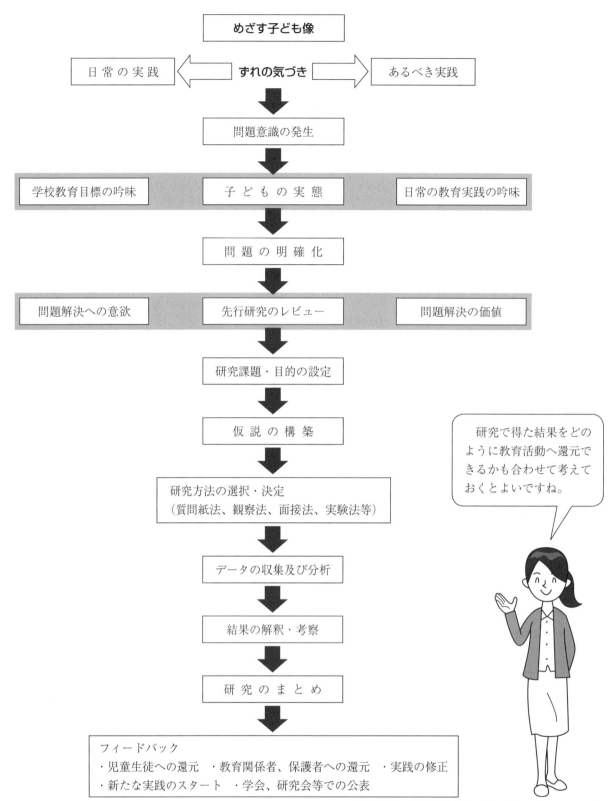

（采女智津江「新養護概説第6版」少年写真新聞社　2012）

図14-2　養護教諭が行う研究の流れ

3）研究のまとめ方

　研究成果を文章化することにより追試が行われ、一般化・普遍化が可能になる。研究成果を文章化する際の項目は、表14-2のような構成となる。

表14-2　研究のまとめ方

1．研究動機
・その研究が社会的にどのような意義があるのか ・自分の研究の関連分野で、先行研究がどこまでなされているのか

2．研究目的
・明確に簡潔に書く

3．研究方法
・対象：年齢、性別、人数 ・研究期間 ・研究デザイン：量的研究か質的研究か、実験によるものなのか、調査票によるものなのか、測定尺度を使った場合はその妥当性と信頼性。 ・調査または実験の内容 ・データの分析方法 ・倫理的配慮：研究によって対象者が不利益を受けないこと。人道的に問題ない研究であることを明記する。研究によっては倫理委員会の承認が必要なものもあるので、倫理委員会の承認を得た場合は、そのことも記載する。

これをはずしてはいけない

4．結果
・研究によって得られた結果を、客観的に丁寧に記載していく。あくまで結果を述べ、感想や自分の思い込みを記述していないか確認する。 ・結果は過去形で記載する。

5．考察
・結果で得られたものをどう解釈していくかを、さまざまな研究を引用して論理的に書く。 ・独断的解釈になっていないか、論理の飛躍はないかを確認する。

6．結論

7．引用文献
引用した文献や資料に関するすべての情報を、著者名別の五十音順または、アルファベット順に書く。投稿先によって書き方が異なるので、注意を要する。代表的なものを下記に示す。□空白

単 行 本	著者名□『書名』巻数、□訳者名、□発行所名〈文庫・新書〉、刊行年
雑誌論文	著者名□「論文・記事名」□訳者名、『雑誌・新聞名』巻号数、発行所名、刊行年(月)、掲載全ページ数

例）河野哲也：『レポート・論文の書き方入門　第3版』、慶應義塾大学出版会、2008

8．謝辞
協力者や協力機関、助言者等に謝意を表す。

4）研究の発表

　まとめた研究を公の場所で発表することにより、客観的指摘を受けることができ、仕事に理論の裏打ちができる。また、その積み重ねによって養護教諭の職務の質が高められ、養護学の構築に寄与することが期待される。

　研究の発表は内容を吟味し視聴覚機器の活用を図り成果を正確にわかりやすく

表14-3　関連のある学会

関連のある学会等	
北陸学校保健学会	日本メンタルヘルス学会
日本学校保健学会	日本養護教諭教育学会
日本小児保健学会	日本健康教育学会
日本思春期学会	日本学校教育相談学会
日本母性衛生学会	日本教育保健学会
日本健康相談活動学会	ヘルスカウンセリング学会　等

かつ、魅力的に伝えることが大切である。関連のある学会は表14-3に示したもの等がある。発表の形式は、学会や研究会により異なるが、一般的に口頭発表、ポスターセッション等がある。

引用・参考文献

第1章　養護教諭の職務と発展
　文部科学省ホームページ：教員免許更新制
　文部科学省：教員免許更新制ハンドブック［第3版］
　日本ヘルスプロモーション学会ホームページ：http:/www.jshp.net/HP_kaisetu/kaisetu_head.html　健康づくりのためのバンコク憲章
　文部科学省ホームページ：http://www.mext.go.jp/
　養護教諭の職務に関する検討委員会：「学校保健の課題とその対応―養護教諭の職務等に関する調査結果から」　p. 6, 13　日本学校保健会　2012
　文部科学省：「生徒指導提要」　p. 1, 19, 115, 118, 124　文部科学省　2010
　文部科学省：「保健主事のための実務ハンドブック」　文部科学省　2010
　文部科学省：「子どもの心のケアのために―災害や事件・事故発生を中心に」　p. 1　文部科学省　2003
　文部科学省：「学校の危機管理マニュアル―子どもを犯罪から守るために―」　p. 12, 37　文部科学省　2002
　日本学校保健会：「学校保健の課題とその対応」　p. 8　日本学校保健会　2012
　島内憲夫・鈴木美奈子　著：ヘルスプロモーション―WHO：バンコク憲章―（21世紀の健康戦略シリーズ6）　垣内出版　2012
　文部科学省／日本教育大学協会学長・学部長等連絡協議会：「教育職員免許法改正」「再課程認定」「教職課程コアカリキュラム」の検討状況について　2016
　厚生労働省ホームページ：www.mhlw.go.jp
　小倉学：「養護教諭―その専門性と機能―」　東山書房　1970

第2章　学校保健安全計画
　養護教諭の職務に関する検討委員会：「学校保健の課題とその対応―養護教諭の職務等に関する調査結果から」　p. 13, 67　日本学校保健会　2012
　学校保健・安全実務研究会：「新訂版学校保健実務必携＜第2次改訂版＞」　pp. 106-107　第一法規　2009
　「指導と評価の一体化」のための学習評価に関する参考資料　中学校　保健体育　文部科学省国立教育政策研究所
　「指導と評価の一体化」のための学習評価に関する参考資料　中学校　特別活動　文部科学省国立教育政策研究所

第3章　保健室経営
　日本学校保健会：「養護教諭の専門性と保健室の機能を活かした保健室経営の進め方」　p. 11　日本学校保健会　2004
　日本学校保健会：「保健室経営計画作成の手引」　pp. 3-16　日本学校保健会　2010
　日本学校保健会：「保健室経営計画作成の手引　平成26年度改定版」　pp. 15-16　日本学校保健会　2015
　中央教育審議会：「子どもの心身の健康を守り、安心・安全を確保するために学校全体として取り組みを進めるための方策について（答申）」　pp. 6-12　文部科学省　2008
　三木とみ子　編：「四訂養護概説」　pp. 129-133　ぎょうせい　2009
　2文科初第1633号「保健室の備品等について（通知）」　文部科学省初等中等教育局長　2021

第4章　学校保健組織活動
　文部科学省：「保健主事のための実務ハンドブック」　p. 5, 6, 11, 15　文部科学省　2010
　養護教諭の職務に関する検討委員会：「学校保健の課題とその対応―養護教諭の職務等に関する調査結果から」　p. 6, pp. 86-90　日本学校保健会　2012
　日本学校保健会：「学校保健委員会マニュアル」　p. 4, 9, 10, 56　日本学校保健会　2000
　采女智津江　編：「新養護概説　第7版」　p. 156　少年写真新聞社　2013

第5章　健康観察
　養護教諭の職務に関する検討委員会：「学校保健の課題とその対応―養護教諭の職務等に関する調査結果から」　p. 35　日本学校保健会　2012
　「教職員のための子どもの健康観察の方法と問題への対応」　p. 10　文部科学省　2009

第6章　健康診断
　文部科学省スポーツ・青少年局健康教育課　監修：「児童生徒の健康診断マニュアル（改訂版）第4版」　p. 14-15, 18　日本学校保健会　2010
　文部科学省スポーツ・青少年局健康教育課　監修：「児童生徒の健康診断マニュアル（改訂版）第4版≪視力≫（平成24年10月11日改定）」　p. 48（6）　日本学校保健会　2012
　日本学校保健会：「学校心臓検診の実際」　p. 9, 74　日本学校保健会　2012
　文部科学省スポーツ・青少年局学校健康教育課　監修：「児童生徒等の健康診断マニュアル　平成27年度改訂」

pp. 29-31, 36-37, p. 47, 80　日本学校保健会　2015
文部科学省スポーツ・青少年局学校健康教育課　監修：「児童生徒等の健康診断マニュアル　平成18年度改訂」　日本学校保健会　2006
スポーツ・青少年局学校健康教育課：「児童・生徒・学生・幼児及び職員の健康診断の方法及び技術的基準の補足的事項及び健康診断票の様式例の取り扱いについて（通知）」　pp. 2-4　文部科学省　2015
厚生労働省労働基準局安全衛生部労働衛生課産業保健支援室：「労働安全衛生法に基づくストレスチェック制度実施マニュアル」2016
文部科学省：「学校における結核対策マニュアル」　2012
日本学校保健会：「学校心臓検診の実際　平成25年度改訂」　2013

第7章　特別な配慮を要する児童生徒の保健管理
「新・学校心臓検診の実際」改訂委員会「新・学校検尿のすべて」改訂委員会：「学校生活管理指導のしおり」pp. 2-8　日本学校保健会　2013
文部科学省スポーツ・青少年局健康教育課　監修：「学校のアレルギー疾患に対する取り組みガイドライン」pp. 21-34, 37-49, 59-68　日本学校保健会　2008
文部科学省：「教職員のための子どもの健康観察の方法と問題への対応」　pp. 14-15, 71-72　文部科学省　2009
石川県教育委員会：「学校における食物アレルギー対応指針―石川県版―」　p. 6, 9　石川県教育委員会　2016
23文科初第1344号：「特別支援学校における医療的ケアの今後の対応について」　文部科学省初等中等教育局長通知

第8章　健康相談
静岡県養護教諭研究会　編：「養護教諭の活動の実際」　p. 219, pp. 240-243　東山書房　2011
文部科学省：「教職員のための子どもの健康相談及び保健指導の手引」　pp. 5-7, 16-29　文部科学省　2013
森田光子：「養護教諭の健康相談ハンドブック」　東山書房　2010
小枝達也他：「ADHD，LD，HFPDD，軽度MR児保健指導マニュアル」　診断と治療社　2007
采女智津江：「新養護概説」　少年写真新聞社　2009

第9章　学校環境衛生
文部科学省：「改訂版　学校環境衛生管理マニュアル」　pp. 1-13　文部科学省　2010

第10章　学校安全と危機管理
文部科学省：「安全で快適な学校施設を維持するために」　文部科学省　2001
文部科学省：「学校における転落防止のために（リーフレット）」　文部科学省　2008
小林朋子　編　静岡県養護教諭研究会．「養護教諭のための災害対策・支援ハンドブック」　東山書房　2013
文部科学省：「非常災害時における子どもの心のケアのために　改訂版」　pp. 57-59　文部科学省　2003
石川県養護教員研究会：「2007.3.25　能登半島地震の経験を生かして～養護教諭としての活動マニュアル～」pp. 29-30, p. 36, 40, pp. 45-47　石川県養護教員研究会　2008
文部科学省：「生きる力をはぐくむ学校の安全教育　改訂版」　pp. 11-12, p. 23, 27, 87, pp. 128-133　文部科学省　2010
文部科学省：「『生きる力』をはぐくむ学校での安全教育」　2012
平口真理：「危機管理におけるレジリエンスを育むアプローチ（資料）」　石川県養護教員研究会校種別研修会　2012
CRT（クライシス レスポンスチーム）http://www.h7.dion.ne.jp/~crt/crt/aboutCRT.html

第11章　救急処置活動
雪下國雄：「特集　学校での応急処置：頭部（頭・目・耳・鼻等）の外傷」「会報　学校保健」　第284号　pp. 2-6　日本学校保健会　2010
帖佐悦男：「特集　学校での応急処置Ⅳ：運動器外傷・熱傷・化学損傷・胸腹部外傷」「会報　学校保健」　第285号　pp. 2-5　日本学校保健会　2010
「学校での応急処置・対応（座談会）」「会報　学校保健」　第286号　pp. 2-9　日本学校保健会　2011
中島敦子・津島ひろ江：「養護教諭の救急処置に関する10年間の文献検討」「川崎医療福祉学会誌」　vol. 19 no. 2　pp. 367-377　川崎医療福祉学会　2010
浅の川病院　脳神経センター：http://www.asanogawa-gh.or.jp/1730tenkangaido201207.pdf　「てんかんガイド」2010
日本てんかん協会サイト：http://www.jea-net.jp/
長尾秀夫：「てんかんの医学的理解と教育」「特別支援教育研究」　2013.10 No. 674　東洋館出版社　2013
岡田加奈子：「第1章1-2）養護教諭、看護師、保健師にとっての学校看護」遠藤伸子：「第2章1）ヘルスアセスメント」「岡田加奈子・遠藤伸子・池添志乃　編：養護教諭、看護師、保健師のための学校看護」　p. 12, 59　東山書房　2010
石原昌江：「フローチャートを使った救急処置と保健指導　外科編」　東山書房　2005

消防庁ホームページ：http://www.fdma.go.jp/
養護教諭の職務に関する検討委員会：「学校保健の課題とその対応—養護教諭の職務等に関する調査結果から」
p. 20　日本学校保健会　2012
ナース・看護学生のためのベッドサイドの数値表　学研
杉浦守邦：改訂　養護教諭のための診断学　内科編　東山書房
日本蘇生協議会：「JRC蘇生ガイドライン2015　オンライン版」
横浜市消防局ホームページ：http://www.city.yokohama.lg.jp/shobo/
環境省：「熱中症環境保健マニュアル2014」　環境省　2014
文部科学省スポーツ・青少年局健康教育課　監修：「学校のアレルギー疾患に対する取り組みガイドライン」　P 7
日本学校保健会　2010
「学校におけるアレルギー疾患に対する普及啓発講習会資料」　p. 34, 43　石川県　2011
文部科学省：事務連絡「学校における教育活動及びこれに密接に関連する生活関係における児童生徒の安全確保について」
厚生労働省：政策レポート（一般用医薬品販売制度の改正について）http://www.mhlw.go.jp/seisaku/2009/06/02.html
日本学校保健会：「学校における薬品管理マニュアル」

第12章　保健教育
養護教諭の職務に関する検討委員会：「学校保健の課題とその対応—養護教諭の職務等に関する調査結果から」
p. 54, pp. 53-62　日本学校保健会　2012
文部科学省：「生きる力を育む小学校保健教育の手引き」　pp. 2-18　文部科学省　2013
日本学校保健会：「学習指導要領に基づくこれからの小学校保健学習」　日本学校保健会　2010
日本学校保健会：「学習指導要領に基づくこれからの中学校保健学習」　日本学校保健会　2009
日本学校保健会：「思考力の育成を重視したこれからの高等学校保健学習」　日本学校保健会　2009
養護教諭研修事業推進委員会：「養護教諭の特性を生かした保健学習・保健指導の基本と実際」　p. 43　日本学校保健会　2001
文部科学省：「小学校学習指導要領解説　体育編」　東洋館出版社　2017
文部科学省：「中学校学習指導要領解説　保健体育編」　東山書房　2017
文部科学省：「高等学校学習指導要領解説　保健体育編・体育編」　東山書房　2018
中村司：「保健だよりと掲示物を作成するときに押さえておきたい法律のこと」「健康教室　臨時増刊号『保健だよりと掲示物』」　第62巻13号　pp. 92-94　東山書房　2011
辰野千壽：「改訂増補　学習評価基本ハンドブック—指導と評価の一体化を目指して—」　2001
植田誠治：「5-2　保健の評価」「森昭三・和唐正勝編　新版保健の授業づくり入門」　p. 341　大修館書店　1987
文部科学省：「『指導と評価の一体化』のための学習評価に関する参考資料」　中学校・特別活動　2020
文部科学省：「『指導と評価の一体化』のための学習評価に関する参考資料」　中学校・保健体育　2020

第13章　感染症の予防とその対応
文部科学省：「学校において予防すべき感染症の解説」　文部科学省　2013
厚生労働省ホームページ：http://www.mhlw.go.jp/topics/syokuchu/dl/link01-01_leaf01.pdf　「ノロウイルス食中毒予防対策リーフレット」
石川県健康福祉部：「ノロウイルスによる感染防止のための手引き」　2005
文部科学省ホームページ：http://www.mext.go.jp/a_menu/kenko/hoken/08040804.htm　「学校における麻しん対策ガイドライン」
石川県教育委員会スポーツ健康課：「学校におけるインフルエンザ予防措置要項（通知）」　石川県教育委員会スポーツ健康課　2013
文初中第165号「小学校、中学校及び高等学校の修学旅行等について（通知）」　文部科学省　1955
日本学校保健会：「学校において予防すべき感染症の解説」　p. 14, 39　日本学校保健会　2013
日本学校保健会：「学校感染症と出席停止」「会報　学校保健　311号」　p. 13　日本学校保健会　2015
国立感染症研究所感染症情報センター：「学校における麻しん対策ガイドライン」　2008
文部科学省：「学校における新型コロナウイルス感染症に関する衛生管理マニュアル～「学校の新しい生活様式」～（2020.12.3 ver5）」

第14章　養護教諭と研修
養護教諭研修プログラム作成委員会：「養護教諭研修プログラム作成委員会報告書」　p. 4, pp. 6-7　日本学校保健会　2009
采女智津江　編：「新養護概説　第6版」　pp. 204-205, p. 207　少年写真新聞社　2012
大谷尚子・中桐佐智子：「新養護学概論」　pp. 187-188, p. 194　東山書房　2012
河野哲也：「レポート・論文の書き方入門」　pp. 85-89　慶応義塾大学出版会　2002

「新版・養護教諭の執務のてびき　第10版」

章	10版	10版2刷
第1章「養護教諭の職務の発展」	山田倫栄　中畑直美 橋口昌美　山口雅恵 座主真智子	髙橋奈美江　池田喜代子 井家美緒　北川景子 所司敦子　田中佳代
第2章「学校保健計画」	虎間美緒　北川景子 北田裕美子 髙橋奈美江	
第3章「保健室経営」	島田涼子　田中佳代 従二京子	
第4章「学校保健組織活動」	所司敦子　山岸明子 下木良子	
第5章「健康観察」		島田涼子　山岸明子 従二京子　橋口昌美 吉本貴世　渡辺誓代
第6章「健康診断」	渡辺誓代　吉本貴世 池田喜代子 神田加奈子	
第7章「特別な配慮を要する児童生徒の保健管理」		髙橋奈美江　池田喜代子 井家美緒　北川景子 所司敦子　田中佳代
第8章「健康相談」		島田涼子　山岸明子 従二京子　橋口昌美 吉本貴世　渡辺誓代
第9章「学校環境衛生」	渡辺誓代 神田加奈子	
第10章「学校安全と危機管理」	山田倫栄　中畑直美 橋口昌美　山口雅恵	
第11章「救急処置活動」	虎間美緒　北川景子 北田裕美子 髙橋奈美江	
第12章「保健教育」	座主真智子 吉本貴世	
第13章「感染症の予防とその対応」	虎間美緒　北川景子 北田裕美子 山口雅恵 髙橋奈美江	
第14章「養護教諭と研修」		
中扉イラスト	田保美穂子	田保美穂子

第10版 2 刷改訂委員会		
改訂委員	渡辺　誓代	金沢市立泉小学校
	吉本　貴世	金沢大学附属小学校
	池田喜代子	石川県立いしかわ特別支援学校
	髙橋奈美江	白山市立北陽小学校（班長）
	井家　美緒	能美市立根上中学校
	北川　景子	加賀市立湖北小学校
	島田　涼子	金沢市立野田中学校（班長）
	所司　敦子	石川県立小松北高等学校
	山岸　明子	金沢市立三和小学校
	田中　佳代	石川県立金沢二水高等学校
	従二　京子	金沢市立浅野川中学校
	橋口　昌美	津幡町立津幡中学校
	石川　育子	金沢市立高尾台中学校
	田保美穂子	能登町立鵜川小学校
	中畑　直美	（編集委員長）
	座主真智子	金沢市立額中学校（事務局）
編集委員	島田　涼子　髙橋奈美江　中畑　直美　座主真智子	
	石川　育子	

所属は2021年3月現在

新版・養護教諭執務のてびき　第10版

監　修	植　田　誠　治
	河　田　史　宝
編　者	石川県養護教育研究会
発行者	山　本　敬　一
印刷者	創　栄　図　書　印　刷

発 行 所　　株式会社　東　山　書　房

〒604-8454　京都市中京区西ノ京小堀池町 8 - 2
TEL　075(841)9278代
FAX　075(822)0826
振　替　01040 - 1 - 1067

2008年 3 月29日　第 7 版第 1 刷　発行
2009年 4 月22日　第 8 版第 1 刷　発行
2014年 6 月 4 日　第 9 版第 1 刷　発行
2018年 4 月 1 日　第10版第 1 刷　発行
2021年 4 月15日　第10版第 2 刷　発行